明宫彤史

明代宫廷女性

明宫彤史

明代宫廷女性

彭勇　潘岳　著

江苏人民出版社

图书在版编目（CIP）数据

明宫彤史：明代宫廷女性 / 彭勇，潘岳著.

南京：江苏人民出版社，2025.8. — ISBN 978 - 7 - 214 - 30262 - 5

Ⅰ. K828.5

中国国家版本馆 CIP 数据核字第 2025B6X747 号

书　　　　名	明宫彤史:明代宫廷女性	
著　　　者	彭　勇　潘　岳	
责 任 编 辑	康海源	
装 帧 设 计	湜　予	
责 任 监 制	王　娟	
出 版 发 行	江苏人民出版社	
地　　　址	南京市湖南路 1 号 A 楼，邮编:210009	
照　　　排	江苏凤凰制版有限公司	
印　　　刷	南京爱德印刷有限公司	
开　　　本	652 毫米×960 毫米　1/16	
印　　　张	27　插页 12	
字　　　数	325 千字	
版　　　次	2025 年 8 月第 1 版	
印　　　次	2025 年 8 月第 1 次印刷	
标 准 书 号	ISBN　978 - 7 - 214 - 30262 - 5	
定　　　价	98.00 元	

（江苏人民出版社图书凡印装错误可向承印厂调换）

目 录

绪　言

　　明代的宫廷女性包括皇后（太后）、妃嫔、公主、女官、宫女和特殊女性等，在以皇帝为主宰的宫廷里，女性群体是皇权的伴生物。

　　从社会学角度看，宫廷女性是一类社会群体。明代宫廷中的常住人口，除皇帝一人系男性外，就是大量的"中性人"宦官，以及数量庞大的女性群体。在明王朝的权力中心，宫廷女性群体比普通社会女性群体的等级性要强得多，皇权决定了她们的存在和命运。同时，女性群体又有自己生理、心理、家庭和社会的特质，她们有自己的存在状态和行为方式，并影响甚至左右着皇权的运行。

　　对明代宫廷女性史的研究，首先，是对宫廷女性群体的构成、来源加以确定，如选后制度、嫔妃的册封与晋升、女官的选拔、宫女的采选、奶妈、医婆和女轿夫等的来源与管理等。其次，是每一类女性在女性群体社会中的角色定位，即她们在这一群体中所处的地位，主要是由她们的职能来确定，宫廷女性群体的角色定位在很大程度上与皇帝、外臣、宦官等群体的关系更密切。第三，生活状态。生活既包括物质生活，也包括精神文化生活，宫廷女性的等级化决定了她们的生活状态，而普通女性的生活状态在宫廷女性生活中同样有深刻体现。

　　基于上述宫廷女性群体的构成、角色定位和生活状态等方面的基本因素，本书的撰写主要包括如下三部分。

一、女性制度。从制度的规定本身,考察有关明代的宫廷女性的群体构成及其相关的规定。包括皇后的选择与册立制度,妃嫔的选择及晋升制度,宫女的采选制度,女官的选择及职掌,最底层宫女的来源及出路等。本部分内容以静态考查为主,意在理清宫廷女性制度的基本规定,并总结宫廷女性制度的发展规律。

二、女性角色。从女性权力(职能)运行的角度,分析不同女性群体在宫廷这一特殊的舞台上所展示的"社会"影响力。包括后妃与皇帝的关系及皇权的运行,后妃的家族关系(外戚),后妃与廷臣的关系,后妃与权阉的关系,下层宫女与宦官的关系,女性群体之间的关系(皇后与宠妃、皇后与皇太后、后妃之间、下层宫女之间)等。本部分研究的方法是代表性事例分析(个案分析),穿插在不同群体的制度属性研究之中,多角度地揭示宫廷女性真实的社会存在,意在说明皇权制度和女性制度的一般性特征及实际运行中的对立与统一。

三、女性生活。女性(社会)生活史是女性史研究的重要内容,实际上,宫中女性的社会角色实质是其政治生活的反映。本部分的生活,实则指物质生活和精神生活,物质生活重点考察宫廷女性的衣、食、住、用、行等,精神(文化)生活则是其文化娱乐生活的展示和内心世界的分析。

以上三部分内容的撰写均以时间为线索,按照皇后、妃嫔、女官和下层宫人的等级秩序来安排章节内容,既分析制度、角色和生活的历时性特征,又尽可能挖掘它们在明朝 277 年的因循与变化。

对明代宫廷女性群体的研究,成果最为丰富的自然是宫廷女性中地位最高、最尊崇的后妃。明代后妃的研究成果有林延清等著《明朝后妃与政局演变》(人民出版社 2014 年),此前有朱子彦《后宫制度研究》(华东师范大学出版社 1998 年)和《帝国九重天——中国后宫制度变迁》(中国人民大学出版社 2006 年),对中国古代四千年的后宫制度的运作和变迁进行了系统考察,陈宝良著《中国妇女通史·明代卷》(杭州出版社 2010 年)的第一章《社会各阶层妇女》的第一节"贵族妇女"用 30 余页的篇幅较为详细地分别介绍了后妃、王室妇女、女官和后宫女性服役人员等基本状况。南开大学崔靖博士论文《明朝后妃研究》(2014 年)从来源、规模、归宿、生育子女情况等方面对明朝历代后妃进行了考述。以某些后妃为对象的研究论文也比较丰富,像太祖马皇后、成祖徐皇后、成祖生母之谜、仁宗张皇后、宪宗万贵妃、神宗李太后和郑贵妃等等。但显然,明代后妃制度的研究仍待深入。

　　本书在内容设计上,最重要的部分是"女官"的三章内容,原因是女官作为宫廷女性群体的中间群体,可以很好地连接上层后妃与下层宫女之间的关系,而女官的研究成果又极其有限。女官制度是中国古代一项传统的宫廷制度,随王朝的更迭而发展变化,兴革损益。明朝在建国伊始就很重视女官的设置,因袭前代制度,创立了"宫官女职"之制,并经过数次更定后,在洪武末年形成了一套系统独立、机构完备的女官制度。女官这一宫廷女性群体,凭借自身的才干,将繁杂琐碎的宫廷事务管理得井井有条,又以其学识和德行赞襄后妃,表率宫女,对维持宫闱的雍肃产生了有益的影响。然而,对这一明代宫廷中重要的女性群体,长期以来,学术界并未予以充分的关注和研究,因此留下不少可以继续深入探索的空间和尚未填补的空白。后宫真正的主宰是至高无上的帝王,女官的设置蕴含着专制皇权下帝王对拥有一个雍肃和睦、井然有序的后宫的设想,是保障皇权正常运转的辅助手段,以宫廷女性群体的中间群体为切入点,来分析和研究明代宫廷史,对明代政治史、宫廷史以及女性特殊群体的研究都具有积极的意义。

　　近百年来,对明代宫廷女性的研究成果已经涉及了女性群体的若干层面,做出了开拓性的贡献。如邱仲麟的《明代遴选后妃及其规制》(《明代研究》第十一期,台北:中国明代研究学会,2008 年 12 月)对有明一代各朝从民间甄选后妃的情况进行了系统的梳理，在论及采选程序时指出"其采选过程与选宫人相差不多"，他的《明代宫女的采选与放出》（第二届明代宫廷史国际学术研讨会会议论文，2011 年）对有文献可考的明代历次宫女的采选与放出进行了极为系统全面的梳理，作者还对明代宫人数量进行大致估算，认为，永乐年间可能人数较多，万历以后最多应在两千人上下。不可回避的是，现有的研究呈现的主要特点有三，一是基本都包括制度建立、机构设置、女官采选、制度影响这几个方面，大都是静态描述，内容比较简单且雷同的文字不少。第二，仅有的研究主要围绕制度本身或执行中的一些规定进行粗线条的描述，大都缺少更为深入的探讨，关于后妃与政治层面的论著还比较丰富，又以人物传记、描述文字居多，但诸如机构设置及职掌的详细规定，不少论著是将史料中的记载或全部或部分罗列出来，对制度规定的实施与成效的深入分析和研究都严重不足。第三，不论是其中某一方面还是这一制度的发展，研究都不完整，多是对某一阶段的概括，而缺乏连续性，这一制度在整个明代盛衰兴革的轨迹实际上并不明晰。

造成上述情况的原因，很大程度上是女性群体牵涉宫闱禁地，除后妃的记载有些材料外，大部分多隐幽不清，相关材料不够充分。以上多数论著中参考和引用的史料多有雷同，且不外乎那么几种，而且这些材料基本详于明前期，后期则比较缺乏。所以挖掘更多的材料，则使研究能够更深入更完整。

在史料方面，记载明代宫廷史的材料是比较丰富的，对宫廷女性的记载颇为分散，但仍然存在深入发掘和扩展的可能。官修正史方面，作为明代史料之源的《明实录》就是以皇帝、皇室和宫廷为中心来编修的，其中有丰富的宫廷史料，它们对宫廷女性制度的创立、历次更定、机构设置、不同时期的采选以及与制度相关的政策规定等皆有记载。实录的内容可与《明集礼》《明会典》《礼部志稿》《明史》等系统记载明代典章制度的典籍对照阅读,大体可理出宫廷制度的属性和沿革。清代官修的《古今图书集成·宫闱典》中辑录了历代宫廷史料,其中《宫闱总部》《宫女部》等部分,包含历代女性制度、纪事、艺文等内容,《续文献通考》中对明代女性制度亦有记载。明清两代私修的史书中,亦对宫廷典制、后妃女官制度、机构设置等方面有所记载,其中也不乏明代后妃的传记,在这些传记中亦可见零散的关于中下层人物及其事迹的内容,如查继佐《罪惟录》、何乔远《名山藏·坤则记》、杨继礼《皇明后纪妃嫔传》、傅维鳞《明书》、毛奇龄《胜朝彤史拾遗记》等,都有零散的记载。明清时期的笔记文集也是相关史料的重要来源。一些记述明代北京史地的著作中也会涉及宫廷典制和宫闱内事,不少内容皆是正史未载的。如孙承泽《春明梦余录》和《天府广记》、史玄《旧京遗事》、沈榜《宛署杂记》、宋起凤《稗说》、吴长元《宸垣识略》。沈德符的《万历野获编》是前述相关论著中引用较多的一部明人笔记,其中有专门章节言及宫闱之事,并且专设标题,论及女性事迹。《酌中志》和《明宫词》是这些笔记文集中应予以重视的两部。与其他笔记文集不同的是,《酌中志》的作者刘若愚是宫中的一名宦官,经历万历、天启、崇祯三朝,其著作中详细记述了宫廷种种事迹,包括朝中政事、日常生活、宫中规制、饮食好尚等等,皆是其耳闻目睹,其中不乏对宫中女性人物的记载,宫闱之人记宫闱之事也就更加翔实可信。宫中的传闻轶事为明清的文人们提供了很多创作素材,出现了大量宫词作品。《明宫词》一书收录了明清之人创作的十五种宫词作品,这些宫词的作者有皇室成员,有宫廷女官,有朝中大臣,有著名文士,有一介布衣,他们用诗词记录或描述一代宫廷史,很多皆是正史所不载的珍贵材料。前述的个别论著中已有利用宫词对宫廷女性进行研究,但大量宫词材料尚未得到很好的挖掘利用,这些都是研究明代宫廷史,包括明代宫廷女性史不可或缺的素材。还有一些笔记文集中亦零散分布着有关女官或宫人的材料，在此不一一叙述，详见参考文献。明代帝后主持编纂或撰写的典籍亦有辅助作用，这些典籍中的相关内容能反映出统治者在制定制度时的初衷、态度以及期望，其中也有统治者对宫中生活的描述。相关典籍包括《皇明祖训》、《大明太宗皇帝御制集》、仁孝皇后《内训》、《大明宣宗皇帝御制集》等。

本书的谋篇布局，主要围绕宫廷女性制度、女性群体和女性生活等三个方面展开，考虑到各方面在内容上的差异，章节在安排上又没有受制于此。由于明代宫廷女性史的若干方面前人已有研究，本书也没有追求各部分的面面俱到，而是重点关注了前人研究不多或很少研究的制度层面，比如女官制度的方方面面都有深入探讨，公主部分也尽可能做到全面。而后妃作为宫廷女性最重要的群体，由于前人的研究已有涉及，本书则重在前人研究较为薄弱的环节设置了三章，意在将前人的研究推向深入。这就是本书写作的基本思路和目标。

第一章 明代后妃的选择与册立

凡有帝王,必置后宫。明代自太祖肇基,便立纲陈纪,首严内教,上承前代之制,又在不断创造、更定、完善着自家的规则。在这个由宫廷女性组成的庞大体系中,上有后妃系统,中有宫官机构,下有宫女群体。各类宫廷女性,皆有严格的等级,有烦琐的礼仪,有严密的制度,有和睦恭肃、雍容华贵之态,亦不乏惨绝凄清、斑斑血泪之景。萧墙之内的波谲云诡,哪一桩不牵动朝堂,宫廷之中的盛衰荣辱,哪一件少得了宫廷女性的身影? 明代 277 年的国祚,277 年的宫廷女性史,史籍中的只言片语,总禁不住让人猜测、想象,欲一探究竟。后宫制度与帝王之制紧密相连,是一个朝代皇权运作最直接的映射。

第一节 后妃的遴选

有明一代各种典章制度的创制,多出自太祖朱元璋之手,其中当然也包括后宫的各项制度。《明史·后妃传》言,"终明之代,宫壸肃清,论者谓其家法之善,超轶汉唐"[1]。建国伊始,太祖有鉴于前代宫闱

---

[1] 〔清〕张廷玉等:《明史》卷一百十三《列传第一·后妃一》,北京:中华书局,1974 年,第3503 页。

之失,制定了严格的制度约束后宫,并写入《皇明祖训》,著为"内令",要求子孙后代严格遵行。对于后宫女性的来源,"内令"中做出了明确规定,即"必须选择良家子女以礼聘娶",且大臣不得私自进送①,这也成为有明一代遴选后宫女子的统一规定。但是从制度规定到付诸实施是需要一个过程的,明朝建国之初后妃的选择尚没有进行大范围的官方采选,朝廷也尚未制定遴选的具体办法,之后制度标准才不断完备。邱仲麟《明代遴选后妃及其规制》一文,以《明实录》为主要史料,按年代顺序,对明洪武至崇祯十六朝的历次后妃遴选及藩王妃的采选情况进行了细致梳理,明建国前和南明时期亦有所涉及,可以说详尽程度无出其右者,并对选美标准、采选程序及宦官在采选中的影响皆进行了论述。另外,林延清等著《明朝后妃与政局演变》一书中,亦有章节对后妃的选拔条件、程序及采选影响进行了概述。本部分力求在前人基础上对明代后妃采选的特点进行更准确的归纳,尤其对后妃的家庭出身、籍贯、采选地域、品貌等进行详细论述,以补前人论述之不足或尚可深入探讨之处。

一　后妃的来源

(一)太祖后妃来源复杂

太祖朱元璋于元末乱世投身起义,十多年戎马生涯,削平群雄,夺得天下,建国称帝时已 41 岁。此时的朱元璋已妃嫔众多,除了马皇后,有很多都是在建立明王朝之前的战争年代所纳,出身也比较复杂。有的来自起义军中的将领之家,如马皇后为郭子兴养女,惠妃郭氏为

---

① 〔明〕朱元璋:《皇明祖训》,《四库全书存目丛书》史 264,政书类,济南:齐鲁书社,1996 年,第 179 页。

郭子兴之女。① 有的出身元朝仕宦之家，如贵妃孙氏，其父仕元，后在战乱中父母俱亡，随次兄至扬州避乱，被青军元帅马世熊收为义女，后嫁给朱元璋。② 也有的来自普通民户之家，如郭宁妃，其父濠州人郭山甫，据说善于看相，朱元璋寒微之时一次路过他家，郭山甫见之认为其相贵不可言，不仅让两个儿子郭兴、郭英追随朱元璋，还将女儿嫁给了他，后封为宁妃。③ 朱元璋可能还在平陈友谅后将其宫妃占为己有。《罪惟录》记载："达定妃（或曰即阇妃），汉友谅宫人，册为妃，生潭王梓。"④又引太祖在册封阇妃时所言："朕平诸僭伪，未尝有其妻女，汉我深仇出此。"⑤所以朱元璋可能是出于一种仇恨和报复心理才抢了陈友谅的妃嫔，由此还演变出达定妃所生潭王为陈友谅遗腹子，后潭王起兵造反，欲为父母报仇雪耻，兵败自焚的故事。当然这纯属野史讹传⑥，但朱元璋占有了陈友谅的妃嫔，可能确有其事。正如明人沈德符在其所著《万历野获编》中言："高皇帝提一剑芟群雄，于所平诸国妃主，无选入侍者，惟伪汉违命最久，上心恨之，曾纳其妾。"不过"旋即遣出，深以为悔"⑦。另外，在灭元的过程中，朱元璋也收纳了元宫中的女子，其中有蒙古人，也有高丽人。《明史》记载，含山公主之母是高丽妃韩氏。⑧ 又有翁妃，"系元臣馨吉剌带之族"⑨，也有说她是元顺帝的宫

----

① 《明太祖实录》卷二，乙未春正月辛巳，台北："中央研究院"历史语言研究所校勘本，1962年。

② 〔清〕查继佐：《罪惟录·列传》卷二《皇后列传·马皇后（诸妃美人附）》，杭州：浙江古籍出版社，1986年，第1145页。

③ 《明史》卷一百十三《列传第一·后妃一·郭宁妃》。

④ 《罪惟录·列传》卷二《皇后列传·马皇后（诸妃美人附）》，第1145页。

⑤ 《罪惟录·列传》卷四《同姓诸王列传·潭王梓》，第1221页。

⑥ 参见吴晗：《朱元璋传》，天津：百花文艺出版社，2000年，第302页。

⑦ 〔明〕沈德符：《万历野获编》卷三《宫闱·国初纳妃》，北京：中华书局，1959年，第71、72页。

⑧ 《明史》卷一百二十一《列传第九·公主》。

⑨ 《罪惟录·列传》卷二《皇后列传·马皇后（诸妃美人附）》，第1146页。

妃，而明成祖朱棣的生母碩妃也可能是蒙古人或高丽人。①

（二）明初选配勋臣之女

成为皇帝后的朱元璋自然也会继续充盈后宫，纳娶更多的妃嫔，同时也开始了对后宫制度的系统建设。《明太祖实录》中记载了三次洪武年间册立妃嫔的情况，分别是洪武三年五月册立贵妃孙氏等六妃②，洪武十七年册立淑妃李氏③，洪武二十六年册立美人李氏为贤妃、葛氏为丽妃、刘氏为惠妃④。这些妃嫔有建国之前就已跟随朱元璋的姬妾，也必然有建国后选入宫的，但是《明太祖实录》中没有关于朱元璋采选妃嫔的记载。而宁王朱权所作宫词中有云："新选昭仪进御来，女官争簇上平台。"⑤作为自幼在宫中长大的皇子，必然看到过父皇选立妃嫔的场景。那么新选妃嫔又来自何处？朱元璋册立李氏为淑妃的册文中云："朕自后崩之后，欲得贤淑之女助朕奉祀宗庙，乃卜诸功臣之家。惟尔李氏最贞，特册尔为淑妃。"⑥可见"功臣之家"是朱元璋的选妃之处。李淑妃之父李杰，为广武卫指挥佥事，洪武初北征时战死。⑦ 还有顺妃胡氏，其父为豫章侯胡美，亦是开国功臣。⑧

不仅仅是自己选妃，朱元璋在为诸皇子选择婚配对象时也多挑选开国元勋宿将之女。洪武四年四月，册立开平忠武王常遇春之女为皇太子妃，其皇太子妃册文曰："昔君天下者，必重后嗣为烝民主，皆选勋

---

① 参见林延清等：《明朝后妃与政局演变》，北京：人民出版社，2014年，第16页。
②《明太祖实录》卷五十二，洪武三年五月乙未。
③《明太祖实录》卷一百六十六，洪武十七年冬十月丙寅。
④《明太祖实录》卷二百二十四，洪武二十六年春正月丁未。
⑤〔明〕朱权等：《明宫词》，北京：北京古籍出版社，1987年，第4页。
⑥《明太祖实录》卷一百六十六，洪武十七年冬十月丙寅。
⑦《明史》卷一百一十三《列传第一·后妃一》
⑧《明太宗实录》卷十，洪武三十五年秋七月。

德之家,贞良女子以媲之……"①同年九月,在册故元太傅、中书右丞相、河南王王保保之妹为秦王妃的册文中又说道:"朕君天下,封诸子为王,必选名家贤女为之妃。"②之后,名家功臣便不断地与皇家结为姻亲。洪武六年八月,册永平侯谢成女为晋王妃③;洪武八年十一月,册卫国公邓愈女为秦王次妃④;洪武九年正月册魏国公徐达长女为燕王妃(成祖仁孝皇后)⑤;洪武十年六月册宋国公冯胜女为吴王橚妃⑥;洪武十二年二月册大都督府都督佥事王弼女为楚王桢妃⑦;洪武十五年二月册安陆侯吴复女为齐王榑妃⑧;洪武十八年是册立亲王妃最频繁的一年,三月册信国公汤和女为鲁王檀妃⑨,五月册前军都督佥事于显女为潭王梓妃⑩,九月册靖海侯吴忠女弟为湘王柏妃⑪,十月册永昌侯蓝玉女为蜀王椿妃⑫;洪武二十四年九月又册徐达第二女为代王桂妃⑬;十二月册颍国公傅友德女为晋世子妃⑭;徐达第三女后来被册为安王妃⑮。由此可见,与其说朱元璋是为诸皇子选妃,倒不如说是在勋贵大臣之家挑选合适的女儿进行指婚,且明初不论是朱元璋选妃还是为皇子选妃,尚未见有关向民间进行大范围征选的记载,一方面可能

①《明太祖实录》卷六十四,洪武四年夏四月戊申。
②《明太祖实录》卷六十八,洪武四年九月丙辰。
③《明太祖实录》卷八十四,洪武六年八月戊寅。
④《明太祖实录》卷一百二,洪武八年十一月甲子。
⑤《明太祖实录》卷一百三,洪武九年春正月壬午。
⑥《明太祖实录》卷一百十三,洪武十年六月庚申。
⑦《明太祖实录》卷一百二十二,洪武十二年春二月庚子。
⑧《明太祖实录》卷百四十二,洪武十五年二月壬申。
⑨《明太祖实录》卷百七十二,洪武十八年三月乙酉。
⑩《明太祖实录》卷一百七十三,洪武十八年五月甲申。
⑪《明太祖实录》卷一百七十五,洪武十八年九月庚辰。
⑫《明太祖实录》卷百七十六,洪武十八年冬十月壬辰。
⑬《明太祖实录》卷二百十二,洪武二十四年九月丙午。
⑭《明太祖实录》卷二百十四,洪武二十四年十二月己卯。
⑮《明太祖实录》卷一百七十一,洪武十八年二月己未。

是制度未定,更重要的应该是出于政治联姻的考量,朱元璋希望通过联姻的方式进一步笼络开国的功勋之臣,以达到稳定人心、巩固统治的目的。

(三)采选民间女子

根据《明实录》的记载,洪武二十七年,太祖首次颁布了甄选民间女子以备皇家选婚的敕谕:

> 上以皇孙及诸王世子、郡王年渐长未婚,敕礼部于河南、北平、山东、山西、陕西,凡职官及军民家,或前朝故官家女,年十四以上十七以下,有容德,无疾而家法良者,令有司礼遣之,俾其父母亲送至京,选立为妃。其不中选者,赐道里费,遣还。有司用是扰民者,罪之。[1]

这次太祖为孙儿辈选婚,不再考虑勋贵之家,而转求于地方官民或前朝故官之家,可能与蓝玉案有关。[2] 洪武二十六年,凉国公蓝玉以谋反之罪被族诛,连坐被诛者有一万五千多人,再加上胡惟庸一案连坐族诛者三万多人,胡蓝之狱前后共杀了四万五千多人,随朱元璋起家的淮西勋贵们大部分被消灭[3],"元功宿将相继尽矣"[4]。从此,皇家选婚的对象不再是功勋宿将之家,或许朱元璋也在考虑,自他的孙儿辈起,不会再有势力庞大的勋贵外戚了。

洪武二十八年八月,太祖再次命礼部派人去地方采选官民之家女子,为诸王和世子未婚者选配。[5] 九月,册兵马指挥张麟女为燕世子高

---

① 《明太祖实录》卷二百三十一,洪武二十七年春正月丙寅。
② 参见邱仲麟:《明代遴选后妃及其规制》,《明代研究》第十一期,台北:中国明代研究学会,2008 年 12 月。
③ 参见吴晗:《朱元璋传》,第 272 页。
④ 《明史》卷一百三十二《列传第二十·蓝玉》。
⑤ 《明太祖实录》卷二百四十,洪武二十八年八月辛巳。

炽(仁宗)妃①;十月,册光禄少卿马全女为皇太孙允炆妃②。从为这两位皇孙所选妻子的出身来看,确实已非公侯勋贵之家。燕世子妃(即仁宗诚孝皇后)之父张麟兵马指挥一职,可能还是因女儿被选为燕世子妃而授予的。③但洪武二十七年以后,从太祖为皇子所选王妃的出身来看,虽然有不少出自武将之家,但仍没有完全排除功臣之家。④如洪武二十七年十月,册武定侯郭英女为辽王植妃。⑤成祖即位后,虽也多次下令访求官员军民之家,为诸王、世子选婚,但在为皇弟选妃时,却多少延续了乃父的做法,选择了公侯家之女。如永乐二年,册黔国威毅公吴复的孙女为唐王樫妃。⑥永乐三年,册营国威襄公郭英女为郢王栋妃。⑦不过此时吴复和郭英皆已去世⑧,公侯勋贵之家的势力已不可和洪武时同日而语了。永乐时期,成祖曾四次为皇子、皇孙、诸王并世子等选婚,皆是谕命礼部自地方或在京官员、军民及前朝故官之家选择符合要求的适龄女子婚配。⑨由此皇家选婚自民间访求,当成为定制。正如明人王世贞所言:"国朝自成祖而后,后妃不选公侯家。"⑩以下依据《明史·后妃传》中有传文记载之后妃,并结合《明实录》、查继佐《罪惟录》、傅维鳞《明书》、毛奇龄《胜朝彤史拾遗记》等所记,以表格形式列出明朝历代主要后妃的籍贯和家庭出身情况。(见表一)

---

① 《明太祖实录》卷二百四十二,洪武二十八年闰九月壬午。
② 《明太祖实录》卷二百四十二,洪武二十八年冬十月癸卯。
③ 《明史》卷三百《列传第一百八十八·外戚》。
④ 参见邱仲麟:《明代遴选后妃及其规制》。
⑤ 《明太祖实录》卷二百三十五,洪武二十七年冬十月己卯。
⑥ 《明太宗实录》卷三十三,永乐二年秋七月戊寅。
⑦ 《明太宗实录》卷四十八,永乐三年十一月甲午。
⑧ 据《明史》卷一百三十《列传第十八》,吴复卒于洪武十六年,郭英卒于永乐元年。
⑨ 见《明太宗实录》卷十一,洪武三十五年八月甲寅;卷二十一,永乐元年六月癸卯;卷五十七,永乐四年闰七月辛酉;卷一百五十九,永乐十二年十二月己卯。
⑩ 〔明〕王世贞:《弇山堂别集》卷九《皇明异典述四·外戚握兵权》,魏连科点校,北京:中华书局,1985年,第165页。

表一 明代主要后妃基本情况简表

皇帝	后妃	籍贯	家庭出身情况	
			父名	父职(出身)
太祖	马皇后	宿州(今安徽宿州)	马公	追封徐王
	孙贵妃	陈州(今河南周口市淮阳区)	孙和卿	元末仕宦①
	李淑妃	寿州(今安徽寿县)	李杰	广武卫指挥
	郭宁妃	濠州(今安徽凤阳)	郭山甫	累赠营国公,长子郭兴封巩昌侯,次子郭英封武定侯
惠帝	马皇后	直隶濠州②(今安徽凤阳)	马全	光禄少卿
成祖	徐皇后	直隶凤阳府濠州(今安徽凤阳)	徐达	魏国公,追封中山王
	王贵妃	直隶苏州府(今江苏苏州)		仕宦在京③
	权贤妃	朝鲜	权永均	授光禄卿
仁宗	张皇后	河南归德府永城县(今河南永城)	张麟	授兵马指挥,追封彭城伯④
宣宗	胡皇后	山东兖州府济宁州(今山东济宁)	胡荣	锦衣卫百户,擢光禄寺卿⑤
	孙皇后	山东济南府邹平县(今山东邹平)	孙忠	永城主簿,迁鸿胪寺序班;宣宗即位,册贵妃,授孙忠中军都督佥事;贵妃为皇后,封孙忠会昌伯⑥
	吴贤妃(景帝生母)	南直隶镇江府丹徒县(今属江苏镇江)	吴彦名	都督⑦
	郭嫔	凤阳		

①《罪惟录·列传》卷二《皇后列传·马皇后(诸妃美人附)》,第1145页。

②《罪惟录·列传》卷二《皇后列传·马皇后》,第1147页。

③〔清〕毛奇龄:《胜朝彤史拾遗记》卷一,《四库全书存目丛书》史122,济南:齐鲁书社,1995年,第359页。

④《明史》卷三百《列传第一百八十八·外戚》。

⑤《明史》卷三百《列传第一百八十八·外戚》。

⑥《明史》卷三百《列传第一百八十八·外戚》。

⑦〔清〕傅维鳞:《明书》卷二十《宫闱纪一》,《四库全书存目丛书》史38,别史类,济南:齐鲁书社,1996年,第180页。

续表

皇帝	后妃	籍贯	家庭出身情况	
			父名	父职（出身）
英宗	钱皇后	南直隶淮安府海州（今属江苏连云港）	钱贵	金吾右卫指挥使，授中军都督府都督同知
	周贵妃（宪宗生母）	北直隶顺天府昌平州（今北京昌平）	周能	县民，授锦衣卫带俸千户①
景帝	汪皇后	北直隶顺天府（今北京）	汪瑛	授中城兵马司指挥，进锦衣卫指挥使。汪瑛之父汪泉，世为金吾右卫指挥使②
	杭皇后		杭昱	累官锦衣卫指挥使③
宪宗	吴皇后	北直隶顺天府（今北京）	吴俊	羽林前卫指挥使，因中宫册立升为中军都督府都督同知④
	王皇后	南直隶应天府上元县（今江苏南京）	王镇	顺天府密云县人，以祖任义勇卫千户，因家南京。恩授金吾左卫指挥使，寻升中军都督府同知⑤
	纪淑妃（孝宗生母）	广西平乐府贺县（今广西贺州）	本蛮土官	
	皇贵妃万氏	山东青州府诸城县（今山东诸城）	万贵	县掾史，⑥坐事谪编户顺天府霸州，以女为贵妃恩，历升锦衣卫指挥使⑦
	邵贵妃（世宗祖母）	浙江杭州府昌化县（今属浙江杭州）	邵林	淘沙者，至贫⑧

---

① 《明英宗实录》卷二百八十四，天顺元年十一月甲子。

② 《明史》卷三百《列传第一百八十八·外戚》。

③ 《明史》卷三百《列传第一百八十八·外戚》。

④ 《明宪宗实录》卷五，天顺八年五月辛巳。

⑤ 《明宪宗实录》卷一百二十九，成化十年六月戊寅。

⑥ 《明史》卷三百《列传第一百八十八·外戚》。

⑦ 《明宪宗实录》卷一百四十三，成化十一年秋七月戊午。

⑧ 《罪惟录·列传》卷二《皇后列传·王皇后吴废后纪太后邵太后》，第1162页。

续表

皇帝	后妃	籍贯	家庭出身情况	
			父名	父职(出身)
孝宗	张皇后	北直隶河间府兴济县(今属河北沧州)	张峦	国子监生,授鸿胪寺卿①,弘治年间封寿宁伯,进寿宁侯,卒赠昌国公②
武宗	夏皇后	北直隶顺天府大兴县(今北京)	夏儒	县民,初授锦衣卫指挥使,寻升中军都督府都督同知③
世宗	陈皇后	北直隶大名府元城县(今河北大名)	陈万言	儒学廪膳生员,以长女册立为后,故授鸿胪寺卿,升中军都督府都督同知④
	张皇后	京师(今北京)⑤	张楫	锦衣卫右所正千户,升本卫指挥金事带俸⑥
	方皇后	南直隶应天府江宁县(今江苏南京)祖父时已移居北京	方锐	因其女初封为嫔,授锦衣卫正千户带俸⑦,因女封后,迁都指挥使⑧
	杜康妃(穆宗生母)	北直隶顺天府大兴县(今北京)	杜林	因其女初封为嫔,授锦衣卫正千户带俸⑨

---

① 《明宪宗实录》卷二百八十六,成化二十三年春正月丁未。
② 《明史》卷三百《列传第一百八十八·外戚》。
③ 《明武宗实录》卷一百二十三,正德十年夏四月丁未。
④ 《明世宗实录》卷十七,嘉靖元年八月壬辰。
⑤ 《明书》卷二十一《宫闱纪二》,别史类,第190页。
⑥ 《明世宗实录》卷三十九,嘉靖三年五月丙寅。
⑦ 《明世宗实录》卷一百二十九,嘉靖十年八月戊子。
⑧ 《明史》卷三百《列传第一百八十八·外戚》。
⑨ 《明世宗实录》卷一百二十九,嘉靖十年八月戊子。

续表

皇帝	后妃	籍贯	家庭出身情况	
			父名	父职(出身)
穆宗	元配李妃	北直隶顺天府昌平州(今北京昌平)	李铭	锦衣卫百户,加锦衣卫副千户带俸①
	陈皇后	北直隶顺天府通州(今北京通州)	陈景行	监生,授锦衣卫副千户带俸②
	皇贵妃李氏(神宗生母)	北直隶顺天府通州漷县(今北京通州)	李伟	授锦衣卫都指挥佥事,③升都督同知,④封武清伯,再进武清侯⑤
神宗	王皇后	浙江绍兴府余姚县(今浙江余姚),生于京师	王伟	工部文思院副使,因长女封后,升锦衣卫指挥使,授都督同知,寻封永年伯⑥
	王恭妃(光宗生母)	宣府都司左卫	王朝寀	任锦衣卫百户,赠明威将军指挥佥事⑦
	皇贵妃郑氏	北直隶顺天府大兴县(今北京)	郑承宪	因其女封嫔、进妃、再进贵妃,授锦衣卫正千户带俸,升本卫指挥使带俸,升都指挥使带俸。⑧累官至都督同知⑨
	刘昭妃		刘应节	授锦衣卫正千户带俸,升指挥佥事⑩

① 《明世宗实录》卷三百九十三,嘉靖三十二年正月己亥。
② 《明世宗实录》卷四百六十五,嘉靖三十七年十月壬戌。
③ 《明穆宗实录》卷七,隆庆元年四月甲午。
④ 《明穆宗实录》卷五十二,隆庆四年十二月丁酉。
⑤ 《明史》卷三百《列传第一百八十八·外戚》。
⑥ 《明神宗实录》卷六十五,万历五年八月丁巳、己未;《明神宗实录》卷七十一,万历六年正月己卯;《明神宗实录》卷八十五,万历七年三月丁卯。
⑦ 见《温肃端静纯懿皇贵妃王氏圹志》,刘精义、鲁琪:《明代妃嫔陵园及圹志》,《故宫博物院院刊》1980年第2期。《罪惟录·列传》卷二《皇后列传·王皇后王太后郑贵妃魏慎嫔》中记王氏为北直隶人,第1174页。另,《明书》卷二十一《宫闱纪二》中记王氏为京师人。
⑧ 《明神宗实录》卷一百二十二,万历十年三月乙丑;《明神宗实录》卷一百四十,万历十一年八月戊午;《明神宗实录》卷一百五十二,万历十二年八月辛亥。
⑨ 《明史》卷三百《列传第一百八十八·外戚》。
⑩ 《明神宗实录》卷七十二,万历六年二月癸卯;《明神宗实录》卷一百二十二,万历十年三月乙丑。

续表

皇帝	后妃	籍贯	家庭出身情况	
			父名	父职(出身)
光宗	元配郭妃	北直隶顺天府(今北京)	郭维城	锦衣卫指挥佥事①
	王才人(熹宗生母)	北直隶顺天府(今北京)	王钺	其子王昇天启元年封新城伯②
	刘氏(思宗生母)	海州,籍在顺天府宛平县(今北京)③	刘应元	早卒,崇祯时追赠瀛国公,其子封新乐伯④
	李选侍(称东李者,天启年间封庄妃)	北直隶顺天府宝坻县	李海	李氏之弟国栋,授锦衣卫指挥同知⑤
熹宗	张皇后	河南开封府祥符县	张国纪	监生,授鸿胪寺卿、中军都督府都督同知⑥,后推恩为右都督指挥使⑦
思宗	周皇后	北直隶顺天府大兴县(今北京)	周奎	大兴县民,祖籍苏州。授兵马指挥⑧
	皇贵妃田氏	陕西,居扬州	田弘遇	因女封妃,授锦衣卫指挥使⑨

观明朝历代皇后,马皇后嫁于太祖时,太祖尚在寒微之时,成祖徐皇后出自开国勋贵之家,其后的皇后确实是由朝廷下旨自各地官员、军民之家采选而来。仁宗张皇后和宣宗胡皇后分别是在洪武年间仁宗为燕世子时,永乐年间宣宗为皇太孙时采选自民间,出身于普通武

① 《明神宗实录》卷三百六十五,万历二十九年十一月己酉。
② 《明史》卷三百《列传第一百八十八·外戚》。
③ 《胜朝彤史拾遗记》记载:"刘氏,海州人,后居河间。"见卷六,第396页。
④ 《明史》卷三百《列传第一百八十八·外戚》。
⑤ 见《光庙恭懿庄妃圹志》。
⑥ 《明熹宗实录》卷九,天启元年四月丁丑、戊寅、癸未。
⑦ 《明熹宗实录》卷四十一,天启三年十一月己未。
⑧ 《明熹宗实录》卷七十三,天启六年闰六月壬寅。
⑨ 《崇祯长编》卷九,崇祯元年五月辛未。

官之家。① 宣宗孙贵妃,在胡皇后因病无子被废后,于宣德三年册立为后,其父先世为农家②,初为永城县主簿③,只是个低品阶职官。不过仁宗、宣宗都是在登基之前已婚配,即位后将正妻册立为后,所以明朝至宣宗时,虽然已数度下诏自民间慎选良家女子为皇室婚配,但尚没有真正自民间采选过皇后。直到明英宗即位后的正统六年,太皇太后以英宗以届婚龄,谕礼部于各地"大小官员、民庶有德之家"择求皇后人选④,这是明朝历史上第一次自民间采选皇后。后选得金吾右卫都指挥佥事、海州人钱贵之女,于正统七年五月,举行大婚之礼,并册立为皇后。⑤ 不过钱皇后虽不是公侯之女,倒也非出自庶民之家。其实钱皇后生于武将世家,其曾祖,从成祖起兵,为燕山护卫副千户,祖父袭职,官至金吾右卫指挥使,其父钱贵承袭祖职,数次从成祖、宣宗北征,屡迁都指挥佥事,因钱氏将封后,又授中军都督府都督同知。⑥ 而钱皇后的母家亦是武将出身,其外祖父是明威将军燕山前卫指挥佥事,所以在册立钱皇后的册文中称钱氏"生于勋门"⑦。据上表,实际上明代从开始自民间采选后妃以来,其中有一部分出身自武将家庭或军户者,还有不少来自低品级官吏、地方儒生或平民之家,有些甚至家中极为贫困,如宪宗邵贵妃,其父在杭州是以淘沙寻金为生,因贫困,将女儿卖给杭州镇守太监,邵贵妃才由此入宫。⑧ 而思宗周皇后家也是

① 仁宗张皇后之父张麟授兵马指挥,前文已述;宣宗胡皇后之父胡荣,洪武年间因其长女入宫为女官,授锦衣卫百户,永乐十五年将册胡氏为皇太孙妃时,擢为光禄寺卿,见《明史》卷三百《列传第一百八十八·外戚》。
② 《罪惟录·列传》卷二《皇后列传·孙皇后》,第 1152 页。
③ 《明史》卷三百《列传第一百八十八·外戚》。
④ 《明英宗实录》卷七十五,正统六年春正月乙卯。
⑤ 《明英宗实录》卷九十二,正统七年五月戊寅。
⑥ 《明史》卷三百《列传第一百八十八·外戚》。
⑦ 《明英宗实录》卷九十二,正统七年五月戊寅。
⑧ 《胜朝肜史拾遗记》卷三,第 375 页。

家境贫穷。① 可见自民间采选后妃之后，后妃的来源确实已绝于勋臣权贵之家。不过一朝选在君王侧，不管从前后妃的娘家人有无官职、是贫是富，既然已是皇亲国戚，后妃之父兄在册后封妃之后也多会被授予官职，又以武职居多，比较多见的职位有兵马司指挥、锦衣卫千户、锦衣卫指挥使等，又以锦衣卫官职居多。按《春明梦余录》所记："自正统后，贵妃、尚主公侯、中贵子弟多寄禄卫中，递进用事。"②之后又可能因后妃地位的提升，皇帝荣宠推恩，再次加官进爵，升至都指挥使、都督同知等职，乃至进封侯伯。但外戚得到再多的追崇，也只是名号上的风光和物质上的富足，毕竟后妃之家出自民间，并非高门大户，本无权势根基，"虽爵至公侯，位为师傅，亦优游食禄奉朝请而已"③，即便出现恃宠而骄、怙恩负乘之徒，"所好不过田宅、狗马、音乐，所狎不过俳优、伎妾，非有军国之权，宾客朋党之势"④。所以，后妃选自民间，而"不选公侯家"从源头上就大大降低了外戚干政的可能。清人赵翼所著《廿二史札记》中言："来自民间，则习闾阎生计，可以佐人君节俭之治。若必出于勋旧，则勋而兼戚，戚而兼勋，王氏祸汉，贾氏祸晋，可为前鉴。"⑤由此看来，祖宗所定家法，确实"其意深远矣"。

　　清人赵翼在《廿二史札记》中提及明代后妃采选地域时言："今按明代选秀女之制，亦非通行天下，大概多在京师附近之处。初，两京并重，故妃后尚有南人。……盖有明中叶以后，选妃多在京师，不及远

① 《胜朝彤史拾遗记》卷六，第 401 页。
② 〔清〕孙承泽：《春明梦余录》卷六十三《锦衣卫》，王健英点校，北京：北京古籍出版社，1992 年，第 1224 页。
③ 《弇山堂别集》卷九《皇明异典述四·外戚握兵权》，1985 年，第 165 页。
④ 《明史》卷三百《列传第一百八十八·外戚序》。
⑤ 〔清〕赵翼：《廿二史札记》卷三十二《明代选秀女之制》，曹光甫点校，南京：凤凰出版社，2008 年，第 507 页。

方,恐滋扰也。"①先不论赵翼所言,关于明代后妃来源的地域分布,从上表中亦可有所了解。太祖至成祖时期,表中所列后妃的籍贯多是以南京、凤阳为中心的直隶地区,今属安徽、江苏一带。其中太祖孙贵妃籍贯虽在陈州,但因元末战乱,随其兄避兵至扬州。② 这一地区,元末属河南江北行省及江浙行省北部,是朱元璋发迹及其早期军事活动范围所及的地区,所以在称帝前,朱元璋所纳妃嫔多来源于这一地区。而明朝建立后又定都南京,太祖再选的妃嫔和为皇子所选的妃嫔又多出自开国功臣宿将之家,而尚未自民间采选,所以依然多出自这一地区,少有北方人。成祖时期亦延续此种情况。

表一中,仁宗张皇后和宣宗四位后妃中,有三人籍贯皆属北方的河南、山东,从洪武后期及永乐年间自民间采选良家女以配诸皇孙、诸王世子时所规定的采选范围来看,确实多划定在北方,主要有北平(北京)、河南、山东、山西、陕西③,所以仁宣时期,妃嫔出自北方者可能逐渐增加。自英宗朝以降,除钱皇后和宪宗纪淑妃、邵贵妃籍贯在南方,景帝杭皇后和神宗刘昭妃籍贯不详外,宪宗王皇后祖籍虽在顺天府密云县,但家在南京,故亦不算入其中,其余 22 位后妃皆在北方。世宗方皇后虽籍贯在应天府上元县,但在其祖父时已移居北京④,神宗王皇后籍贯虽在浙江余姚县,但生在京师,思宗生母刘氏海州人,也已落籍宛平县。这 22 位中,属于顺天府或京师即北京的有 16 位。可见,表中所列之后妃,自英宗朝开始以北方人居多,其中又以北直隶尤其北京为最。这似乎比较贴合清人赵翼的总结,即"盖有明中叶以后,选妃

①《廿二史札记》卷三十二《明代选秀女之制》,第 507 页。
②《明史》卷一百十三《列传第一·后妃一·孙贵妃》。
③《明太祖实录》卷二百三十一,洪武二十七年春正月丙寅;《明太祖实录》卷二百四十,洪武二十八年八月辛巳;《明太宗实录》卷十一,洪武三十五年八月甲寅;《明太宗实录》卷一百五十九,永乐十二年十二月己卯。
④ 参见邱仲麟:《明代遴选后妃及其规制》。

多在京师，不及远方，恐滋扰也"①。且成祖虽在永乐十八年迁都北京，但仁宣时期北京仍称"行在"，至英宗正统六年十一月，才最终"定都北京，文武诸司不称行在"②。随着北京首都地位的最终确立，因存在"地近则易采选"之便，后妃出自北方者当逐渐占多数。但必须指出的是，表中所列之后妃，皆是记入《明史·后妃传》者，在皇帝众妃嫔中，是比较重要的，其中有皇帝宠妃，地位尊贵，如宪宗皇贵妃万氏、神宗皇贵妃郑氏、思宗皇贵妃田氏，还有一些虽在当朝为妃，但作为嗣皇帝生母或本生祖母，她们在嗣皇帝即位后会被尊为皇太后，或追尊为皇后，同样具有皇后之名。所以表中所列后妃，自英宗朝开始，其实多数都具有皇后之名。如此，赵翼所言"明中叶以后，选妃多在京师"倒以偏概全了。邱仲麟《明代遴选后妃及其规制》一文中认为，明代皇后多为华北人，而北京居其最。③ 更准确地说，应当是自正统以后，皇后多出自北京。

　　再结合《明实录》中所记载的正统及以后历次采选划定的范围看，正统六年为英宗选后时划定的范围最广，采选地包括北京、北直隶、南京、凤阳、淮安、徐州、河南、山东、山西、陕西。④ 可能因为是真正意义上的第一次为皇帝选后妃，所以规模比较大。之后在天顺、成化、弘治年间，为皇太子即储君选妃时，在基本沿袭这一采选范围的基础上有所缩减，天顺六年、成化二十二年和弘治十八年为皇太子选妃时规定的范围都是北京、北直隶、南京、凤阳、淮安、徐州、河南、山东。⑤ 为世宗采选后妃时，仍然因循此范围。⑥ 采选范围在万历年间可能进一步

---

① 《廿二史札记》卷三十二《明代选秀女之制》，第 507 页。
② 《明史》卷十《本纪第十·英宗前纪》。
③ 参见邱仲麟：《明代遴选后妃及其规制》。
④ 《明英宗实录》卷七十五，正统六年春正月乙卯。
⑤ 参见邱仲麟：《明代遴选后妃及其规制》。
⑥ 《明世宗实录》卷九，正德十六年十二月己亥。

缩减,万历五年神宗选后妃时,从文献记载看南方仅提到南京一地①,
万历九年选九嫔时,范围只规定在北方的北京、北直隶、河南、山东等
地,未提及南京、南直隶等处②。而熹宗选后妃时,南直隶各地又因循
祖宗旧典,划入了采选范围,但山东又未列入。③ 综上所述,明代采选
后妃所划定的地域范围涉及长城以南、长江以北的华北、华东和中原
各地。除了正史、传记中可查到的后妃,目前发掘整理的明代妃嫔圹
志中,对妃嫔的家世籍贯皆有记载,可补正史之阙。如宪宗顺妃王氏,
为苏州府昆山县人;德妃张氏,为江西临江府清江县人。神宗敬嫔邵
氏,为南直隶扬州府泰州人。熹宗纯妃段氏,为南京鹰扬卫人。她们
皆是南方人。另外神宗德嫔李氏、和嫔梁氏、荣嫔李氏、顺嫔张氏的籍
贯皆在河南。④ 所以即使如赵翼所言采选"非通行天下",也绝不仅仅
局限于京师附近,且不仅明初"妃后尚有南人",明中期以后,妃嫔中依
然有不少南方人。

　　需要指出的是,根据圹志记载,神宗敬嫔邵氏是万历九年选九嫔
时被选入宫的,但此次采选划定的地域并没有南直隶,而籍贯扬州府
泰州的邵氏能够入选,原因可能有二。其一,邵氏籍贯虽在南方,但已
迁居北方;其二,在采选过程中,可能具体的采选地点会根据当时的情
况做出调整,与划定范围存在出入。另外,宪宗德妃张氏选自江西,而
《明实录》中所记载的历次后妃采选范围从未提及江西,再如宪宗邵贵
妃籍贯杭州府昌化县,而浙江同样从未列入采选后妃的范围。德妃张
氏的圹志中记载,她是天顺四年五月十二日被选入宫,而宪宗顺妃王

---

① 〔明〕沈榜:《宛署杂记》第十四卷《经费上·宫禁》,北京:北京古籍出版社,1980 年,
　第 140 页。
② 《明神宗实录》卷一百一十五,万历九年八月己酉。
③ 参见邱仲麟:《明代遴选后妃及其规制》。
④ 参见刘精义、鲁琪:《明代妃嫔陵园及圹志》。

氏亦是同一天。天顺四年并无采选后妃的记载,但在天顺三年八月,朝廷敕镇守浙江太监、江西太监、福建少监,以宫中六尚女官缺人任用,需采选良家女十五以上及无夫妇人四十以下能读书写字并通晓算数者入宫,张氏和王氏很可能就是在这次采选中入宫的。所以她们初入宫时的身份就是宫人,后在成化年间因得到宪宗宠幸而得以封妃。宪宗邵贵妃幼时因家贫被卖给杭州镇守太监,太监见其聪慧,教她诗书,稍长大些"有容色,知礼",太监将其带回京,"会中宫选掌礼嫔",于是应选入宫。① 此"掌礼嫔"很可能是宫中掌礼仪教化的女官,邵贵妃初入宫时的身份可能亦只是一个服务于宫廷的女官或普通宫女。从明代历次后妃采选范围看,确实从未提及浙江、江西、福建、湖广这些南方地区,但明前中期的女官宫人多有从南方选入者。(详见"明代女官的采选")宫人本不具有皇帝妻妾的身份,在等级森严的宫廷中,地位卑微,但一旦有机会得到皇帝临幸,则身份便不同以往了。明史中比较著名或颇有影响的后妃中,不乏宫人出身者,如宪宗万贵妃、纪淑妃(孝宗生母)、穆宗李贵妃(神宗生母)、神宗王恭妃(光宗生母)。

除了朝廷下旨自民间采选,也有一些女子并非自官方正式采选渠道入宫,这些当属特例了。正德时,武宗荒于朝政,行事荒诞不羁,虽未见官方采选民间女子的记载,但武宗往往无视祖制规定,接受臣下进献的女子收于豹房,甚至有孕女子亦得宠幸。② 外出巡幸,亦不忘肆意搜刮民间女子,女乐亦得召幸,其中有乐工之妻刘良女,颇得武宗喜爱,并带回京城,"饮食起居必与偕",左右或有人触怒武宗,刘良女私

① 《胜朝彤史拾遗记》卷三,第375页。
② 《明武宗实录》卷一百四十一,正德十一年九月丙午。

下相求，便可一笑了之，武宗身边诸佞幸近臣甚至称其为"刘娘"。① 武宗还召浣衣局妇人入豹房，累年巡幸所过之处带回来的民间妇人，也多留在浣衣局，以致浣衣局"至不能容，饔飧不继，日有死者"，而"上亦不问也"。② 嘉靖年间，世宗亦接受过未经正式采选而进献入宫的女子。嘉靖十四年补选九嫔时，河南开封府延津县军籍李拱臣通状礼部，告称"有女年一十七岁，容貌端庄，堪以选用"，世宗以此女为民人进献而非大臣献纳，欣然接受③，后封李拱臣之女为敬嫔④。嘉靖二十四年九月，李拱臣又和其子李应时欲将次女也进献入宫，此事中间虽有耽搁，但礼部最终奉圣旨"俱照前例行"⑤。

　　宣宗孙皇后亦非通过官方采选入宫。孙氏之父孙忠曾为河南永城县主簿，仁宗张皇后母家即为永城县。张皇后之母彭城伯夫人曾见过孙忠的女儿，此女"姣皙而慧仁"，使彭城伯夫人"奇之"。永乐八年时，成祖想为皇太孙（宣宗）择配，彭城伯夫人对当时为太子妃的张皇后称"孙氏女贤"，于是张皇后言于成祖，成祖就将孙氏接进宫，由张皇后育之，孙氏当时十余岁。⑥ 按《明实录》记载，永乐年间为皇太孙选婚在永乐十二年，十五年册立胡氏为皇太孙妃，而以孙氏为嫔。若孙氏确实是永乐八年入宫，必然不是经采选程序而入的，虽不是进献，倒可算是推荐了。

---

① 《明武宗实录》卷一百六十九，正德十三年十二月戊子。
② 《明武宗实录》卷一百八十二，正德十五年春正月庚寅。
③ 《明世宗实录》卷一百八十一，嘉靖十四年十一月己巳，〔明〕俞汝楫：《礼部志稿》卷六十一《冠婚备考·选淑女·进献淑女》，《文津阁四库全书》198，史部·职官类，北京：商务印书馆，2005年，第352页。
④ 《明世宗实录》卷一百八十四，嘉靖十五年二月丁酉。
⑤ 《礼部志稿》卷六十一《冠婚备考·选淑女·进献淑女》，第352页。
⑥ 〔明〕杨继礼：《皇明后纪妃嫔传》之《皇明后纪·章皇后孙氏纪》；李小林：《万历官修本朝正史研究》，天津：南开大学出版社，1999年，第406页；《胜朝彤史拾遗记》卷二，第362页。

(四)朝鲜贡女

作为宗藩关系国家,朝鲜贡女于中国的现象在元朝相当流行,虽然元朝已有禁止,但明初仍然在延续。明朝继承了元朝的许多政策和制度,有朝鲜女性留在了明朝皇室、宗室群体之中。洪武时期,明廷曾向朝鲜"求亲",但遭到拒绝。永乐至宣德年间,明廷多次自朝鲜采选贡女,除成为皇帝的妃嫔外,另有专门以供歌舞及制作饭食的女子。

永乐年间,成祖曾三次向朝鲜征召贡女,分别在六年、七年和十五年,对朝鲜良家女性13岁以上、25岁以下进行筛选,再从中选择若干人送到明朝来。永乐六年入宫有五位女性,次年二月,权氏受封为贤妃、任氏受封为顺妃、李氏为昭容、吕氏为婕妤、崔氏为美人。[①] 永乐朝在朝鲜共选得8名妃嫔。

宣宗朝扩大了在朝鲜征召贡女的规模和人数,前后计8次,包括"年少的女儿"和"会做茶饭的女仆"[②],选拔期间,朝鲜禁止女性结婚。历次从朝鲜征召贡女,均有宦官口谕,因此相应官员办理时自由度很大。明宣宗喜欢朝鲜人饮食,尤其喜欢朝鲜女厨师做的朝鲜风味豆腐。为了能经常吃到这种豆腐,他还写信给李朝的国王,索要女厨师。宣宗在位十年,共从朝鲜召来"执馔女子"(女厨师)等朝鲜女性100多人,厨役、女仆为数众多。

英宗即位之后,不仅停止了从朝鲜采贡女的行为,还将成祖至宣德朝在宫廷中的朝鲜女性50多人遣送回到朝鲜。此后明朝没有再从朝鲜征召贡女到宫廷中来。[③]

---

①《明太宗实录》卷八十八,永乐七年二月己卯。
②《李朝世宗实录》卷三十一,丙午八年三月丙午。
③ 参阅肖春娟:《明初朝鲜贡女问题研究》,中央民族大学2006年硕士论文。

二　后妃选择标准和程序

（一）采选标准

人们常说帝王后宫六宫粉黛、佳丽三千，后宫应是一个美女如云的地方。而一次次后妃的采选，无疑是一场场盛大的选美，明代宫廷中对于"美人"们的挑选标准又是如何规定的呢？

自洪武后期不再从勋贵之家选女后，从明代历次官方的采选规定看，首先要求的是女子的家庭背景。以明代不同时期采选对于家庭背景的要求为例，成祖即位之初为诸王、世子选婚时要求自"官员、军民及前朝故官礼法之家"访求①，天顺八年为刚即位的宪宗选婚时要求从"大小文武官员、庶民良善之家"选择②；正德十六年为世宗选婚时要求选自"大小官员、民庶善良之家"③。明前期的采选还会涉及前朝故官家庭，总体而言主要在官员、军户和平民之家采选，没有贩夫走卒之辈，更不可能出自娼优之门④，皆是清白正经的人家。前文所列明代后妃出身，亦完全可以与此标准相对应。对于女子的父母的情况亦有具体要求，如"父母俱存、家法严整"⑤，"父母克修仁义，家法齐肃"⑥，"父母贤善，素有家法"⑦，"父母行止端庄，家法齐整"⑧，"父母身家无过"⑨，等等。可见，采选时对于女子的家庭环境、父母为人也是要着重

①《明太宗实录》卷十一，洪武三十五年八月甲寅。
②《明英宗实录》卷三百四十九，天顺七年二月壬申。
③《明世宗实录》卷九，正德十六年十二月己亥。
④《万历野获编》卷十五《科场·礼官误字》，第390页。其中言："……因主上新登极，选宫嫔，例禁娼优隶卒之家，不许就选。"
⑤《明太祖实录》卷二百四十，洪武二十八年八月辛巳；《明太宗实录》卷一百五十九，永乐十二年十二月己卯。
⑥《明英宗实录》卷七十五，正统六年春正月乙卯。
⑦《明宪宗实录》卷三，天顺八年三月庚申。
⑧《明世宗实录》卷九，正德十六年十二月己亥。
⑨《明神宗实录》卷一百一十五，万历九年八月己酉。

考察的。父母俱在,则家庭完整健全,父母德行端正,则家庭和睦,兄友弟恭,邻里关系也会和谐,这样的家庭才可称为"良善"。而采选时,对于女子品性举止的要求,诸如"性资纯美,言动恭和,咸中礼度"①,其实也是对其从小生长的家庭环境的考察,正所谓"宫阃之德,风化之原……女德难知,则察其父母兄弟,家教难悉,则质诸邑里亲邻"②。家教良好的家庭教养出来的女子,才会温静贤淑,端庄敬谨,选入宫中才能具母仪之姿,促宫闱雍肃。宪宗废其吴皇后时的敕谕云:"朕惟皇后所以共承宗祀,表正六宫,非德性淳淑、礼度闲习者不足以当之。尔言动轻浮,礼度粗率,留心曲调,习为邪荡,将何以共承宗祀,表正六宫。"③废后的理由便是德行有亏,举止失当。纵观明代后妃的遴选,不论出自功勋之门还是寒庶之家,"贤淑""端庄"是对女子品性德行一以贯之的要求,这自然也是统治者希望宫闱和睦、宫壸肃清的必然选择,即便有时亦是一个冠冕堂皇的借口。

从流传下来的各种明代后妃传记看,后妃之中确实多贤德之辈,即便出自庶民家庭,亦能知书识礼,或颇具才情。明前期三代皇后——太祖马皇后、成祖徐皇后、仁宗张皇后,可谓历代贤后之典范,马皇后"仁慈有智鉴,好书史",徐皇后"贞静,好读书,称女诸生"④,她们皆尽心辅佐夫君,管理宫闱,整肃内治,善待妃嫔,稳重严正,又宽厚仁慈,对皇帝失当之举多有谏阻纠正,深得皇帝的信任和爱重,也赢得阖宫上下的敬重,马皇后崩逝后,更有宫人作歌思之。张皇后"整斋三朝",为太子妃时,孝公婆至谨,太子失欢于成祖时,妥善回护,为皇太后、

① 《明英宗实录》卷七十五,正统六年春正月乙卯。
② 〔明〕刘玉:《执斋先生文集》卷九《监察御史陈言交修六事》,《续修四库全书》第1334册,第390页。引自邱仲麟:《明代遴选后妃及其规制》,《明代研究》第十一期,台北:中国明代研究学会,2008年12月。
③ 《明宪宗实录》卷八,天顺八年八月癸卯。
④ 《明史》卷一百十三《列传第一·后妃一》。

太皇太后继续赞辅儿孙，知人善任，中外政事虽多有参决，但凛持祖训，谢垂帘之请，"古坤德无典比"①。宣宗胡皇后"贞静恬淡，于世富贵纷华之味泊如也"②。英宗钱皇后"孝谨无妒忌"③，与英宗患难与共，情谊深厚。景帝汪皇后"慈淑有贤德"，"念京师被虏时诸死事及老弱遇害者暴骨原野"，令官校掩埋。④ 景帝欲废宪宗而立己子为太子时，亦据理劝谏。宪宗王皇后"贤而有智鉴"⑤，与胡后、钱后一样，对于妃子的骄宠僭越多能隐忍宽待。世宗张皇后"甚婉娩"⑥，神宗王皇后"性端谨"，熹宗张皇后"性严正"⑦，思宗周皇后"质厚少文，以恭俭起关雎之化，宫中翕然从风"⑧。

为妃者，如太祖孙贵妃"敏慧端丽而娴礼法，言动皆中矩"，马皇后亦称其为贤女⑨，于太祖"有儆戒相成之助，佐皇后，理内治，宫壸肃然"⑩。成祖王贵妃"有贤德，事上及仁孝皇后恭谨，终始如一，处宫闱之内，肃雍有礼，蔼然和后，综理庶事，极井绤，甚为上所重。上晚年有疾，间或急怒，宫人惴惴惧谴，妃委曲调护。盖自皇太子、亲王、公主以

①《罪惟录·列传》卷二《皇后列传·张皇后》，第 1152 页。
②〔明〕杨继礼：《皇明后纪妃嫔传》之《皇明后纪·章皇后胡氏纪》，李小林：《万历官修本朝正史研究·史料篇》，第 405 页。
③《罪惟录·列传》卷二《皇后列传·钱皇后》，第 1156 页。
④《皇明后纪妃嫔传》之《皇明后纪·景皇后汪氏纪》，李小林：《万历官修本朝正史研究·史料篇》，第 410 页。
⑤《胜朝彤史拾遗记》卷三，第 373 页。
⑥《胜朝彤史拾遗记》卷五，第 386 页。
⑦《明史》卷一百十四《列传第二·后妃二》
⑧〔明〕史玄：《旧京遗事》，北京：北京古籍出版社，1986 年，第 7 页。
⑨《胜朝彤史拾遗记》卷一，第 357 页。
⑩〔明〕杨继礼：《皇明后纪妃嫔传》之《妃嫔传·贵妃孙氏》，李小林：《万历官修本朝正史研究·史料篇》，第 422 页。

下，皆倚赖焉"①。宣宗郭嫔"颖悟警敏，贤而能文"②。宪宗邵贵妃"赋资醇秀，闲于女则，及入宫谦恭是履，蔼然雍睦"③。神宗刘昭妃"性谨厚，抚爱诸王"，于天启、崇祯时掌太后玺。④ 光宗庄妃李氏"德性温良，仪容敬慎"⑤。又如神宗生母李太后，不仅是一个有见识和能力的女子，亦有几分才情。据《酌中志》记载，宫中文华殿后殿匾额书曰"学二帝三王治天下大经大法"，即为李太后御书，而后人多以为是神宗御笔。⑥ 思宗田贵妃"性寡言，多才艺"⑦，不仅能抚琴奏笛，亦工写生书法⑧。《明史·后妃传》中赞曰："高皇后从太祖备历艰难，赞成大业，母仪天下，慈德昭彰。继以文皇后仁孝宽和，化行宫壶，后世承其遗范，内治肃雍。论者称有明家法，远过汉唐，信不诬矣。"⑨在皇权独尊的时代，真正实现宫壶肃清，六宫和睦，不可能仅取决于家法的严苛，更不是后妃的意志所能主导的，但后妃品性的重要是毋庸置疑的，高皇后、文皇后以她们的贤德为明代后妃做了表率，后世选入宫闱的女子，多能承高皇后、文皇后遗范，自我约束，身体力行，这是促成后宫秩序井然的重要因素。

关于采选女子的年龄范围，历次皆有明文规定。古代女子及笄之

---

① 〔明〕杨继礼：《皇明后纪妃嫔传》之《妃嫔传·贵妃孙氏》，李小林：《万历官修本朝正史研究·史料篇》，第 422 页。

② 〔明〕杨继礼：《皇明后纪妃嫔传》之《妃嫔传·宣庙郭嫔》，李小林：《万历官修本朝正史研究·史料篇》，第 422 页。

③ 〔明〕杨继礼：《皇明后纪妃嫔传》之《皇明后纪·孝惠皇太后纪》，李小林：《万历官修本朝正史研究·史料篇》，第 413 页。

④《明史》卷一百十四《列传第二·后妃二》。

⑤《光庙恭懿庄妃圹志》。

⑥ 〔明〕刘若愚：《酌中志》卷十七《大内规制纪略》，北京：北京古籍出版社，1994 年，第 150 页。

⑦《明史》卷一百十四《列传第二·后妃二》。

⑧ 〔清〕王昌誉：《崇祯宫词》，《明宫词》，第 80、84、89、92 页。

⑨《明史》卷一百十四《列传第二·后妃二》。

年一般在 15 岁,结发,以笄贯之,亦表示女子到了可婚配的年龄。从明代历次采选规定的年龄范围看,基本在及笄之年上下,年龄上限最高是 20 岁,下限最低出现过 11 岁。英宗与钱皇后大婚时,钱皇后 16 岁①,宪宗与吴皇后大婚时,吴皇后年 17②,孝宗张皇后嫁于尚为太子的孝宗时年 18③,武宗夏皇后大婚时年 14④,世宗陈皇后大婚时年 15⑤,天启年间,信王成婚时,王妃周氏年 16⑥。此外,对所选女子在家中的嫡庶长幼亦有要求。据《宛署杂记》记载,万历五年神宗选婚时,不仅详细登记淑女的姓名、出生年月日时、父母邻里情况,还包括嫡庶和长次。万历二十七年为皇长子选婚时,在已选中的三名淑女中,"沈氏、郭氏俱无违碍,惟阎氏系庶母抚成",于是神宗命"罢之"。⑦

　　世人皆云后宫美女如云,能够成为帝王妃嫔的女子,除了品性纯良,容貌与身体自然也应是千挑万选而择其最优者。明代历次后妃的采选对于女子容貌亦有明确规定,常用的字眼多为"容止端正""容貌端洁""容貌端庄""容仪端淑"。对于身体状况的要求,最重要的自然是"无疾",但这似乎又过于笼统。其实在具体遴选过程中,会对女子相貌体态的诸多方面进行详细的检查和记录。《宛署杂记》记载,万历五年为神宗选婚时,女子的容貌体态方面需要查验"相貌眉目、耳鼻、齿牙、发鬓、身体"⑧。正统六年,为英宗选婚时,太皇太后亦有《遣

①《明英宗实录》卷九十二,正统七年五月壬戌。
②《明宪宗实录》卷六,天顺八年六月癸巳。
③《明宪宗实录》卷二百八十六,成化二十三年春正月壬戌。
④《明武宗实录》卷十五,正德元年秋七月丁酉。
⑤《明世宗实录》卷十八,嘉靖元年九月甲寅。
⑥《明熹宗实录》卷七十二,天启六年六月壬辰。
⑦《明神宗实录》卷三百三十七,万历二十七年七月丙寅。
⑧《宛署杂记》第十四卷《经费上·宫禁》,第 140 页。

中官选婚内谕》，对采选女子的选"美"标准做了具体规定，要求"人物丰伟，头面端方，眉目清秀，耳鼻周正，牙齿齐整，发鬓明润，身无疤废"①。可见后妃的选"美"标准中，容颜之美，不在于多么艳丽迷人，端庄、清秀、明朗、淡雅反倒更得青睐。关于体态的检查，署名纪昀所著《明懿安皇后外传》无疑是记载得尤为详细的，过程如下：

> ……天子分遣内监选女，每百人以齿序立，内监循视之，曰：某稍长、某稍短、某稍瘦、某稍肥，皆扶出之，凡遣归者千人。明日，诸女分立如前，内监谛视耳、目、口、鼻、发、肤、胫、肩、背，有一不合法相去之。又使自诵籍、姓、年岁，听其声之稍雄、稍窜、稍浊、稍吃者皆去之，去者复二千人。明日，内监各执量器，量女子之手足，量毕复使周行数十步，以观其丰度，去其腕稍短、趾稍巨者，举止稍轻躁者，去者复千人，其留者亦仅千人，皆召入宫，备宫人之选。复日，分遣宫娥之老者引至密室，探其乳，嗅其腋，扪其肌理，于是入选者仅得三百人，皆得为宫人之长矣。在宫中一月，熟察其性情言论，而评汇其人之刚柔愚智贤否，于是入选者仅五十人，皆得为妃嫔矣……②

从以上描述看，对采选而来的女子进行筛选时，从头到脚各个部位乃至私密之处皆要进行极为细致的查验，声音、体味、仪态、性情皆不遗漏，稍不达要求，便淘汰。在检选时一般还会事先找来稳婆参与采选③，尤其是对女子身体的检验，查看身体是否有缺陷，以及是否为处子之身。经过上述严格筛选，妃嫔人选可定。接下来，要从这五十

---

① 〔明〕傅凤翔：《皇明诏令》卷十一，《续修四库全书》第 457 册，诏令奏议类，第 227 页。
② 〔清〕纪昀：《明懿安皇后外传》，《纪晓岚文集》第三册，石家庄：河北教育出版社，1995 年。
③ 《宛署杂记》第十卷《三婆》，第 84 页。

人中再选拔三位最优者,从中确定皇后,此处由太妃(神宗昭妃)负责,
"与之款语,试以书画诗算诸艺,得三人为最上乘"。然后,再派遣宫人
于密室中对三人再行复查,最终确定皇后的人选。① 那么经过层层选
拔脱颖而出的懿安皇后(即熹宗张皇后)到底是怎样一位美人呢? 传
中是这样描述的:

> 厥体欣秀而丰整,面如观音,色若朝霞映雪,又如芙蓉出水。
> 发如春云,眼同秋水,口如朱樱,鼻若悬胆,皓齿细洁,上下三十有
> 八。丰硕广额,倩辅宜人,颈白而长,肩圆而正,背厚而平。行步
> 如轻云之出远岫,吐音如白石之过幽泉。不痔不疡,无黑子创陷
> 诸病。②

若确如《外传》中所言,于上千淑女中得此一人,熹宗懿安皇后美丽如
斯,已无需多言。

　　然而《明懿安皇后外传》可信度其实颇值得怀疑,邱仲麟就指出,
其中所记载的采选程序并不符合明代制度,可能掺杂着清人的想象。③
《外传》并未收录于纪昀《阅微草堂笔记》④、《纪文达公遗集》⑤,仅是现
今出版的《纪晓岚文集》将其收录,但是《纪晓岚文集》所收《外传》末尾
没有跋记。而影印 1915 年版的《虞初广志》收录的《外传》,其末尾却
有一处跋记,内容如下:

> 此案传为纪晓岚先生未刻之稿。先生得龚尚书所著《圣后艰

---

① 《明懿安皇后外传》。
② 《明懿安皇后外传》。
③ 参见邱仲麟:《明代遴选后妃及其规制》。
④ 〔清〕纪昀:《阅微草堂笔记》二十四卷,《续修四库全书》第 1269 册,子部·小说家类,第
　　1—392 页。
⑤ 〔清〕纪昀:《纪文达公遗集》十六卷,《续修四库全书》第 1435 册,集部·别集类,第 197—
　　676 页。

贞记》，谓其纪事稍繁，重为删订，复博考他书，自《明史》而外，若《明季稗史》，若《明季南北略》，若《荆驼逸史》，若《酌中志》《甲申传信录》《春明梦录》《彤史拾遗记》《天启宫词注》诸书，无不征引，作为外传一篇，藏于家中。同治庚午，余得于京都厂肆中，读之觉其叙事有法，得史汉之神韵，文虽长而得一线贯串，处处引人入胜，洵才人之笔也。百余年来钞本绝少，珠光剑气，渐就沈埋，而古圣后之淑德懿行，硕貌宏才，亦以湮没不彰，良为可惜，用亟付梓，以广阐扬之志云。西湖散人跋。①

据此跋所言，《外传》是西湖散人于同治九年偶然所得。在此之前，《外传》从未得刊刻，甚至连抄本都绝少，所以并不为世人所知。该跋记还指出，纪昀在编写《外传》时，参考了《明季南（北）略》《荆驼逸史》《酌中志》《甲申传信录》《春明梦余录》《彤史拾遗记》等书。但《外传》的自序及内容中并未提及这些书名，不知这个西湖散人是通过自己考证，还是通过其他渠道得知《外传》参考了上述诸书。至于西湖散人是谁，跋记中并未言明，实不可知。

清末民国时期藏书家赵诒琛②的《峭帆楼丛书》也收录了《外传》，这本《外传》也有西湖散人的跋记，赵诒琛在其末尾记述了他获得并刊

---

① 姜立群编：《虞初广志》卷一《虞初卷补·明懿安皇后外传》，影印光华社 1915 年版，上海：上海书店，1986 年，第 50—51 页。

② 赵诒琛(1869—1941)，字学南，其父赵元益，太平天国时避难荡口镇，收明人抄校善本古籍甚多，诒琛因家学渊源，亦爱藏书。清末民初，刊印了《东观集》《红雨楼题跋》等书，以成先人未竟之业，又于上海建楼七楹，环以深树，藏书楼名"峭帆楼"。1913 年战火起，该楼与图书、板片尽成灰烬。诒琛移居苏州，犹日日从事丹铅，补刊旧版，印行《峭帆楼丛书》18种、《又满楼丛书》16 种、《对树书屋丛刻》6 种。在昆山设赵氏义庄，其庄以积年支出所余购书，建"寄云楼"藏之，并对族人开放，编有《赵氏图书馆藏书目录》，后有《补遗》及《新抄书目》。

印该书的经过,言此书是得自清末藏书家萧穆先生①处,并直言不知西湖散人是何许人也,且推测西湖散人恐怕未如其跋记所言,刊刻了《外传》,所以,赵诒琛当时是首次见到该书。为防止《外传》失传,他在宣统三年刊印百本。民国癸丑年,峭帆楼因战事被毁,藏于其中的《外传》及其刻版也被烧毁。至民国乙卯年,赵诒琛再度刊刻《外传》等书。②无论《虞初广志》还是《峭帆楼丛书》所收录的《外传》都是清末版本,并未见更早的版本,而《外传》广为流传的时间应为民国初年。若如西湖散人所言,《外传》确实是纪昀所作,只是未及刊刻才不被人知,为何纪昀的《阅微草堂笔记》《纪文达公遗集》都未提及或收录该书?难道后人在整理纪昀作品时,独独疏漏了《外传》一书?如此说法似有牵强,西湖散人跋记的内容亦不足为信。从时间上看,《外传》很可能出现在清末,这是一个小说盛行的时期,假托前人成书之风气大盛。在文人眼中,懿安皇后是一位令人惋惜和值得歌颂的女性。与此同时,清末的中国正处于一位女性的掌控之下,大权在握的慈禧皇太后、复杂的国家形势、宫闱的诸多辛秘,都是引人揣测和猜想的话题。故

---

① 据《桐城耆旧传》载:"萧先生,讳穆,字敬甫,一字敬孚。县学生,家世为农。小时,父督之耕,泣而受杖。潜入塾中问字,遇名流宿学,必敬礼,随所往,辄手提布袋裹书数册。闻某所有异本,必钩致之。会乱后,书悉出贾贱,遂大购书,客游公卿闲,布衣朴,野说、书史不离口。馆上海三十年,交游益附笃,于旧故送别,必远出仁望,久之乃去。接后生,必勖以经史大义,其学无专,主博综群,籍喜掌故。……叩以前闻轶事,其所不知,未有能知者也。其相识遍天下,在上海居方言馆,同馆中习西学者,朝夕见,未尝款洽,人亦消其腐拘。没后,藏书散轶,人争传宝,书贾至,盗其收藏,印记价辄倍。暨沈子培提学,蒯礼卿兵备及他相知有力者,共刊其遗文为《敬孚类稿》十六卷。"〔民国〕马其昶:《桐城耆旧传》卷十一《吴挚父萧敬孚二先生传》,《续修四库全书》第547册,史部·传记类,第669—670页。
② 《明懿安皇后外传》,《峭帆楼丛书》第86册,影印台湾大学图书馆藏本,台北:新文丰出版公司,1997年,第516页。

《外传》可能是清末文人借用贤后之名,以古讽今,讽刺现实的作品①。

《外传》的内容明显经过刻意的加工,并融入了各种想象。如记述懿安皇后本乃兜率天司花仙女,先后降世为孝惠张皇后和文宣李皇后,今世为张国纪②养女,十五岁立为熹宗皇后,刚正善谏,是客、魏一党的眼中钉,由于客、魏的陷害,其父削职返乡③。在懿安皇后自缢的说法上也带有奇幻色彩:"(李)岩以河南举人降贼,好称仁义。见后年貌在上等册中,叹曰:'诸珰无良若此。此吾同乡叶,素有圣德,安可使受辱?'城破,亟驰入宫,专觅懿安皇后。使宫婢扶后坐殿上,具衣冠九拜,自通姓名,敕其党严卫拱门而去。及夕,后使得从容自缢死……异香满室,红光烛天,咸见有仙舆冉冉上升,良久始杳。岩乃具棺殡诸殿上,拜哭而去。"④《外传》内容失实之处众多,奇幻色彩浓郁,若只是阅

---

① 薛洪勣:《晚清"皇后系列小说"述略》,《明清小说研究》,2006 年第 3 期。该文指出:"晚清出现了一批描写皇后的小说,这些小说在内容和形式上自成系列……表彰她们的容德,哀怜她们的不幸,突破了传统观念的认定和格局。这些作品当与晚清宫廷事变有关。"此文作者认为《外传》是清末之人假托纪昀之名所写的小说。

② 张国纪是懿安皇后之父。据《明实录》记,"今选得河南开封府祥符县监生张国纪长女为皇后"(《明熹宗实录》卷九,天启元年四月癸未),随后张国纪获封为鸿胪寺卿,官居四品。明代鸿胪寺主要是"掌朝会、宾客、吉凶仪礼之事。凡国家大典礼、郊庙、祭祀、朝会、宴飨、经筵、册封、进历、进春、传制、奏捷,各供其事。外吏朝觐,诸蕃入贡,与夫百官使臣之复命、谢恩,若见若辞者,并鸿胪引奏"(《明史》卷七十四《职官三》)鸿胪寺卿品阶不低,但张国纪很可能仅是挂职鸿胪寺卿。后张国纪再次受到皇帝封赏,"钦授鸿胪寺卿张国纪,为中军都督府都督同知,妻陈氏封夫人"(《明熹宗实录》卷九,天启元年四月癸未),仍只是挂衔之职,如明宪宗的吴皇后之父吴俊、明孝宗的张皇后之弟张延龄、明世宗的肃皇后之父陈万言,这些人都曾被授中军都督府都督同知,说明此职是明代授予外戚常用的阶品,故张国纪授阶升迁经历并无出格之处。张国纪虽为皇后之父,但明熹宗在位 7 年中,魏忠贤与客氏当道,这二人忌惮懿安皇后,进而诬陷张国纪,唆使党羽刘志选、梁梦环,"先后劾国纪谋占宫婢韦氏"(《明史》卷三百《外戚》,第 5141 页)。张国纪因此获罪入狱,后得大学士李国普进言:"君,后,犹父母也,安有劝父构母者?"(《明史》卷三百《外戚》,第 5141 页),才得以放归故里。此后,有关张国纪的记载极少,至崇祯时,他"以输饷进爵为侯"(见《明史》卷三百《外戚》,第 5146 页)。不久之后,张国纪便死于农民军之手。

③《明懿安皇后外传》,第 1—11 页。

④《明懿安皇后外传》,第 9 页。

读其内容，只能算作一部消遣小说而已。但部分内容也有一定的历史依据，并非全部是杜撰之说。如描写选后时，虽然错漏不少，但显然也参考了明清两代的选秀女之制，才会有选取大量秀女，需要几轮筛选，有严格体查等等描写。而且作为以真实历史人物为原型的小说，仅是凭空杜撰和演绎，并不能博得读者的认可，选取一些真实的史料来充实《外传》的内容，是十分必要的做法。仅用《酌中志》与《外传》作对比，见表二：

表二　《酌中志》与《明懿安皇后外传》传文对照表

《酌中志》	《明懿安皇后外传》
先帝后，中宫张老娘娘即懿安皇后也。河南生员张国纪之女。天启元年夏，大婚礼成之后，客氏惮后贤明，遂于宫中捏言，后非国纪之女云，是重犯孙二之女也。①	时有河南人孙二者，重犯辟，在狱中。进忠诱以重利，使言皇后实己所生，犯罪后，与张国纪为养女。客、魏复于宫中潜播流言，并衍之于帝，谓罪人之女。
天启三年，张娘娘觉孕。客氏、逆贤乃逐去宫人之异己者，故托不更事之宫人答应。一日张娘娘偶腰痛，受捶过度，竟损元子睿胎。②	天启三年，后有娠，客魏尽逐宫人之异己者，而以私人承应。后腰胁偶痛，召宫人使捶之，宫人阴欲损其胎，捶之过猛，竟损元子焉。
熹庙中宫张娘娘，今懿安皇后者，秉笔刘克敬奉差，选中二位中之一位也。后性骨鲠，好看书习字。坤宁宫近侍陈德润，逆贤名下，伺后动静，客氏、逆贤惮后。③	客、魏惮之，乃使坤宁宫内侍陈德润伺后动静，日于乾清宫离间之。

　　明末宦官刘若愚所著《酌中志》记载了很多明代宫闱之事，是一部比较翔实可信的史料。《外传》的内容与该书存在相符之处，并不让人意外，毕竟清末可见的大量史料中，已有关于懿安皇后生平的基本记

①《酌中志》卷八《两朝椒难纪略》，第 44 页。
②《酌中志》卷八《两朝椒难纪略》，第 44 页。
③《酌中志》卷二十二《见闻琐事杂记》，第 190 页。

载，而《外传》若借纪昀之名，自然不可能无视基本史实，完全凭空杜撰并演绎。只有将部分真实历史记载，如太后负责挑选皇后人选①，又如选后一定会经过筛选②，同神话、野史结合起来，再加入作者的各种想象，才能使《外传》成为一部卖座的小说。

而《外传》作者用大量笔墨描写选后经过，除了增添小说效果，也有着深刻的社会背景。史载，清代"选看秀女，凡三年一次，引选八旗秀女，由户部奏请日期，届日于神武门外预备，宫殿监率各该处首领太监关防，以次引看。毕，引出，其秀女各给饭食，并车价银两，俱由户部支领。凡一年一次引选内务府所属秀女，届期，由总管内务府奏请日期，奉旨后，知会宫殿监，宫殿监奏请引看之，例同。其赏给饭食并车价银两，俱由广储司支领"③。清代长时间且频繁地选秀女，绝对是劳师动众之举，选秀女对民间的影响也很大。对于秀女的择选过程和方法，普通民众一定存在着各种揣测和遐想，清末文人尤其是那些好事者对于选择后妃更是浮想联翩，然而书写本朝后妃绝不可行，描述前朝后妃则顾忌甚少，也许这种民间的想象正是《外传》诞生的重要原因之一。

于治史者而言，自当坚守论从史出的原则，辨明真伪，依据有限的材料进行合理的推断。但对于文人墨客和民间百姓来说，在不能够获得翔实材料的情况下，便只能以文学强大的加工能力为依托，从想象

---

① 据《明实录》载："癸亥。礼部奏，奉皇太后懿旨选后。请命司礼监择公正内臣，分道选求，从之。"（《明世宗实录》卷十，嘉靖元年正月癸亥，第373页）"丙子。昭圣慈寿皇太后懿旨，大婚选到女子，宜进宫简选，钦天监其择日以闻。先是，司礼监官传谕内阁，以大婚礼取到女子，赴宫简选，欲从。"（《明世宗实录》卷十七，嘉靖元年八月丙子，第520页）

② 据《明实录》载："慎选后妃，必名家淑质，足称母仪，然后入正中宫。"（《明武宗实录》卷五，弘治十八年九月戊申，第183页）

③ 〔清〕鄂尔泰、张廷玉等《国朝宫史》卷八《典礼四·宫规》，《景印文渊阁四库全书》第657册，史部·政书类，台北：商务印书馆，1983年，第144页。

的角度出发,绘声绘色地描摹。懿安皇后的美丽便是典章史籍、野史传说和纷繁想象共同构建的结果。

(二) 采选程序

在历次采选后妃的谕旨中,基本上会涉及采选的程序,以嘉靖皇帝选婚时的谕旨为例:

> 慈寿皇太后诰谕礼部,皇帝年及婚期,宜简贤淑以为之配。尔礼部其榜谕北京、直隶、南京、凤阳、淮安、徐州、河南、山东,于大小官员民庶善良之家,预先用心选求,务择其父母行止端庄,家法齐整,女子年十四、十五,容貌端洁,性资纯美,言动温恭,咸中礼度者,报名在官,待差去官员再行访选,堪中者有司以礼,令其父母亲送至京,钦哉。故谕。①

由此诰谕可知,为皇帝选婚,是由皇太后(或太皇太后)先向礼部下达谕旨,若为皇太子、诸王选婚或皇帝要再选妃嫔,则由皇帝向礼部下敕谕。礼部根据旨意,榜谕各个采选地区,要求符合条件的人家向当地官府报名,根据以往的敕谕,"如本家隐匿不报,许亲邻人等首报"②,各地方官府亦会密切访查,然后等待朝廷派官员再去访选。之后,朝廷会派遣礼部官员或宦官去各地采选。世宗此次选婚,奉皇太后懿旨,"命司礼监择公正内臣分道选求"③,而嘉靖九年选九嫔时,礼部请示世宗"遣本部官二员、司礼监官二员前往直隶、南京、凤阳等处选求",世宗回复"内官不必遣,遂命礼部员外郎李瑜,主事屠应埈、王汝孝、吴龙分往南北两直隶、河南、山东选取"④,于是未派宦官。派官

---

①《明世宗实录》卷九,正德十六年十二月己亥。
②《明英宗实录》卷三百四十九,天顺七年二月壬申。
③《明世宗实录卷》卷十,嘉靖元年正月癸亥。
④《明世宗实录》卷一百十八,嘉靖九年十月壬戌。

员去各地的采选可视为初选，初选选中者由官府提供车船等交通方式，父母亲送至京，参加复选。在京师地区的初选则与地方上略有不同，由礼部派属官会同巡城御史，督令五城兵马司进行访选，将符合条件者的信息详细登记汇总送交礼部仪制清吏司，等待复选。①

复选是将各地初选来的淑女集于京城进行。以嘉靖九年选九嫔为例：

> 礼部奉旨采选淑女于京城内外得一千二百五十八人，请行钦天监择日送赴诸王馆，命司礼监官或皇亲夫人二三人先行选择，然后引见圣母。得旨令礼部送赴馆，俟内夫人、女官选毕，引诣圣母前择用，著为令。②

各地选来的淑女会择日送入诸王馆以待复选，因父母陪同入京，"各母随住诸王馆供奉外，其各父并从人俱会同南馆安住"③。在诸王馆中的复选由司礼监宦官、皇亲夫人，通常还有女官④共同参与遴选。《明懿安皇后外传》中描写的一轮轮严格的检选过程应是诸王馆中的复选过程，复选时的淘汰比例是相当高的。相貌体态稍有不合，言谈举止略有失当，便会遭到淘汰。按《外传》中的记载，通过层层筛选的淑女还需继续接受一段时间的观察，对其性情、言谈举止做进一步品评，这期间同样需要淑女们时时留意自己的行为举措，小心谨慎，一旦被发现有失当之处，同样还是被淘汰。《枣林杂俎》中记载："天启初选宫，南都以于氏、端氏应，并入内。偶啖面，端氏一箸，于氏再箸，嫌其失仪，

① 《明神宗实录》卷一百一十五，万历九年八月己酉；参见邱仲麟：《明代遴选后妃及其规制》。
② 《明世宗实录》卷一百十九，嘉靖九年十一月辛卯。
③ 《宛署杂记》第十四卷《经费上·宫禁》，第140页。
④ 《宛署杂记》第十四卷《经费上·宫禁》，第140页。

出之。"①似乎只是一个很平常的动作,却使于氏因"失仪"而被淘汰,即便于氏"尤妍丽"。

采选的最后一步,是在精挑细选后留下的十几名或几十名淑女中,确定后妃之位最终的得主。这个最终的决定权一般属于皇太后。嘉靖九年这次选九嫔,最后于嘉靖十年二月,"章圣慈仁皇太后慈训于选中淑女三十人内慎选九人,以充九嫔"②。皇后的人选更是由皇太后来确定,按明制:

> 凡圣上选婚,一后以二贵人陪升,中选之时,皇太后以青纱手帕、以金玉跳脱等事系其臂焉。若不中选,则还其年月帖子于淑女之袖,仍侑银四十两,布八匹,登时送回。此祖宗常制矣。③

皇太后将青纱和金玉手镯系戴在所选皇后的手臂上,用一种颇具古意的方式,以信物为凭,为皇家定下了新儿媳,这种具有仪式感的选择,要比之前那一轮轮赤裸裸的不近人情的筛选验看庄重了很多。而落选的淑女,会发给银两,并送其还家。

按明代制度,选后同时会以所谓"二贵人"陪升,即在采选的最终环节,皇太后会确定三位后妃人选,除皇后外,另两位皆封妃。明代宫廷中有"三宫"之称,皇后为中宫,另有东宫、西宫,就是与皇后同时选定的两位妃子,在众妃嫔中地位尊者。如,《万历野获编》记载:"宪宗大婚时,初选吴氏为中宫,柏氏与王氏为东西二宫。迨吴氏废退,王氏代为后,止存柏妃一人,为初婚三宫之一。"④而孝宗即位后,即立太子

---

① 〔清〕谈迁:《枣林杂俎》义集《彤管·端氏》,罗仲辉、胡明校点校,北京:中华书局,2005 年,第 272 页。
② 《明世宗实录》卷一百二十二,嘉靖十年二月庚辰。
③ 《旧京遗事》,第 7 页。
④ 《万历野获编》卷三《宫闱·孝宗生母》,第 83 页。

妃张氏为后,"笃爱宫中,同起居,无所别宠,如民间伉俪然者"①,且一直未选妃嫔,"即寻常三宫亦不曾备"②。武宗沈贤妃、吴德妃,亦是武宗选后时,与夏皇后陪升的"二贵人",皇太后命封为妃。③ 嘉靖元年册立陈皇后后,又册封文氏为恭妃,张氏为顺妃④,作为东西二宫。陈皇后崩逝,又立顺妃张氏为后。神宗于万历六年正月册立皇后后,二月册刘氏为昭妃,杨氏为宜妃⑤,刘昭妃在天启、崇祯年间,"尝居慈宁宫,掌太后玺"⑥,地位尊贵。思宗中宫为周皇后,东宫为袁贵妃,西宫为田贵妃,两宫贵妃皆有所长,东宫擅长骑马射箭,西宫能书鼓琴。⑦

第二节　后妃的册立和婚礼

婚娶之礼,人伦大道,皇室婚礼,国家重典。婚礼之制严格遵循传统"六礼"程序,即纳采、问名、纳吉、纳征、请期、亲迎,但这只是基本程序。实际上,皇家婚礼在实际执行时在纳采之前,还有较多的准备步骤。比如,皇帝一定要先行冠礼,皇后作为女性,要先行及笄礼,以示成年,方为"人伦之始",此后才可以进入婚配的程序⑧。第一节所讲后妃的采选,就是重要的步骤。皇帝即位后大婚者,行天子纳后之仪,册立皇后的环节包含在婚礼仪式之中,而册立仅仅是婚礼中的一个环节。

---

① 《胜朝彤史拾遗记》卷四,第 377 页。
② 《万历野获编》卷三《宫闱・谢韩二公论选妃》,第 86 页。
③ 《胜朝彤史拾遗记》卷四,第 381 页。
④ 《明世宗实录》卷十九,嘉靖元年十月戊子。
⑤ 《明神宗实录》卷七十二,万历六年二月癸卯。
⑥ 《明史》卷一百十四《列传第二・后妃二》。
⑦ 《旧京遗事》,第 7 页。
⑧ 参见彭勇:《明代皇室冠礼述评》,《北京联合大学学报》2010 年第 2 期。

一　皇后的册立

明代皇帝若不是年幼即位尚未婚配者,通常在即位后即将嫡妻册立为后,明朝历史上,太祖马皇后、惠帝马皇后、成祖徐皇后、仁宗张皇后、宣宗胡皇后、景帝汪皇后、孝宗张皇后、穆宗陈皇后、思宗周皇后皆属于这种情况,她们在自己的丈夫即位为皇帝前已具有了皇太子妃、皇太孙妃或亲王妃的嫡妻身份。但需说明,穆宗陈皇后并非穆宗元配正妻,穆宗为裕王时,选李氏为王妃,李氏于嘉靖三十七年薨逝,又选陈氏为裕王继妃,在穆宗即位后册立为后,因非元配,神主不得祔太庙祭祀。明代还有几位皇帝因年少即位,尚未婚配,故而在即位之后通过采选确定皇后人选,行大婚之礼并册立为后,属于这种情况的分别为英宗钱皇后、宪宗吴皇后、武宗夏皇后、世宗陈皇后、神宗王皇后、熹宗张皇后。以上除穆宗陈皇后外皆是元配正妻立为后,而在明代历史上亦有第一任皇后崩逝而继立皇后或者废皇后而另立之事,如宣宗废胡皇后而立孙贵妃为后,景帝废汪皇后而立妃杭氏为后,宪宗废吴皇后而立王氏为后,世宗陈皇后崩,继立妃张氏为后,后又废张皇后再立方氏为后。所以皇后的册立为明代历朝皆行之重要典礼,作为天子正妻,皇后不仅要统领后宫,更要母仪天下,既是家之主母,更是一国之母,其身份的确立具有家与国的双重意义,所以历来皇后册立之仪烦琐且隆重,体现着皇后在天子妻妾中至为尊贵的地位,有明一代经历数次更定,不断完善。

明代册立的第一位皇后是太祖马皇后,册立仪注始定于吴元年十二月。仪注规定,正式仪式之前需做前期准备,遣使册立的仪式在奉天殿举行,在仪式前一日,相关礼仪负责部门要将所需各种仪式器物陈设摆放到位,设置各引礼赞礼官员的位置及朝向,仪式当天还要在午门、奉天门及殿外陈设仪仗礼乐。当天早晨,伴随三次击鼓,各礼仪官员就位,百官亦着朝服就位,皇帝在礼仪官员的引导下,伴着仪仗大乐登奉天殿御座,仪式的第一个环节,遣使册立仪开始,具体仪注内容为:

> 尚宝卿以宝置于案,卷帘鸣鞭,报时鸡唱讫。礼部官奉册宝各置于案,奉节官、承制官、奉册官、奉宝官及掌节者各入就殿上位,西向立定,举册宝案四人入立于奉册、奉宝官之后,典仪唱"鞠躬",乐作,四拜,平身,乐止,承制官进诣御座前,跪奏请发皇后册宝。承制讫,由中门出中陛,降至宣制位,称"有制",典仪唱"跪",使副跪,承制官宣制曰:"册妃某氏为皇后,命卿等持节展礼。"宣讫,由殿西门入复位。赞礼唱"俯伏","兴",奉册、奉宝官率执事者举册宝案由中门出中陛降,奉节官率掌节者前导,至使副受册宝褥位,以案置于褥位之北,册东宝西。掌节者脱节衣以节授奉节官,奉节官搢笏受节以授册使,册使搢笏跪受,以受掌节者,掌节者跪受,兴,立于册使之左。奉节官出笏退,引礼引册使诣受册褥位立定。奉册官搢笏就案取册,以授册使,册使搢笏跪受册,复置于案。奉册官及册使皆出笏退,复位。引礼引副使至受宝褥位,奉宝官搢笏就案取宝,以授副使,副使搢笏跪受宝,兴,复置于案。副使及奉宝官皆出笏退,复位。典仪唱"鞠躬",乐作,四拜,兴,平身,乐止。引礼引册使押册。副使押宝。掌节者前导。举案者次之。初行乐作,出奉天门止,掌节者加节衣,奉册宝官皆搢笏诣案取册宝,安置龙亭中,奉册宝官退,执事者举案退,仪仗、大乐迎龙亭,以行执节者行于龙亭之前,使副行于龙亭之后,迎送至中宫门外。初册宝将出门,侍仪跪奏礼毕,皇帝兴,乐作,还宫,乐止,引班引文武官以次出。①

------

① 《明太祖实录》卷二八下,吴元年十二月乙丑。

遣使册立仪式结束后，一众礼仪官员奉皇后册宝出奉天门，在仪仗鼓乐引导之下，至皇后中宫门外准备行仪式的第二个环节，即皇后受册之仪。同样在仪式的前一日要进行准备工作，内使监官将所需仪式器物陈设摆放到位，各引礼赞礼的内官和女官的位置及朝向也需确定，仪式当天，在殿上陈乐设置仪仗。受册之仪具体仪注如下：

> 册宝将至中宫门，尚仪奏请皇后首饰袆衣出阁，乐作，至殿上南向立，乐止，司言司宝立于后。及册宝至宫门，使副于龙亭中取册宝权置于门外所设案上，引礼引使副及内使监令俱就位立定，次引册使于内使监令前，称册礼使臣某、副使臣某奉制授皇后册宝，退复位，内使监令入诣皇后殿躬言讫，出复位，引礼引内外命妇俱入就位，读册宝内官及司赞内官俱就位，引礼引册使取册授内使监令，内使监令跪受，以授奉册内官，册使退复位，引礼又引副使取宝授内使监令，内使监令跪受，以授奉宝内官，副使退复位，以俟宫中行礼。内使监令率奉册奉宝官各奉册宝以次入诣皇后受册位前，以册宝各置于案，册东宝西，尚仪引皇后降诣庭中受册位立定，侍从如常仪，司言司宝各就位，内使监令率奉册奉宝内官取册宝以次立于皇后之东西向，内使监令称有制，尚仪赞（会典、礼部志稿写作"奏"）拜兴，乐作，皇后四拜兴，乐止，内使监令宣制讫，奉册内官就案取册授读册内官，读册讫跪以授内使监令，内使监令跪以册授皇后，皇后跪受讫，以授司言，奉宝内官就案取宝以授读宝内官，读宝讫，以授内使监令，内使监令跪以宝授皇后，皇后跪受讫，以授司宝。尚仪赞（奏）拜兴，乐作，皇后四拜兴，乐止。内使监令出诣使副（前）称皇后受册礼毕，使副退诣奉天殿横街南，北面西上立，给事中立于册使东北西向，使副再拜，复命曰：奉制册命皇后礼毕。又再拜平身，给事中奏闻乃退。①

_____

① 《明太祖实录》卷二八下，吴元年十二月乙丑。

受册之礼礼毕后，内官需出宫门向正副使报告仪式完成，正副使亦需至奉天殿横街南复命曰："奉制册命皇后礼毕。"而在皇后宫中，受册礼完成后，皇后升座，接收内外命妇的朝贺和致辞。至此，仪式并未完结，受册礼当天晚上，在奉天殿还要举行百官向皇帝上表、向皇后上笺称贺的仪式。皇后并不参与这一仪式，而是由内使监官接笺入中宫上报皇后。整个仪式的最后一个重要环节是皇后率内外命妇拜谒太庙。谒庙前皇后需斋戒三日，陪同祭祀的内外命妇及赞礼服务人员需斋戒一日。谒庙前一日需对庙庭进行洒扫，设皇后及内外命妇拜位及赞礼服务人员之位。谒庙礼具体仪注如下：

> 其日清晨，宿卫陈兵卫，乐工备乐，尚仪备仪伏及重翟车于中宫外门之外，陪祀外命妇各具翟衣集于中宫内门之外。内使监官奏中严，皇后服首饰九龙四凤冠袆衣，尚仪奏外办，导引皇后出内宫门。司赞奏升舆，皇后升舆至外门之外，司赞奏降舆，皇后降舆，司赞奏升车，皇后升车，宿卫兵仗前导，鼓吹设而不鸣。次尚仪陈仪卫，次外命妇，次内命妇皆乘车前导，次皇后重翟车，内使监人员扈从宿卫复，陈兵仗于后。皇后至庙门，司宾引内外命妇先入，就殿庭东西侍立。司赞奏请降车，皇后降车，司赞引自左门入，就位北向立。司宾引内外命妇各就位，北向立，司赞、司宾各赞"拜"，皇后及内外命妇皆再拜，兴。司赞奏请行事，请诣盥洗位，引皇后至盥洗位，奏盥洗，司盥洗者酌水，皇后盥手讫，奏帨手，司巾以巾进，皇后帨手讫。司赞奏请诣神位前，引皇后由东阶升至神位前，北向立。司赞奏上香者三，司香奉香进于皇后之右，皇后三上香讫，司赞引皇后复位。司赞司宾各赞"拜"，"兴"，皇后及内外命妇皆再拜，兴。司赞奏礼毕，引皇后出自庙之左门，司宾引内外命妇出。司赞奏升车，皇后升车，宿卫陈仪仗，乐工陈乐，

尚仪陈仪仗,内外命妇前导,侍从如来仪。过庙鼓吹振作。还至宫之外门外,司赞奏降车,皇后降车,司赞奏升舆,皇后升舆,至宫之内门外,司赞奏降舆,皇后降舆入宫。[1]

除此之外,皇后受册仪式完成后,还要"会群臣于谨身殿",以正旦宴会之仪于中宫宴会内外命妇。

以上为太祖时所定册后仪注,已是非常烦琐隆重,但与后世皇后册立仪相比,尚是初次执行,并不完备。自永乐时期开始,皇后册立仪的仪式内容不断增订,按《明会典》的概括,"册后之礼,洪武初不预祭告,不特颁诏,永乐始举行,而嘉靖又详谒庙之仪,至隆庆大备矣"[2],而从各朝仪注记载看,修订、增加的内容又远不止于此。明成祖登基后,册立徐皇后时,仪注已有多处变化。以下为仪注具体内容:

> 先期三日斋戒,遣官祭告天地、宗庙,用香币酒脯行一献礼。前一日礼部同鸿胪寺官设诏案于奉天殿中,节册宝案于诏案之南,节案居中,册东宝西。设节册宝彩舆于丹陛之东。尚宝司设宝案,教坊司设中和韶乐及大乐。至日早锦衣卫官设卤簿大驾,内官设皇后受册位于宫中,及设节册宝案节案居中,册东宝西,设香案于节案之前,设内赞二人、引礼二人,设女乐于丹陛之上。上具皮弁服御华盖殿,翰林院官以诏书用宝讫。鸿胪寺官奏执事官行礼毕,奏请升殿如常仪。文武百官具朝服行叩头礼,左右侍班正副使入就拜位,赞鞠躬,乐作,四拜,典乐止。传制官跪奏传制,俯伏,兴。执事官举节册宝案由殿左门出,置御道中,传制官由左门出西向立,称有制,赞正副使跪。制曰:洪武三十五年十一月十

---

① 《明太祖实录》卷二八下,吴元年十二月乙丑。
② 〔明〕申时行等:《明会典》卷四十六《册立一·皇后册立仪》,北京:中华书局,1989年,第321页。

三日册妃徐氏为皇后,授以册宝,命卿等持节行礼。赞俯伏,兴,乐作,四拜,礼毕,乐止。执事官举节册宝置彩舆中,黄盖遮送,乐作,至奉天门乐止。仪仗鼓乐迎节册宝至右顺门外,正副使朝北立,内官捧节册宝由正门入,女乐导迎。节册宝未至之前,引礼请皇后具礼服,宫人侍卫以俟。节册宝将至,引礼导皇后出迎于宫门外。节册宝至,由正门入,皇后随至拜位。内官以节册宝各置于案,乐作,内赞赞四拜,乐止。赞宣册,赞跪,宣册女官取册立宣于皇后之左,宣讫,赞受册,赞搢圭,宣册女官以册跪授皇后,受讫以授女官,女官跪受于皇后之右,立于西。赞授宝其授受一如册。赞出圭,赞兴,乐作,内赞赞四拜,乐止,礼毕。内官持节由正门出,皇后出送于宫门外,内官至右顺门以节授正副使,报礼毕,正副使得报,持节复命。翰林院官以诏书授礼部官,礼部官捧诏书于承天门外,开读如常仪。皇后受册毕,内官先具谒告仪物,翰林院官具谒告文,上率皇后皆具服诣奉先殿行谒告礼,如常仪,谒毕。皇后具服于内殿俟。上具皮弁服升座,赞引女官导诣上前就拜位,行谢恩礼。乐作八拜,乐止,赞礼毕,还宫。是日,内官设皇后座于宫中南向,设诸亲诸命妇拜位于墀内北向,设仪仗女乐,设内赞二人、引礼二人,引礼导长公主、公主及亲王妃。俟皇后具服升座,引礼引诣皇后前行八拜礼,次引六尚等女官行礼如之,次引四品以上外命妇行四拜礼,赞跪,内赞跪致词云:妾某氏等恭惟皇后殿下荣膺册命,正位中宫,礼当庆贺。致毕,赞俯伏,兴,平身,四拜,礼毕。次日文武百官上表,命妇上笺称贺如常仪。①

仪注的行文要比洪武初定时简略,增加的仪式环节包括:其一,册

---

①《明太宗实录》卷十四,洪武三十五年十一月丁亥。

立仪式之前，要斋戒三日，并"遣官祭告天地、宗庙，用香币酒脯行一献礼"。其二，仪式当天，在遣使册立之前，皇帝"具皮弁服御华盖殿，翰林院官以诏书用宝"，然后再至奉天殿行遣使册立之礼，皇帝着皮弁服而非衮冕服。其三，在受册仪式中，册宝即将到达中宫时，皇后需在宫门外迎接，不再是在宫内等候，受册仪式结束后，内官持节出，皇后还需送至宫门外。其四，正副使持节复命后，翰林官员将诏书授礼部官员，由礼部官员捧诏书至承天门外开读。其五，册立仪式后，皇帝率皇后至奉先殿行谒告礼。其六，谒告礼后，皇后还要向皇帝行谢恩礼。另外，在仪式中，襄赞皇后的引礼赞礼人员亦有较大调整，女官的职权加重（此部分将在后文关于女官职掌中详细论述）。增加的仪注内容使仪式环节更加丰富，仪式显得更为神圣，各典礼执事部门人员分工明确规范，体现了明初以来，宫廷各机构职能在不断完善。从增加的环节不难看出，册后之仪亦突出皇权的至高无上，最尊贵的国母身份亦附属于皇权之下，只有皇帝才能赐予。

天顺八年十月，宪宗王皇后的册立仪注中，在谒庙礼、谢恩礼及皇后受贺仪之后，增加了亲王庆贺的环节。亲王先在华盖殿向皇帝行八拜礼庆贺，之后"诣内殿，慈懿皇太后、皇太后前俱行八拜礼毕，又诣皇后前行八拜礼"[1]。

皇后册立仪的再次更定是嘉靖十三年，册立方皇后时，对谒庙仪进行了详细修订。世宗以所上仪注中，"礼部具册后封妃谒告内殿仪，无谒告太庙、世庙之礼"，命翰林院议定。此前的谒庙仪是由皇后率内外命妇拜谒太庙，更定的谒庙仪由皇帝率领后妃一起拜谒太庙、世庙，仪式规格更高，程序也更加烦琐。具体仪注如下：

---

[1]《明宪宗实录》卷十，天顺八年冬十月丙戌。

前期太常寺奏皇帝斋三日，尚仪奏皇后及妃各斋三日，内外诸执事各斋一日。先期太常寺光禄官奏省牲如常仪。所司陈设如时裕仪。是日质明，锦衣卫备仪卫如常仪，内监设皇帝、皇后及妃肩舆于各宫中。皇后及妃受册礼毕，锦衣卫进辂于奉天门。尚仪备皇后及妃翟车于辂后以序。内监奏中外言办，皇帝、皇后及妃各升舆出宫至奉天门。锦衣卫官奏请降舆、降辂，皇帝降舆升辂。尚仪奏请降舆升车，皇后及妃各降舆升车。内外护卫、仪仗随从内执事女官遮以帏幙从行至太庙门西，奏请皇帝辂降，奏请降车，皇后及妃降车，障以龙帏。导驾官导皇帝入，皇后及妃以从。至庙之后，请先期命官捧七庙主升神御座，退。至是，皇帝捧太祖高皇帝主，皇后捧孝慈高皇后主，出升殿之神御座。典仪唱执事各司其事。内赞奏就位，皇帝、皇后、妃各就御拜位。典仪唱"迎神"，乐作，内赞奏跪，搢圭上香，皇帝跪，搢圭，司香官捧香函进于皇帝之左，皇帝上香讫。内赞奏出圭，复位，皇帝出圭，复位，乐止。内赞奏四拜，皇帝、皇后及妃皆四拜，奏兴，平身。典仪唱"奠帛"，行初献礼，乐作，内赞奏搢圭，皇帝搢圭，奏奠帛，捧帛官以帛跪进于皇帝之右，皇帝受帛奠讫。奏献爵，执爵官以爵跪进于皇帝之右，皇帝受爵献于太祖神御前。奏出圭，奏搢圭，皇帝搢圭。奏献爵，执爵官以爵跪进于皇帝之左，皇帝受爵献于高皇后神御前。奏出圭，奏复位，各庙捧主官至此皆上香奠帛，献爵讫，退，奏跪。赞读祝，乐暂止，皇帝、皇后及妃皆跪，读祝官取祝跪读讫，乐复作。奏俯伏，兴，平身，乐止。典仪唱行亚献礼，乐作。司赞女官奏搢圭，皇后搢圭。奏献爵，执爵女官以爵跪进于皇后之左。皇后受爵献于高皇后神御前。奏出圭，复位，各庙捧主官俱献爵讫，乐止。典仪唱行终献礼，乐作，司赞女官启搢圭，宸妃等妃俱搢圭。启献爵，同亚献，但一妃献帝主前，一妃献皇后主前，讫,乐止。太常卿进立于西向,唱赐福祚。光禄寺官捧受如常仪。
内赞奏跪,搢圭,皇帝跪,搢圭。奏饮福酒,皇帝饮讫。奏受胙,皇
帝受讫。奏出圭如常仪,奏四拜,皇帝、皇后及妃皆四拜讫。典仪
唱彻馔,乐作,彻讫,乐止。太常寺卿跪奏礼毕,请还宫,乐作,内
赞奏四拜,皇帝、皇后及妃皆四拜,乐止,毕,退立于东。典仪唱读
祝官捧祝,进帛官捧帛,各诣燎位,各庙捧主官捧回退。皇帝奉太
祖神主纳椟,皇后奉高皇后神主纳椟,讫。导驾官导皇帝、皇后及
妃出,各升辂、升车,至世庙行礼同。礼毕,由来路至升辂升车处,
教坊司官跪奏,乐奏敬祖宗之曲,大乐鼓吹振作,还宫。[1]

除修订谒庙仪外,皇后在受册之后,由皇帝率领行谒告礼不仅只在奉
先殿一处,还增加了奉慈殿和崇先殿。

隆庆元年对皇后册立仪做了最后一次更定,增加了命妇上笺仪,
并规定在颁诏次日命妇行见中宫礼并进笺。[2]

二　帝后的婚礼

皇帝的婚礼称"大婚"。"大婚"乃皇帝婚礼专称,虽皇子册封为太
子,其婚亦不能称"大婚"。[3] 皇帝大婚,乃国之隆礼,"天子纳后,所以

---

[1]《明世宗实录》卷一百五十八,嘉靖十三年正月己酉。
[2]《明会典》卷四十六《册立一·皇后册立仪》,第 324 页。
[3] 成化二十三年,时为皇太子的孝宗朱祐樘婚礼时,宁王奠培进贺称表,表文称其婚礼为"大
婚"。宪宗称惑,令礼部官查旧例以询究竟,礼部官员称:"皇太子婚礼无亲王庆贺例,而于
婚礼加称以'大'亦非所宜。"宪宗因此大为不悦:"婚礼不贺人之序也,今庶民之家尚不行,
此况朝廷乎? 王不据理遵例,乃遣人奉表来贺,虽云致敬,然所谓事之不以礼也。况表中
又不审轻重,谬称大婚,可乎? 宜降敕谕王俾知此意。其长史等官,辅导无状,仍令巡按御
史逮治之。"宪宗的处理倒也得体,既不处置藩王,又表达了对违规者的惩处。参见《明宪
宗实录》卷二九三,成化二十三年八月庚午。

母仪乎天下也"①。皇帝婚礼之前的准备，包括婚龄的讨论、采选工作、婚期的选择和仪注的编订等。

万历《明会典》对皇帝大婚的记载以英宗大婚仪注为基础，并以"【】"形式加注了万历六年的更改情况②。主要程序有：

一是纳采、问名。

二是纳吉、纳征、告期。

三是发册、奉迎，即先行遣使册立为后，再迎娶。发册是钦派正使官等官到皇后家授冠服、"宣册"、"宣宝"等，发册是"奉迎"的一部分，奉迎还有奉皇帝命迎娶皇后之意。

四是庙见与合卺，即在发册亲迎的同一天，皇后入宫之后，要首先举行"庙见"仪式，即"谒庙"，是在皇上和皇后行合卺礼前，先拜谒列祖列宗，以示感谢、祭奠逝去的祖宗。明武宗的合卺礼被完整地记录在《明会典》中。合卺礼在帝后内廷宫中举行，此礼结束后，大婚当天的所有礼仪即告结束，皇帝和皇后入"洞房"。

谒庙的记载文字虽短，却是皇室婚礼必不可少的。关于谒庙的时间，文献记载不甚一致，嘉靖《明集礼》云，皇帝大婚"皇后至宫，择日谒庙"，此制与唐朝时相同，时间安排在"合卺""谢恩"之后③。然，万历《明会典》载奉迎当时即使"庙见"，其在合卺礼之前。查，武宗大婚礼注，其程式几乎和会典所载英宗、神宗婚礼合，且庙见礼在合卺礼之前。皇后出舆，由西阶进，上由东阶降，迎于庭，揖皇后入内殿。内侍请上诣更服处具衮冕，女官请皇后诣更服处更礼服。上偕后诣奉先殿行礼谒庙，是日早，内官于奉先殿陈设牲醴祝帛，毕，伺上偕后至，赞引

① 〔明〕徐一夔等：《大明集礼》卷二五《嘉礼九·天子纳后》，《文津阁四库全书》216，史部·政书类，北京：商务印书馆，2005年。
②《明会典》卷六十七《婚礼一·皇帝纳后仪》。
③《明集礼》卷二十五。

引就拜位。上在东，皇后在西，行礼如常仪[1]。

再，无论《明武宗实录》还是万历《明会典》，俱载合卺礼在谒庙之后，皇帝和皇后分别换去谒庙礼服，上服皮弁，后亦更衣举合卺礼，合卺礼后，再次更"常服"，从服饰的变化，也可看见婚礼仪式的推进情况。此外，英宗和孝宗的谒庙、合卺礼仪注亦严格一致。

五是朝见两宫和谢恩。朝见两宫礼在婚礼的第二天，皇帝要率皇后对健在的皇帝的母亲（皇太后）、祖母（太皇太后）等长辈行朝见之礼。意在表示后廷中的女性高层群体之等级和秩序。

朝见两宫在第二日早，据万历《明会典》："上冕服，皇后礼服，诣某宫。俟某宫礼服升座，赞引引上与皇后诣某宫前。宫人以腶修盘立于皇后左，赞礼赞上，与皇后皆四拜。执事二人举案至某宫前正中。宫人以腶修盘授皇后，皇后捧置于案上。执事女官举案，皇后随案进至某宫前。皇后复位，赞礼赞上与皇后皆四拜，执事者举腶修案彻于西。赞礼毕。皇后还宫。"

朝见两宫是皇后在皇帝的陪同下进行的。皇后须亲自捧腶修盘进于皇帝的母亲或祖母（"某后"）。捧腶修盘的程序是：由执事献上案，然后由宫人将腶修盘递与皇后，皇后捧在手中置于案上。然后由女官举放有腶修盘的案子至太后前，皇后紧随其后。然后由皇后进献给太后。朝见的对象，英宗时是太后，宪宗时是慈懿皇太后和皇太后，武宗时是太皇太后与皇太后，等等。

谢恩礼在婚礼的第三天，谢恩之礼实际是皇后在后宫日常地位的确定仪式。第三天开始，先是皇后在皇帝的陪伴下向皇太后行八拜之礼，接着是回宫之后皇后向皇上行八拜礼，接下来则是皇后接受后宫监局女官的八拜之礼。以谢恩的形式表明了皇后在后宫中的尊崇

---

[1]《明武宗实录》卷十五，正德元年秋七月乙酉。

地位。

六是受贺，也是婚礼的最后环节。皇后入宫之后，在祭拜天地、朝见完太后之后，她在宫廷中的地位即得到了合法化确立。皇后母仪天下，地位殊高。皇上大婚，接受百官朝贺，皇后新任，接受"命妇"朝贺，在京命妇亲往，在外命妇进表。接受祝贺是皇帝大婚的重要组成部分。

据《明会典》：

> 第四日，文武百官具朝服上表庆贺，陈设如常仪。上具衮冕御华盖殿，亲王行八拜礼庆贺，次执事官行五拜三叩头礼，毕，鸿胪寺奏请升殿。【新仪改亲王行礼毕。鸿胪寺官候王退，奏执事官行礼。毕，奏请升殿】导驾官前，导百官进表，行礼如常仪。其亲王行礼，毕，诣内殿某宫前、皇后前，俱行庆贺八拜礼，出。

> 是日，某宫具礼服升内殿，受内外命妇庆贺礼。外命妇进表如常仪。皇后礼服升殿、受内外命妇庆贺礼。外命妇进笺如常仪。

在皇帝大婚的仪注中，最后一项是"盥馈"。盥馈是婚礼之后，皇后在后宫日常生活的正式开始，时间已到了婚后第五日，由皇后向皇太后和太皇太后进膳，作为开始履行媳妇职责的象征。据《明会典》："第五日清晨，尚膳监具膳馐。皇后具礼服诣某宫。俟膳至，赞引引皇后诣前，赞四拜。尚食以膳授皇后，皇后捧膳进于案，复位，赞四拜。赞引引皇后退立于西南。俟膳毕，引出还宫。"

盥馈仪式前后变化不大，唯盥馈对象视情况而定。世宗以藩世入继大统，皇后要行盥馈礼的对象也就非常多了，"皇后诣昭圣慈寿皇太后前赞四拜，尚食以膳授皇后，皇后捧膳进于案，复位，又赞四拜。赞引引皇后退立于西南，俟膳毕引出。诣庄肃皇后宫、寿安皇太后宫、兴国太后宫,礼仪俱如前"①。

三　妃嫔的册立

明代文献可考的皇后以下各等级妃嫔册立仪仅有两种,皇妃册立仪及皇嫔册立仪。明代皇妃册立仪初定于洪武三年太祖册立贵妃孙氏、充妃吴氏、惠妃郭氏等六妃之时,总体形式与皇后册立仪相仿,但等级明显降低。皇帝不御殿,由内臣于谨身殿传旨,一众礼仪官员就位,承制官宣制后,正副使持节奉妃之金册金印至内宫门外,由内官将册印奉至妃宫中,行册封之礼。礼毕,正副使复命,妃在宫中接受内命妇诸亲祝贺后,再至皇帝皇后处谢恩,无百官称贺上表笺仪,无谒庙礼。

永乐七年续定的皇妃册立仪比洪武时期隆重很多,仪式等级明显提升。相较于洪武之制,此次续定的皇妃册立仪与册后仪一样,皇帝亲临奉天殿传制遣使册立,但仪式前无斋戒,不祭告天地、宗庙。典礼当天,一应仪仗礼乐及礼仪官员陈设就绪后,"上御华盖殿,具皮弁服。鸿胪寺官奏执事官行礼毕,奏升殿,导驾官导上升座。文武百官具朝服入班,行叩头礼。侍班正副使入班,就拜位,赞四拜兴。传制官奏传制,俯伏,兴。执事官举节册案由殿左门出,置御道中。传制官由左门出,称有制,赞正副使跪。制曰:永乐七年,某月某日,册某氏为某妃,命卿等持节行礼。赞俯伏,兴,四拜,礼毕"②。正副使等官员持节奉册,至奉天门外,鼓乐相迎至右顺门外,由内官捧节册进入后宫。与永乐时期修定的册后仪一样,在节、册将至各皇妃宫中时,"皇妃具礼服,宫人各执扇卫从,出迎于宫门外,节册至,皇妃随至拜位"。在接下来

①《明世宗实录》卷十七,嘉靖元年八年己亥。
②《明会典》卷四六《册立一·皇妃册立仪》,第325页。

的皇妃受册环节，与洪武时期相比，同样加入女官作为皇妃的引礼赞
礼官员，襄赞皇妃完成仪式，以后亦成定制。受册仪式之后，内官持节
出，皇妃亦需送出宫门。正副使接内官出报册立仪式完毕后，持节复
命。与洪武时期所定仪注相比，此番续定，在妃受贺之前加入了皇帝
率各妃至奉先殿行谒告礼，以及各妃向皇帝行谢恩礼，之后，各妃接受
内外命妇庆贺。仪注如下：

> 是日内官先具祭仪，翰林院具祭文。上具服，皇妃各具妃服，
> 上率诣奉先殿。行谒告礼如常仪，毕。皇妃各具妃服，女官引诣
> 上前，行八拜礼，毕，回宫。同日内官先于宫中设皇妃座、南向。
> 设诸亲及命妇贺位于阶之南、北向，设仪仗，设内赞二人、引礼二
> 人，候皇妃谢恩礼毕，回宫，女官二人导皇妃升座。引礼先引长公
> 主、公主、各亲王妃以次入班，赞行四拜礼，次引郡王妃、郡主、辅
> 国将军夫人以次入班，赞行四拜礼（国初亲王未之国时，有郡王妃
> 以下至夫人行礼，永乐以后俱无），次引六尚等女官，又次引四品
> 以上命妇俱行四拜礼，皇妃俱坐受。①

永乐册妃，仪式环节的设置已与皇后册立仪相近。仁宗即位后，
皇后与皇妃的册立同时进行，仪注合二为一，更具有趋同的趋势。至
宣宗时，因"赐贵妃孙氏宝"②，又开贵妃授宝之先例，地位直逼皇后，受
册宝之仪更是与皇后受册宝之仪相差无几。至成化十二年宪宗万贵
妃晋封皇贵妃，皇贵妃册立用金册金宝自此始。成化二十二年的册立
仪中，在谒告礼后，众妃需"先诣皇太后前行八拜礼毕"，然后再至内
殿，向帝后行八拜礼，再回宫。嘉靖年间，皇贵妃受册用金册金宝已成
定制，贵妃及其以下妃嫔册立则无宝。另外在仪式当日遣使册立之

---

①《明会典》卷四六《册立一·皇妃册立仪》，第 325 页。
②《明宣宗实录》卷十七，宣德元年五月甲午。

前，"寅刻，上具常服告于皇祖，分遣文武大臣告于列圣宗庙。太常寺备香帛脯醢酒果，翰林院撰告文，告庙毕。上具皮弁服，御华盖殿，行礼俱如常仪"①。

皇嫔册立仪嘉靖十年始定。世宗朱厚熜采纳先前吏部尚书张璁所奏"古者天子立后，并建六宫，三夫人、九嫔、二十七世妇、八十一御妻，所以广储嗣也"②，于所选淑女中慎选九人，于妃位以下设九嫔之位，而此前的《明会典》中只有后妃册立的礼仪记载，所以命大臣参考唐代制度，拟出册立九嫔之仪礼。③ 皇嫔册立仪与皇妃册立仪在程序和环节上基本相同，但在冠服及所用圭、册等方面较皇妃有所减杀。册立仪式完毕后的谒告礼是由皇后率九嫔至奉先殿、奉慈殿、崇先殿行礼，而非皇帝。谒告礼的谢恩礼，在向帝后谢恩之前，需先至昭圣康惠慈寿皇太后前、章圣慈仁皇太后前、庄肃皇后前行八拜礼，无命妇祝贺环节。④

妃嫔的婚礼虽然按皇后的仪式，但已大大简化，且受皇帝、皇后因素以及时代因素影响很大，其婚礼的重视程度，也反映了后妃的制度运行和地位的差异。⑤

---

①《明会典》卷四六《册守一·皇妃册立仪》，第 325 页。
②《明世宗实录》卷一百十八，嘉靖九年十月壬戌。
③《明世宗实录》卷一百二十二，嘉靖十年二月庚辰。
④《明世宗实录》卷一百二十二，嘉靖十年二月庚辰。
⑤ 参见彭勇：《明代皇室婚礼仪制述评》，《故宫学刊》（第五辑），北京：紫禁城出版社，2009 年。

第二章　明代妃嫔的等级与晋升

　　明朝自建国伊始便参考唐宋之制,创建各项典章制度,有关宫廷的各项典制更是繁复且等级分明,不论是国家大典、皇室家礼,还是外朝制度、内廷仪注,皆囊括其中。既然明代礼仪制度以唐宋之制为蓝本,其后妃之制亦会参酌承袭之。考唐宋各典籍,内官之制(妃嫔之制)皆有详载,妃嫔等级、名号、人数皆有明确规定。然令人不解的是,在翻检《明实录》《明集礼》《明会典》这些记载明代礼仪制度的官修史书典籍时,有关皇后之下各妃嫔的等级、名号及每一等级的规定人数均未见系统记载,仅有零散信息。

　　明代妃嫔的名号、等级,在以往的一些论著中已有涉及。论著方面,张德信《明朝典章制度》中云:“诸妃之中,又有皇贵妃、贵妃、妃之别。而嫔,明初没有九嫔之名,自后妃以下,杂置诸宫嫔,而兼以婕妤、昭仪、贵人、美人诸位号。”①朱子彦《帝国九重天——中国后宫制度变迁》中论及明代妃嫔名号时言:“明朝妃嫔等级有贵妃、妃、嫔等。……后宫仍设有昭仪、婕妤、贵人、才人、选侍、淑女等。妃嫔中以贵妃地位

---

① 张德信:《明朝典章制度》,长春:吉林文史出版社,2001年,第44页。〔清〕龙文彬《明会要》卷二《帝系二》记载:“嫔:明初,无九嫔名。自后妃下,杂置诸宫嫔,而间以婕妤、昭仪、贵人、美人诸位号。”

最高。"①刘毅的《明代帝王陵墓制度研究》则是诸论著中将妃嫔名号、等级交代得较为明确的,其中言:"明朝之制,皇帝妻妾分十二等,分别为皇后、皇贵妃、贵妃、妃、嫔、才人、婕妤、昭仪、美人、昭容、选侍、淑女。其中皇后一人,皇贵妃、贵妃各一人至数人不等,其余九等自数人至数十人不等。"②但其后妃"十二等"不知出于何典,抑或只是作者从各种材料中总结得出。论文方面则有徐春燕《明代后妃的号》,文中认为:"宫掖妃嫔众多,依照等级,皇帝为其颁以贵妃、妃、嫔、昭仪、婕妤、才人、选侍、淑女等封号。"③需要指出的是,该文将贵妃、妃至淑女皆称为"封号"。另外还有王伟凯《明代后妃的选配与编制》④,刘精义、鲁琪《明代妃嫔陵园及圹志》⑤皆提及妃以下有昭容、昭仪、婕妤、美人等。

综合相关记载和各家之言,明代自皇后之下,有皇贵妃、贵妃、妃、嫔、贵人、才人、昭容、昭仪、婕妤、美人、选侍、淑女。但很显然这些名号并不是在同一时期出现的,其间的演变过程,前人论著多是点到为止,相关问题尚有待厘清,以下试作进一步的论述。

第一节　贵妃与皇贵妃

妃嫔中地位最高的是贵妃,这一观点在多数论著中都出现过。明人沈德符云:"内廷嫔御,尊称至贵妃而极,拜此秩者,历历可数。"⑥贵妃之称在洪武伊始已存在,洪武三年五月,"册妃孙氏为贵妃,吴氏为

---

① 朱子彦:《帝国九重天——中国后宫制度变迁》,北京:中国人民大学出版社,2006年,第56页。
② 刘毅:《明代帝王陵墓制度研究》,北京:人民出版社,2006年,第123页。
③ 徐春燕:《明代后妃的号》,《史学月刊》2004年6月。
④ 王伟凯:《明代后妃的选配与编制》,《紫禁城》1995年第3期。
⑤ 刘精义、鲁琪:《明代妃嫔陵园及圹志》。
⑥ 《万历野获编》卷三《宫闱·列朝贵妃姓氏》,第73页。

充妃，郭氏为惠妃，郭氏为宁妃，达氏为定妃，胡氏为顺妃"①。在洪武元年所定皇后正旦、冬至朝贺仪仪注中，皇妃以下及内外命妇行礼环节，贵妃作为内命妇班首，在陛上拜位与众妃一起行过四拜礼后，"司宾引贵妃由殿东门入至殿上拜位，内赞、司赞同唱跪，贵妃、众妃皆跪"，贵妃再向皇后致词称贺。②洪武七年，孙贵妃薨，《明实录》中所载孙贵妃之生平中有"上即帝位，册为贵妃，位众妃上"③之语。这些皆说明贵妃之位确实在众妃之上。

关于皇贵妃这一名号，以往的一些论著认为，明代有贵妃加"皇"字称皇贵妃者，并不是高于贵妃的一个等级，而是仍属于贵妃之列，只是因皇帝的恩宠而特加"皇"字，以示荣显，待遇还是与贵妃相同的，皇贵妃之称始于宣宗孙贵妃。这一观点的依据皆来自明人沈德符所著《万历野获编》。其中记载：

> 内廷嫔御，尊称至贵妃而极……章皇帝朝则孝恭后亦曾先拜，且特加皇字……然二祖及仁宗朝，尚未有"皇"字，故有册而无宝。④

> 皇贵妃始于宣庙朝，是固然矣……至宣宗孝恭后后，而皇字始专属贵妃矣。⑤

沈氏言之凿凿，后世亦多引用其观点。然《明宣宗实录》记载，孙贵妃即孝恭皇后，洪熙元年七月册为贵妃⑥，宣德元年五月，"赐贵妃孙

①《明太祖实录》卷五十二，洪武三年五月乙未。
②《明太祖实录》卷三十五，洪武元年九月丁酉。
③《明太祖实录》卷九十三，洪武七年九月庚寅。
④《万历野获编》卷三《宫闱·列朝贵妃姓氏》，第73页。
⑤《万历野获编》卷三《宫闱·封妃异典》，第77页。
⑥《明宣宗实录》卷三，洪熙元年秋七月乙亥。

氏宝"①,宣德三年三月册为皇后②,授孙贵妃宝,确实开明代贵妃有宝之先河,但在孙氏被册为贵妃到册为皇后期间,《明实录》中未见其有"皇贵妃"之称。那么沈氏之说根据何在呢?沈氏言太祖、成祖、仁宗三朝的贵妃因"未有皇字,故有册而无宝",那么此句可以理解为因为加"皇"字,所以有宝,但这一因果关系恐难成立,授孙贵妃宝是因为宣宗的偏私以及对孙贵妃觊觎皇后之位的默许,并不是因为加了"皇"字,况且宣宗朝是否有皇贵妃之称尚待证明,但沈氏之言提供了另一个思考的方向,即"皇贵妃"之称的由来是否与赐宝有关。

洪武时定制,封妃时"册用镀金银册","印用金龟钮",即有册无宝有印,印文曰:皇妃之印。③ 按照此规定,洪武三年册封孙贵妃及众妃时,授予孙贵妃的印,其印文也应该是"皇妃之印"。此处"妃"前加"皇"字是对所有妃子的一个统一称谓,且这样的称谓普遍使用于《明集礼》《明会典》这些记载礼仪制度的典籍中。如万历《明会典》卷四十六《册立一》,有"皇妃册立仪",卷六十《冠服一》,有"皇妃冠服"。嘉靖年间册九嫔后,又增加了"皇嫔册立仪""皇嫔冠服"。"皇妃""皇嫔"可以理解为"皇帝之妃""皇帝之嫔",皆是对皇帝妃嫔的统一称谓,就如同皇帝之下有皇太子、亲王,他们的妃分别称为"皇太子妃""亲王妃"一样。那么依此类推,除"皇妃""皇嫔"外,其他名号、等级的皇帝嫔御亦可如此称呼。明人郎瑛所撰的《七修类稿》中即有这样的记载:"太祖二十四子,生母五人……第十七岷王楩,封宝庆,皇贵人所生也;第二十一安王楹,封安州,皇美人所生也。……"④其中,贵人、美人皆加

①《明宣宗实录》卷十七,宣德元年五月壬寅。
②《明宣宗实录》卷三十九,宣德三年三月癸未。
③《明太祖实录》卷五十二,洪武三年五月乙未。
④〔明〕郎瑛:《七修类稿》卷十《国事类·二十四王》,上海:上海书店出版社,2001年,第105页。

"皇"字,和"皇妃""皇嫔"的用意当是一样的。洪武朝,贵妃并没有因地位高于众妃而有"皇贵妃"之称。宣德元年五月赐孙贵妃宝时,行在礼部上呈了具体的"授贵妃册宝仪注",其中并没有册、宝规格及宝文的记载。如果按照洪武时期贵妃亦属于"皇妃"的规定,以及"皇妃之印"的行文,孙贵妃的宝文当为"皇妃之宝",但既然授金宝,就是为了彰显其地位不仅仅是高于众妃,而是直逼皇后,显然,若是"皇妃之宝"是不足以达到这样的效果的。若是"贵妃之宝",似不符合"妃"前加"皇"字的行文,所以,其宝文很可能是"皇贵妃之宝",方能显示其"后之副贰"①的尊贵。但此"皇贵妃"与"妃"前加"皇"字和"嫔"前加"皇"字是同一类称谓,只不过因当时孙贵妃为明代贵妃有宝第一人,所以这一称谓只属于她。那么所谓因恩宠而特加"皇"字之说就不能成立,且并不是因有"皇"字而有宝,反而很可能是因为"皇贵妃之宝"的宝文,才有了"贵妃"前加"皇"字的称谓。由此看来,沈德符"皇贵妃始于宣庙朝"之语,当解释为"皇贵妃"即"皇帝之贵妃",这一称谓可能确实出现于宣宗时期,且具体而言,可能只是出现在孙贵妃的金宝之上,如此方显准确。因为从《明实录》的记载看,赐宝之后,直至孙氏被册为皇后,其名号仍然是贵妃,而不是皇贵妃。赐孙贵妃宝时亦复赐册,若按皇妃之制,册为镀金银册,但既然赐金宝以示身份地位的高贵,很可能册亦用金册。至于宝的规格,郭福祥《明代后妃宝印》一文认为其制应与皇妃印相同②。

在《明实录》中,宣宗的另一位贵妃出现在宣德十年三月,该月"赠皇庶母惠妃何氏为贵妃,谥端静,赵氏为贤妃,谥纯静,吴氏为惠妃,谥贞顺……"①此时，宣宗已驾崩，贵妃何氏等妃皆是"委身而蹈义，随龙驭以上宾"的殉葬宫妃，何氏贵妃的名号系死后追封，所以不会授册宝，更遑论加"皇"字了。沈德符的记载亦有："嗣后则有贤妃何氏，赠贵妃，谥端靖，然而不得皇字矣。"②此处贤妃何氏，谥号为端靖，可能是《明实录》中的惠妃何氏的误记。所以，孙贵妃有宝只是宣德朝有违祖制的特例，贵妃前加"皇"字可能只是依照宝文书写的规定，出现于贵妃金宝上的称谓，确实体现了一种殊荣，一种贵妃有金宝的殊荣，贵妃依然是妃嫔等级中最高的一等。但是"皇贵妃"这一称谓或确实因孙贵妃有宝而出现，这个先例，为后来皇贵妃成为高于贵妃的一个妃嫔等级做了铺垫。

再次册封贵妃是在正统十四年十二月，此时景泰帝已即位，册其妃汪氏为皇后，又册皇太子母周氏为贵妃③，此皇太子就是英宗之子，即后来的宪宗。此次册封并没有赐贵妃金宝的记载，毕竟赐贵妃宝是宣德时的特例，且皇太子非景泰帝之子，景泰帝又有易储之心，其母封贵妃应不会有赐予金宝的殊荣。

景泰七年八月，景泰帝"册封妃唐氏为皇贵妃"④，这是《明实录》中第一次出现"皇贵妃"这一名号，唐氏为景泰帝宠妃，但是否赐予金宝，亦未记载。英宗复辟后，于天顺元年二月废黜景泰帝，唐氏的封号亦被革除，景泰帝死，殉葬。⑤ 但《明英宗实录》中记载唐氏被革除封号时，称"贵妃唐氏"而不见"皇"字。⑥

天顺元年四月，英宗"册立贵妃周氏及诸妃，遣太平侯张軏为正

①《明英宗实录》卷三，宣德十年三月庚子。
②《万历野获编》卷三《宫闱·列朝贵妃姓氏》，第73页。
③《明英宗实录》卷一百八十六，《废帝郕戾王附录》第四，正统十四年十二月甲寅。
④《明英宗实录》卷二百六十九，《废帝郕戾王附录》第八十七，景泰七年八月庚戌。
⑤〔明〕杨继礼：《皇明后纪妃嫔传》，李小林：《万历官修本朝正史研究·史料篇》，第423页。
⑥《明英宗实录》卷二百七十五，天顺元年二月庚子。

使,武功伯徐有贞为副使持节行礼"①。此贵妃即皇太子之母,英宗在复辟后,重新册其长子朱见深为太子后,又再次册立周氏为贵妃,是否有宝,不见记载。而宪宗即位后在为钱皇后及生母周贵妃上尊号时则曰"尊母后皇后为慈懿皇太后,尊母妃皇贵妃为皇太后"②。但是在对仪式的记录中则"贵妃"与"皇贵妃"皆用:

> 次诣圣母贵妃宫,恭上尊号为皇太后,册文曰:臣闻立爱惟
> 亲,德教溥加于四海,尊亲有道,彝章式著于万年,事与昔同,礼由
> 今盛,恭惟圣母皇贵妃,淑慎柔嘉,宽仁慈惠……③

另外,李贤《天顺日录》中有一段记载:

> 上一日言:"宦官蒋冕,虽曾效劳,其实谗乱小人。朕初复位
> 时,即于太后前曰:'皇后无子,亦当换。'朕即斥之,方止。及立东
> 宫,又复曰:'其母如何?'朕曰:'当为皇贵妃。'乃止。"④

李贤所记英宗之言在天顺二年,其中所言"及立东宫"之后的事,当是在天顺元年三月英宗立皇太子之后,四月,周氏被册为贵妃。所以虽然《明英宗实录》中记载册立周氏为"贵妃",但是在册封之后当已有"皇贵妃"之称。综合上述宣德至天顺年间册封贵妃的记载,这段时期唐氏和周氏皆有"贵妃"和"皇贵妃"之称,即两个名号存在混用现象,但不论册封时是否赐宝,"皇贵妃"即指"贵妃"。这一现象当如沈德符所言,"至宣宗孝恭后后,而'皇'字始专属贵妃矣",但依然还是名号上的荣显而非等级上的晋升。

---

① 《明英宗实录》卷二百七十七,天顺元年夏四月丙午。
② 《明宪宗实录》卷三,天顺八年三月甲寅。
③ 《明宪宗实录》卷三,天顺八年三月甲寅。
④ 〔明〕李贤:《天顺日录》,〔明〕邓世龙辑:《国朝典故》卷四十八,许大龄、王天有主点校,北京:北京大学出版社,1993年,第1121页。

《明史·礼志》记载："至宣宗立孙贵妃,始授宝,宪宗封万贵妃,始称皇。"①很显然与沈氏所言相左,但是这一表述并不准确,应该说,"皇贵妃"真正成为高于贵妃的一个等级始于宪宗万贵妃。万氏于成化二年三月因生皇长子而封贵妃②,没有赐宝的记载。然而万氏并没有就此止步于贵妃之位,《明宪宗实录》明确记载,成化十二年十月,"以定西侯蒋琬为正使,礼部尚书兼文渊阁大学士万安为副使,持节册贵妃万氏为皇贵妃,邵氏为宸妃,王氏为顺妃,梁氏为和妃,王氏为昭妃"③。这是《明实录》中第一次有将贵妃册为皇贵妃的记载,且册文中明确提到:"兹特以金册金宝加封尔为皇贵妃,于戏,位亚坤仪峻,陟列妃之首……"自此,"皇贵妃"不再是"贵妃"特加"皇"字以显示尊崇而没有等级区别,而是必须正式经遣使持节行册封之礼后才能有的封号,且赐予金册金宝,皇后之下,内廷嫔御尊称至极当是皇贵妃而非贵妃了。宪宗对于万氏的感情源于幼时的依恋,很特殊,且无人能取代,万氏虽无后名,然行止服用处处骄奢僭越,宪宗更是一味纵容。万氏虽为宪宗所宠却不可能名正言顺地立为皇后。贵妃名号实际已在众妃之上,将万氏由贵妃再次进封皇贵妃,成为除皇后外唯一授予金宝的妃子,给予她皇帝所能给予的最尊崇的地位,或许宪宗认为,这是在感情之外,能够给予万氏的最大的补偿。这可能是促成"皇贵妃"成为真正高于"贵妃"一等之名号的原因吧。成化二十三年正月,皇贵妃万氏薨,"上震悼,辍视朝七日,谥曰恭肃端慎荣靖"④,而妃谥六字更是"本朝创见,则以上异宠特加"⑤。

---

①《明史》卷五四《礼八·嘉礼二》,第 1371 页。
②《明宪宗实录》卷二十七,成化二年三月辛亥。
③《明宪宗实录》卷一百五十八,成化十二年十月戊寅。
④《明宪宗实录》卷二百八十六,成化二十三年春正月辛亥。
⑤《万历野获编补遗》卷一《宫闱·妃谥》,第 802 页。

　　成化以后，亦屡见"贵妃进封皇贵妃"的记载。嘉靖十九年正月阎贵妃薨，"上痛悼诏追封为皇贵妃，赐谥荣安惠顺端僖"①。同月，世宗有感于阎贵妃之薨，下诏册封诸妃嫔曾出皇子及皇女者，其中"进封贵妃王氏、沈氏俱为皇贵妃"，仪注中有"先期内府造皇贵妃金册金宝各二，妃嫔各金银册及冠服玉圭等物"②之语。皇贵妃王氏薨后，谥号为端和恭顺温僖，皇贵妃沈氏薨后，谥号为庄顺安荣贞静。③ 世宗皇贵妃的册封礼仪，以及薨逝后所赐谥号皆仿宪宗皇贵妃万氏之例，而贵妃的谥号则为两字或四字，如宪宗贵妃何氏，谥端靖④，世宗贵妃文氏，谥恭僖贞靖⑤。可见皇贵妃万氏之例已不是宪宗时的特例，至嘉靖年间，册封皇贵妃用金册金宝，皇贵妃谥号用六字已成为礼仪定制，仪制规格、待遇皆高于贵妃。

　　穆宗隆庆元年三月，同样以金册金宝册李氏为皇贵妃⑥，即神宗生母。而神宗宠妃郑氏，则是由嫔逐级进封至皇贵妃的。郑氏，万历十年三月册封为九嫔之一的淑嫔⑦，万历十一年八月册封为德妃⑧，十二年八月，进封德妃郑氏为贵妃，同时亦册封安嫔王氏为荣妃，并先期命内府造二妃的金册金印⑨，十四年三月，以金册金宝进封贵妃郑氏为皇贵妃⑩。四年，郑氏就由嫔晋升至仅次于皇后的皇贵妃之位，足见神宗

①《明世宗实录》卷二百三十三，嘉靖十九年正月乙未。
②《明世宗实录》卷二百三十三，嘉靖十九年正月己亥。
③〔明〕郭良翰：《明谥纪汇编》卷六《尊谥三》，《景印文渊阁四库全书》651 册，史部 409，台北：商务印书馆股份有限公司，2008 年，第 492 页。
④《明谥纪汇编》卷六《尊谥三》，第 498 页。
⑤《太常续考》卷四《长陵等陵事宜》，《文津阁四库全书》198《史部·职官类》，北京：商务印书馆，2005 年，第 660 页。
⑥《明穆宗实录》卷六，隆庆元年三月壬午。
⑦《明神宗实录》卷一百二十二，万历十年三月甲子。
⑧《明神宗实录》卷一百四十，万历十一年八月丙辰。
⑨《明神宗实录》卷一百五十二，万历十二年八月庚戌。
⑩《明神宗实录》卷一百七十二，万历十四年三月丁酉。

对她的荣宠,而郑氏的进封之路则清晰地展现了明后期妃嫔之制中,嫔以上的妃嫔名号和等级顺序,即由嫔往上为妃、贵妃、皇贵妃。另外,神宗亦追封敬妃李氏为皇贵妃,谥号恭顺荣庄端静①,皇贵妃郑氏薨于崇祯三年,谥号同样是六字,为恭恪惠荣和靖②。

此外,礼仪制度中相应规定的变化,亦可间接反映"皇贵妃"确实成为妃嫔等级中的最高一等。以皇太后上徽号仪为例,上徽号仪始于英宗天顺二年,据万历《明会典》记载,上徽号仪中皇太后受贺的环节,"内引礼官引皇后、皇妃、公主行庆贺礼如常仪"③。武宗正德五年为太皇太后、皇太后上徽号时,仪注亦如之,只是太皇太后的受贺仪中"内引礼官引皇太后、皇后、皇妃、公主行庆贺礼如常仪"④。但是嘉靖十五年为两宫太后上徽号时,受贺仪中规定:"内导引官导引皇后、皇贵妃、皇妃、皇嫔、宪庙皇妃、武庙皇妃、公主、六尚等女官并宫人各具礼服诣昭圣皇太后宫庆贺,行八拜礼……"至章圣皇太后宫庆贺亦如之。⑤ 嘉靖年间册封贵妃皆有册无宝,与其他妃册封时一样,显然,"皇妃"之中包括贵妃和其他妃,这是洪武时即已规定的,而"皇贵妃"则位列皇后之后、皇妃之前,成为正式一等,前所未有。

关于授予金册金宝的问题,还需补充一点,即宪宗宸妃邵氏在进封贵妃时,亦授予了金册金宝,这是在宣宗孙贵妃有金宝后,又一位贵妃被赐予金宝,但邵氏不是皇贵妃,沈德符亦言:"孝惠邵后封贵妃时,有册又有宝矣,而不加'皇'字,意者同封者共十人,不欲太轩轾耶? 是

---

①《太常续考》卷四《长陵等陵事宜》,《文津阁四库全书》198,第 660 页。
②《明史》卷一百十四《列传第二·后妃二》,第 3539 页。
③《明会典》卷五十《礼部八·皇太后上徽号仪》,第 334 页。
④《明武宗实录》卷六十九,正德五年十一月庚午。
⑤《明世宗实录》卷一百九十四,嘉靖十五年十二月甲辰。

不可晓。"①邵氏进封贵妃在成化二十三年秋七月②,而在册封贵妃等妃之前的半月,宪宗刚刚册封了"第二皇子祐杬为兴王,第三皇子祐棆为岐王,第四皇子祐槟为益王,第五皇子祐楎为衡王,第六皇子祐橒为雍王"③,而这五位皇子中有三位皆为邵氏所生,即兴王祐杬、岐王祐棆、雍王祐橒,分别生于成化十二年、十四年、十七年,五年中邵氏生三子,可见她是比较受宪宗宠爱的。三个儿子在同一日封亲王,邵氏母以子贵,进封贵妃时赐宝,或许显示着她在宪宗心中亦具有不同于众妃的特殊地位。但邵贵妃金宝的宝文当如何书写,是作"贵妃之宝",抑或"皇贵妃之宝"呢?"是不可晓"矣。

孝宗和武宗时期皆无册封贵妃之事,至嘉靖年间,凡贵妃册封皆有册无宝而有印,与皇贵妃已完全有别。嘉靖十五年,"赐宸妃沈氏、丽妃阎氏俱封,进为贵妃",《明世宗实录》中有具体仪注的记载,二贵妃皆受册无宝。嘉靖十六年四月进封昭嫔王氏为贵妃时,亦明确记载"遣使持节,以金册金印进封为贵妃"④。所以,邵贵妃被赐予金宝,或许是因为,"皇贵妃"作为最高一等的妃嫔等级刚确定不久,相关制度规定还有待完善,所以还会出现贵妃有宝的特例。而嘉靖年间,世宗对于礼制做出了诸多调整改革,妃嫔之制亦当包括其中,增加九嫔的设置便是证明,那么皇贵妃等级的最终确定、相关礼制的完善,可能也是在这一时期完成的。

综上所述,"皇贵妃"这一名号,可能因孙贵妃有宝而出现于宣德年间,经正统、景泰、天顺至成化初年,已作为专属贵妃的尊称而使用,但却没有制度的规范,自万贵妃进封皇贵妃始,成为高于贵妃一等的

---

① 《万历野获编》卷三《宫闱·列朝贵妃姓氏》,第 73 页。
② 《明宪宗实录》卷二百九十二,成化二十三年秋七月甲子。
③ 《明宪宗实录》卷二百九十二,成化二十三年秋七月戊申。
④ 《明世宗实录》卷一百九十九,嘉靖十六年四月乙丑。

正式的妃嫔名号，但可能直到嘉靖朝才算真正的"名分"确定。而沈德符，他只看到了这一演变过程的前一半，后一半却并未探究。然沈氏不知，他的记载却被几百年后的治史者直接引用，而不再判断。其实，沈德符是有疑问的，他在《万历野获编》中亦曾写道：

> 嘉靖四十五年八月甲子，进封敬妃文氏为贵妃，时去上六十圣诞仅三日耳。然封号内无"皇"字，故止用金册无宝。此则近代未有，姑附纪之。①

文氏是嘉靖朝册封的最后一位贵妃，沈德符可能在为文贵妃无"皇"字，故无宝，则"近代未有"而疑惑。但他不知，文氏的封号内本就不该有"皇"字，因为她是被封为"贵妃"，而不是"皇贵妃"。

第二节　妃以下诸嫔御名号

《明太祖实录》中，在洪武元年十一月制定皇妃冠服时，记载："古者，王后之下为夫人，次嫔、次世妇、次御女，则夫人即皇妃之位也。"②所以，明初所定后妃之制中，皇后之下，便是皇妃。而如前所述，皇妃中又包括贵妃和众妃，贵妃之位在众妃之上。那么可以认为，妃这一名号有两个等级，即贵妃和妃。《明史·后妃传》记载，太祖定诸妃位号"惟取贤、淑、庄、敬、惠、顺、康、宁为称，闺房雍肃，旨寓深远"③，但实际并不仅限于此。洪武朝及以后各朝妃嫔的位号还见"充、定、丽、荣、贞、德、安、懿、宸、静、和、恭、端、宜"等字。

明初定制，妃嫔亦是有品级的。洪武五年六月，定内命妇冠服制，

---

①《万历野获编》卷三《宫闱·列朝贵妃姓氏》，第 73 页。
②《明太祖实录》卷三十六下，洪武元年十一月甲子。
③《明史》卷一百十三《列传第一·后妃一》，第 3504 页。

礼部参考唐宋妃嫔品级及冠服之制，言：

> 今内命妇增设贵人一等，才人二等，参酌唐宋之制，自三品以
> 上宜用花钗翟衣，贵人视四品，才人视五品，并同尚宫等用山松特
> 髻大衫以为礼服。

最终议定：

> 以贵人为三品，以后妃燕居冠及大衫霞帔为朝会礼服，珠翠
> 庆云冠鞠子、褙衣、缘襈、袄裙为常服。①

妃以下还有贵人、才人的设置，且是"增设"，那么在明建国伊始当
是尚无这两个名号的设置，洪武四年五月"定中宫、妃主常服及外命妇
朝服、常服之制"②时尚未提及，这两个名号的设置时间可能就是在洪
武五年定内命妇冠服制之前。关于品级，除贵人为三品外，其他则不
见记载，如按唐宋之制，妃为正一品的话，那么皇妃当为正一品，但贵
妃位在众妃之上，不知是否在品级上亦有所体现。至于每一名号品级
的人数，亦未见具体规定。

洪武时期亦有美人的设置。《罪惟录》记载，太祖有美人张氏，山
东人，生宝庆公主。③ 清人屈大均所作《女官传》中记载："屈氏，番禺
人，洪武二十二年以才色被选入宫，擢为美人。"④美人这一名号设置于
何时，不可考，可能品级较低，但至少洪武后期已存在了。又，《明太祖
实录》记载，洪武二十六年正月"册美人李氏为贤妃，葛氏为丽妃，刘氏
为惠妃"⑤。贤妃李氏的册文曰：

---

①《明太祖实录》卷七十四，洪武五年六月丁酉。
②《明太祖实录》卷六十五，洪武四年五月癸酉。
③《罪惟录·列传》卷二《皇后列传》，第1146页。
④〔清〕屈大均：《女官传》，《丛书集成续编》262，史地类，台北：新文丰出版公司，1989年，第583页。
⑤《明太祖实录》卷二百二十四，洪武二十六年春正月丁未。

妃嫔之立，所以资内助，广后嗣也。朕稽古制，皇后以下各有员次，必妇行贞淑及有子者，然后进以位焉。尔李氏自选入宫，事朕有年，生子桱，已封为唐王，朕特遵古典，册尔为贤妃，其敬慎之。①

葛丽妃、刘惠妃的册文与贤妃同，她们也已生子，分别封为伊王、郢王。可见，妃以下等级较低的嫔御，想晋升为妃的一个重要条件便是诞育皇子。由以上记载看，洪武年间已有贵妃、妃、贵人、才人、美人诸妃嫔名号。

永乐七年二月，"册立张氏为贵妃，权氏为贤妃，任氏为顺妃，命王氏为昭容，李氏为昭仪，吕氏为婕妤，崔氏为美人"，其中张氏已故，系追封，王氏为苏州人，其余皆朝鲜人。②此段材料中，昭容、昭仪、婕妤三名号不见于《明太祖实录》，可能为永乐时增设。以上众妃嫔名号的次序应是按等级高低排列的，贵妃等级最高，贤妃、顺妃次之，昭容、昭仪又次之，再为婕妤，其后为美人，但各名号等级的次序是否相邻则未知。不过明代妃嫔之制当是参酌了唐宋之制的，③唐宋的妃嫔之制中，昭仪、昭容位列妃之下的一等，其次婕妤，再次美人，与以上成祖诸妃嫔名号等级顺序相对应，亦是可以对应上的。所以成祖很可能是仿唐宋之制而增设了昭仪、昭容、婕妤诸名号。但按唐宋之制，昭仪、昭容当属于同一等级，而才人、贵人位列美人之后，然洪武时已定贵人为三

①《明太祖实录》卷二百二十四，洪武二十六年春正月丁未。
②《明太宗实录》卷八十八，永乐七年二月己卯。
③唐初定制：贵妃、淑妃、德妃、贤妃，各一人，为夫人，正一品；昭仪、昭容、昭媛、修仪、修容、修媛、充仪、充容、充媛，各一人为九嫔，正二品；婕妤九人，正三品；美人四人，正四品；才人五人，正五品；宝林二十七人，正六品；御女二十七人，正七品；采女二十七人，正八品。参见《新唐书》卷四十七《百官二·内官》。宋代内命妇之制五：曰贵妃、淑妃、德妃、贤妃，曰大仪、贵仪、淑仪、淑容、顺仪、顺容、婉仪、婉容、昭仪、昭容、昭媛、修仪、修容、修媛、充仪、充容、充媛，曰婕妤，曰美人，曰才人、贵人。参见《宋史》卷一六三《志第一一六·职官三》。

品，那么诸名号品级如何设置，永乐时期是否对贵人、才人的品级做出了调整亦未可知。另外必须指出的是，此材料中对于不同名号等级的妃嫔的封拜，其措辞是不一样的，妃称"册立"，而昭容、昭仪、婕妤、美人这些妃之下各等级则称"命"。

永乐二十二年十月，刚即位的仁宗册妃张氏为皇后，册郭氏为贵妃，册李氏为贤妃，册赵氏为惠妃，册王氏为淑妃，命王氏为昭容。①《明太宗实录》的"修纂凡例"中云："册立皇后、皇妃、皇太子、皇太子妃及册封诸王、王妃、公主皆书其仪注，有新定者亦书……"对于皇后、皇妃、皇太子及皇太子妃皆称"册立"，但从《明实录》中的记载看，又往往用"册封"一词，但无论"册立"还是"册封"，都代表着一整套隆重繁复的册立仪礼，要在受封者面前宣读授予其封爵的册文，要授予象征其身份地位的宝或印，这些皆昭示着被册立或册封的对象拥有尊贵的身份地位。前代妃嫔册立仪礼皆有等级要求，"唐有贵妃、淑妃、德妃、贤妃为夫人，正一品，昭仪、昭容、昭媛、修仪、修容、修媛、充仪、充容、充媛为九嫔，正二品，婕妤九人，正三品，皆遣使册命。宋惟正一品贵妃、淑妃、德妃、贤妃，则遣使册命"②。明仁宗此番册立后妃，后妃的册文皆记载于实录中，而昭容则用诰文而非册文。在正式册立之前，礼部要进册立皇后、皇妃仪注，此番所进仪注中言："……传制官由左门出，称有制，赞跪，传制曰：永乐二十二年十月初八日册妃张氏为皇后，郭氏为贵妃，李氏为贤妃，赵氏为惠妃，王氏为淑妃。"③其中没有昭容，同样说明，妃以下各等不在册封之列，也就没有相应的仪式。所以，在明代，妃及妃以上的等级（嘉靖朝以前），才能享有遣使册立这样的礼仪

---

① 《明仁宗实录》卷五，永乐二十二年冬十月。
② 《明集礼》卷二十二下《嘉礼·册内命妇》，第 597 页。
③ 《明仁宗实录》卷四，永乐二十二年九月丁亥。

待遇。

至永乐、洪熙年间，妃嫔名号已有贵妃、妃、贵人、才人、昭容、昭仪、婕妤、美人，妃之下各名号的等级排序及品级因缺乏记载尚不能确定。另外《明实录》中，昭容、昭仪、婕妤三名号在洪熙以后再未出现。贵人这一名号至明末仍然存在，《酌中志》中记载熹宗妃嫔悲惨境遇时言："冯贵人等，或绝食勒死，或乘其微疾而暗害之。总因偶有违言，误触客、魏所忌，而置之死也。"①但其品级是否有变化亦无从知晓。

嫔的设置，可能明前期已有，据《皇明后纪妃嫔传》记载，宣宗有一位郭嫔，名讳爱，凤阳人。② 九嫔的设立是在嘉靖十年，先是吏部尚书张璁奏："古者天子立后并建六宫，三夫人、九嫔、二十七世妇、八十一御妻，所以广储嗣也。"建议世宗选淑女以广子嗣。③ 嘉靖十年二月，世宗谕大学士张璁："朕奉章圣慈仁皇太后慈训，于选中淑女三十人内慎选九人，以充九嫔。"而礼部上奏，在此以前，明代并无册立九嫔的礼仪，《大明会典》等书中只记载了册立后妃的礼仪，嫔御以下皆缺，所以考唐制，拟定册嫔仪注。④ 嫔正式成为仅次于妃的妃嫔等级，且有册立仪礼。也就是说，自嘉靖十二年开始，妃嫔之中，嫔及其以上诸等级，即嫔、妃、贵妃、皇贵妃，是必须行册立之礼的。万历年间亦册九嫔。

第三节　选侍、淑女非封号

以往有一些著述论文，将选侍和淑女称为明代妃嫔的封号，我们

---

① 《酌中志》卷八《两朝椒难纪略》，第 45 页。
② 〔明〕杨继礼：《皇明后纪妃嫔传》，李小林：《万历官修本朝正史研究·史料篇》，第 422 页。
③ 《明世宗实录》卷一百一十八，嘉靖九年十月壬戌。
④ 《明世宗实录》卷一百二十二，嘉靖十年二月庚辰。

认为,此言谬矣。所谓"封号",当是有皇帝之制,经正式封拜,方得其名。嫔及其以上诸等,皆需遣使行册封之礼,方位列此等,得其名号,自然可称为"封号",嫔以下如贵人、昭容、婕妤、才人诸名号,虽然不授册,无册封之礼,但亦是皇帝钦命封拜,在妃嫔序列中有不同的品级,可称"封",不能称"册封",不过同样是封号。此点亦可参考明代以前的文献,如《宋大诏令集》卷二十二《妃嫔二·进拜二》中有"婕妤宋氏特封充媛制""才人郑氏可特进封美人制"等①。宋代只有封妃才行册封之礼,但其下的等级,如有进拜,亦可称"封"。

而"选侍"并不是一个封号,只是一种称谓,且应是万历年间才有此称谓的。在万历朝以前,"选侍"一词也曾用于描述皇帝的妃嫔,如:

> 宪庙敬妃王氏薨,妃……成化乙未选侍宪宗皇帝,丁未册封敬妃。②

> 英庙淑妃高氏薨,妃……宣德癸丑选侍英宗皇帝,天顺丁丑册封淑妃。③

> 英庙庄妃赵氏薨,妃……天顺庚辰选侍英宗皇帝。④

以上记载中,"选侍"只是一个动词,说明这些妃子曾入选成为皇帝的嫔御。"选侍"除用于妃嫔外,还用于描述官员,如:

> 翰林院学士蔺从善……永乐末由教职选侍皇太孙。⑤

> 南京工部尚书董越……成化五年进士第三人及第,授翰林院编修,秩满,进侍读,二十年选侍东宫讲读,充经筵讲官。⑥

---

① 《宋大诏令集》卷二十二《妃嫔二·进拜二》,北京:中华书局,1962年,第107、111页。
② 《明武宗实录》卷六十一,正德五年三月庚午。
③ 《明武宗实录》卷七十二,正德六年二月辛卯。
④ 《明武宗实录》卷一百一十,正德九年三月丙寅。
⑤ 《明英宗实录》卷一百三十八,正统十一年二月辛酉。
⑥ 《明孝宗实录》卷一百八十七,弘治十五年五月乙亥。

　　敕谕少师兼太子太师吏部尚书华盖殿大学士杨廷和：朕惟上天眷祐，国家必笃生贤俊，以为辅弼之资用……卿自幼龄取科第动缙绅，事我皇祖艺学词苑，积有年劳，逮事皇考以及朕躬，翰长宫僚，资望日深，编摩考校，才华益著，选侍经帷，十数年间启沃良多。①

　　南京吏部尚书王华……授翰林院修撰……充经筵日讲官，选侍东宫讲读。②

至万历年间，选侍才成为一个称谓，且最初并不是皇帝嫔御的称谓。万历三十三年十二月，因元孙的诞生，神宗颁诞育元孙诏，其中说道："以今年十一月十四日皇太子第一子生，系钦命选侍王氏出。"③那么"钦命选侍"是不是王氏的封号呢？《酌中志》中有如下记载：

　　三十三年十一月十四日人定后，先帝（熹宗）诞生，是时宫门扃矣。光庙差年老宫人柴德女赴仁德门外报喜，光庙于星月之下独步殿陛，彷徨不安。先监矩立奏神庙，即转奏慈圣皇太后，阖宫欢忭。柴德女还报，光庙乃喜。此时，先帝生母孝和皇后未有名封该正者，问曰：发外旨意作何称谓？先监曰：前曾有旨，多选淑媛，不好称别样名色。今可称曰"钦命选侍某氏出"，不亦宜乎？故曰钦命选侍王氏出者，即孝和皇后也。④

《酌中志》的作者刘若愚是明末宫中的宦官，万历二十九年入宫，隶司礼监太监陈矩名下，即此段记载中提到的"先监钜"。作为宫内的宦官，刘若愚所记皆是其在宫中数十年耳闻目睹之事，所以当是可信

①《明武宗实录》卷一百八十九，正德十五年八月癸未。
②《明世宗实录》卷十五，嘉靖元年六月己卯。
③《明神宗实录》四百一十六，万历三十三年十二月乙卯。
④《酌中志》卷三《恭纪先帝诞生》，第20页。

的。这段记载中提到，孝和皇后即熹宗生母王氏，在生下熹宗后尚无名封，向外发旨意不知应作何称谓，于是太监陈矩建议，"不好称别样名色"，称"钦命选侍"比较合适。"钦命选侍"之称谓由此而来。而王氏的封号是才人，万历三十四年四月封。[①] 另外，从《明神宗实录》的记载看，选侍这一称谓亦用于亲王的宫眷，如《明神宗实录》中记"福王选侍王氏，择于五月初九日安葬"[②]，皇太子的侍妾则称"皇太子选侍"，如"皇太子选侍王氏薨逝，坟地于翠微山相择"[③]。至光宗登基之后，选侍便成为皇帝侍妾的称谓了。如人称东、西李的两位李选侍，她们封妃则是天启年间的事了。"又有赵选侍，未得封号，极与逆贤、客氏不合，先帝（熹宗）即位之后，矫旨逼缢杀之。"[④]此亦可证明，选侍不是封号。既然不是封号，则不会有正式的封拜和相应的品级，所以不应将之列入妃嫔序列等级之中。

王氏才人的封号是神宗钦定的，在拟王氏封号时，礼部拟为皇太子嫔或皇太子夫人，神宗认为"皆不合"[⑤]，于是谕礼部："皇太子正妻封妃，余皆才人。俱《皇明典礼》一书所载。"内阁称："阁部俱无此书，当令搜览。"[⑥]神宗赐内阁、礼部《皇明典礼》书各一册。[⑦]《皇明典礼》一书在当时内阁、礼部皆无，可见此书在万历年间已流传甚少。据《明实录》记载，正德、嘉靖年间曾数次向藩王及宗室子弟颁赐《皇明祖训》《皇明典礼》。《明史·艺文志》记载："《皇明典礼》一卷，万历中颁"，[⑧]

---

① 《明神宗实录》卷四百二十，万历三十四年四月甲子。
② 《明神宗实录》卷四百九十五，万历四十年五月丙辰。
③ 《明神宗实录》卷五百三十三，万历四十三年六月壬午。
④ 《酌中志》卷八《两朝椒难纪略》，第43页。
⑤ 《明神宗实录》卷四百一十九，万历三十四年三月庚午。
⑥ 〔明〕朱国祯：《涌幢小品》卷二《典礼》，《四库全书存目丛书》子106，济南：齐鲁书社，1995年，第198页。
⑦ 《明神宗实录》卷四百一十九，万历三十四年三月庚午。
⑧ 《明史》卷九七《志第七三·艺文二》，第2397页。

但此书何时撰修的则没有记载。而流传至今的《皇明典礼》一书已十分稀见，大连图书馆藏有一部名为《皇明典礼》的善本，系建文二年内府刻本，该书为建文帝敕撰，内容分为封爵、品级、冠服制度、册宝、妆奁等十六项，涵盖明代皇家宗室的各种礼仪。^①然经靖难之役，建文时期的很多典章条例皆被毁，此书得以幸存实属不易。或许神宗赐予阁部的即为此书，里面确实记载了有关明代礼仪制度演变的重要信息。"才人"在洪武初年当为皇帝嫔御的封号，品级在贵人之下，但是神宗拿出的《皇明典礼》明确记载"皇太子正妻封妃，余皆才人"。如果神宗的《皇明典礼》就是建文年间敕撰的这部，那么"才人"可能在明前期就已不属于皇帝的妃嫔之列了，但是否此后又发生了变化，尚不见相关材料，且未见才人作为皇帝嫔御之名号受封的实例。

"淑女"与"选侍"一样，亦被以往的一些论著列入了妃嫔名号的序列之中。明代后宫女子多选自民间，根据《明实录》的记载，嘉靖年间，对于所采选的女子开始有了"淑女"的称谓。嘉靖九年，吏部尚书张璁上奏，以世宗"当此春秋鼎盛之年，广为储嗣兆祥之计，宜敕礼部举慎选之典，惟贞淑之求，以充妃嫔，以备侍御，或当内教礼仪之行，亦各得以相摄佐也"^②。世宗纳其言，设九嫔，开始采选民间贞淑女子。嘉靖九年十一月，"礼部奉旨采选淑女于京城内外，得一千二百五十八人"^③。将所选民间女子冠以"淑女"之名，当从此始。嘉靖以前历朝皇帝遴选后妃或为皇子、亲王选婚时，对所选女子多称为"良家女子"或"官员民庶之家女子"等，采选要求多为容貌端洁、性资纯美、言动恭和、咸中礼度等，"淑女"即贤良美好的女子之意，确实可作为对采选对

① 参见辛欣、薛莲：《皇明典礼》，《图书馆学刊》2007 年第 5 期。
②《明世宗实录》卷一百十八，嘉靖九年十月壬戌。
③《明世宗实录》卷一百十九，嘉靖九年十一月辛卯。

象及采选要求的概括，世宗亦有"君子所配必述淑女，而人之君长之配不可不慎择也"①之言。

但将所采女子以"淑女"来称谓，已不仅仅表示其本意，亦成为采选中符合要求的中选者的特定称谓。嘉靖十年正月，经过初选、复选后，礼部以京城及京外所选淑女四十八人题请复选，留下三十人②，二月，又在三十人中"慎选九人以充九嫔"③，三月，"册淑女方氏、郑氏、王氏、阎氏、韦氏、沈氏、卢氏、沈氏、杜氏，为九嫔"④。可见，层层筛选之下，在每一次选拔中留下的女子，都有"淑女"之称，最终选定的九人，是最终能够受封的人，而"淑女"就是她们入宫之后、册封之前的称谓。此后，世宗又数度采选淑女，又有淑女曹氏册封端嫔⑤，淑女王氏册封为昭嫔、李氏为敬嫔、王氏为静嫔⑥。嘉靖年间选"淑女"皆是以备妃嫔之选，为皇子选婚以及采选宫女则未见称选"淑女"。至万历年间则不同，除了皇帝遴选妃嫔，为皇子选婚亦称选"淑女"，连万历八年因宫官六尚缺人而欲进行的采选都以"淑女"称之。但总体而言，"淑女"之选是以备后宫以及为皇室子弟选婚之用的，符合采选条件而备选的女子以及最终选入宫中的女子皆称"淑女"，这只是这些入宫女子的称谓，代表她们初入宫时的身份。

"淑女"这一称谓一直由明末延续至清初。顺治十一年六月，清世祖福临谕礼部，"复慎遴淑女，作配朕躬"⑦。清人赵翼《廿二史札记》中有"明代选秀女之制"一条，在此"秀女"这一称谓可能是受清代选八旗

①《明世宗实录》卷九十四，嘉靖七年闰十月戊戌。
② 参见邱仲麟：《明代遴选后妃及其规制》。
③《明世宗实录》卷一百二十二，嘉靖十年二月庚辰。
④《明世宗实录》卷一百二十三，嘉靖十年三月丁亥。
⑤《明世宗实录》卷一百八十一，嘉靖十四年十一月乙丑。
⑥《明世宗实录》卷一百八十四，嘉靖十五年二月甲午。
⑦《清世祖实录》卷八十四，顺治十一年六月乙亥。

秀女这一说法的影响,从明代官方典籍中的记载看,还是多称"淑女"的,不过"秀女"之称确实也有。《明穆宗实录》记载,隆庆二年,"南京织染局监工内使张进朝,以差回诈称奉敕往湖广、南直隶选取秀女,远近讹传,好嫁失所。事闻,诏下南京法司鞫问……"[①]在明人所著的笔记小说中还有"绣女"之称。如李诩《戒庵老人漫笔》中有"讹言取绣女"一条,言:

> 隆庆二年戊辰春正月十二日,哄传朝廷取绣女,民间年十三岁以上无不婚配,霎时惟求得婿,不暇择人。[②]

《初刻拍案惊奇》卷十《韩秀才乘乱聘娇妻 吴太守怜才主姻簿》中亦写道:

> 嘉靖爷爷就藩邸召入登基,年方一十五岁。妙选良家子女,充实掖庭。那浙江纷纷的讹传道:"朝廷要到浙江各处点绣女。"那些愚民,一个个信了。一时间嫁女儿的,讨媳妇的,慌慌张张,不成礼体。[③]

由此可见,"淑女"与"秀女"、"绣女"皆是对朝廷采选以备入宫的民间女子的泛称。

清人龙文彬在其所著《明会要》中,将"淑女"列入明代妃嫔等级中。[④] 其所引史料来源有两条,一是《皇明大政记》:"嘉靖十年正月,选

---

① 《明穆宗实录》卷二十五,隆庆二年十月庚寅。
② 〔明〕李诩:《戒庵老人漫笔》卷五《讹言取绣女》,魏连科点校,北京:中华书局,1982 年,第 179 页。
③ 〔明〕凌濛初:《初刻拍案惊奇》卷十《韩秀才乘乱聘娇妻 吴太守怜才主姻簿》,上海:古典文学出版社 1957 年,第 176 页。
④ 参见〔清〕龙文彬:《明会要》卷二《帝系二·妃嫔》,北京:中华书局,1956 年,第 30 页。

淑女四十八人"①；一是《明史·后妃传·孝纯刘太后》："初入宫为淑女。"②但这两条显然都不能证明"淑女"已成为妃嫔序列中的一等。前者在前文中已述，而刘太后即崇祯帝生母，"初入宫为淑女"，只能说明她是通过朝廷采选淑女而进宫的，具体入宫时间则不详。万历二十六年十二月，因为皇长子朱常洛选婚，而下诏采选淑女，她必然是在此时间之后以淑女的身份被选入后宫，服侍当时还是皇子的朱常洛。虽然在三十八年生下崇祯帝，但是因"失光宗意，被谴，薨"③，直到去世可能也没有正式的封拜。刘氏有生之年一直是皇太子的侍妾，即便淑女为妃嫔等级之一，那么刘淑女也是皇太子的妃嫔，而不是皇帝的妃嫔，又如何能把"淑女"列在皇帝妃嫔序列中？《明光宗实录》中对刘氏的记载则是：

> 三十八年十二月二十四日，皇太子第五子生，命名由检，天启二年封信王，母选侍刘氏，追封贞静贤妃。④

前文已述，"选侍"只是皇太子侍妾的称谓，在朱常洛即位后又成为皇帝嫔御的称谓，但亦非封号。《明光宗实录》中，刘氏被称为选侍，已具有皇太子侍妾的身份，更说明"淑女"只是其被采选入宫时的称谓，不是妃嫔的封号，不应列入妃嫔等级序列之中。

综上所述，洪武年间妃嫔名号目前可考的有贵妃、妃、贵人、才人、美人，与唐宋之制相比，没有在名号上做过多的文章，设置相对简单，这或许与太祖鉴前代女祸，避免"恩宠或过，则骄恣犯分，上下失序"的想法有关，另外，因缺乏记载，各名号品级亦无法一一对应。自永乐以

---

① 〔明〕朱国祯：《皇明大政记》卷二十七，《四库全书存目丛书》史16，第411页。
② 《明史》卷一百十四《列传第二·后妃二》，第3540页。
③ 《明史》卷一百十四《列传第二·后妃二》，第3540页。
④ 《明光宗实录》卷一。

后,妃嫔名号则屡有增加或更改。宣宗赐孙贵妃宝,而有皇贵妃之称,自宪宗皇贵妃万氏始,皇贵妃成为妃嫔等级中最高一等,嘉靖年间又增设九嫔。随着妃嫔名号的演变,相应的礼仪制度亦发生了变化。自嘉靖以后,具有遣使册命之礼的妃嫔名号为皇贵妃、贵妃、妃、嫔。选侍、淑女只是受封拜前的称谓,而非妃嫔封号,不应列入妃嫔等级序列之中。

第四节　妃嫔的晋升

妃嫔一朝选在君王侧,虽然等级有别,荣宠有分,能够得以晋升位份,意味着更多尊荣、更高的地位,也意味着皇帝的重视和家门的荣辱。明代妃嫔得以进封的理由其实最主要的不外乎两种:于宫闱有助,于皇室有功。太祖于洪武二十六年正月同时册封美人李氏为贤妃,葛氏为丽妃,刘氏为惠妃,在册文中说道:"妃嫔之立,所以资内助广后嗣也。朕稽古制,皇后以下各有员次,必妇行贞淑及有子者,然后进以位焉。"①册文中已将众美人进封为妃的原因表明,妇行贞淑者表率后宫,侍上恭谨,自是有助于内治,诞育皇子者,自是有功于皇室,理应嘉奖,此番进封的四妃皆已育有皇子,且封王。历代后宫封妃进后的册文中,对进封的原因亦多是如此表述,不过辞藻语句的不同。如嘉靖十三年,册立德嫔方氏为皇后,并同时进封二妃时言"方氏性资端慎,名冠九良,允副朕怀,未尝少怠","僖嫔沈氏,禀资淑敏,朕所特加,宜进封为宸妃",而丽嫔阎氏因诞育皇长子即哀冲太子,言其"曾协熊梦,宜有加恩,兹进封为丽妃"②。

①《明太祖实录》卷二百二十四,洪武二十六年春正月丁未。
②《明世宗实录》卷一百五十八,嘉靖十三年正月乙巳。

　　妃嫔晋升的速度体现着其与皇帝关系的远近和受宠程度。如神宗宠妃皇贵妃郑氏，从万历十年封为淑嫔之后，可谓步步高升，至万历十四年进封皇贵妃，只用了四年时间。而相比之下光宗生母王氏的晋升则坎坷很多，万历十四年因已孕育皇子，神宗迫于孝定皇太后的压力而将其封为恭妃，诞育皇子后，由于神宗一直不喜恭妃母子，也一直未得进封，直到万历三十四年皇长孙诞生，才得以进封皇贵妃。①

　　此外，明代后宫也有因为一些偶发因素而集体进封妃嫔的情况。成化二十三年八月，明宪宗朱见深驾崩，在此前的一个月，宪宗曾大范围册封了后宫，以金册金宝册宸妃邵氏为贵妃，册张氏为德妃，郭氏为惠妃，章氏为丽妃，姚氏为安妃，王氏为敬妃，唐氏为荣妃，杨氏为恭妃，潘氏为端妃，岳氏为静妃，并且进行了隆重的册封典礼。② 诸妃的册文也极尽称颂溢美之词，足以令各家光耀门楣。宪宗此举，很可能是已知自己将不久于人世，对服侍他多年的后宫妃嫔们做最后的安排，赠予一份最后的恩典。成化二十三年正月，宪宗在结束南郊祭祀回宫后，惊闻万贵妃暴毙之噩耗，史载，其良久不语，"但长叹曰：'万侍长去了，我亦将去矣。'"③足见万贵妃之死对于宪宗的打击之重，使宪宗失去了自幼便最为重要的情感寄托，似乎灵魂已随之而去。于是在去世之前，宪宗不仅为后宫做了安排，还册封了太子妃，册封几位皇子为亲王，并为生母周太后上尊号。在他认为家事都安排妥当后，便于八月溘然长逝，真的追随万贵妃而去了。④ 嘉靖年间，世宗亦曾对后宫进行大范围进封。《明世宗实录》记载，嘉靖十九年正月，"上感阎贵妃之薨，诏以今月十日告庙，册封诸妃嫔曾出皇子及皇女者。进封贵妃

①《明史》卷一百十四《列传第二·后妃二》。
②《明宪宗实录》卷二百九十二，成化二十三年秋七月甲子。
③《万历野获编》卷三《宫闱·万贵妃》。
④ 参见方志远：《成化皇帝大传》，北京：中国社会出版社，2008 年，第 251、252 页。

王氏、沈氏俱为皇贵妃，荣嫔赵氏为懿妃，恭嫔江氏为肃妃，雍嫔陈氏为雍妃，徽嫔王氏为徽妃，册封王氏为宸妃，余氏为荣嫔，徐氏为昭嫔，王氏为宁嫔"①。哀悼于阎贵妃的薨逝，世宗一次进封了多位曾诞育皇子女的妃嫔，已示施恩于后宫。

明代后宫亦有追封之事。如世宗阎贵妃薨逝后，因阎贵妃"首出皇第一子，上痛悼，诏追封为皇贵妃，赐谥荣安惠顺端僖"②。神宗敬妃李氏薨逝后，亦追封为皇贵妃。③ 明代中后期的皇帝多非嫡出，若登基时生母已亡故，则往往追尊生母为皇太后。如孝宗追尊生母纪氏为孝穆皇太后，穆宗追尊生母杜氏为孝恪皇太后。光宗亦欲追尊生母王氏为皇太后，但因其在位不足一月即暴卒，追尊一事由光宗之子熹宗完成。熹宗、思宗在位时，亦追尊生母王氏、刘氏为孝和皇太后、孝纯皇太后。

在追封的后宫女性中，有一类是殉葬宫妃。明代自太祖朱元璋开始恢复了极为残忍的宫妃殉葬之制，至英宗时废除。历朝殉葬宫妃少则数人，多则数十人。《明会典》记载："孝陵四十妃嫔，惟二妃葬陵之东西，余俱从葬。长陵十六妃俱从葬。献陵七妃，三葬金山，余俱从葬。景陵八妃，一葬金山，余俱从葬。"④这些殉葬宫妃会在嗣皇帝即位后得到追谥，如"洪熙元年七月，追谥皇庶母仁宗贵妃郭氏曰恭肃淑妃，王氏曰贞惠丽妃，王氏曰惠安顺妃，谭氏曰恭僖充妃，黄氏曰恭靖"，其中郭氏和两位王氏妃子皆为仁宗即位后所册立的妃嫔。⑤ 英宗即位后，"追赠皇庶母惠妃何氏为贵妃，谥端静；赵氏为贤妃，谥纯静；

①《明世宗实录》卷二百三十三，嘉靖十九年正月乙亥。
②《明世宗实录》卷二百三十三，嘉靖十九年正月乙未。
③《明神宗实录》卷三百八，万历二十五年三月乙卯。
④《明会典》卷九十《陵坟等祀·陵寝》，第515页。
⑤〔明〕王世贞：《皇明异典述·殉葬宫妃之典》。

吴氏为惠妃,谥贞顺;焦氏为淑妃,谥庄静;曹氏为敬妃,谥庄顺;徐氏为顺妃,谥贞惠;袁氏为丽妃,谥恭定;诸氏为恭妃,谥贞静;李氏为充妃,谥恭顺;何氏为成妃,谥肃僖。"其中被追封为贵妃的何氏,在宣宗时应已封惠妃,另有册文来表彰她们舍身追随先帝于地下的义举,册文曰:"兹委身而蹈义,随龙驭以上宾,宜荐徽称,用彰节行。"①除了在皇帝生前已册封为妃者,其余的女子可能是等级较低,或可能已得御幸而未封者,也有不少是宫人,她们在殉葬后皆得以追封为妃。《明史》记载:"初,太祖崩,宫人多从死者,建文、永乐时,相继优恤。若张凤、李衡、赵福、张璧、汪宾诸家,皆自锦衣卫所试百户、散骑、带刀舍人进千百户,带俸世袭,人谓之'太祖朝天女户',"②这些人"皆西宫殉葬宫人父兄"③,以自家女儿年轻的生命换来父兄加官进爵,"朝天女户"实在是一份滴着血的恩泽,故而有宫词云:"掖廷供奉已多年,恩泽常忧雨露偏。龙驭上宾初进爵,可怜女户尽朝天。"④

---

①《明英宗实录》卷三,宣德十年三月庚子。

②《明史》一一三《列传第一·后妃一》。

③〔清〕程嗣章:《明宫词》,《明宫词》,第131页。

④《明宫词》,第131页。

第三章　明代的后妃与宫廷政治

《明史·后妃传》言："终明之代，宫壸肃清，论者谓其家法之善，超轶汉、唐。"[1]纵观明朝，确实未曾出现堂而皇之的外戚乱政、后妃专权之事。一方面，自建国伊始，太祖就立纲陈纪，有鉴于"历代宫闱，政由内出，鲜不为祸"，尤其"以元末之君不能严宫阃之政，至宫嫔女谒私通外臣，而纳其贿赂，或施金帛于僧道，或番僧入宫中摄持受戒，而大臣命妇亦往来禁掖，淫渎亵乱，礼法荡然，以至于亡，遂深戒前代之失"[2]，认为"后妃虽母仪天下，然不可俾预政事。至于嫔嫱之属，不过备职事，侍巾栉；恩宠或过，则骄恣犯分，上下失序"[3]。于是从制度上严格防范后妃干政，限制外家势力，并写入《皇明祖训》，著为"内令"，成为后世子孙必须严格遵行的祖宗家法，且不断完善宫官之制，管理和教化后宫。历代君主亦多秉持祖宗家法，对后妃干政和外戚势力多有戒备。另一方面，自洪武以后，后妃多出自民间，而不再是勋贵之家，因与皇家结亲而富贵，却无甚权势根基，也就大大降低了外戚因后妃之故而干政的可能，后妃自身亦多能秉承祖制，约束外家。

---

①《明史》卷一百十三《列传第一·后妃一》。
②《明太祖实录》卷五十二，洪武三年五月乙未。
③《明史》卷一百十三《列传第一·后妃》。

然而，后宫与皇帝制度相伴而生，后妃们身在皇家，言行不但不可能和政治完全绝缘，还与朝堂有着千丝万缕的联系，甚至在一些重要时刻、重大事件中发挥了关键的作用，产生了重大的影响。

第一节　明初两代皇后的典范

太祖孝慈高皇后马氏和成祖仁孝皇后徐氏堪称明朝皇后贤德之典范，为历代称颂。两位皇后有颇多共同之处。史载马皇后"仁慈有智鉴，知书史"[1]，徐皇后"博通载籍，每及嘉言善行，未尝不拊卷寻释"[2]，有"女诸生"之称。两位皇后的个人修养和见识在同时代的女子中当是较高的，这便决定了她们的政治素养和能力。两位皇后与皇帝皆为患难夫妻，伉俪情深，积极支持协助丈夫的事业，共度时艰，深得皇帝的信任与爱重。马皇后与太祖朱元璋结合于布衣之时，朱元璋发迹之初，因受郭子兴猜忌，数度陷于危困，马皇后以自己的才智从旁周旋，助丈夫脱困。为备不时之需，马皇后闲暇即率诸军士之妻缝制衣物，朱元璋攻克太平后，马皇后恐元军尾随其后，不等朱元璋命令，急率众将士妻妾渡江，让朱元璋的军队无后顾之忧。[3] 当朱元璋与陈友谅、张士诚交战，战无虚日时，马皇后发宫中金帛犒赏军士，鼓舞士气。[4] 除了才干和勇气，马皇后的政治见地也令人叹服，她曾对朱元璋说过："定天下在得人心，得人心者天下之本也"，"用兵焉能不杀人，但不嗜杀人，则杀亦罕矣"，太祖深以为然。[5] 徐皇后初为燕王妃，随朱棣

---

① 《明史》卷一百十三《列传第一·后妃一》。
② 《罪惟录·列传》卷二《皇后列传·徐皇后》，第 1148 页。
③ 《胜朝彤史拾遗记》卷一，《四库全书存目丛书》史 122，第 354 页。
④ 《明史》卷一百十三《列传第一·后妃一》。
⑤ 《胜朝彤史拾遗记》卷一，《四库全书存目丛书》史 122，第 354 页。

之国，"理王宫政甚治"①。朱棣靖难起兵时，徐皇后亦是夫君最坚定的支持者，她和世子朱高炽共守北平，"凡部分备御，多禀明于后"②。面对李景隆大军攻城，城中兵少，城池几近陷落的危急局面，徐皇后亦展现出非凡的胆识，"亲率诸将校妻，擐甲登陴，挟矢石御之"③，直至敌军退却，守住后方，实是大功一件。

随着夫君即帝位，自己得以封后，二位皇后的首要职责便是管理后宫，而马皇后和徐皇后皆是整肃宫闱、勤于内治、垂范后宫的榜样。太祖立国之初就首严内教，制红牌镌刻戒谕后妃之词，悬于宫中以作警示，并命儒臣修女诫，训导后宫。④ 身为开国皇后，马皇后深知太祖以严苛的制度来约束后宫的用意，除了闲暇讲求古训，宣教后宫，自己还撰写《内训》一卷，此书虽已不存⑤，但想必马皇后亲撰此书，意在以中宫之尊，亲身垂范。马皇后还向博通经史的女史请教前代后宫故事，命辑录古代贤后之家法贤行，朝夕省览⑥，并曾计划将女史时常为其诵读的《列女传》中的内容删定成书，用作示范⑦。此外，马皇后十分重视女官佐理内政的作用，当时有女史范孺人，德才兼备，宫中"凡降内制，多范为定"⑧，若无马皇后授意，必不可能有此举。马皇后尚俭，平时穿着极为朴素，"率勤后宫"，"尝命练旧织为衾裯，以惠孤老"，并赐予后宫女眷，使之知蚕桑之艰辛。⑨ 马皇后虽严于内治，但始终厚待妃嫔宫人，对皇室子女皆爱护有加，在马皇后去世后，宫人们甚至作歌

①《胜朝彤史拾遗记》卷一，《四库全书存目丛书》史122，第358页。
②《明史》卷一百十三《列传第一·后妃一》。
③《胜朝彤史拾遗记》卷一，第358页。
④《明史》卷一百十三《列传第一·后妃一》。
⑤参见陈宝良：《中国妇女通史·明代卷》，杭州：杭州出版社，2010年，第441页。
⑥《明史》卷一百十三《列传第一·后妃一》。
⑦《明太宗实录》卷二十六，永乐元年十二月甲戌。
⑧《枣林杂俎·义集》，《彤管·孺人范氏》，第274页。
⑨《罪惟录·列传》卷二《皇后列传·马皇后》，第1144页。

怀念皇后的贤德。① 有皇后如此，自然六宫和睦、雍肃，而无争斗倾轧之祸，确实为明代后宫树立了榜样，起到了垂范后世的作用。对于严控外戚干政方面，马皇后亦有其贡献。太祖曾欲寻访马皇后亲族，加官进爵，被马皇后坚决推辞，并以前代外戚干政导致国政混乱，劝谏太祖莫以"爵禄私外家"，被太祖采纳。② 而外戚不许掌国政，成为一条重要家法写入《祖训》之中，当是很大程度受到了马皇后的影响。③

徐皇后在勤于内治方面多效法马皇后，对于马皇后贤德的言行多可诵读，"一一举之无所遗"，并辑《女宪》《女诫》诸书之要者，作《内训》二十篇，又辑古人之嘉言善行汇编为《劝善书》，颁行天下④，影响久远。徐皇后对于品行高洁、堪为宫中女师的女官亦是恩礼有加，对于成祖要对其母家兄弟子侄加官进爵之举亦极力推辞，并有"毋骄畜外家"之谏。⑤

虽处深宫，两位皇后对于国政却始终关注，但由于需严守禁止后宫干政的制度，所以聪慧如马皇后，多采用"随事微谏"的方式，在适当的时机，以相关事件为切入点，对皇帝进行委婉劝谏或建言献策。⑥ 朱元璋性格严酷，盛怒之下往往要杀戮臣子，马皇后"皆力为曲解"⑦，能为皇帝有理有据地分析，为皇帝找好台阶而不直言冲撞，并救得臣下一命。遇水旱灾害，太祖下诏赈灾抚恤，马皇后借此机会提出"赈恤有方，不如积之以预"的建议，太祖深以为然。⑧ 身为皇后，不能直接过问

---

① 《明史》卷一百十三《列传第一·后妃一》。
② 《明史》卷一百十三《列传第一·后妃一》。
③ 参见陈梧桐：《马皇后与明代宫廷政治》，《故宫学刊》2013 年 01 期。
④ 《胜朝彤史拾遗记》卷一，第 358 页。
⑤ 《明史》卷一百十三《列传第一·后妃一》。
⑥ 参见陈梧桐：《马皇后与明代宫廷政治》。
⑦ 《罪惟录·列传》卷二《皇后列传·马皇后》，第 1144 页。
⑧ 《罪惟录·列传》卷二《皇后列传·马皇后》，第 1144 页。

朝廷用人情况，但马皇后对官员、人才从生活上多有关照。在太祖幸太学归来时，询问"诸生有廪食，妻子将何所仰给？"①后来设立红板仓，供给太学生家粮便成为惯例，很可能是直接起意于马皇后。② 马皇后还亲自品尝奏事官员散朝后在宫中的饮食，认为并不可口，向太祖提出"人主自奉欲薄，养贤宜厚"建议。③ 明军攻克元大都，缴获不少宝物，马皇后又适时谏言，提醒太祖居安思危，戒骄戒奢，以贤能之人为治国之宝，并说："法屡更必弊，法弊则奸生；民数扰必困，民困则乱生。"如此安邦治国的见解，被太祖叹为至言。④ 以上皆说明，马皇后以自己的方式因时因事积极关心国事，一定程度影响着施政。

徐皇后也以自己的言行对永乐初年的政治产生了积极影响。为后之初，徐皇后就曾数次进言："南北累年战斗，兵民疲敝，宜休息之；内外贤才，皆先皇帝所遗，陛下宜不以新旧间意。"出于对民生的考虑，徐皇后亦关心国家用人，曾建议成祖，"牧守贤不肖，系民生安危，即奈何寻资故事，有殊擢，亦有年劳，兼用可也"⑤，可见徐皇后为生民计，用人当不拘一格的政治卓见。徐皇后还经常召见朝中官员的夫人们，赐予冠服钞币，并告诉她们，为人妇，不仅仅是在饮食衣着上，于他事上，对夫君亦需有所匡助，"朋友之言，有从有违，夫妇之言，婉顺易入"⑥。徐皇后正是以身作则，以生民为念，匡助君王的事业，亦希望官员的夫人们能如此襄助夫君，时时劝勉，以天下苍生为己任。徐皇后此举从为人妻的女性角度出发，潜移默化地影响着治国安民之策，足见其政治智慧。

---

① 《明史》卷一百十三《列传第一·后妃一》。
② 参见林延清等：《明朝后妃与政局演变》，北京：人民出版社，2014 年，第 103 页。
③ 《明史》卷一百十三《列传第一·后妃一》。
④ 《明史》卷一百十三《列传第一·后妃一》。
⑤ 《罪惟录·列传》卷二《皇后列传·徐皇后》，第 1148—1149 页。
⑥ 《明史》卷一百十三《列传第一·后妃一》。

　　然从上述具体事例中不难发现，两位皇后对于外政的参与，多是从体恤百姓、爱惜人才、求贤纳谏、望皇帝做仁德明君的角度进行劝诫或建言，虽然多是因具体事件而发，但基本上是一些宏观的论调，皆在皇帝可接受范围之内，而并没有也不能直接插手或干涉具体事务。且两位皇后的建言献策之所以能被皇帝采纳，除了并非直接插手政务外，亦有其特殊原因。她们不仅仅是皇帝的结发之妻、贤内助，更有着与夫君生死相随、荣辱与共的情谊和协助夫君成就帝业的功勋，正是这样不同寻常的关系和地位，使得皇帝能较容易地接受和认可皇后的建议或谏言，并能对皇后始终爱重。且两位皇后确实品性高尚，又有非凡的政治见解，而她们之所以会时时留心政事，关注民情，规劝君王，不仅因其母仪天下之尊，更出于一片公心，对家国的责任，非一己之私，所以，她们不仅赢得皇帝的尊重和信任，亦在皇室家族和臣僚心中具有崇高地位，这是徐皇后之后的后妃，除仁宗张皇后外所不具备的特点。即便如此，生性猜忌警觉如朱元璋，还是会在马皇后询问"今天下民安乎"时，以"此非尔所宜问也"来回答。虽然马皇后以"陛下天下父，妾辱天下母，子之安否，何可不问"反问了回去①，给出了合理的理由，但是仍可见皇帝对于后宫干政一贯的戒备。

　　明朝历代帝王对于后宫直接干政皆很戒备。如崇祯年间，有词臣陈仁锡"有文名闻宫禁"，与周皇后是同乡，一次言及陈仁锡，周皇后对思宗说："莫是吾家探花？"思宗的回答是："汝家探花去入阁尚远。"周皇后只得沉默不语。② 可见思宗对于后宫与臣子相熟极为排斥。再如《万历野获编》中记载一事：

　　　　今上眷郑贵妃，几于宪宗之万贵妃矣。然礼遇虽隆，而防维

①《明史》卷一百十三《列传第一·后妃一》。
②《罪惟录·列传》卷二《皇后列传·周皇后》，第 1185 页。

则甚峻。有内臣史宾者，以善书能诗文，知名于内廷，其人已贵显，蟒玉侍御前久矣。一日，文书房缺员，上偶指宾以为可补此缺，贵妃从旁力赞助之。上震怒，答宾逐之南京。贵妃战栗待罪，久而始释。史居南十余年，始再召入。[①]

郑贵妃在万历时可谓宠冠后宫，但若其言行直接干涉了具体行政事务、朝廷用人，哪怕只是一句话，都可能触犯到皇帝的底线，即便再得恩宠亦为皇帝所不能容忍。当然上述两事只是少数情况，历朝后妃多能秉承祖训，专注于内政而鲜少直接干预外政。毕竟明初两位贤后已为明代后妃参与宫廷政治的程度和范围做出了诠释。

《明史·后妃传》中赞曰："高皇后从太祖备历艰难，赞成大业，母仪天下，慈德昭彰。继以文皇后仁孝宽和，化行宫壸，后世承其遗范，内治肃雍。论者称有明家法，远过汉唐，信不诬矣。"[②]辅佐君王、勤于内治、抵制外戚、和睦后宫，并通过自己的言行对治国安民产生了不容忽视的影响，马皇后和徐皇后为后世树立了典范，这典范亦成为一种传统，为后代后宫遵循效法，亦不敢轻易逾越。

第二节　太后对宫廷政治的影响

《明代后妃制度的政治文化解读》一文中有如下论述："由于帝制中国的文化观念和制度安排中存在着相互矛盾的两个方面：既强调男权中心，排斥女性参政，又因孝道观念和君主制度的基本缺陷而肯定和依赖母权。因此，尽管明代后妃制度严禁后妃预政，但明代后妃并没有完全与政治绝缘，相反在各个阶段都发生过影响，尤其是在定立

---

① 《万历野获编》卷三《宫闱·今上家法》，第98页。
② 《明史》卷一百十四《列传第二·后妃二》。

太子、迎立新君、培养幼主等方面发挥了决定性的作用，数次及时避免了因皇位继承所带来的政治动荡。"①诚如此文所言，明代在一些特殊历史时期，如君主孱弱或尚童昏顽劣时，母权确实是皇权得以正常运转的一种保障，而能发挥决定性作用的往往是后宫女性中最为尊贵的一类人——皇太后。

明代第一位发挥此作用且颇有影响力的皇太后是仁宗的皇后、宣宗之母张氏。林延清《仁宗张皇后与明初政治》一文对张氏在洪熙、宣德、正统年间的政治中发挥的作用给予了很高评价，认为她是杰出的女政治家。首先在保障仁宗、宣宗、英宗三代帝王皇位承继上，张氏确实发挥了重要的作用。② 张氏还是太子妃时，已展露了她的政治才干。时为太子的仁宗朱高炽，"体肥硕不能骑射"，加之其弟朱高煦和朱高燧的离间，使得成祖对他极为不满，储君之位岌岌可危。③ 张氏"内宽仁宗，而外事成祖及仁孝皇后甚谨，重得仁孝心。仁孝每言于成祖，成祖亦意解"④。正是张氏的精明周全、从中调和、极尽孝道，赢得公婆欢心，甚至在宫廷宴会上为帝后"亲入宫庖，手汤饼出荐"，成祖虽不喜太子，但对于如此贤惠的儿媳，都连连夸赞："此佳妇，他日当承我家。"⑤可见在为太子解除废储危机上，张氏发挥了巨大作用。仁宗即位，张氏为皇后，然仁宗在位仅十月而崩，面对汉王朱高煦欲趁乱夺位的图谋，张皇后再次施展了她的政治手腕，秘不发丧，封锁消息，命可靠大臣处理国政，草拟遗诏，传位太子，派人速迎在南京的太子北上。一系列果断的处置，保障了太子朱瞻基的顺利即位，亦使朱高煦的图谋落

---

① 参见程彩霞：《明代后妃制度的政治文化解读》，《山东社会科学》2006 年第 12 期。
② 参见林延清：《仁宗张皇后与明初政治》，《史学月刊》2003 年第 8 期。
③《明史》卷一百十三《列传第一·后妃一》。
④《胜朝彤史拾遗记》卷二，第 360 页。
⑤《胜朝彤史拾遗记》卷二，第 360 页。

空,避免了政局的动荡。① 宣宗即位,尊张氏为皇太后。而宣宗亦年寿不永,于宣德十年驾崩,此时又面临着皇位继承的问题,宣宗之子太子朱祁镇此时只有 9 岁,张太后出于"国服长君"的考虑,曾想立宣宗之弟襄王为帝,但被朝臣劝阻,张太后也未坚持己见。② 而可能宫中已有传言要召立襄王,为维护政局稳定,张太后召集群臣于乾清宫,指着太子泣曰:"此新天子也。"传言得止,皇位再次平稳承继。③

佐助三代天子即位,张太后可谓功高至伟,在宫中朝中亦是德高望重,但是她并未以此为资本而专擅国政。虽然史载,仁宗时,"中外政事莫不周知",④宣德初,"军国大事悉上皇太后参决",但张太后"亦每事咨询,不敢以听政自居,擅外廷议"。甚至因英宗年幼即位,朝臣请太后垂帘听政时,张太后言:"毋坏我家法,凡事付阁议然后行。"⑤应该说,张太后的参政是在确实需要以母权来维护皇权的特殊的历史条件下出现的,但她始终严守祖制,参政但不干政,而且尊重并维护杨士奇、杨荣等辅政大臣,在适当的时机对辅臣慰劳,并能将各位辅臣的性格和所长悉数讲给儿子宣宗听。正统初,更是当着张辅、杨士奇、杨荣、杨溥、胡濙五位辅臣的面,要求年幼的孙儿英宗"此五臣皆先朝所简,帝其重之,凡事非五臣赞决勿行也"⑥。张太后的做法维护的不仅仅是内阁辅臣职权,更是良好的政治风气,"故是时,天子尊师傅,兴学校,举任贤才,为一代极盛"⑦。

① 参见林延清:《仁宗张皇后与明初政治》,《史学月刊》2003 年第 8 期。
② 《罪惟录·列传》卷二《皇后列传·张皇后》,第 1151 页。参见林延清:《仁宗张皇后与明初政治》,《史学月刊》2003 年第 8 期。
③ 《明史》卷一百十三《列传第一·后妃一》。
④ 《明史》卷一百十三《列传第一·后妃一》。
⑤ 《胜朝彤史拾遗记》卷二,第 360—361 页。
⑥ 《胜朝彤史拾遗记》卷二,第 361 页。
⑦ 《胜朝彤史拾遗记》卷二,第 361 页。

　　另外，很多史籍皆记载张太后在抑制宦官势力上亦有所作为。张太后维护内阁辅臣之权的一个重要原因是已察觉司礼监太监王振弄权，扰乱内阁正常行使职权，于是在下令一切政务必由内阁议决时，亦对王振进行了责罚和震慑，于是就出现了诸种史籍中记载的太皇太后当着英宗和五位辅臣的面，命女官"抽刃加振颈"，欲杀之的一幕。① 这件事是否真实存在，明人王世贞已提出疑问，认为此事当是一件彰显张太后圣政的事情，然当世的文集史册却不载，是何原因？② 今人论著中亦提出疑问，赵毅、罗冬阳所著《正统皇帝大传》中认为，此事与《明通鉴》中所记载的王振因冲撞内阁而遭太后鞭打一事都描述得颇具戏剧色彩，并不十分可信，张太后责罚王振可能确有其事，但初衷只是警告而并不想杀他，张太后对于"三杨"等辅臣的支持是有限的，而英宗却是王振有力的后台，诸多史实表明，王振并未因太皇太后的震慑而"终太后世不敢专大政"③，而是在正统初年"已横"，几位辅臣对司礼监渐侵内阁职权、对王振权势的膨胀并无有效应对之策。④ 另外，史载张太后为防止王振扰乱内阁决议时，"越日，遣使一至阁，询若日议若事，俟阁臣列奏，太后亲验之始行"⑤，但这亦有可能是为防范权柄下移导致权臣专擅，虽重用辅臣但又予以一定牵制的做法。⑥ 其实，能对内阁进行牵制的无疑就是司礼监的宦官，那么张太后只是警告王振而并不真的想杀他，或许确有以宦官牵制阁臣之意。《正统皇帝大传》中亦指出，在某些问题的处理上，张太后支持了王振而并非三杨等辅臣⑦，亦

① 《胜朝彤史拾遗记》卷二，第 362 页。
② 〔明〕王世贞：《弇山堂别集》卷二十三《史乘考误四》，北京：中华书局，1985 年，第 413 页。
③ 《明史》卷一百十三《列传第一·后妃一》。
④ 参见赵毅、罗冬阳：《正统皇帝大传》，北京：中国社会出版社，2008 年，第 21—26 页。
⑤ 《胜朝彤史拾遗记》卷二，第 361—362 页。
⑥ 参见秦贤宝：《佐政明代三朝的张皇后》，《紫禁城》1995 年第 3 期。
⑦ 参见赵毅、罗冬阳：《正统皇帝大传》，第 22—23 页。

能表明对于内阁是有所牵制的,这可能是和英宗尚年幼,为保证皇权至上而做出的考量。自太祖废丞相,专制皇权空前加强,实际上已没有了制约机制,制度的弊端亦逐渐显现,若遇皇帝昏庸或年幼顽劣,便为宦官专权提供了空间,内阁本非正式的中枢权力机构,只是辅政参决,对于皇权之下的宦官权力膨胀并不能有效制约。而如张太后者,虽有政治才干且德高望重,但制度实际并未赋予母后预政之权,所以对于王振之流或能警告一时,然终不能真正抑制。

不可否认,张太后自洪武二十八年选为燕世子妃,正统七年崩逝,历经六朝宫闱,近五十载,永乐年间为太子妃时,保佐夫君,可谓患难与共,后辅佐三代帝王,教导培养儿孙,确实对仁宣政治产生了积极的影响。且如明初两代贤后一样,亦尊重并重用德才兼备的女官,重视内治,严格约束外戚,不得干政。故而,《罪惟录》中有如下评价:

> 诚孝整齐三朝,为妃,善太子失欢;为后、为太后,知人,亦具禀可。虽仁宣令主,赞辅特勤。为太皇太后,卵翼至尊最弱,逆监振屏气。先朝内政修已称媲美,后所处特殊,得闻平决外朝,实关至计。至于严外戚惠安,不使干预;谢垂帘之请,专任阁议,凛持祖训,古坤德无典比。[1]

张太后之后的历代太后,虽无辅佐三代帝王的际遇和政治魄力,但在皇位继承、教导皇帝等方面亦各有作为,影响着当时的朝局。

英宗即位后,尊自己名义上的生母、宣宗继后孙氏为皇太后。正统年间最颠覆性的政治事件当属"土木之变",明军惨败,英宗被瓦剌所俘,明朝陷入空前的统治危机。在此危难关头,另立新君,稳定大局,以绝瓦剌以英宗要挟明廷之企图,守卫京师,抵御瓦剌再次入侵皆

---

① 《罪惟录·列传》卷二《皇后列传·张皇后》,第 1152 页。

是当务之急。于是孙太后以太后之尊下达了谕令。《名山藏》中记载："车驾北狩，赖太后因廷议使景帝居摄，不南迁。"①《胜朝彤史拾遗记》中记载："后用于谦策，斥议迁者，而命郕王入监国，社稷安。"②《罪惟录》、清官修《明史》亦有相似记载。不难看出，诸史籍的记载皆是肯定孙太后临危命英宗异母弟郕王朱祁钰监国，重用于谦，稳固社稷，安定民心的作用。但孙太后是否真的如此果决又大公无私呢？林延清在《宣宗孙皇后与明朝中叶政治》一文中通过对《明英宗实录》中相关记载的梳理指出，孙太后从维护英宗和本人利益出发，只是命朱祁钰监国，同时仍在想方设法搜罗金银财宝送至瓦剌，欲赎回英宗。当赎回英宗无望时，又立英宗之子朱见深为太子，仍以朱祁钰为辅，代总国政，实是不愿皇位旁落他人，这就令朱祁钰虽监国但仍无权威，在国家危急关头，对政令的实施和战备部署都是不利的。后来在于谦等朝臣的合力恳请下，孙太后见已无法阻拦，只得同意朱祁钰即皇帝位。③ 可见，从朱祁钰监国至即皇帝位期间，确有一段隐情。孙太后想要赎回英宗又另立太子的做法，在国难当头时虽显得自私狭隘，却也是人之常情。不过结合她在宣德年间，"阴取宫人子为己子"，"眷宠益重"④，终使得胡皇后无过被废，自己得以封后等种种所为，一些史籍中对其"端慎而有裁决，然故识大体"⑤的评价，实在是失之偏颇了。林文进一步指出，朱祁钰虽登帝位，但太子非己子，孙太后的做法为明朝统治核心日后的矛盾和冲突，即景泰年间易储和"夺门之变"埋下了祸根。

① 〔明〕何乔远：《名山藏》卷三十《坤则记一·孙皇后》，扬州：江苏广陵古籍刻印社，1993年。
② 《胜朝彤史拾遗记》卷二，第364页。
③ 参见林延清：《宣宗孙皇后与明朝中叶政治》，《江南大学学报》（人文社会科学版）2002年2月，第119—120页。《明英宗实录》卷一百八十一，正统十四年八月丁卯、己巳、丙子，正统十四年九月癸未。
④ 《明史》卷一百十三《列传第一·后妃一》。
⑤ 《胜朝彤史拾遗记》卷二，第364页。

"夺门之变"的发生是得到了孙太后的支持的①，英宗复辟后对景帝的清算，对景泰朝政的否定，对于谦等人的诛杀，和对徐有贞、石亨、曹吉祥等一干政变功臣的重用，使得朝政下滑，再度混乱，对明中期政治造成了很大的负面影响，其中，孙太后似难辞其咎。②

不过，在教导年少的英宗方面，孙太后却也有所作为。《胜朝彤史拾遗记》中记载了这样一件事：

> 初，王振肆横，祭酒李时勉遇振车不下，振怒。廉时勉他过，械其首示文庙前。太后闻，大惊，召上曰："祭酒者，国子师也，至重。即有罪，奈何戴囊头辱之，谓观瞻何？"上谢不知，太后大怒曰："即不知，何用汝作皇帝？"帝遣问，知振所为，立释之。③

从这件事上看，孙太后的举措确实及时救了受辱的朝臣，对英宗的昏聩亦严厉斥责。但对于王振的专权跋扈实在也没有什么有效的震慑，否则也便不会有日后的"土木之变"了。

孝宗张皇后，武宗即位尊为皇太后。武宗驾崩后，"太后委政杨廷和，散豹房，收江彬、神周下狱，罢威武团练官军，革皇店旗校，而遣各边镇守太监之在京者。凡喇嘛、哈密诸属国留侍者，皆使还国，一切政务皆整饬储备"④。张太后支持大学士杨廷和，在武宗驾崩后新帝即位前，果断采取一系列措施，结束正德时期的一些弊政，整饬朝政，稳定时局。因武宗无子，并与杨廷和商议选定皇位继承人，颁布遗诏，迎兴献王世子朱厚熜即世宗入继大统，使皇位得以平稳承继，在这个过程中张太后确实发挥了关键作用。然而新即位的少年天子并不是任人

---

① 见《明史》卷一百十三《列传第一·后妃一》："石亨等谋夺门，先密白太后，许之。"
② 参见林延清：《宣宗孙皇后与明朝中叶政治》。
③《胜朝彤史拾遗记》卷二，第364页。
④《胜朝彤史拾遗记》卷四，第378页。

摆布的,他并不想服从张太后和杨廷和的安排,尊孝宗为皇考。经过三年多的"大礼议之争",世宗以高压手段取得了胜利,尊生父为皇考,母亲为章圣皇太后,为自己的父母争来了全部帝后的尊荣与待遇,也巩固了自己皇帝的权威。且世宗即位之初就已与这位"皇伯母"张太后产生了嫌隙,《胜朝彤史拾遗记》记载,"初,兴国太后迎入宫,后尚以藩妃相视,稍抑之。及上入朝后,后颇倨,上以此衔后"①。世宗通过"大礼议"不断抬高自己父母的地位,其实也是在不断打压张太后在宫中的地位和权势。② 张太后对于宫廷政治的影响亦算到此为止了。嘉靖三年,世宗之母"兴国太后诞节,敕命妇朝贺,燕赉倍常",而到了张太后诞日,竟敕免贺,官员上书谏言,"皆得罪,竟罢朝贺"③。而张太后一向纵容外戚,孝宗时,就对她的父亲、兄弟进封授爵,张氏兄弟"出入宫中无忌,纵家人开店肆,截商货,强取人田舍子女。门客豪怒往往凌虐缙绅,篡取狱囚,市津垄断,莫敢问"。可见为非作歹之事不少,气焰确实嚣张,有言"明兴,外戚之宠无过张氏者"。④ 然而这一切都在世宗时被终结,张氏兄弟被告发以不同的罪名,一个下诏狱后瘐死,一个被长期关押,在张太后去世后被杀,而此前张太后为兄弟的求情,世宗一概不允。张太后甚至还乞请世宗皇后张氏向世宗求情,于是张皇后"乘新正侍上宴,微及其事",但没想到世宗震怒,"立褫冠服鞭挞之,斥遣以去"。⑤ 张皇后可能正是因此事被废,可见世宗之决绝,一点情面都不留。另《万历野获编》还记载一事:"(嘉靖)十七年章圣服药崩,上疑昭圣为巫蛊,欲行大事。非李文康以死捍诏旨,几如唐宣宗之于郭

①《胜朝彤史拾遗记》卷四,第 378 页。
② 参见林延清等:《明朝后妃与政局演变》,第 193 页。
③《明史》卷一百十四《列传第二·后妃二》。
④《罪惟录·列传》卷二《皇后列传·张皇后》,第 1164 页。
⑤《万历野获编》卷三《宫闱·世宗废后》,第 89 页。

太后矣。"①世宗因生母章圣皇太后崩逝而疑心是张太后行巫蛊所为,竟欲杀之,世宗对于迎立自己为帝的皇伯母已是如此寡恩狠戾,到了水火不容的地步,足见,后宫失势的张太后晚景是多么凄凉。

晚明时期在宫廷政治上最具影响力的皇太后当属神宗之母孝定李太后。神宗亦是冲龄践祚,尊其嫡母和生母皆为皇太后,两宫并尊,尚是首例,可见李太后此时在后宫中的地位已非同一般,作为生母的李太后自然担负起抚育教养小皇帝的责任,为了更方便教育和看护神宗,李太后甚至迁入乾清宫照料小皇帝日常起居。李太后管教神宗十分严厉,史载:"帝或不读书,即召使长跪。每御讲筵入,尝令效讲臣进讲于前。遇朝期,五更至帝寝所,呼曰'帝起',敕左右拽帝坐,取水为盥面,挈之登辇以出。"②万历六年,神宗大婚后,李太后搬回慈宁宫,虽不再照料皇帝起居,但敕谕内阁首辅张居正,"谓吾不能视皇帝朝夕,恐不若前者之向学勤政,有累圣德,先生亲受先帝付托,有师保之责,其为我朝夕纳诲,用终先帝凭几之谊,社稷苍生永有赖焉。"③为了能将神宗培养成勤政明君,李太后可谓煞费苦心,在大婚后若遇神宗有不当或失德之举,依然会严厉管教惩戒。另外,万历初年张居正的改革能够较为顺利地施行并卓有成效,李太后对张居正的信赖和支持亦是至关重要,且司礼监太监冯保又与张居正结交颇深,故而不会从旁掣肘,而冯保能够掌司礼监,亦是得到了李太后的扶持。④ 然而,在张居正去世后,神宗开始对张居正和冯保进行清算时,却未见李太后对神宗有任何劝阻,新政被废,终止的又岂止是"万历中兴",这自然不是李太后一个深宫妇人能够料想的。此后的李太后不怎么过问政事了,鲜

①《万历野获编》卷三《宫闱·世宗废后》,第89页。
②《明史》卷一百十四《列传第二·后妃二》。
③《胜朝彤史拾遗记》卷五,第391页。
④《明史》卷三百五《列传第一百九十三·宦官二》。

有的影响是在旷日持久的国本之争中,因神宗迟迟不立长子朱常洛为太子,而终于过问了此事,并以一句"尔亦都人子"的怒斥,使神宗惶恐伏地,而"光宗由是得立"。① 更多的光景,李太后多是在为宫中信佛崇佛之风的盛行及京师内外诸多梵刹的修建做着贡献。

第三节　后宫倾轧与制度更易

　　明代宫廷中的第一次废后发生在宣宗时期。宣宗原配皇后胡氏,永乐十五年选为皇太孙妃。另有嫔孙氏,和宣宗之母、仁宗张皇后是同乡,容貌姣好又聪慧,很受张皇后喜爱,十余岁便养于宫中,很可能是打算皇太孙婚配时,配为妃的。但是后来依朝廷选妃之制,选立了胡氏为皇太孙妃,孙氏便封为皇太孙嫔。宣宗即位后,胡氏为皇后,封孙氏为贵妃。② 胡皇后当是性情温和娴静且本分之人,对于宣宗颇好游幸之举亦多有规劝,但却使宣宗逐渐厌烦,而且胡皇后多病无子,与宣宗的关系也就越来越冷淡。相反,宣宗对于孙贵妃的宠爱却是日盛一日,即位后,就于宣德元年五月,突破了只有皇后才有金册金宝,贵妃以下有册无宝的制度,以"贵妃恭肃小心,动循礼则,祇事皇太后尽孝敬,又能辅朕及奉顺皇后,后屡请褒异之"为由,"赐贵妃孙氏宝"③,明代"贵妃有宝自此始"④。不过孙贵妃从未甘心一直处于"后之副贰"的地位。很快,皇长子诞生,史载"妃亦无子,阴取宫人子为己子,即英宗也,由是眷宠益重"⑤。孙贵妃"阴取宫人子"之事宣宗是否知晓,史

①《明史》卷一百十四《列传第二·后妃二》。
②《胜朝彤史拾遗记》卷二,第 362 页。
③《明宣宗实录》卷十七,宣德元年五月甲午。
④《明史》卷一百十三《列传第一·后妃一》。
⑤《明史》卷一百十三《列传第一·后妃一》。

籍中没有记载,不过中宫无子,贵妃母以子贵,确实给了宣宗一个废后的理由,从宣宗屡屡与朝臣交涉,不顾朝臣反对执意废后,又想了许多办法,最终令胡皇后自己上表请辞后位的一系列举动看,他为废胡皇后而立孙贵妃为后的确煞费苦心。宣德三年三月,胡皇后无过被废,孙贵妃在一番虚情假意的推辞之后,如愿登上后位,英宗即位后,被尊为皇太后。① 宣德年间从贵妃受宝到废后这一系列事件,实是打破了自马皇后、徐皇后治理下宫闱的和睦有序,开明代后宫之争的先河。之后,景帝、宪宗、世宗皆有废后之举,且后世多有宠妃恃宠而骄,挑战皇后地位甚至凌驾于皇后之上的僭越行为。宫闱与朝堂本就有着千丝万缕的联系,后宫的斗争势必也会影响到朝堂上的纷争。

因孙贵妃而开创的明代后宫先河还不止于此。英宗"夺门之变"复辟后,感念孙太后对自己的支持,接受朝臣的奏请,为孙太后上徽号曰圣烈慈寿皇太后,但这与贵妃有宝一样不符祖制。不过由此,"明兴,宫闱徽号亦自此始"②,而另有史家云:"明代之废后、上后徽号,凡宫闱破例,皆自后始矣。"③想来,这是最全面的概括了。

如果说孙贵妃是破了种种宫闱之例的话,英宗周贵妃对于皇后钱氏的僭越则导致了明代皇陵中后妃葬制的更易。钱皇后是明代第一位以大婚之礼迎娶入宫中的皇后,性情仁厚谦逊,与人无争。钱皇后和英宗也是一对患难夫妻,英宗于"土木之变"中被俘,钱皇后"倾中宫赀佐迎驾。夜哀泣吁天,倦即卧地,损一股。以哭泣复损一目"。英宗被幽闭于南宫,钱皇后亦陪伴左右,在英宗心情郁闷时曲为慰解。④ 且幽禁时日常衣食用品的供应都不能保证,钱皇后"日以针绣出贸,或每

①《明史》卷一百十三《列传第一·后妃一》。
②《明史》卷一百十三《列传第一·后妃一》。
③《胜朝彤史拾遗记》卷二,第 365 页。
④《明史》卷一百十三《列传第一·后妃一》。

家微有所进,以供玉食"①。英宗亦是至情之人,正是感念这份在最艰难的岁月中不离不弃的陪伴,他对钱皇后始终爱重,伉俪情深。且钱皇后的两个弟弟亦殉难于土木堡,"上念之,欲封其子雄,而后辞甚至,上以是益重后"②。然而钱皇后无子,太子朱见深即宪宗生母周氏,天顺元年封为贵妃。倚仗自己太子生母的身份,周贵妃对钱皇后的僭越之心早已有之。但英宗不仅从未有废后之心,而且担心钱皇后日后会重蹈宣宗废后胡氏之覆辙,为确保自己死后钱皇后的地位不被动摇,天顺八年正月,英宗在弥留之际留有遗命,其中提到"皇后钱氏,名位素定","择好地建陵寝,皇后他日寿终宜合葬,惠妃亦须迁来,以后诸妃次第袝葬"。③ 遗命中强调了钱皇后的名位不可动摇,且寿终后必须与英宗合葬皇陵玄宫之中,并且对其他妃嫔身后如何安葬亦作了安排。然而英宗一死,周贵妃就开始公然挑战钱皇后的名位。宪宗即位,上两宫尊号,周贵妃欲自己独尊为太后,以"岂有皇帝非其子而称太后者"为由,以宣宗废后胡氏为例,授意太监夏时集廷臣商议。④ 大学士彭时、李贤据理力争,才得以两宫并尊,而给钱皇后加"慈懿"二字,以示区别。

成化四年,钱太后去世,依据祖制和英宗遗命,钱太后都应合葬入裕陵地宫,然而周太后却再度展露她蛮横强悍的个性,千方百计阻挠钱太后与英宗合葬。据《万历野获编》记载:"本朝先帝大行山陵,止一后袝葬。直至英宗元配孝庄钱后崩时,宪宗压于生母孝肃周后,几不得袝葬裕陵。"⑤可见明代祖制,一帝配一后合葬,英宗以前诸皇陵皆如

①《万历野获编》卷二十四《畿辅·南内》,第 607 页。
②《胜朝彤史拾遗记》卷二,第 366 页。
③《明英宗实录》卷三百一十六,天顺八年正月己巳。
④《胜朝彤史拾遗记》卷二,第 366 页。
⑤《万历野获编》卷三《宫闱·帝后袝葬》,第 78 页。

此。但这种制度有一个前提,就是嗣皇帝为皇后所生(至少名义上如此),一旦皇太子或嗣皇帝生母为妃嫔,就不可避免地要涉及嫡庶之分和相应祭葬礼仪待遇问题。① 正是基于此种考虑,周太后认为自己是皇帝之母,而钱太后无子,依照一帝祔葬一后的祖制,应是她百年之后与英宗合葬,配享宗庙,而非钱太后,并欲别择葬地葬钱太后。群臣引祖制和英宗遗命上疏宪宗力争,大学士彭时更提出两太后皆祔葬裕陵的建议。然而宪宗迫于周太后的威慑和出于对母亲的孝心不愿违逆母意,面对群臣一轮轮的上疏,"中旨犹谕别择葬地"。于是,百官跪伏于文华门外,伏阙哭谏,从巳时跪至申时,迫于群臣的压力,宪宗最终同意群臣所奏,钱太后得以合葬裕陵,神主祔太庙。② 然而钱太后葬于裕陵玄宫之左,"异隧,距英宗玄堂数丈许,中室之",不但不能与英宗同葬玄宫主室,这已不符合明初以来的常制③,更过分的是,入葬时竟有宦官做了手脚,将隧道堵死,"虚右圹以待周太后,其隧独通",奉先殿祭祀,亦不设钱太后神主④,这些恐怕都是周太后授意所为。弘治十七年,周太后去世,亦祔葬裕陵。当时,孝宗曾召集辅臣刘健、李东阳、谢迁,出示裕陵图,言及钱太后所葬非礼,欲打通堵塞的隧道,但最终因钦天监言"岁杀在此","恐动风水","内宫监又谓事干英庙陵寝,难以轻动也"而作罢。⑤ 周太后阻挠钱太后合葬裕陵之事,导致明代皇陵"二后并祔自此始矣",而之后宪宗茂陵、世宗永陵更是遵循裕陵之例,出现"三后并祔"之制。⑥ 正如刘毅《明代帝王陵墓制度研究》一书中指出,裕陵之后的明代诸陵中,除元配皇后以外,嗣皇帝本生母、本生祖

---

① 参见刘毅:《明代帝王陵墓制度研究》,北京:人民出版社,2006年,第123页。
②《明史》卷一百十三《列传第一·后妃一》。
③ 参见刘毅:《明代帝王陵墓制度研究》,第128—129页。
④《明史》卷一百十三《列传第一·后妃一》。
⑤《万历野获编》卷三《宫闱·宣宗废后》,第77页。
⑥《万历野获编》卷三《宫闱·帝后祔葬》,第78页。

母皆得合葬玄宫，由孝肃周太后之例而成为不可动摇的"祖宗之法"。①

第四节 宠妃僭越与皇嗣、国本之争

后妃们虽不能插手外朝之事，但后宫争斗、宫闱倾轧其实无外乎一个原因，那就是皇嗣与国本。而这一点往往是朝堂上关乎国祚绵延的大事，所以宫闱中若波澜起伏，朝堂上必不能平静。明代后宫中有两位不得不提的人物，以宠妃之身，扰动后宫秩序，在皇嗣和国本之争中掀起了不小的波澜，产生了重大影响。

一 明中期的万贵妃

宪宗宠妃万氏，这个比宪宗大 17 岁的女子，在成化一朝专房异宠，终身不衰，可谓后宫的异数。万氏 4 岁入宫，为孙太后身边的宫女，土木之变后，2 岁的朱见深被立为太子，孙太后派万氏去侍奉太子，从此，万氏成了朱见深身边最亲近的人。朱见深即位后，万氏成了他的妃子。从稚童到少年，朱见深的成长都是在万氏的照顾之下，而这段时期又非风平浪静，政局一直变故屡生，自己的父皇英宗北狩，自己成了太子，之后叔叔做了皇帝，又幽禁了自己的父皇，再后来，自己又失去太子之位。惊惧、疑惑、不安、没有父母的关爱，深宫中年幼的孩子自然会全身心地依赖身边的万氏，并寄托全部的情感。而万氏此人，据史籍中的描述，机警、谲智善媚，善于笼络群下，也许她很有姿色，《万历野获编》言："万氏丰艳有肌，每上出游，必戎服佩刀侍立左右，上每顾之辄为色飞。"②也许她"貌雄声巨，类男子"，《罪惟录》记载，

---

① 参见刘毅：《明代帝王陵墓制度研究》，第 128 页。
②《万历野获编》卷三《宫闱·万贵妃》，第 84 页。

周太后曾问宪宗:"彼有何美,而承恩多?"宪宗答:"彼抚摩吾安之,不在貌也。"①不论相貌如何,"戎服佩刀"说明万氏总有些男儿气概,而非柔弱女子,再加上她的机敏和心计,正是这样的万氏才能在深宫中抚育并保护年幼的朱见深度过动荡不安的岁月,并在他害怕焦虑时宽解抚慰,且只有万氏的抚慰能使他心安,这种在特殊的成长历程中累积出的非同一般的情感依恋,无人能够取代。所以,朱见深登基后,对于万氏总是想方设法满足,即便再逾矩也一味宽纵。而万氏不再是个侍女,虽已徐娘半老,却也不甘于做一个普通妃子,她在成化朝的后宫掀起无数风浪,唯一依恃的只有宪宗全部的情感。

　　天顺八年七月,登基不久的宪宗立吴氏为皇后,然而刚过一个月,竟下了废后诏书。不管废后诏书中对吴氏的言行品性如何指摘,其实原因并不复杂。"万贵妃已擅宠,后既立,摘其过,杖之。"②由于吴皇后看不惯万氏专宠,此前可能已"恶之,数加诘责","会后当夕,妃先后浴,牛玉有后言"③,万氏抢在皇后之前沐浴的无礼行为更是让吴皇后忍无可忍,后来竟杖责了万氏,且司礼监太监牛玉还在背后说了万氏的不是。自己心爱的人竟然被打了,即便对方是皇后,宪宗也绝不能容忍,更何况对这个刚刚册立了一个月的皇后也谈不上什么感情。万氏听闻牛玉在背后说自己的不是,"遂谮上,并究玉受贿事"④。于是废吴皇后又有了一个理由,就是负责采选的司礼监太监牛玉曾收受了吴皇后父亲的贿赂,吴氏才得以立后。⑤ 吴皇后被废,其父下狱戍边,牛玉谪南京孝陵种菜。⑥"盖吴氏之得罪,实由万妃受挞而谮之,其祸遂

①《罪惟录·列传》卷二《皇后列传》,第 1161 页。
②《明史》卷一百十三《列传第一·后妃一》。
③《罪惟录·列传》卷二《皇后列传·王皇后吴废后》,第 1160 页。
④《罪惟录·列传》卷二《皇后列传·王皇后吴废后》,第 1160 页。
⑤《明宪宗实录》卷八,天顺八年八月癸卯。参见方志远:《成化皇帝大传》,第 51—52 页。
⑥《明史》卷一百十三《列传第一·后妃一》。

不可解。"①吴皇后虽"聪敏知书"②，但想必并不能体察和理解宪宗与万氏非同一般的情感。这次废后也让后宫第一次见识到了万氏的手段，以及宪宗对她专一的偏袒。继立的王皇后倒是看清了这一点，面对宠冠后宫的万氏，她向来淡然处之，对万氏种种僭越无礼的行径亦无忌无妒③，总算平安无事，得以保全尊位，不过想来，心中早已凄清一片了吧。

以万氏的年龄和出身，想成为皇后已断不可能，但若母以子贵却不是没希望。万氏本就专宠，"六宫希得进御"，成化二年正月，万氏竟生了皇长子，倒也算是如愿以偿。宪宗大喜，"遣中使祀诸山川"④，并于三月封万氏为贵妃。⑤ 然而大喜之后竟是大悲，皇长子未满一岁就夭折了。⑥ 面对此后数年宫中未有皇子降生的情况，朝臣上疏请宪宗"溥恩泽，广御幸"，甚至有人直指万贵妃专宠善妒，但宪宗依然宽纵维护，荣宠更盛。⑦ 很多史籍皆记载，为了维护自己专宠的地位，万贵妃迫害宫中有孕的妃嫔宫人，逼其堕胎，戕害皇嗣，但却总有"漏网之鱼"。被宪宗私幸而有孕的纪女史，在好心的宦官和宫女的帮助下，谪居安乐堂，生下皇子朱祐樘，即后来的孝宗。成化十一年皇子身份被公之于世，而一个月后，纪氏竟突然死去。加上成化七年，柏贤妃所生的皇次子朱祐极被册立为太子后不久就薨逝了，历来史籍记载皆指万贵妃下毒手的嫌疑最大。⑧ 自皇子朱祐樘得以公开身份后，从成化十

①《万历野获编》卷三《宫闱·宪宗废后》，第 81 页。
②《罪惟录·列传》卷二《皇后列传·王皇后吴废后》，第 1160 页。
③《胜朝彤史拾遗记》卷三，第 373 页。
④《明史》卷一百十三《列传第一·后妃一》。
⑤《明宪宗实录》卷二十七，成化二年三月辛亥。
⑥《明史》卷一百十三《列传第一·后妃一》。
⑦《胜朝彤史拾遗记》卷三，第 376 页。
⑧《明史》卷一百十三《列传第一·后妃一》。

二年宪宗第四子朱祐杬出生，到成化二十三年，共有 11 位皇子降生，由此推测，万贵妃确实曾干过逼妃嫔堕胎，戕害皇子的事情。可能后来见朱祐樘被立为太子，自己已不再能生育，也就不再干涉宪宗和妃嫔接触，皇子也就相继诞生了。[1]

不过万贵妃的兴风作浪却并没就此消停。《皇明后纪妃嫔传》中有这样一段描述：

> 妃益骄恣，凡四方所进奇货皆归之。中贵用事者，一忤妃意，辄见斥逐。一时佞幸出外镇守、内备供奉者，如钱能、覃勤、汪直、梁芳、韦兴辈，皆假贡献，科敛民财，顷竭府库，内结欢妃，因外作威福，戕害善良，弄兵构祸，民无宁日，皆妃主之也。至其斋醮、燕乐之费，靡无纪极。[2]

万贵妃在宫中虽不能直接插手外朝政务，但以她专宠的地位和实际在后宫独大的权势，巴结钻营之辈必然趋之若鹜，更何况她亦非正直本分淡泊之人。中官佞幸之辈如汪直、梁芳者通过讨好巴结万贵妃得到重用，万贵妃自然成了他们的后台。不管这些人在外朝的所作所为、种种勾当，是狐假虎威还是直接受万贵妃指使，祸乱朝纲、危害民生的影响确已造成。诚然，成化朝秭政迭起，虽不能全归责于万贵妃，但她也难辞其咎。[3] 成化后期，万贵妃又在亲信太监梁芳的撺掇下，为一己之私而劝宪宗易储。时梁芳等人"承望妃意，作奇技淫巧、祷祠宫官及宝石之事，帑藏一空"，被宪宗指责，但宪宗说"吾不与汝计，后人必有罪汝者"，盖指东宫也。梁芳等人畏惧，便谋划废掉太子而另立兴

---

① 参见方志远：《成化皇帝大传》，第 73 页。
② 〔明〕杨继礼：《皇明后纪妃嫔传·宪庙贵妃万氏》，李小林：《万历官修本朝正史研究·史料篇》，第 424 页。
③ 参见方志远：《成化皇帝大传》，第 55 页。

王朱祐樘为太子，如此"共保富贵无穷，岂直免祸哉"。而万贵妃恐怕也担心太子即位后因其生母之死而和自己算旧账，于是力劝宪宗改立太子。所幸，"会泰山震，台官奏应在东朝不宁，上首肯，意遂寝"。①

自成化初废后，万贵妃恃宠骄纵于后宫，继立的王皇后不被宪宗所重视，空有母仪天下之名，实无统领六宫之权，只能在宠妃的淫威下委曲求全。宫妃被害，皇嗣受损，国本不稳，宫闱失序。然而无论万贵妃如何在宫廷政治中翻云覆雨，宪宗都一如既往地对她荣宠、宽纵、情深不衰，至死不渝。成化十二年十月，以金册金宝加封万贵妃为皇贵妃，"位亚坤仪，峻陟列妃之首"②，这是宪宗所能给予她的最尊崇的地位。成化二十三年正月，皇贵妃万氏薨，"上震悼，辍视朝七日，谥曰恭肃端慎荣靖"③。"皇贵妃"成为明代后宫中真正高于"贵妃"的最高妃嫔等级以及妃谥六字，皆属创制，皆因万贵妃而始（详见"明代妃嫔的等级与晋升"）。据《万历野获编》记载，面对万贵妃的离世，"上不语久之，但长叹曰：'万侍长去了，我亦将去矣。'于是怏怏无聊，日以不预，至于上宾。情之所钟，遂甘弃臣民不复顾"④。同年八月，宪宗驾崩。

二 明后期的郑贵妃

到了万历年间，以立储为核心的国本之争，可以说是影响并伴随万历朝政局的大事。朝堂之上，围绕争国本问题引发了君臣间三十余年的拉锯和纷乱的党争，而后宫之中引起这一事件的关键人物就是万历朝一代宠妃，晚明宫廷政治不能不提及的人物——郑贵妃。

① 〔明〕杨继礼：《皇明后纪妃嫔传·宪庙贵妃万氏》，李小林：《万历官修本朝正史研究·史料篇》，第 424 页。
② 《明宪宗实录》卷一百五十八，成化十二年十月戊寅。
③ 《明宪宗实录》卷二百八十六，成化二十三年春正月辛亥。
④ 《万历野获编》卷三《宫闱·万贵妃》，第 84 页。

　　万历九年八月，明神宗以后宫"内职未备，储嗣未蕃"，传谕阁臣拟旨"博选淑女，以备侍御"①。万历十年三月册封九嫔，出身于顺天府大兴县普通家庭的郑氏位列其中，被册封为淑嫔。其自称"幼承母师之训，时诵诗书之言。及其十有五年，躬逢圣母广嗣之恩，遂备九嫔之选"②。黄仁宇在《万历十五年》里这样描述："郑氏之所以能赢得万岁的欢心，并不是具有闭月羞花的美貌，而是由于聪明机警，意志坚决，喜欢读书，因而符合皇帝感情上的需要。如果专恃色相，则宠爱决不能如此的历久不衰。"③万历十一年七月，郑氏进封为德妃④，次年进封为贵妃⑤。万历十四年，因皇子常洵降生，郑氏进封为皇贵妃。⑥ 四年，郑氏由嫔晋升至仅次于皇后的皇贵妃之位，可见荣宠异常。万历后宫妃嫔之中郑氏因牵涉国本之争，给后世留下"权谲善媚"的印象，且言"后庭宠幸者无出其右"⑦，而这"专宠"很可能是郑贵妃在后宫中小心经营，与皇后及其他妃嫔相斗相争的结果。

　　敬妃李氏，受宠程度不亚于郑贵妃，只因其去世较早未能与郑贵妃一较长短。李氏，万历二十二年十月因诞下皇六子常润，十一月被晋封为敬妃。⑧ 万历二十五年三月诞下皇七子常瀛后没多久薨逝。⑨

---

① 《明神宗实录》卷一一五，万历九年八月癸卯。

② 《酌中志》卷一《忧危竑议前纪》，第 3 页。

③ 黄仁宇：《万历十五年》，北京：生活·读书·新知三联书店，2005 年，第 30 页。

④ 《明神宗实录》卷一百四十，万历十一年八月丙辰。

⑤ 《明神宗实录》卷一百五十二，万历十二年八月庚戌。

⑥ 《明神宗实录》卷一百七十二，万历十四年三月丁酉。

⑦ 《胜朝彤史拾遗记》卷五，第 394 页。

⑧ 《明神宗实录》卷二七八，万历二十二年十月庚午条；《明神宗实录》卷二七九，万历二十二年十一月戊寅条。

⑨ 《明神宗实录》卷三〇八，万历二十五年三月庚子、乙卯。《国榷》卷七十七，"庚子皇七子常瀛生，皇贵妃李氏出"，"乙卯敬妃李氏薨，妃有宠，内臣刘用以石星进昇宝于妃，妃薨，上阅其奁，诘所自，用即自经，上以此恶星，追封皇贵妃，葬天寿山"。北京：中华书局，1958 年，第 4792—4793 页。

神宗不仅追封其为皇贵妃，谥曰恭顺荣庄端靖，且一度欲破例将其安葬于定陵寿宫右穴，后虽不行，仍依前朝皇贵妃例，于天寿山兆域内择吉壤安葬。① 三年内生育两位皇子，李敬妃不仅在争夺皇帝的宠爱上，甚至在储位之争中都可能成为郑贵妃潜在的敌人。而李敬妃却有可能死于郑贵妃亲信太监张明的手中。晚明宦官刘若愚所撰的《酌中志》中有如下记载：

> 神庙贵妃李娘娘有疾，郑娘娘名下太监张明，医治不效薨逝。神庙极为悲悼，丧礼从厚。所生两皇子，派与中宫王老娘娘为慈母，共育咸福宫。彼时积言有如淳如衍之事，自此郑娘娘无有与分宠者矣。②

张明是郑贵妃名下的太监，精于医药。③ 但神宗宠爱的李氏是在他医治无效下死亡的，李氏死于郑贵妃亲信太监之手，结果多少有些耐人寻味，总是不能排除张明帮助郑贵妃在争立国本的过程中蓄意扫除障碍的嫌疑，"自此郑娘娘无有与分宠者矣"，则更增加了这种猜测的可信性。

面对郑贵妃的专宠，史籍中神宗皇后王氏则是谦退而贤德的形象。"性端谨，事孝定太后得其欢心。光宗在东宫，危疑者数矣，调护备至。郑贵妃颛宠，后不较也。正位中宫者四十二年，以慈孝称。"④而宦官刘若愚的《酌中志》言："中宫孝瑞王娘娘，其管家婆、老宫人及小宫人多罹捶楚，死者不下百余人。其近侍内官亦多墩锁降谪。惟皇贵

①《明神宗实录》卷三〇八，万历二十五年三月乙卯。"敬妃李氏薨逝，传旨封为皇贵妃，礼仪照世庙皇贵妃沈氏例行，营葬吉地，礼部请遣官于天寿山悼灵左右相择。"
②《酌中志》卷二十二《见闻琐事杂记》，第191页。
③《酌中志》卷二十二《见闻琐事杂记》，第202页。
④《明史》卷一百一十四《列传第二·后妃二》。

妃郑娘娘近侍,各于善�门带俸。"①王皇后的宫人被杖责致死,郑贵妃的近侍则待遇优厚,这里并未言明皇后的宫人为何常受责罚,但下人处境堪忧,其实多少能反映出其主子的境况也必不平顺。《万历野获编》记载:"庚子之冬,京师盛传中宫久病,侍卫不过数人,其膳修服御,俱为主上裁减大半,抑郁成疾,渐瀕危殆,都下贵贱长幼皆信之。"更有工科都给事中王德完上疏神宗力谏,惹得神宗大怒,将王德完下诏狱。次日,神宗竟下圣谕云:"中宫乃圣母选择元配,见今同居一宫,少有过失,岂不优容! 迩年稍稍悍戾不慈,朕每事教训,务全妇道,中宫亦知改悟,何尝有疾?"云云。② 神宗圣谕分明是要辟谣,不过"悍戾不慈""每事教训""中宫亦知改悟"这些词语却起到了欲盖弥彰的效果。可见王皇后在宫中并不为神宗所喜,处境艰难。而与皇后之位仅一步之遥的郑贵妃分明已有与中宫王皇后分庭抗礼之势。万历二十六年的《真圆通塔院碑》的捐助名单中"皇贵妃郑"与"中宫皇后王"比肩于慈圣皇太后之下。③ 沈德符《万历野获编》亦记载:"犹记向游郊外一寺,亦敕建者,壮丽特甚,登殿礼佛,见供几个并列三位,中曰'当今皇帝万岁景命',左曰'坤宁宫万岁景命',右曰'翊坤宫万岁景命'。翊坤,则郑妃所处宫也。"④在此寺则郑贵妃与王皇后并列于神宗左右,皆显示出郑贵妃在宫廷中的实际地位已与中宫皇后不相上下。郑贵妃"权谲"的一面则不仅用于谋立其子为太子,能获神宗专宠亦是其与后宫的后妃相争相斗的结果。

　　那么,王皇后面对郑贵妃的"颛宠"果然能做到"不较"吗? 辛德勇

①《酌中志》卷二十二《见闻琐事杂记》,第 203 页。
②《万历野获编》卷三《宫闱·今上笃厚中宫》,第 96 页。
③《北京图书馆藏中国历代石刻拓本汇编》,郑州:中州古籍出版社,1990 年,第 58 册,第 85 页。
④〔明〕沈德符:《万历野获编》卷三《宫闱·郊寺保釐》,第 97 页。

曾考证万历二十年王皇后出资于北京阜成门外衍法寺刊刻的《观世音感应灵课》中所附的王皇后的一篇刊刻题记，[1]并将其放在国本之争的背景下来解读，认为万历壬辰（二十年）春正月十五日，是神宗与臣下约定册立东宫的期限马上到来的关键时刻，王皇后出面刊印此灵签来为自己祈求神灵佑护，并且利用题记向神明和世人，袒露自己急迫地支持立长的心愿。题记中"愿宫闱清吉"一句，是直接针对郑贵妃的紧迫威胁。"诚信以来格，佑为善以先知"，是为自己祈福，而"苟渎慢不敬者占之，反至尤焉，尔其钦哉"则是在赤裸裸地诅咒和警告郑贵妃：像她这种为人行事渎慢神灵的人，用观世灵签占卜，只会招来灾难。这篇题记是王皇后在国本之争中发出的声音及表明与郑贵妃对立的立场。王皇后与郑贵妃之间如何相处，目前并没有更多史料来佐证，但前文提到王皇后的宫人被杖责致死者近百，这些受严厉责罚的下人到底是出于神宗因不满皇后而遭殃及，还是王皇后无宠而将怨恨发泄到宫人身上，已很难说清楚，若确是皇后因无宠而泄愤，题记中对郑贵妃的诅咒倒也符合这种心态。此外，傅维鳞《明书·宫闱纪》中评价王皇后除了"端谨"，还很"聪颖"，她曾有心地暗自收起神宗留中不发的奏章，当皇帝处理相关问题有需要时，能"随取所奏上之，毫无错谬"，并且处理后宫事务，"调剂之不使乖"。由此看来，王皇后其实是个有能力又不失心计的人，可以推测，郑贵妃如果谋立其子为太子得以实现，将给中宫皇后之位造成巨大威胁，这种情况下不受皇帝眷顾的皇长子和其母王恭妃必然成为王皇后拉拢的对象，争立皇长子为太子亦

---

① 辛德勇：《述石印明万历刻本〈观世音感应灵课〉》，《中国典籍与文化》2004 年 3 期。题记内容："大明中宫皇后，每斋沐焚香，捧诵《观音灵课》，时为社稷卜岁丰，祈太平，屡屡感应。遂命锓梓，印施百卷，以便臣民决疑，令预趋吉避凶，阐明法宝，慈泽后人。愿宫闱清吉，海宇万安，雨露均调，仁凤休作。愿我佛灵课，惟诚信以来格，佑为善以先知，苟渎慢不敬者占之，反至尤焉，尔其钦哉！明万历壬辰春王正月十五日吉，刊于大乘禅寺，计板二十二块，竟请京都衍法寺，便流行天下也。"

可能被王皇后视为保住地位的救命稻草，自然会"调护备至"。而宠冠后宫的郑贵妃最终没能实现愿望，立己子为太子并荣登皇后宝座，恐怕与这位"性端谨"但又"聪颖"的中宫皇后不无关系。当然神宗之母李太后对于王皇后的支持自然也是一个很重要的因素，明人文秉所撰《定陵注略》中记载了这样一件事：

> 宫中服饰器皿，惟中宫用黄，余皆用红。郑贵妃有宠，上为之代请，慈圣不许，请之再四，慈圣曰："皇帝讲分上，安得不听。"因传懿旨，东西两宫皆赐黄，上遂止，不敢用。孝端上升，一切中宫印务具付西宫范德妃权署，虽上不溺私爱，而母教亦有所自来矣。①

面对郑贵妃的恃宠僭越、神宗的公然偏袒，李太后巧妙地压制了郑贵妃的气焰，也让神宗无话可说。而在王皇后去世后，以神宗之偏爱，中宫印务竟交给范德妃而非郑贵妃管理，如果确如所记，那么可见，神宗再是宠爱偏私，总还是有底线的，这必然与母教的影响有关。

　　当然，神宗对于郑贵妃母子的偏私是有目共睹的。王皇后一直无子，王恭妃于万历十年八月生朱常洛，是为皇长子。郑贵妃于十四年正月生子朱常洵，为神宗第三子。神宗不喜王恭妃，生长子亦不得进封，而宠爱郑贵妃，在皇三子降生后就欲进封郑氏为皇贵妃，此举让朝臣们捕捉到了神宗可能废长而立爱的危险信号，于是二月，辅臣申时行请求册立东宫，神宗以元子尚弱加以推辞；②当月，户科给事中姜应麟再起抗争，主张"册立元嗣为东宫，以定天下之本"，由此被贬。三月，郑贵妃进封皇贵妃，而国本之争其实已拉开帷幕。此后朝臣请立元子为东宫的章奏年年月月纷至沓来，神宗不是敷衍搪塞就是拖延不

① 〔明〕文秉：《定陵注略》卷一《慈圣壶范》，北京大学图书馆藏善本，第5—6页。
② 《明神宗实录》卷一七一，万历十四年，第3094页。

理。至万历二十一年，神宗发出将常洛、常洵和周端妃所生的常浩三王并封的诏旨，结果朝臣大哗，连章抗议，神宗迫于众议收回前命。在与朝臣的拉锯战中，皇长子出阁读书、冠礼、婚礼也都延误了。至二十九年十月，常洛终被立为皇太子，但神宗对皇太子仍然不重视，对于恭妃更是薄待。到万历三十四年元孙出生，恭妃才得以进封皇贵妃，但实际上幽困冷宫多年。而"妖书"等案的出现，常洵受封福王后仍迟迟不之国，实际上国本之争仍然余波未平。

有靠山又有野心，郑贵妃自然不会安分，她的很多举动也会被看成与争国本有关，而不会被朝臣轻易放过。在争国本事件中牵连甚广的"妖书"案便因郑贵妃重新刊印《闺范图说》而起。大致情形如下：万历十八年，时任山西按察使的吕坤辑前朝经史中的"先哲嘉言、诸贤善行"，配以评论和图像编成《闺范图说》一书。作为一本形象生动且可读性强的女教图书，颇受时人欢迎，不仅"女子见之喜于观览，转相论说，因事垂训"，"当时士林，乐诵其书，摹印不下数万本，直至流布宫禁"。[1] 太监陈矩见到此书后，购入宫中献给神宗，神宗又将之赐给郑贵妃。万历二十三年，郑氏出己资将此书新添"后妃"一类，增加了包括她自己在内的同时代女性十二人，并亲自写序，让其亲伯郑承恩重新刊刻。当时正值争立国本的激烈时段，郑贵妃又是朝野臣僚关注的焦点，此举引申出种种揣度。

万历二十五年，言官戴士衡弹劾吕坤"因承恩进书，结纳宫掖，包藏祸心"[2]。明神宗下旨："《闺范》一书，乃朕赐与宫中朝夕阅览，因其书理与《女鉴》相符，使以为劝言之规。"[3]解释书是自己赐给郑贵妃的。

---

① 〔清〕陈宏谋：《教女遗规·吕新吾·闺范序》，北京：中国华侨出版社，2012 年，第 117 页。

② 《明史》卷二百二十六《列传第一百一十四·吕坤传》。

③ 《明神宗实录》卷三二二，万历二十六年五月辛丑。

然而,次年秋又有人匿名撰《闺范图说跋》,命名为《忧危竑议》,盛传京师,书中称吕坤所著《闺范图说》,首载汉代由妃而进位中宫的明德马后,意指郑贵妃,而郑氏刊刻此书,实则是想借此立己子为太子。《忧危竑议》假托"朱东吉"之言,称所谓"东吉",意思是指"东朝",至于取名"忧危",则因吕坤曾有"忧危"一疏,因而借其名而加以讥讽,将此事直指立储风波。郑贵妃兄长都指挥使郑国泰、亲伯郑承恩上书自辩并疑此书为给事中戴士衡、全椒知县樊玉衡所撰。结果,明神宗重谪二人,而置"妖言"不问。至万历三十一年,皇长子常洛已登上太子之位,然而"妖书"案再兴,出现《续忧危竑议》,大学士朱赓得此书后,上闻朝廷。此书假托"郑福成"为问答。所谓的"郑福成",意指"郑之福王当成也"。书中大略言:"帝于东宫不得已而立,他日必易。其特用朱赓内阁者,实寓更易之义。"①明神宗获知此书后大怒,下旨锦衣卫搜捕,随后捕获皦生光,坐以极刑。从这两次妖书风波来看,郑贵妃重刊《闺范》虽有邀宠固爱之意,但就此将其与谋立国本直接勾连,实有外臣为争国本、保固国本、排除异己而欲加其罪之疑。吕坤这本书本是由皇帝赐给郑贵妃,这点神宗已做解释,倘若疑其有袒护爱妃之嫌,那么,宦官刘若愚所写的《酌中志》则应更为可信,书中写道:"惟《闺范图说》,实系先臣矩自坊间购进,与吕无与。累臣侍先臣之侧,每见追论此事,即愀然叹曰:'外廷疑揣者多,大家说梦,志在求胜朋挤异己,虽诬及宫闱所不惜也云云。'"②那么,郑贵妃重刊此书虽不能罪其有易储之谋,却可以看出邀宠固位之意。

后世皆言神宗对郑贵妃情有独钟,专宠有加,然而如前文所述郑贵妃与李贵妃、王皇后之间,后宫妃嫔之间的争斗恐怕远比史书概括

①《明史》卷一百一十四《列传第二·后妃二》。
②《酌中志》卷一《忧危竑议前纪》,第2页。

的复杂得多。即便与皇帝之间亦很难因有殊宠而随心所欲,《万历野获编》载,"今上眷郑贵妃,几于宪宗之万贵妃矣"①,但郑贵妃亦要花心思巩固地位,正如她在《重刊闺范序》中所言:"恪执巾栉,荷蒙帝眷,诞育三王暨诸公主,渐叨后号,愧无图报微功……且时聆我皇上谆谆诲以《帝鉴图说》与凡劝戒诸书,庶几勉修厥德,以肃宫闱。"②万历皇帝本身喜读书且亲赐《闺范》一书给郑贵妃,"因其书理与《女鉴》相符,使以为劝言之规",郑氏拿到书后出己资重新刊刻自有迎合和邀宠之意。同时序中亦提及"前因储位久悬,脱簪待罪,幸赖乾纲独断,出阁讲学,天人共悦,疑议尽解",可能郑贵妃之前确因储位的问题惹怒过神宗,此处有为自己辩解无谋立国本之意。同时,明朝皇后本身有编刻书籍以加强女教的先例,成祖徐皇后"尝采《女宪》、《女诫》作《内训》二十篇,又类编古人嘉言善行,作《劝善书》,颁行天下"③。世宗生母蒋氏亦作《女训》,颁行天下,神宗生母李太后撰《女鉴》。郑贵妃"益自勤励侍御,少暇则敬捧我慈圣皇太后《女鉴》庄诵效汉,夙夜兢兢",有效仿并讨好李太后之意。但郑贵妃终究不位中宫,却效仿前朝皇后,难免有僭越之嫌,虽"光艳照一时,朝士争购置案头,亦渐有濫訾,而无敢昌言者"。④ 终究引至朝臣戴士衡就此发难,妖书迭起。

前文所述"妖书"事件虽牵涉国本,却终究看不到郑贵妃在这一事件中直接的影响。然而,至今立于北京朝阳门外东岳庙内的一通万历二十年三月所立的刻有《东岳庙碑记》的石碑,其碑文内容和碑阴题名透露出郑贵妃及其心腹宦官的信息,为我们探讨这位纷争中的主角为争立国本所进行的活动提供了机会。

---

① 《万历野获编》卷三《宫闱·今上家法》,第 98 页。
② 《酌中志》卷一《忧危竑议前纪》,第 3—4 页。
③ 《明史》卷一百一十三《列传第一·后妃一》。
④ 《万历野获编》补遗卷三《刑部·戊戌谤书》,第 873—874 页。

　　明朝正德年间编定的《明会典》,对国家祭祀的正神曾作过较为系统且具体的规定,其中东岳泰山之神便是国家正祀之神。① 北京朝阳门外东岳庙建于元代,为正一派玄教大宗师张留孙兴建②,是国家正祀之所在。在明代,凡国家大事,如祈丰、求雨、祈子、征战,或嗣承大统,或元子诞生,皆祭告泰山,据统计,有明一代多达40余次,且泰山的灾异被视为国家治乱兴亡的晴雨表。宪宗时期,曾欲易太子,恰逢泰山地震,举国震惧,宪宗召人占卜,谓“应在东宫”。③ 宪宗闻言立即放弃了易储,孝宗太子之位才得以保全。从五行学上来看,五岳对应五方,泰山主生,属震位,在东方,东方属木,于色为青。太子之宫称“东宫”“春宫”“青宫”,且“帝出乎震”之称,故可以说泰山可主东宫之立。

　　东岳庙碑记载了“大明皇贵妃郑氏,暨皇三太子,集诸宫眷、中官”等人,在东岳庙敬神祈福之事。立碑之时国本尚未定,而碑文中却大模大样地出现了“皇三太子”的称号,明显是僭越,不知是出于有心还是无意,是镌刻时的失误,还是撰写时的笔误,这在“争国本”的冲突中,实在是一件难以理解,却可能暗含玄机的事。④ 碑文由“赐进士及第光禄大夫武英殿大学士太子太保礼部尚书太仓王锡爵”应宦官刘坤等人之请而撰写。王锡爵言“中官刘坤、刘朝、孙进预以状来,□时在告将行”。据《明实录》所载,万历十九年六月,“大学士王锡爵准假三个月驰驿归省”⑤,但王锡爵因母病并未按时回京,“以辅臣王锡爵假限

① 〔明〕李东阳等纂,申时行等重修:《大明会典》卷八五,台北新文丰出版公司据万历十五年刊本影印,1976年。
② 〔清〕于敏中:《日下旧闻考》卷八八《郊垧》,北京:北京古籍出版社,1985年。
③ 《明史》卷一百一十三《列传第一·后妃一》。
④ 赵世瑜:《国家正祀与民间信仰的互动——以明清京师的“顶”与东岳庙为个案》,《北京师范大学学报》1998年6期。
⑤ 《明神宗实录》卷二三七,万历十九年六月辛亥。

已满,差官敦趣奉母驰驿来京"①。因而直到万历二十年九月"元辅王锡爵给假经年"②,二十一年正月,才"见朝谢恩"③。此碑立于万历二十年三月,当于王锡爵以母病为由归省太仓老家之前所撰。而这阶段正是围绕立储问题而展开国本之争的敏感时期,这之前的万历十八年正月,神宗召辅臣申时行、许国、王锡爵、王家屏讨论立储之事④,二十年正月,发生了众多科道言官因请定东宫事而被处罚的事件⑤,而这之后的二十一年正月,发生了王锡爵"惧失上指"而"奉诏拟谕旨",欲行"三王并封"之礼,神宗采纳,欲"三王并封",等待皇后生嫡方立太子之事⑥,王锡爵在其中均是关键角色。以往多认为"三王之议"的计划是发生在王锡爵还朝之后,认为王锡爵同意神宗"三王并封"之议,是一种偶然或一时糊涂,认为其平素也是站在众臣一边倾心护立皇长子的,只是中了郑贵妃一方的暗算。⑦ 然而,从最早廷臣们提出册立皇子开始,当时王锡爵作为辅臣和其他人一起上疏请求册立,不久便以母病为由请辞归省以躲避风波,其实看不出积极立长的态度。而其归省临行之时,郑贵妃派出亲信太监向王锡爵请求撰碑文,则可能达到了拉拢的目的,甚至可能此时郑贵妃等皇三子一派已酝酿了"三王并封"的计划,并且私下已对此达成共识并有了"皇三太子"的称呼,就等待权重有威望的朝臣带头提议而在朝上通过颁布,否则王锡爵便不可能在庙宇这一公共空间中留下"皇三太子"这一明显僭越的称谓。

①《明神宗实录》卷二四〇,万历十九年九月癸未。
②《明神宗实录》卷二五二,万历二十年九月癸亥。
③《明神宗实录》卷二五六,万历二十一年正月辛未。
④《明神宗实录》卷二一九,万历十八年正月甲辰。
⑤《明神宗实录》卷二四四,万历二十年正月壬午。
⑥《明神宗实录》卷二五六,万历二十一年正月丁丑。
⑦ 樊树志:《晚明史》,上海:复旦大学出版社,2005年,第504页。温功义:《明代的宦官和宫廷》,重庆:重庆出版社,2000年,第334页。

再来看王锡爵的撰文,他对郑贵妃的请求是颇为敏感的,也或许根本就是深谙其意的。他在文中自称曾坚决拒绝,并询问来请撰文的宦官说:"贵妃、皇子富贵极天下,福泽无复可加。兹举也,岂求福耶?或以修来世耶? 抑又有出于一身之外,而大有所祈报也?"刘坤等人的解释是:"贵妃、皇子所为齐心礼岱者,不为一身计,不过为主上祝厘,为苍生答贶。"于是,王锡爵发挥了一番,认为此"一举而三善备,虽垂之久远,天下后世即议其迹,不敢尽非其心;即指其渎,不得不嘉其意"。

这样,王锡爵不仅为自己受命撰写这篇碑文的背景做出说明,以避免敏感时期落下口实,亦将郑贵妃此时对东岳庙的拜祭标榜得冠冕堂皇。郑贵妃率德妃许氏、荣嫔李氏等一干宫中亲信,在东岳庙敬神祈福,又派宦官刘坤等人特意赶在这位储位之争中的关键人物归省回老家之前,撰写这篇碑文,其争立国本的政治目的已然显现。如果单凭这通碑文,我们可能对王锡爵笔下出现"皇三太子"的称谓仍心存疑窦,那么出现于泰山三阳观中郑贵妃修醮的碑文,则证实了这一僭越的称谓并非笔误也不是孤证。

约略同时期的泰山三阳观,郑贵妃分别于万历十七年、二十二年、二十四年派乾清宫太监所修的三通醮记碑文,[1]都是为保佑皇帝、郑贵妃寿命延长、衍天年不替,保佑其子朱常洵"纳千祥之吉庆","国脉延绵"。其中万历二十二年《皇醮记碑》有:"上祝皇帝万岁,享圣寿于无疆;贵妃遐龄,衍天年于不替。四海澄清,太子纳千祥之吉庆。"万历二十四年《皇醮记碑》内容与之如出一辙。两通醮记皆出现"太子"的称号,而此时东宫未立,对照万历二十年的北京《东岳庙碑记》已称其"皇

---

① 周郢:《明代万历"国本案"的新史证》,《周郢文史论文集》,济南:山东文艺出版社,1997年,第 200—204 页。

三太子"，显然"太子"所指为朱常洵。另有万历二十三年《太上老君常清静经》的碑石，碑阴题刻："万历乙未八月吉旦，大明皇三太子发生刊板永远舍施。差官曹奉。"①直称朱常洵"皇三太子"。只有万历十七年郑贵妃的第一通醮文，当时还称其"皇子"，未有"太子"一说。以上几通碑文中频现"太子""皇三太子"的称号，使北京东岳庙这通碑不再是孤证，并且到目前可看到的东岳泰山与国本案相关的碑刻中，万历二十年王锡爵所撰的《东岳庙碑记》是最早出现"皇三太子"称号的碑，即最早称朱常洵为"太子"的记录。

郑贵妃与神宗在国本之争的过程中每与廷臣对峙的敏感时期，祭告象征正统的东岳泰山，并称其子朱常洵为"太子"或"皇三太子"，其欲借助泰山的超自然的力量，争立国本的政治目的显而易见。另外，对于泰山有诸多祠庙，为何郑贵妃会选择规模影响并不大的三阳观修醮，周郢文认为，是神宗一派在斗争中缺乏外廷支持，不敢将其心所属的太子人选公之于世，所以选择将真实意图隐含在幽僻的三阳观短碣中。而田承军则是从三阳观的命名上解释郑贵妃所以选择此观的因由，认为泰山的三阳观，从字面来看便有"三阳交泰"即好运即降之意，因而希望其子登上太子之位，才是其选择三阳观修醮的本意。② 对于祭祀及信仰体系的研究并非本书主旨，但从以上研究泰山文化的专业学者的任何一种解释中不难看出，泰山信仰攸关国本都是不容置疑。在明代，正是这样一个官方色彩浓重的国家正祀之所在，吸引了内廷、外朝的显贵成为它的参与、支持者，宫廷内部的权力关系便难免在这个特殊的场所有所展现。而郑贵妃屡次在与泰山信仰密切相关之地祈福并刊刻碑文，背后祈求谋立己子的政治意图昭然若揭。

---

① 赵卫东：《泰山三阳观及其与明万历宫廷之关系》，《道家文化研究》第 23 辑。
② 田承军：《明国本案与泰山三阳观新考》，《历史档案》2005 年第 4 期。

神宗欲立皇三子常洵的意图，从万历十四年便初见端倪，而经过与廷臣的诸番争斗最终还是屈服了，于万历二十九年立皇长子常洛为太子、立皇三子常洵为福王。这十五年里，称皇三子为"太子"的称谓，第一次出现是在万历二十年北京《东岳庙碑记》中，之后频现于东岳泰山，万历二十一年的"三王并封"，恐怕亦与之相关。这也证明了神宗支持郑贵妃立皇三子为储的意图并未因"三王并封"的失败而放弃，神宗可能并非如通常所说的通过拖延的方式而被动地抵触立长，他与郑贵妃一派有可能是在积极寻找机会将皇三子推向太子宝座。

自郑氏生常洵并进封皇贵妃开始，便拉开了万历朝国本争端的序幕。君臣纷纷扰扰僵持了十余年，郑贵妃也由此成了廷臣们防备、攻击的红颜祸水。万历十四年纷争始至万历二十九年立皇长子为东宫，这十几年里，辅臣从申时行到王家屏、赵志皋、王锡爵，无不时时提醒神宗早日豫教、册立、冠婚，礼部尚书于慎行、李长春，以及其他朝中大小官员相继上奏疏争立国本，虽降职、受罚、得咎仍"前仆后继"。这种空前绝后的情形已绝非为守护"立嫡以长"的宗法祖制，更是可以打击政敌的武器，从更加长远来看，皇位的继承人决定了文官自身的政治命运。郑贵妃及其戚族锦衣卫指挥使郑国泰、顺天府儒学生员郑承恩为减轻外廷朝臣的敌视与舆论压力，表面上屡屡奏请册立元子为东宫，背后通过笼络朝臣、排除宫中异己、祈福泰山等行为，再加之神宗的支持，以谋争国本。

但历经十几年的博弈，万历二十九年十月，还是由皇长子朱常洛登上了太子的宝座，皇三子常洵封福王。然而国本之争却远未结束，因福王迟迟不离京去封地居住，便有取长子而代之的可能。在之后的十几年里，朝野内外围绕福王之国继续争斗不休，直至万历四十二年三月，福王常洵之国，废长立幼的可能性已不复存在，持续三十余年的国本争端方落下帷幕。然而，梃击案又起。万历四十三年五月初四晚，有一名叫张差的男子，持梃（枣木棍）闯进太子所居的慈庆宫，打伤守门的内侍而被擒获，主事王之寀疏言张差狱情，词连贵妃宫内亲信太监庞保、刘成等，朝议汹汹。贵妃向神宗哭诉叫冤，神宗建议"外廷语不易解，若须自求太子"，最终太子降谕禁株连，神宗亦不深究，张差、刘成、庞保等被诛而草草结案。①

万历四十八年七月一日，神宗驾崩，八月光宗朱常洛即位，改元泰昌。神宗临终前给太子留下遗命，言"尔母皇贵妃郑氏侍朕有年，勤劳茂著，进封皇后"②。此时中宫王皇后已死，然而，与郑贵妃立幼派争斗了几十年的朝臣纷纷上书反对，终未让郑氏登上皇后之位。有传之后发生的红丸案、移宫案皆牵连郑氏，然国本案所涉及的这些事件的结果都未能形成让人不容置疑的定论，真相已无从考证。但这些争端所涉及的各种势力之多、范围之广，对宫廷内外的影响之大，使其成为明代后期最为复杂的事件。

郑贵妃，与明神宗恩爱一生，获荣宠一生，也与立长派朝臣暗里争斗了一生，可谓机关算尽，却终未能登上只有一步之遥的皇后之位，亦未能实现立己子为太子之愿，宫廷政治与国家制度的博弈可见一斑。崇祯三年七月，皇贵妃郑氏薨，谥恭恪惠荣和靖皇贵妃，葬银泉山。

三　后妃干政与皇权专制

明代自宣宗以降，多出现帝后失和，感情淡漠，皇后不受重视甚至被废的情况，而妃嫔倚仗恩宠，骄恣僭越，导致后宫争斗频现，成化、万历两朝更是宠妃权势最盛的时期。宫闱失序往往伴随着外朝争端，宠妃为自身地位和荣宠计，可能内则利用宦官，外则联络外戚、朝臣，谋

---

①《明史》卷一百一十四《列传第二·后妃二》。
②《明光宗实录》卷二，万历四十八年七月丁酉。

皇位争国本。由此不仅危及储君之位,甚至导致储君及其生母在宫中的生存环境亦堪忧。[①] 而宦官、外戚、朝臣亦同样可倚仗宠妃之势为己谋私,拉帮结派,党同伐异。宠妃得势造成后宫权力失衡,皇后式微,无母仪天下之尊,更削弱了整肃宫闱之权。而作为协助皇后佐理内治的宫官六尚系统,就更不可能有效发挥其管理宫闱、教化嫔御的作用,甚至到了明后期,女职不备,机构存废亦成问题(详见"明代女官地位的嬗变")。明代数度出现宦官专权的局面,尤其在天启时,宫廷中更是魏忠贤与客氏狼狈为奸,只手遮天,甚至数度戕害后妃宫人,"深宫更无为懿安皇后助者"[②],后宫血雨腥风,后妃自身难保,更遑论整肃宫闱、匡正后宫。其实,可以再细细阅读一下自洪武开国便写入祖训《内令》中的条条句句:

　　凡后妃以下一应大小妇女,及各位下使数人等,凡衣食、金银、钱帛并诸项物件,尚宫先行奏知,然后发遣内官监官,监官覆奏,方许赴库关支。尚宫若不奏知,朦胧发遣,内官亦不覆奏,辄擅领关支,皆处以死。

　　凡私写文帖于外,写者、接者皆斩,知情者同罪,不知者不坐。

　　凡庵、观、寺、院烧香降香,禳告星斗,已有禁律,违者及领香送物者,皆处以死。

　　凡皇后,止许内治宫中诸等妇女人,宫门外一应事务毋得干预。

　　凡宫中遇有疾病,不许唤医入内,止是说症取药。

　　凡宫闱当谨内外,后妃不许群臣谒见,命妇于中宫千秋节,并

① 参见赵秀丽:《明代皇后生存状态与后权式微》,《武汉大学学报》(人文科学版)2008年5月。
② 〔清〕朱彝尊:《曝书亭集》卷五十二《王司彩宫词书后》,《文津阁四库全书》440,第133页。

冬至、正旦、每月朔望来朝,其隆寒、盛暑、雨雪免朝。

　　凡天子及亲王、后妃、宫人等,必须选择良家子女以礼聘娶,不拘处所,勿受大臣进送,恐有奸计。但是娼妓,不许狎进。①

　　如此"家法",可以说严格到近乎苛刻残忍,分明是以一种对于人性的压抑和禁锢换来"超轶汉唐"的"宫壼肃清",不得不让人唏嘘。逐句细读下来不难发现,这每一条其实皆可视为禁令。换言之,自建国伊始,祖宗家法其实从未赋予后宫任何真正的权力。皇后贤德也好,宠妃骄纵也罢,宫闱雍肃也好,后宫争斗也罢,其实真正可以倚恃的唯有帝王之权、帝王之心罢了。后妃专政,看似影响了皇权的运行和独断,实际不过是窃取了部分皇权,仍然是皇权高度集中的伴生物而已。

---

① 《皇明祖训》,第 179 页。

第四章 明代公主的政治地位与生活

　　明代的公主形象及其史实，并不为人们熟知。确实，相较于明太祖追仿的唐宋两朝，如太平公主一般涉足政治抑或柔福帝姬一样充满故事的明代公主几乎为零。在史料匮乏的明代宫廷女性人物中，大明朝诸位金枝玉叶的形象，于人们眼中，一直是模糊甚至神秘的存在。

　　梳理有关明代公主的记载，除《明史·公主传》有较为粗略的承续脉络外，正史对于公主的记载，只限于参加某典礼、享有某待遇等只言片语、琐碎的公文式记录，枯燥简单，很少涉及公主具体形象的描述。《明实录》《明会典》中的记载稍显详细，尤其是明代公主在皇家礼仪中扮演的重要角色，以及在经济上作为庞大宗藩之一所享受的待遇，多有着墨。同时，在一些明清文人的笔记中，或多或少也留下个别公主生活的蛛丝马迹，为我们研究明代公主脸谱化描述之外的鲜活形象，提供了弥足珍贵的资料。本章也尽可能结合以上两类资料，勾勒出明代公主群体鲜为人知的历史图像。

第一节 公主的封号和数量

　　洪武四年定制，皇帝之女称"公主"，皇帝姊妹称"长公主"，皇帝姑姑及祖姑皆称"大长公主"，夫婿统称为"驸马都尉"，公主授金册，与驸马岁食禄米二千石。① 公主封号的晋封，主要依公主和皇帝间的辈分而决定。一般新皇即位，原来同为皇帝姊妹的公主，就晋封为长公主，而作为皇帝姑姑的长公主，则晋封为大长公主。这一制度开始并未严格执行。永乐年间，一些公主因为和成祖关系密切，率先被封为长公主，而其他姊妹却仍是"公主"称号。成祖所作《御制大明孝陵神功圣德碑》碑文中就体现了这一差别。其中记录太祖诸女，写作："临安公主，宁国长公主，崇宁公主，安庆公主，汝宁公主，怀庆长公主，大名长公主，福清公主，寿春公主，南康长公主，永嘉长公主，含山长公主，汝阳长公主，宝庆公主。"② 除了早逝的几位公主，健在的公主并非都封为长公主。仁宗即位，以诸姑为"皇考同气至亲"名号未加，令"加宁国长公主及怀庆、大名、南康、永嘉、含山、汝阳、宝庆七长公主，皆为大长公主"。③《明史》认为"自后诸帝即位，公主进封长公主、大长公主皆如制"④。其实不然，当时仍有公主封号不能及时晋封。像仁宗诸妹，咸宁公主因与仁宗友爱，仁宗即位之初就加号长公主。安成公主却因结怨仁宗一直保持"公主"称号，直到侄孙英宗时，才加号大长公主。⑤ 此后历代相沿不改，这一制度才算最终确定。此外，公主封号例由"内阁

①《明史》卷一百二十一《列传第九·公主》，第 3661 页；卷八十二《食货六·俸饷》，第 2000 页。
② 王鹏善：《钟山诗文集》，南京：东南大学出版社，2013 年，第 408 页。
③《明仁宗实录》卷四（下），永乐二十二年十一月甲申。
④《明史》卷一百二十一《列传第九·公主》，第 3667 页。
⑤ 根据《明英宗实录》中的安成公主小传，安成公主在宣德初年进号长公主，正统初年加号大长公主。但在《明宣宗实录》中，安成公主一直以"公主"之名出现，称号并未变。永乐二十二年仁宗继位之初加号长公主的咸宁公主，则始终配以"长公主"的称号。《明英宗实录》记载英宗继位，"赐汝阳、含山、永嘉、南康四大公主，咸宁长公主、安成公主各白金二百两……"安成公主仍是"公主"身份。正统元年三月癸未，直书"加封安成公主为安成大长公主"。如此，安成公主小传中"宣德初进号长公主"一节，可能只是史官误写或者粉饰而已。

拟奏,请旨点用,礼部抄出施行"①。名称一般以地名来命名,有汉晋公主汤沐邑的涵义,但也并不完全如一。世宗时永福长公主、永淳长公主、常安公主、思柔公主及光宗女怀淑公主,封号就应是以美为名而非地名来命名。明代公主封号偶尔还有重复者,像英宗有女封嘉善公主,世宗第五女又封嘉善公主,引得沈德符还为此大发感慨,质疑当国者怎能做出这么没文化的事来。②

　　公主的身份来源于父皇的权力,随着皇帝政治地位的改变,公主身份也会随之变化。懿文太子(惠帝时追封兴宗)有四女,长女江都公主已然册封,在其叔父成祖靖难夺位后,被降为郡主。三女早薨无考,次女及第四女,靖难后都只封为郡主。惠帝幼女于成祖攻破南京时尚只三岁,小小年纪就沦为政治牺牲品,被投入专门禁锢皇室罪宗的凤阳高墙,"未有名封,直至成化二十一年八月,始卒于高墙,年已八十六岁"③。夺门之变后,景帝被废为郕王,其女固安公主也相应降为郡主,后来景帝虽被恢复帝号,固安公主却仍是以"郡主"称号终年。而原为亲王之女郡主之位的世宗诸姊妹,世宗即位后都一跃而升为公主。此外,还有如太祖长兄南昌王、堂兄蒙城王之女俱非皇女,却都被封为"公主"。洪武四年,礼部还专门为此上书,认为两位"公主"都是皇帝侄女,应改封"郡主"以合礼制。太祖以亲情为念,说自己兄弟都去世得早,只有此二女在世,"不忍遽加降夺也",故仍称"公主",而无公主

①《明会典》卷二百二十一《翰林院》,第1096页。
②《万历野获编》卷五《公主》,第131页。另有如成祖第五女封常宁公主,睿宗长女追封常宁公主。穆宗第四女封永宁公主,熹宗长女亦追封永宁公主。
③《万历野获编》卷五《仪宾牙牌》一节,将惠帝幼女误认为懿文太子第三女,建文庚辰所生,第130—131页。建文庚辰年即建文二年,懿文太子早已去世八年,当是惠帝之女,为沈氏误记。又《天顺日录》载,惠帝次子建庶人(1401年生),有庶母姐同时禁锢凤阳高墙,应即此女。

之食禄,只予岁禄五百石。^① 及至惠帝在位,蒙城王之女庆阳公主,还是依礼降为了庆城郡主。

明代公主的总数到底是多少?其实早在明清时期人们的记述中,关于公主们的封号和数量就已出现分歧。尤其是一些政治经历较为曲折的帝王,某一时期的子嗣记录不全导致说法多样。如英宗,据《明史·公主传》《国榷》《明书》等记载,膝下共有八位皇女。考诸《明宪宗实录》,成化九年曾册封"皇第六妹为隆庆长公主"。而同书成化十五年却记载隆庆长公主为"英宗睿皇帝之第十一女"^②。英宗其他女儿如重庆公主、嘉善公主等,长幼次序也是两样排法。可见英宗诸女,因为已殇幼女和南宫期间生活记录缺乏等,排序未定而出现上文中相互抵牾的现象。通过对实录资料的分析,加上推算的早殇幼女,则英宗应有十三女(考证见表三)。又有如宣宗,有史料记载:"尝求美人于女直,女直进女为妃,有宠,生公主一人。"然明代正史中,宣宗三女皆为后出,并无妃嫔生女记录,不知何故缺载。^③ 根据搜集到的现有资料统计,有明一代,太祖十六女(二早殇无封)、兴宗(懿文太子)四女(一早殇无封,二封郡主)、惠帝一女(禁锢终身无封)、成祖五女、仁宗七女、宣宗三女、英宗十三女(五早殇无封)、景帝二女(一修行无封)、宪宗六女(一早殇无封)、孝宗一女、睿宗(兴献王)四女、世宗五女、穆宗七女、神宗十女、光宗十女(六早殇无封,后追谥号)、熹宗三女(一早殇无封)、思宗六女(一被杀,四早殇无封),加上太祖的两位姊妹和两个侄女,共计107人,其中有封号者84人。

---

①《明太祖实录》卷六十,洪武四年正月庚寅。

②《明宪宗实录》卷一百一十八,成化九年七月癸丑;卷一百九十八,成化十五年十二月戊寅。

③《罪惟录·列传》卷二,第1155页。或以为此女即永清公主,因母妃出身低微,一直为胡皇后抚养,又兼未封早薨,故而后世记载较少。

表三　明代公主基本情况简表

君主	生母	封号	名字	驸马	生卒年	排序
仁祖朱世珍	淳皇后陈氏	太原公主	朱□□	王七一（赠荣禄大夫）	—	长女
	淳皇后陈氏	曹国公主	朱佛女	李贞（追封曹国公）	？—1351	次女
太祖朱元璋	成穆贵妃孙氏	临安公主	朱镜静	李祺（丞相李善长子）	1360—1421（62）	长女
	孝慈皇后马氏	宁国公主	朱□□	梅殷（淮安总兵）	1364—1434（71）	次女
	—	崇宁公主	朱□□	牛城	？—1385	三女
	孝慈皇后马氏	安庆公主	朱□□	欧阳伦	—	四女
	—	汝宁公主	朱□□	陆贤（吉安侯陆仲亨子）	—	五女
	成穆贵妃孙氏	怀庆公主	朱福宁	王宁（永春侯）	1368—1425（58）	六女
	宁妃郭氏	大名公主	朱□□	李坚（滦城侯）	1368—1426（59）	七女
	安妃郑氏	福清公主	朱清□	张麟（凤翔侯张龙子）	1370—1417（48）	八女
	—	寿春公主	朱□□	傅忠（颍国公傅友德子）	？—1388（约17）	九女
	成穆贵妃孙氏	十公主	—	早薨	—	十女
	林氏	南康公主	朱玉华	胡观（东川侯胡海子）	1373—1438（66）	十一女
	惠妃郭氏	永嘉公主（谥贞懿）	朱善清	郭镇（武定侯郭英子）	1376—1455（80）	十二女
	成穆贵妃孙氏	十三公主	—	早薨	—	十三女
	高丽妃韩氏	含山公主	朱□□	尹清（掌后府都督事）	1380—1462（82）	十四女
	惠妃郭氏	汝阳公主	朱□□	谢达（前府都督金事）	—	十五女
	美人张氏	宝庆公主	朱□□	赵辉（掌南京左府事）	1395—1433（39）	十六女

续表

君主	生母	封号	名字	驸马	生卒年	排序
太祖侄女(太祖兄南昌王女)	—	福成公主	朱□□	王克恭(福州卫指挥使)	—	—
太祖侄女(太祖堂兄蒙城王女)	—	庆阳公主(惠帝时降封庆城郡主)	朱□□	黄琛(淮安卫指挥使)	?—1404	—
兴宗朱标	—	江都公主(靖难后降封郡主)	朱□□	耿璿(长兴侯耿炳文子)	?—1403(约25)	长女
	—	宜伦郡主(靖难后册封郡主)	朱□□	于礼	—	次女
	—	三公主	—	早薨	—	三女
	—	南平郡主(靖难后追册郡主)	朱□□	早薨	?—1412	三女
惠帝朱允炆	庶出	大公主	朱□□	一生禁锢凤阳高墙	1400—1485(86)	长女

《天顺日录》载,天顺年间惠帝次子建庶人被释,“时庶人年五十六七矣,吴庶人(懿文太子第三子)已殁,尚有庶母姐〈婢〉老妇五六人,有年八十以上者”。此处解释多样。《罪惟录》即以为“庶母姊〈婢〉老妇”为吴庶人家眷。又“庶母姊〈婢〉老妇”断句亦多歧义,暂列于此,待考。

续表

君主	生母	封号	名字	驸马	生卒年	排序
成祖朱棣	仁孝文皇后徐氏	永安公主	朱玉英	袁容(广平侯)	1377—1417(40)	长女
	仁孝文皇后徐氏	永平公主	朱月贵	李让(富阳侯)	1379—1444(66)	次女
	仁孝文皇后徐氏	安成公主	朱□□	宋琥(西宁侯,洪熙废)	1384—1443(60)	三女
	仁孝文皇后徐氏	咸宁公主	朱智明	宋瑛(琥废,嗣西宁侯)	1385—1440(56)	四女
	—	常宁公主	朱□□	沐昕(西平侯沐英子)	1386—1408(23)	五女
仁宗朱高炽	诚孝昭皇后张氏	嘉兴公主	朱□□	井源(追封钜鹿侯)	1409—1439(31)	长女
	惠妃赵氏	庆都公主	朱圆通	焦敬(掌宗人府事)	1409—1440(32)	次女
	—	清河公主	朱□□	李铭	?—1433(约24)	三女
	—	德安公主(谥悼简)	朱□□	早薨	—	四女
	贤妃李氏	真定公主	朱□□	王谊	1413—1450(38)	五女
	—	延平公主	朱□□	早薨	—	六女
	—	德庆公主	朱□□	早薨	—	七女
宣宗朱瞻基	恭让章皇后胡氏	顺德公主	朱□□	石璟(掌宗人府印)	1420—1433(24)	长女
	—	永清公主	朱□□	早薨	?—1433	次女
	孝恭章皇后孙氏	常德公主	朱□□	薛桓	1424—1470(47)	三女

君主	生母	封号	名字	驸马	生卒年	排序
英宗朱祁镇	—	大公主	—	早薨	—	长女
	孝肃太后周氏	重庆公主	朱淑元	周景（掌宗人府事）	1446—1499（54）	次女（圹志记长女）
	惠妃王氏	嘉善公主	朱□□	王增（靖远伯王骥孙）	1447—1499（53）	三女
	—	四公主	—	早薨	—	四女
	宸妃万氏	淳安公主	朱□□	蔡震（掌宗人府事）	1452—?（约83）	五女
	安妃杨氏	崇德公主	朱□□	杨伟（兴济伯杨善孙）	1452—1489（38）	六女
	宸妃万氏	广德公主	朱延祥	樊凯（管领大汉将军）	1454—1484（31）	七女（圹志记五女）
	顺妃樊氏	八公主	—	早薨	—	八女（未定）
	—	九公主	—	早薨	—	九女
	德妃魏氏	宜兴公主	朱□□	马诚	1454—1514（61）	十女
	淑妃高氏	隆庆公主	朱玄真	游泰（管领大汉将军）	1455—1480（25）	十一女
	德妃魏氏	十二公主	—	早薨	—	十二女（未定）
	丽妃刘氏	嘉祥公主	朱延喜	黄镛	1459—1483（25）	十三女（圹志记八女）

顺妃、德妃二女,应为英宗南宫时所生,旋殇。1450年英宗居南宫,顺妃年37,德妃年25,推测顺妃之女应早出。又据《明宪宗实录》卷六十三成化五年二月癸丑条,德妃二女,"长封宜兴公主,次殇亡未封"。宜兴公主为英宗第十女,隆庆公主为第十一女,嘉祥公主又在其后,则宜兴公主后,包括"殇亡未封"的德妃第二女,英宗尚有三女。排序难明,暂置如上。

| 景帝朱祁钰 | 孝渊景皇后汪氏 | 固安公主（天顺时降封郡主） | 朱□□ | 王宪 | 1449—1491（43） | 长女 |
| | 孝渊景皇后汪氏 | 二公主 | 朱□□ | 斋素修行,矢不下嫁 | — | 次女 |

君主	生母	封号	名字	驸马	生卒年	排序

《胜朝彤史拾遗记》卷三"景泰朝"载，汪后两女，"二女稍长亦斋素，矢不下嫁。至宪宗强之，始嫁其一于郡马王宪"。

君主	生母	封号	名字	驸马	生卒年	排序
宪宗朱见深	顺妃王氏	仁和公主	朱□□	齐世美（鸿胪少卿齐佑子）	1474—1544（71）	长女
	惠妃郭氏	永康公主	朱□□	崔元（京山侯）	1478—1547（70）	次女
	丽妃章氏	德清公主	朱□□	林岳	1478—1549（72）	三女
	—	四公主	—	早薨	—	四女
	—	长泰公主	朱□□	早薨	？—1487	五女
	静妃岳氏	仙游公主	朱□□	早薨	？—1492	六女
孝宗朱祐樘	孝康皇后张氏	太康公主	朱秀荣	早薨	1494—1498（5）	独生女
睿宗朱祐杬	慈孝献皇后蒋氏	常宁公主	朱□□	早薨	1501—1504（4）	长女
	淑妃王氏	善化公主	朱□□	早薨	1503—1512（10）	次女
	慈孝献皇后蒋氏	永福公主（正德十五年封长寿郡主）	朱□□	邬景和（掌宗人府事兼管大汉将军，赠少保）	1506—1525（20）	三女
	慈孝献皇后蒋氏	永淳公主	朱□□	谢诏（掌宗人府事）	1511—1540（30）	四女
世宗朱厚熜	端妃曹氏	常安公主	朱寿媖	早薨	1536—1549（14）	长女
	徽妃王氏	思柔公主	朱福媛	早薨	1538—1549（12）	次女
	端妃曹氏	宁安公主	朱禄媜	李和（掌宗人府事）	1539—1607（69）	三女
	雍妃陈氏	归善公主	朱瑞嫆	早薨	1541—1544（4）	四女
	德妃张氏	嘉善公主	朱素嫃	许从诚（赐少保兼太子太保）	1541—1564（24）	五女

君主	生母	封号	名字	驸马	生卒年	排序
傅维鳞《明书》卷二十一"公主附",宁安公主作"成平公主"。嘉善公主作"安泰公主"。应为未封前宫中称呼。安泰公主似以居"安泰殿"称之。如后世思宗昭仁公主,以居"昭仁宫"而得名。按明宫似无名为"成平"的宫、殿,不知"成平"称呼是何由起。						
穆宗朱载坖	孝懿皇后李氏	蓬莱公主	朱□□	早薨	1557—1557 (1)	长女
	孝安皇后陈氏	太和公主	朱□□	早薨	?—1560	次女
	孝定太后李氏	寿阳公主	朱尧娥	侯拱宸 (掌宗人府事)	1565—1590 (26)	三女
	孝定太后李氏	永宁公主	朱尧媖	梁邦瑞	1567—1594 (28)	四女
	孝定太后李氏	瑞安公主	朱尧媛	万炜 (掌宗人府事,太傅)	1568—1629 (62)	五女
	—	延庆公主	朱尧姬	王昺 (太子太傅)	1570—1600 (31)	六女
	淑妃秦氏	栖霞公主	朱尧姜	早薨	1571—1572 (2)	七女
神宗朱翊钧	孝端皇后王氏	荣昌公主	朱轩媖	杨春元	1581—1647 (66)	长女
	皇贵妃郑氏	云和公主	朱轩姝	早薨	1584—1589 (7)	次女
	荣妃王氏	静乐公主	朱轩妫	早薨	1584—1585 (2)	三女
	孝靖太后王氏	云梦公主	朱轩嫄	早薨	1584—1587 (4)	四女
	德嫔李氏	仙居公主	朱轩姞	早薨	1584—1585 (1)	五女
	皇贵妃郑氏	灵丘公主	朱轩姚	早薨	1588—1589 (1)	六女
	皇贵妃郑氏	寿宁公主	朱轩媁	冉兴让 (太子太保)	1592—1634 (43)	七女
	德嫔李氏	泰顺公主	朱轩姬	早薨	?—1593	八女
	德嫔李氏	香山公主	朱轩嬁	早薨	1598—1599 (2)	九女
	顺妃李氏	天台公主	朱轩媺	早薨	1605—1606 (2)	十女

续表

君主	生母	封号	名字	驸马	生卒年	排序
光宗朱常洛	孝元皇后郭氏	怀淑公主（谥悼懿）	朱徽娟	早薨	1604—1610（7）	长女
	—	悼宁公主	朱徽姮	早薨	1606—1607（1）	次女
	—	悼康公主	朱徽璇	早薨	1606—1607（2）	三女
	—	悼恭公主	朱徽嬺	早薨	1608—1609（2）	四女
	—	悼顺公主	朱徽婉	早薨	1609—？	五女
	懿妃傅氏	宁德公主	朱徽妍	刘有福（太子太傅）	1610—？	六女
	懿妃傅氏	遂平公主	朱徽婧	齐赞元（太子太傅）	1611—1633（23）	七女
	康妃李氏	乐安公主	朱徽媞（一说"徽妮"）	巩永固（太子太傅）	1612—1643（33）	八女
	—	悼淑公主	朱徽妱	早薨	1616—？	九女
	慎嫔邵氏	悼温公主	朱徽姃	早薨	1621—1621（1）	十女

光宗早殇七女，熹宗、思宗先后追谥。《太常续考》载前六女，"悼懿公主、悼宁公主、悼康公主、悼恭公主，俱葬金山。悼顺公主、悼淑公主，俱葬杨家顶山"。又孙承泽《春明梦余录》《思陵典礼记》，记皇十妹谥悼温公主。按长幼及葬地次序，结合《明神宗实录》所载生年，推测光宗十女排序如下：1. 万历三十二年五月，怀淑公主，追谥悼懿。2. 三十四年八月，悼宁公主。3. 三十四年十月，悼康公主。4. 三十六年七月，悼恭公主。5. 三十七年二月，悼顺公主。6. 三十八年三月，宁德公主。7. 三十九年九月，遂平公主。8. 四十年三月，乐安公主。9. 四十四年十月，悼淑公主。10. 生年缺考，悼温公主。然孙承泽书中，皆记悼淑公主为"皇姊"，又有皇九妹之称，思宗生于三十八年十二月，应长于悼淑，或疑悼顺、悼淑两谥号次序有误，暂不可解。又有人认为悼懿公主为失考长女，然据《绥寇纪略》补遗上："光宗十女，自怀淑公主下，五皇女皆蚤世。（小字注：万历三十二年五月，皇太子第一女生，三十八年正月薨，其封怀淑，谥在熹庙时，备考。）"故"怀淑"应为神宗时追册封号，"悼懿"为熹宗时追封谥号，实为一人。

君主	生母	封号	名字	驸马	生卒年	排序
熹宗朱由校	皇贵妃范氏	永宁公主	朱淑娥	早薨	1622—1623（1）	长女
	成妃李氏	怀宁公主	朱淑嫫	早薨	1624—1624（1）	次女
	—	三公主	—	早薨	—	三女

《明史》《国榷》俱载熹宗二女。唯傅维鳞《明书》卷二十一"公主附"，言"熹宗三女，长公主早薨，次、三亦早薨"。今熹宗三妃及长、次女墓志均出于京西董四墓，不知傅氏所举引据何处。而未见第三女圹志，此处暂以傅氏《明书》记载为准。

君主	生母	封号	名字	驸马	生卒年	排序
思宗朱由检	孝节皇后周氏	长平公主（坤仪公主）	朱媺娖（据《明纪》）	周显（顺治二年下嫁）	1630—1646（17）	长女
	孝节皇后周氏	昭仁公主	朱□□	思宗斫杀	1633—1644（11）	次女
	贵妃袁氏	三公主	—	早薨	—	三女
	—	四公主	—	早薨	—	四女
	—	五公主	—	早薨	—	五女
	—	六公主	—	早薨	—	六女

《明史》、傅维鳞《明书》皆言思宗六女，应无误。《崇祯长编》崇祯三年庚午十月甲戌条，"皇第一女生，中宫出，是为坤仪公主"。或据此以为思宗长女为坤仪公主。实误。坤仪公主即长平，未封时以皇后嫡出，古时常以坤仪代称皇后，故名。《烈皇小识》亦记为"坤仪"，可为旁证。昭仁也非封号，"以居昭仁宫故名"。据《胜朝彤史拾遗记》《思陵典礼记》，皇长子册立出阁读书时，崇祯十一年二月，昭仁六岁，则公主应为崇祯六年生。《三冈识略》载甲申之变，"长平年十一"，实为昭仁年龄，因明末史料混杂，内中常有将思宗斫杀昭仁，误以为长平被杀者。据《崇祯朝野纪》等书，袁妃曾出一女，《甲申传信录》误以为坤仪公主，排位第二女，《爝火录》亦记昭仁为"庄烈帝第三女"。排序不明一如英宗诸女，上表暂以昭仁为次女。

第二节　公主的出生和成长

明代皇女出生及成长宫中的史料，现有资料较为匮乏，细细梳理仍寥寥无几。好在有限的文献中，仍可寻觅到一些细微痕迹，辅之以合理的推断，还是能勾勒出她们青少年生活的大致情景。

据《明会典》《礼部志稿》等典籍记载，嘉靖十五年专门制定有皇女诞生仪及命名剪发仪。皇女诞生仪规定，皇第一女生三日，皇帝具常服，告闻于奉先殿以及专门奉祀世宗父母的崇先殿，祭品用香帛、脯醢、果酒，是日百官皆穿吉服以示庆贺。这一仪式又称三朝礼，其实就是民间"洗三"的宫廷翻版，祭祀之后还常将脯醢果酒颁授辅臣，寓意君臣同乐。[①] 及至皇女满月，又有命名剪发仪。皇第一女生将弥月，世宗谕礼部："朕长女匝月之近，内监以皇祖考时例有宴，但礼在三月，今世俗用一月，并可宴否及命名剪发定期来闻。"从中可知早在宪宗年间，皇女生满三月，宫内需举宴庆祝。这一仪式是否源自明初旧习，史料缺乏已不可考。世宗认为如今民间都以满月庆祝，命礼部研究是否从俗。同时让其商定是否依旧例举宴，并制定出"命名剪发"仪注。礼部参考《礼记·内则》，顺从世宗意思，以为"命名剪发，古礼在三月之末，今拟从时"，改为满月庆祝。又"皇女淑名与皇子字拟不同"，即太祖时并未设定皇女命名的世系规则，故而请世宗"圣明特命"亲自起名。同时制定皇女命名剪发仪注，具体实施为皇女诞生满月，"上择内夫人（女官）之敬慎者，以奉皇女剪发"。典礼当天，"保姆抱皇女于寝

---

① 《明会典》卷四九《皇女诞生仪》，第 332 页。又《明世宗实录》卷一百九十，嘉靖十五年八月戊戌条载："皇第一女生，礼部请上御门，百官称贺。诏免朝，第吉服朝参。"令礼部拟定皇女诞生仪注，应即此时。

宫剪发为髻,留羁如礼"。剪发后既行命名礼,皇帝皇后以及生育皇女
的妃嫔,具服于乾清宫。保姆抱皇女从寝处送至殿内,授皇女于皇后,
进呈皇帝,皇帝持皇女右手赐名。皇后承旨,再将皇女送还保姆回寝,
礼成。事后还要让礼部行移宗人府,将皇女之名登识玉牒,以示成为
皇族之一员。命名当天,宫中欢庆举宴,"内监设筵宴宫中,照例举行
宴礼"①。制度虽然如此,具体实施却不尽然。如嘉靖十七年皇第二女
行剪发礼,命名为福媛,之后才给十五年就诞生的皇长女赐名寿瑛。
嘉靖二十年皇第四女诞生当天,世宗就命勋臣代告景神殿,并予赐名,
同时才顺带为十八年出生的皇三女命名。②沈德符议论道:"故事皇子
以百日、皇女以弥月命名。今先诞者愆期,至继有所出,始补行,则爱
念不同也。"③可见随着皇帝的偏爱不同,制度的建立者世宗,也并未严
格执行这一仪式。

　　之后历代,皇女命名剪发礼基本延续嘉靖故事。如隆庆元年"二
月丁亥朔,皇女生……三月丙辰朔,皇女行命名剪发礼"④。万历九年
皇第一女三朝,神宗"具吉服,告奉先殿,仍御皇极门,百官致词称贺"。
但变化也是存在的,像万历时皇女剪发仍为满月,命名却改为了百日,
皇女诞生、命名的喜庆时刻,还会对官员进行赏赐。神宗皇第一女诞
生,就曾赐"三辅臣及讲官陈思育等花币有差"。同时"命太仓、光禄寺
各进银十万两,备宫中喜事赏赐"。经群臣力争,才只"谕光禄寺取十
万两进用"。百天后"行皇女百日命名。礼成,赐三辅臣金币有差"。
皇第二女生,"赐元辅申时行红云纻丝二疋、银抹金脚花二枝,次辅余
有丁、许国及讲官沈鲤等五员各红贮丝一疋、银脚花一枝"。皇太子第

---

①《明世宗实录》卷一百九十一,嘉靖十五年九月乙丑。
②《明世宗实录》卷二百四十五,嘉靖二十年正月癸巳。
③《万历野获编》卷五《公主》,第133页。
④《明穆宗实录》卷四,隆庆元年二月丁亥;卷六,隆庆元年三月丙辰。

九女生，"三朝，告奉先殿，撤酒脯，颁赐二辅臣三筵"①。诸如此类的记录直至熹宗朝仍不绝于实录。

以上记载虽让皇女诞生等制度大致描述明晰，但简略的公文式记载既让人感觉枯燥无味，许多细节也是含糊不清。所幸在清初宋起凤所著《稗说》中，留有几则明末宫廷皇女诞育较为详细的记录，使人得以管窥一二。根据宋氏回忆，明宫中诞育皇子女，自怀孕开始，"宫中遇三宫或他妃有娠，例召保母数人日夕承值，调其饮食起居。自是上罢行幸，数遣赐食用，使宫侍传候，迁外暖宫，乃分娩"。经过十月怀胎，"诞东宫或诸王或诸宫（公）主，例于内宫，上亲拜天告庙，宣布中外，受廷臣贺"。三天后皇家如民间"洗三"行三朝礼，"三日，上赐洗儿钱，三宫各妃咸就本宫同上看视，亦各赐金银采缎不等。内举三朝宴，乐九奏，诸宫后妃俱集，侍上宴饮，诸侍御皆衣万寿孩儿锦一色，直至中夜乃罢"②。参酌会典，可见这一记录基本符合明宫皇女诞育仪式，而文中还谈及明宫后妃怀孕情节，十分可贵。此外嘉靖九年世宗还曾据桂萼奏议，令礼部看议胎教之仪，"谓妊子及月辰，特为一室处之，即令东宫官属，将二南诗古诗演歌法，将历代女德兴废之事，编成简明说词，选收矇瞽妇女十有余人，以备轮直。且传称妊子之时，必谨所感，凡中宫图画花草禽鸟一切寓目之物，尤当一一拣择"③。于此正可补《稗说》之缺。

百日剪发礼，《稗说》中称为"庆晬日"，是日为皇女"净胎发"。当天"宣唤承御内员入中殿"，乳母抱皇女向阳明处坐，侍御捧金盆，盆上

①《明神宗实录》卷一百一十九，万历九年十二月丁酉；卷一百二十二，万历十年三月己未；卷一百四十三，万历十一年十一月丙午；卷五百五十，万历四十四年十月辰。
②〔清〕宋起凤：《稗说》卷四《中外起居杂仪》，《明史资料丛刊》第二辑，南京：江苏人民出版社，1982年，第122页。
③《明世宗实录》卷一百十八，嘉靖九年十月壬戌。

摊开龙袱置于奶婆前，内员先行叩头礼，方才剪发盘中。剪毕，奶婆将胎发团作一团，呈送皇帝及皇女母亲过目，之后皇帝命赏赐剃发内官和乳母一应人等。[1] 自满月剃除胎发后，皇女们就开始按期理发，为此还有专门的内廷机构为其服务。《酌中志》载，宫内"篦头房"，有近侍十余员，专门负责为皇子女请发、留发、入囊、整容之事。皇女剪发命名后，便按期剃发，谓之"请发"，和民间女童一样，皇女们会将头发全部剃掉，"一茎不留，如佛子焉"。皇女平日戴一寸多宽的小头箍，直到十余岁才开始留发，留发一年后，选择吉日将头发往两边分梳，束成八字角模样，谓之"扒角"[2]。《明宫词》所谓"少小皇姬未上头，斜梳扒角发油油"[3]即述此景。皇女至选婚有驸马，才择吉举行上头仪式。

上面提到的篦头房，隶属于礼仪房，而礼仪房作为司礼监下属机构，凡皇子女"弥月剪发，百日命名，及请发、留发、入囊、册立、册封、选妃、打扒角、选驸马，一应礼仪，皆经理之"[4]，是一个主要服务于皇子女的内廷机构。嘉靖九年桂萼奏议就曾提及孕育皇子女，需注意挑选"诸母"，即"慈母、保母、乳母"，"慈者知其嗜欲，保者安其居处，乳者以乳食子"，务必要"清性美体无疡疥"[5]。如其所述，皇女出生后，司礼监礼仪房即派乳母哺育，身边"更择老成宫人十数人旦夕侍卫"。诸母汇集一起看护新生皇女。[6] 诸母之中，又以乳母最为突出，明代称之为"奶婆"。当时皇城东安门外礼仪房，常年备有京城大兴、宛平两县及各衙门选送的奶婆，选择名额"月给食料"，住地俗称"奶子府"。[7] "若

①《稗说》卷四《中外起居杂仪》，第122页。
②《酌中志》卷十六《内府衙门职掌》，第129页。
③〔明〕史梦兰：《全史宫词》，《明宫词》，第205页。
④《酌中志》卷十六《内府衙门职掌》，第98页。
⑤《明世宗实录》卷一百十八，嘉靖九年十月壬戌。
⑥《稗说》卷四《中外起居杂仪》，第122页。
⑦《酌中志》卷十六《内府衙门职掌》，第113页。

内庭将有诞喜,则预召数人候之内直房,产男用乳女者,产女用乳男者,初亦杂试,候月余乃留一人。"①奶婆一经留用,"易高髻新衣如宫妆以进"。从此居住宫中,拨给宫女侍奉,"礼同嫔御",家人则享受免徭役、发禄米、赐宅院等优惠待遇,"以宠异之"。② 皇女从小吃奶婆乳汁长大,与之感情深厚,奶婆及其家族也因此跃上龙门傍身皇族。虽然作为公主奶婆,不如皇子奶婆还有可能成为皇帝、亲王乳母的际遇,但也能"得沾恩泽",享受到无尽的荣华富贵。

　　皇女们的少年时期都在宫中度过,宫苑九重人世罕知,她们的生活经历留存下来的少之又少。据记载,明代皇子成童册立后,除了母亲所居宫可以偶尔一去,他处不能随意前往,"有召,方得入他宫"。和限制皇子在宫内随意行走不同,作为女性,皇女们却可以在宫廷女性世界中较为自由地行动,这也使得公主和帝后宫眷的关系更为亲近。皇女在幼儿时期,抚养于母亲宫内,和母亲一起生活,故而如世宗嘉善公主、思宗第二公主,未册封前都曾以所居宫殿名,被称为安泰公主、昭仁公主。熹宗刚即位,因移宫案余波传谕诸臣,言及选侍李氏(西李)居哕鸾宫,"抚养所生朕八妹"。选侍傅氏居昭俭宫,"抚养所生朕六妹、七妹,俱有随从宫眷。各衙门月分、年例养瞻钱粮,俱从优厚"③。是时熹宗三妹都只八九岁年龄,可见皇女幼年主要是和母亲一起居住生活。又如宝庆公主作为太祖最小的女儿,"生而太祖崩,母张氏亦卒"。从小被成祖收养,"主育于宫中,上(成祖)与仁孝皇后抚育之极至",直到十九岁方才出嫁。④ 公主自小生活在宫中,每每获得帝后喜爱,像宝庆公主居住宫中,和年长的哥哥成祖亲密无间,成祖曾与太医

---

① 《宛署杂记》卷十《三婆》,第83页。
② 《稗说》卷四《中外起居杂仪》,第122页。
③ 《明熹宗实录》卷一,泰昌元年九月己亥。
④ 《明太宗实录》卷一百三十六,永乐十一年正月己亥。

闲聊，"适来小公主见我投怀中，我因抚抱"①。孝宗张后的独生女太康公主，"聪慧娟秀，以上所钟爱"。早薨后帝后悼惜不已，甚至破例以亲王礼下葬，"凡诸恩典皆从厚"②。追封常宁公主的世宗长姊圹志上，记录公主深受时为藩王、王妃的"献皇帝及章圣皇太后夙所钟爱，每躬自抚抱"③。世宗爱女归善公主薨，亦照太康公主特例办理丧仪，可见亲爱之情。后来世宗回乡南巡，仍不忘令留守辅臣"不时候问皇太子、二王、公主起居"，时时奏闻。④ 思宗某次欲食米糖，令人赴市买一盒，旋即"分给各皇子、公主"⑤。这些细节中透露出来的丝丝家庭温情，似乎都显示着明宫之中，皇女们也有着如民间百姓般的天伦之乐。

皇女们在宫廷生活中的衣食住行，具体已不可考，仅有只言片语，如"诞东宫，诸王宫（公）主衣□喜字锦"⑥，皇子女"晴天例张青纱小伞，以蔽日光"⑦等记录碎片传世。其实许多有关内廷宫眷生活的记述，所谓"宫眷"就应包括皇女，相应待遇她们也是一体享受，此处不再深究。又据《万历野获编》，宫中女子不缠足，别有"宫样"鞋穿用，看来小皇女们也应免去了缠足苦恼。⑧ 皇女宫中生活例有下人服侍，万历十九年宫中就曾下诏，称"宫中六尚局兼皇长子册立届期，及长公主长成，俱缺人役使"，命礼部选取民间女子入宫教习使用。除诸母、宫人，皇女还例有宦官拨给，"皇后、妃嫔、皇子女等近侍，各数十员不等，总穿红

① 〔明〕祝允明：《野记》卷二，《国朝典故》卷三十二，北京：北京大学出版社，1993年，第535页。
② 高景春等编：《新中国出土墓志》北京·壹·下册，北京：文物出版社，2003年，第120页。
③ 〔民国〕熊道琛编：《钟祥县志》卷五《古迹下》，民国廿六年钟祥县志局刊，第4页。
④ 《明世宗实录》卷二百二十一，嘉靖十八年二月甲寅。
⑤ 〔清〕严有禧：《漱华随笔》卷二《明初风气》，指海第四集，民国廿四年大东书局影印本，第3页。
⑥ 《稗说》卷四《司摄（设）监》，第114页。
⑦ 〔明〕秦徵兰：《天启宫词》，《明宫词》，第41页。
⑧ 《万历野获编》卷二十三《妇女·妇人弓足》，第599页。

也"①。依据皇女居住宫殿,"别之曰某宫穿红"②。这批贴身伺候皇女的宫内人员,在皇女册封出嫁后,依例会一并拨予公主随同入府服侍。

皇女教育,撇去孕期胎教不论,从婴儿期就已开始。嘉靖九年桂萼奏议,论及"慎子师。子师者,于慈保乳诸母之中,尤求其宽裕慈惠、温良恭敬、慎而寡言者,则动静语默,师法系焉,所以尤当慎择行之"③。其实就是要选择品行优异的诸母看护皇女,以备言传身教,给皇女做出一个好的表率。皇女童年教育,尚无明确资料说明,推测也应和宫内其他女眷一样,由宫中女官负责。宫廷教育的基本内容,多是女子品德的教诲。《稗说》中记载,明末宫中"贵人才人辈虽有读书识字者,例不敢作诗词及闻于外,惟教之诵《女孝经》《烈女传》《女箴》《闺范》诸书而已"④。身处宫中的皇女,领受的也应是此类传统伦理道德教育。洪武元年,太祖就命朱升等儒臣"纂述《女诫》及古贤妃之事可为法者,使后世子孙知所持守"。是时还曾编辑《历代公主录》,可能就是专门针对皇女的训诫教科书。明宫中对妇德礼仪更不忘时时教诲,太祖马皇后"时语诸王妃、公主,当勤女红,无坐而受福,取恶造物"⑤。成祖徐皇后曾撰《内训》二十篇,"辞语有限,讲读易尽"⑥,方便内廷宫眷学习。受其影响,成祖女永安公主圹志记载她"闲暇则讲明仁孝皇后《内训》及《列女传》、《女宪》等书,而躬行之"⑦。《明太宗实录》也称公主"性慈慧,读《孝经》《女诫》诸书,通大义,孝敬勤俭,不以富贵自矜"。另一女

---

① 《酌中志》卷十六《内府衙门职掌》,第 127 页。
② 〔明〕秦徵兰:《天启宫词》,《明宫词》,第 21 页。
③ 《明世宗实录》卷一百十八,嘉靖九年十月壬戌。
④ 《稗说》卷四《金狮子门》,第 110 页。
⑤ 《名山藏》卷三十《坤则记》,《明代传记丛刊》第 74 册,台北:明文书局,1991 年,第 32 页。
⑥ 《明世宗实录》卷一百十八,嘉靖九年十月己未。
⑦ 马垒:《浅谈明永安公主墓——京西南唯一的明代公主墓》,《首都博物馆论丛》2012 年第 26 期。

常宁公主,也是"淑慧恭慎,动止有礼,通《孝经》《女则》《列女传》"①。
嘉靖年间,世宗还令翰林院编写高皇后传、成祖徐皇后《内训》及世宗
母蒋太后《女训》的简明直释,"每章不得过百余字,以便女官记诵"。
并令"翰林院撮诸书关女教者,撰为诗言进呈,以备宫中诵咏"。编撰
要求是"明白易晓",以备女官择用教育后妃宫眷。② 在女子无才便是
德的时代,这类宣扬传统妇德的简易教学,时刻教导着明代的皇女们
要恪守礼仪,努力做好人妇。故而明代公主在各类记载中最为鲜明的
个性描写,基本都是恪守妇德、孝顺公婆、勤俭持家的形象。及至明
末,内忧外患中成长的长平公主,仍是"喜诗文,善针饪,视都尉君加
礼"③,始终是妇德典范的象征。

　　明代女子年满十五及笄,表示到了可婚配的年龄。除特殊情况
外,宫中皇女们年过十四五岁,就可以册封婚配。但明代皇女夭折者
众多,早薨者达四十多人,几乎占到总数的一半。尤其是明代后期,穆
宗七女,三女早薨;神宗十女,八女早薨;光宗十女,七女早薨,多有生
下数月甚至不及月就夭折者。锦衣玉食条件优厚的宫廷中,如此高的
夭折率还是很惊人的。皇女夭折、早卒,原因众多,《酌中志》载宫中婴
儿夭折,有因煤气中毒所致者,因宫中所用木炭,"火气太炽,多能损
人,倏令眩晕,昏迷发呕,大人尚可,皇子女婴幼何堪?"宫中乳母畏寒,
多喜生火取暖,结果导致"皇子女或中此毒,屡致薨夭"。又宫中养猫
众多,"凡皇子女婴孩时,多有被猫叫得惊风薨夭者"④,因为惧怕惩罚,
宫闱讳忌无人敢言。再有就是医疗条件的限制。明宫中医者必备,洪
武年间《祖训录》中,就有宫中需"小儿科"的记载,又载"如后妃、女孩

①《明太宗实录》卷一百八十四,永乐十五年正月壬寅;卷七十七,永乐六年三月戊午。
②《明世宗实录》卷一百十八,嘉靖九年十月己未。
③〔清〕谈迁:《北游录》,《纪闻上·长平公主诔》,北京:中华书局,1960年,第323页。
④《酌中志》卷十六《内府衙门职掌》,第106、129页。

儿等并(病)者,轻则于乾清宫诊脉,如果并重者,方许白昼就房看视"①。《稗说》则言,宫中"保母外又有女医一项,宫中呼为官姥姥,其人皆四五旬,谙方书、医药、脉理,承应诸宫院,无大小贵贱,悉令治疗"②。但这仍不能避免皇女们的病亡,尤其是一些当时医疗条件无法救治的疾病,加以落后迷信的医疗手段,死亡率极高。像孝宗独生女太康公主,四岁时,"主患痘疮,众医莫效",大太监李广献策,"饮以符水,遂殇"③。此外,熹宗时给事中刘懋请罢内操,认为太监们在宫中的内操,铳炮之声震动保母,进而影响奶水质量,最终导致皇子女夭折,所言所论也算合乎逻辑,算是一项潜在的原因吧。④

第三节　公主的婚姻及家庭

一　驸马的选择

明代公主婚礼,以洪武九年皇长女临安公主下嫁韩国公李善长子李祺为首婚,明代公主婚礼仪注由此开始制定。其后十几年间,公主出嫁,多以此为蓝本,只一些细节上的变化。洪武二十六年"稍更仪注",对公主婚礼的具体程序又进行了新的制定,第二年"又更定公主、郡主封号婚礼,及驸马、仪宾品秩"。再次对公主婚礼进行了简化。⑤此后终明之世,除弘治二年册封仁和长公主重定婚仪,对驸马入公主府的部分细节修改外,公主下嫁仪再未出现过大的制度改动。历代凡

---

① 参见张德信:《〈祖训录〉与〈皇明祖训〉比较研究》,《文史》第45辑,第143页。
②《稗说》卷四《中外起居杂仪》,第122页。
③〔明〕尹直:《謇斋琐缀录》卷八,《国朝典故》卷六十,第1344页。
④《明熹宗实录》(梁本)卷四十四,天启四年七月癸亥。
⑤《明史》卷五十五《志第三十一·礼九》,第1400页。

公主出嫁,皇帝诏令多称"册诰、仪仗及一应礼仪,皆如旧制行"、"行册诰、仪仗及一应礼仪,都依旧例行"①云云,令礼部依前例参酌增减进行。

公主下嫁,首先是选择驸马,即所谓议婚。明朝驸马的选择,明初尝选功臣家子。太祖十六女,其中六位下嫁开国功臣之子,如临安公主驸马李祺为韩国公李善长子,福清公主驸马张麟是凤翔侯张龙子,寿春公主驸马傅忠为颖国公傅友德子,永嘉公主驸马郭镇是武定侯郭英子。成祖五女,其中长女嫁都督袁洪子袁容,三女、四女俱嫁西宁侯宋晟子,五女嫁西平侯沐英子。太祖、成祖以公主嫁功臣家,推测是因建国、夺位之初根基不稳,想令皇族和功臣家结成亲家,形成一个庞大的勋戚集团,以护佑皇室。当时皇室和功臣集团的联姻,对双方来说都是一种政治共赢,其出身是最重要的选择,而年龄、样貌反而是次要的。故而当时选驸马,"公主配大臣之子,未有疏忌之嫌也"②。"驸马尚公主多以公侯子弟充之,而不甚拘年貌。"③西宁侯宋晟第三子宋瑛其貌不扬,成祖选做咸宁公主驸马,公主心有不愿,成祖劝说"才足矣,何貌为"。第二子宋琥早已娶妻,成祖甚至令其"出其妻而尚主"④,为结成亲事不惜违背礼法。

仁宗之后,因永乐年间成祖诸驸马多参与到仁宗和汉王、赵王的帝位斗争中,皇帝对驸马这一外戚势力充满戒心,开始刻意削弱之。于是此后历朝,选择功臣家子孙为姻亲者间或有之,但与前期相比明显下降,而且出身"虽贵臣,然皆右列也"⑤。公主选婿开始多在平民或

①《明世宗实录》卷四百四十五,嘉靖三十六年三月甲子。
②〔明〕陈子龙:《明经世文编》卷一八六《天戒疏》,北京:中华书局,1962年,第1915页。
③《弇山堂别集》卷一《皇明盛世述一》,第9页。
④《罪惟录·列传》卷十六,第2244页。
⑤《万历野获编补遗》卷一《公主》,第809页。

低级官吏家庭中选取,选择标准也开始以年龄相貌为首选。如驸马赵辉,人物修伟,粗知文学,因状貌伟丽被选。① 驸马周景"美姿貌,廉靖详雅"。驸马樊凯"长身玉立,美须髯"②。高拱少时"随父少卿尚贤在京邸,风骨秀异",因而成为驸马人选之一。明人议论称:"本朝公主俱选庶民子貌美者尚之,不许文武大臣子弟得预。"择其俊秀者,"遴其丰姿、体度、声音、举止合式者"。"至正统间,则禁例已大定矣。"宪宗女仁和公主之后的驸马家,"例皆白屋"。直至神宗嫡长女荣昌公主选尚驸马都督杨春元,"为故太仆卿维聪孙,(维聪)正德辛巳状元也",时人有驸马之选"始复为衣冠之族"的赞叹。③ 当然,尽管明中后期选驸马不再以文武勋贵为主,王公大臣家仍是皇室嫁女的一个选择对象。崇祯年间,思宗还曾询问成国公、定国公等人家里子弟年龄,意为皇女择婿。④ 此外,明代公主无和亲事。只在洪武年间,据朝鲜《李朝实录》记载,太祖曾两次意图与高丽、朝鲜商量"做亲",太祖甚至对朝鲜太祖表示:"我实要做亲。我的子孙厮儿多,女儿小,恁那里才八岁,到十六岁便是成丁。恁那里实事小,虚事多。是实呵,我和你做亲。恁只要至诚,不要生事。钦此。"⑤似有意待朝鲜王子成丁后,许嫁公主,但最终没有成行。直到永乐时,朝鲜太宗还拒绝诸臣求明国公主为世子妃的请求,火速为世子娶妃,害怕明朝如元朝一般,通过王后控制朝政,从此结亲之事再无提起。⑥ 明代历史上倒是有两次战争与和亲有关,一

①《明史》卷一百二十一《列传第九·公主》,第 3667 页。
②〔明〕焦竑:《国朝献徵录》卷四《驸马都尉》,《明代传记丛刊》第 109 册,台北:明文书局,1991 年,第 134、135 页。
③《稗说》卷四《中外起居杂仪》,第 122 页。《万历野获编补遗》卷一《公主》,第 808、809 页。
④〔清〕孙承泽:《思陵典礼记》卷二,《指海》第十五集,民国廿四年大东书局影印本,第 18、19 页。
⑤ 吴晗:《朝鲜李朝实录中的中国史料》上编卷一,北京:中华书局,1980 年,第 139 页。
⑥ 吴晗:《朝鲜李朝实录中的中国史料》上编卷三,第 224 页。

是英宗时,也先向明廷请婚:"吾有子,请婚南朝公主。"结果被通事欺骗,诒之曰:"吾为若奏皇帝,皇帝许尔。"继而事泄导致瓦剌大袭。① 另有万历援朝第一次休战期间,明日谈判,丰臣秀吉提出的和平条件之一就是迎明帝公主为日本天皇后,明方谈判沈惟敬又是擅自答应,最终败露进而诱发第二次援朝战争。②

驸马初选,主要由礼部及司礼监礼仪房统一进行。"累朝定例,凡遇公主长成当择婚配。圣旨下礼部,榜谕在京官员军民人等。"凡有子弟年若干岁(十四至十六岁,临时裁定),容貌齐整、行止端庄,父母有家教者,都可到礼部报名,经由礼部初步拣选后,请旨命司礼监礼仪房,"于诸王馆会选"。面试前还要由司礼监、钦天监算生辰八字,锦衣卫百户检查身体有无隐疾。如果初选无人中的,就要再次在京师全城大选,或者扩大范围到畿内、山东、河南挑选。经过层层遴选择出三人,"敕礼部通行原籍查勘,乡贯保结,以凭择日进看"。一切就绪后,"选吉日亲赴御前,由皇帝钦定一人为驸马,陪选二人送本处儒学,充廪生"。驸马已订立婚约的,即行废止,令女方另寻婚配。③ 因为选择范围主要是京师周边以及山东、河南,故而明代驸马多北方人。这可能和古代交通不便有关,故而每次选择"不及远方,恐滋扰也"。选取驸马过程严格,如果礼部选择的驸马家庭有问题,不仅要另外再选,选官也要负连带责任,受到相应处罚。如世宗妹永淳长公主受册选婚,候选者陈钊已由皇帝亲定,但有选官上奏,称:"钊父本勇士家,世恶疾,母醮庶妄言,请逮治之。"世宗立即取消了陈钊的资格,并下令重新

① 〔明〕郑晓:《今言》卷二,北京:中华书局,1984 年,第 60 页。
② 《明史》卷三百二十《外国一·朝鲜》,第 8294 页。
③ 〔明〕俞汝楫:《礼部志稿》卷二十,《景印文渊阁四库全书》第 597 册,史部·职官类,台北:商务印书馆,1983 年,第 356 页。〔明〕陆钱:《病逸漫记》,《国朝典故》卷六十七,第 1501 页。

选择，还将具疏请罪的礼部侍郎"有旨切责，夺俸六月"①。

　　驸马的最终选择，决定者一般为皇帝、太后或后妃，以及一些有地位的太监。② 即使婚后公主对驸马不满，也只能认命。世宗时永淳公主选驸马，是由太后决定人选。"故事，三人入宫，惟内廷所择。时宫嫔、内臣皆目属中元，乃章圣太后取中者为河南谢诏。"③又如"万历中，选择尚主子弟三人入见"。神宗将三人名字上呈太后。"太后置金瓶中，焚香祝天，选其一，以绯袍覆之，送入春曹。"④这一方式别具一格，也算是一种通过权力的选择方式。《稗说》回忆明朝选驸马，"遴其丰姿、体度、声音、举止合式者二三人具闻，上或亲视，或偕后共视，召入大内"⑤。世宗皇妹永福公主选驸马，未来的驸马爷邬景和，"姿貌中常。选尚之日，赐宴内廷，一时公卿子弟咸自矜持"。只有邬景和颇具右军坦腹的遗风，"饮啖如常，太后谓是能食天禄者，遂得尚主"⑥。《酌中志》则记载，神宗女寿宁公主（文中误载为寿阳公主）选驸马时，初选"顾姓者二人，冉姓者一人"。御前亲选当日正值暑天，顾姓两人"白玉大簪，极细亮帽，发可以鉴，香气袭人，衣服楚楚，鲜鞋净袜"，而冉姓者"则衣不求鲜，戴圆罗帽，兢兢叩拜，不敢仰视"。神宗重其人品朴实老成，隔帘向郑贵妃指而目之，最终选中冉姓者即后来的驸马冉兴让。⑦这段故事里，即可以看出皇家对驸马人品的重视，也可窥知得宠母妃在选驸马时，对选择也有一定的影响。同一故事还见于清初成书的

① 《万历野获编》卷五《公主》，第 132 页。
② 偶尔也有特例。如世宗女宁安公主选驸马，"待命者三人"，因世宗久不立皇后，"中宫久虚"，于是世宗"命辅臣代选"。最后由辅臣吕本推举李和，获选驸马。（《国朝献徵录》卷十六《太傅吕文安公本传》，第 591 页。）
③ 《万历野获编补遗》卷一《公主》，第 809 页。
④ 〔明〕于慎行：《谷山笔麈》卷二《纪述二》，北京：中华书局，1984 年，第 21 页。
⑤ 《稗说》卷四《中外起居杂仪》，第 123 页。
⑥ 〔清〕龚炜：《巢林笔谈》卷二，北京：中华书局，1981 年，第 48 页。
⑦ 《酌中志》卷二十二《见闻琐事杂记》，第 203 页。

《定陵注略》,但选婚公主变成了神宗同母妹寿阳公主,同选三人也是两人"极意修饰,衣服楚楚,香气袭人",最终的驸马侯拱宸却是"罗帽绢衣,兢兢叩拜,不敢仰视"。皇太后亲自为女选婿,自帝后细阅,指着侯拱宸对神宗说:"此子浑朴不雕,真我家儿也。"①于是点为驸马。更有趣的是这一故事还见于万历年间来华游历的葡萄牙传教士曾德昭《大中国志》中,内容大同小异,可见以上故事中选驸马的方式并非杜撰,而是当时实实在在的程序。同时据曾氏听闻,中国皇女在选驸马时,是有选择权的。每逢遴选,"尽量挑选 17 到 18 岁强壮漂亮的少男",带他们进入宫中,由隐藏在暗处的公主"仔细观察后,挑选其中两人,再让皇帝观察,皇帝看中的那一个,就成为驸马"②。这算是一个较为特殊的记录,然出于真实还是旅行者的传闻已不可考。此外,宦官在驸马选择中扮演的角色亦不容小视,弘治、万历年间,大太监李广、冯保都曾干涉选驸马而闹出风波。弘治年间司礼监太监李荣、嘉靖年间内官监太监辛寿,也都曾主持选驸马一应事宜,卒后更将事迹刻在墓志上以示荣宠。直到明末长平公主选驸马,中选两人,"其一人,内臣纠家教失谨,即摈。群内侍环都尉欢曰:'贵人!贵人!是无疑矣。'"③仍可见宦官积极参与的身影。

　　能够与皇家结亲,本应是无上的光荣,但明朝世家大族、书香门第都视与皇家结亲为畏途。究其原因,原来明朝有一条规定,即子弟被选中驸马的人家,从此仕途几近终止,"驸马仪宾,不许入仕,其子不许任京秩"④。驸马之父"若职官,则进级而俾令致仕"⑤。史载英宗重庆

①〔明〕文秉:《定陵注略》卷一《慈圣壶范》,北京大学图书馆藏善本。
②〔葡萄牙〕曾德昭:《大中国志》第一部《中国皇帝的婚姻》,上海:上海古籍出版社,1998 年,第 144 页。
③《北游录》·《纪闻上·长平公主谏》,第 323 页。
④〔明〕谢肇淛:《五杂组》卷十五《事部三》,上海:上海书店出版社,2001 年,第 298 页。
⑤《弇山堂别集》卷一《皇明盛世述一》,第 9 页。

公主下嫁参政周颙之子，"周颙进鸿胪卿，不任事"。而宪宗仁和公主下嫁尚宝卿齐佑子，"佑亦进鸿卿奉朝请，用周颙故事也"[1]。驸马终生只拿俸禄而不能任职，甚至影响父亲的升迁，真正的高官士族不愿断绝仕途而无意娶公主，却引得希图社会地位的富家子弟趋之若鹜，往往与主婚人员通同作弊、花钱买嘱。于是负责选驸马的官员、太监往往借此操纵谋财，以贿赂多少确定人选。像宣德二年，太监侯泰"奉命于直隶选驸马"，借机作威作福收受贿赂，结果被查处。[2] 孝宗时选驸马，太监李广收受富家子袁相贿赂，事发后袁相被黜驸马别选，李广却逍遥法外。世宗时永淳长公主虽由嘉靖帝悔亲别选，续选的驸马谢昭竟然天生秃顶，立时轰动京城，时有民谣《十好笑》，第十件就是嘲笑皇室招谢昭做驸马，"十好笑，驸马换个现世报"。神宗时永宁长公主的经历更为可悲，北京梁姓富豪之子梁邦瑞身患痨病，却因贿赂大珰冯保选驸马成功。婚后未及逾月，梁驸马便因病而亡，永宁公主寡居了十余年后抑郁而死，传闻临死仍不识人间房帏之事，殊为可叹。[3]

二　公主的册封

公主出嫁之前，先要进行册封典礼。公主册封仪式在明代文献中记载较为详细。古代女子十五岁及笄，年满十五岁皇女就要册封出嫁，册封礼仪和出嫁仪式是密切相连的。通过对一些可考生卒年龄和册封时间的公主的考查，发现她们的册封年龄大致符合十五岁这一标准。又如崇祯十六年，思宗下谕礼部为长平公主选婚，内称"朕长女年已及笄，礼宜择配。卿部榜谕官员军民人等，年十四五岁，品萃端良，

---

[1]《万历野获编·补遗》卷一《公主》，第 809 页。
[2]《明宣宗实录》卷三十三，宣德二年十一月甲辰。
[3]《万历野获编》卷五《公主》，第 131、132 页。

家教清淳,人才俊秀者,报名,赴内府选择"①。而《长平公主诔》中,也记载长平公主"甲申之岁,淑龄一十有五,皇帝命掌礼之官,诏司仪之监,妙选良家,议将降主"②。都可作为明代公主十五岁册封婚嫁的例证。

公主册封之前,先要加冠服,先冠后册,即《酌中志》所谓"至选婚有驸马,始择吉上头"③。执行时间一般由礼部选出良辰吉日,报呈钦断,像世宗嘉善公主受册仪注,细载"四月初二日寅时公主尚冠,四月十一日午时公主受册"。神宗荣昌公主婚礼,礼部拟定,"择正月十五日午时上冠,十九日辰时上册"。公主冠服,"与亲王妃同,惟不用圭"④。作为等级尊卑的一种象征,公主加冠服后,就可以成人的身份,参与一些皇家典礼。

加冠服后,就要开始受册仪式。受册前夕,要先"用祝帛牲醴(后改祝帛猪羊)告奉先殿"。公主受册,设册案于乾清宫御座之东南,上置金册,册用银册二片,镌字镀金。册文内容大致为:

> 皇帝制曰:古之君天下者,有女必封。尔次女今已成人,未有封号,特以某郡为尔之号。配某官某之子,彼为驸马,尔为公主。既入某官之门,恪遵妇道,以奉舅姑,闺门整肃,内助佳美,毋累父母生身之恩。尔惟敬哉。⑤

册封仪式开始后,皇帝、皇后升御座,遣使捧册传制如仪。使者捧

---

①《崇祯长编》卷一,崇祯十一年十一月辛卯,台北:"中央研究院"历史语言研究所校勘本。
②《北游录》,《纪闻上·长平公主诔》,第322页。
③《酌中志》卷十六《篦头房》,第129页。
④《明史》卷六十六《志第四十二·舆服二》,第1628页。
⑤《礼部志稿》卷六十一,《景印文渊阁四库全书》第598册,第32页。早期册文也有赐予未嫁公主的,像仁宗女嘉兴公主册文,洋洋百余字有褒有赞有训诫。及至后期,因公主册封出嫁基本连续,册文概如《礼部志稿》所载。万历以后,还有赐予视写册文辅臣银两的惯例。

册送至公主处，事先在"本府月台上，设册案、香案列仪仗"。公主服九
翟四凤冠翟衣受册。册礼之后又有谒殿谢恩礼，公主先去奉先殿祭
拜，之后再向帝后谢恩，如果还有长辈在世，也要一体拜谢。像孝宗时
仁和长公主还要向当时在世的太皇太后、皇太后行礼谢恩，都行八拜
礼。同日驸马受诰于奉天门外，诰曰：

> 夫妇之道，人之大伦，婚姻以时，礼之所重。帝女下嫁，必择
> 勋旧为姻，此古今通义也。朕今命尔为驸马都尉，当坚夫道，毋宠
> 毋慢，永肃其家，以称亲亲之意。恪遵朕言，毋怠。①

驸马授诰及冠服后，所司各备仪仗、鞍马、玉带、纱帽、蟒衣等物，
同日给赐。之后回府等待正式婚礼的开始。②

三　公主的婚礼

公主册封后，正式婚礼随后举行，例由礼部主办，司礼监礼仪房协
办。出降仪式一如常人，理论上还是按照传统的所谓六礼来进行，但
在具体实行中运用比较灵活，对六礼的执行或省或并，并未严格执行。
据儒家《仪礼》，六礼分别是纳采、问名、纳吉、纳征、请期、亲迎。按《明
史·礼志》"公主婚礼"记载，"凡公主出降，行纳采问名礼"，但皇家不
同于一般人家，婿家只能通过内官来进行相关仪式。此外所谓纳吉、
纳征、请期、亲迎，都有一套相应的程序，但大多只是形式而已，像请期
礼，例由婿家呈上固定的文本格式，"请期词曰：'某命臣某谨请吉

---

① 《礼部志稿》卷六十一，《景印文渊阁四库全书》第 598 册，第 32 页。附神宗时驸马杨春元
诰文："奉天承运，皇帝制曰：夫妇，人之大伦。婚姻，礼之所重。帝女下嫁，必择贤俊为配。
此古今之通义也。朕已封长女为荣昌公主，今命尔杨春元为驸马都尉。尔宜循礼遵训，修
身齐家，毋慢毋骄，以称朕亲亲之意。钦哉。万历二十五年正月十九日。"
② 据石景山出土驸马樊凯墓志，"赐诰命及玉带、莽衣盖自始"。则玉带、蟒衣之赐，应始自英
宗年间。

日。'"而其实婚礼时间大多已经由礼部和钦天监定好,由皇帝下诏确认。① 六礼之外,又有拜堂、合卺等礼仪,弘治二年重定婚仪,就专门规定驸马入公主府后,公主驸马同拜天地,行八拜礼等仪式。六礼已毕,只意味着完成了成妻之礼,还须在次日完成"谒舅姑",即成妇之礼;若公婆已故,则于三月后至家庙参拜公婆神位,称"庙见"。驸马入府成礼第十日后,公主驸马还要出府朝见帝后谢恩。余如《明太祖实录》中记载洪武九年临安公主出嫁,在见舅姑后,还有所谓见尊长仪、盥馈仪等,都是一时之事,以后更定婚仪,已不见记载。

公主婚礼之前,会预先建设公主府,"将及纳婿,预先选日安床及运装奁、金银、段匹等物入府"。府邸一切妥当后,开始公主的"般移",即由宫中居所搬到公主府居住,这一仪式又称公主受醮戒仪,也就是俗称的新娘出阁。"凡公主、郡主下嫁,既以选定日期,预先或一月或两月或三四月前,选日入府第。"②这天早上,公主冠服赴奉先殿拜别。之后赴皇帝正宫拜别帝后,现场行礼后皇帝随意训诫几句,说些好做人妇一类的话,公主要恭恭敬敬地听训导,之后向皇后或母妃行礼如前。礼毕后,公主由引礼女官从宫东门带出,坐上轿子出到东华门外。受宠爱的女儿,皇帝还会亲自送到东华门,像英宗重庆公主下嫁,就是由皇帝亲送至东华门。而太祖宝庆公主出嫁,成祖命时为太子的仁宗,"特令送之至邸,亦殊典也"③。此时东华门外早已准备好了颁赐的公主仪仗,内使以仪仗和鼓乐做前导,以女乐三十六人为伴奏,热热闹闹地将公主送到公主府去。公主入府后,仪仗女乐各自退下,公主"般移"完毕。其后还会在专门选定的时间为公主开面,但此类已属细末,

---

① 《明史》卷五十五《志第三十一·礼九》,第 1398、1399 页。
② 《明太祖实录》卷二百三十三,洪武二十七年七月戊戌。
③ 《弇山堂别集》卷十一《皇明异典述六》,第 196 页。

接下来就只是等待婚期的来临了。

正式的下嫁程序，按《明实录》《明会典》等书记载，还包括驸马受醮戒仪、谒祠堂仪，然此皆一时之事，太祖后不再见于仪典。而之后历代驸马被迎入公主府，离家时是否还进行过驸马受醮戒仪，史无明载，无法考证。公主下嫁之日，早由礼部在几个月前就已订好，是选好的良辰吉日，一般不会再有改变。像嘉靖二年永福长公主婚礼，婚期定下后，孝惠皇太后突然病逝，大臣上奏说公主作为孙女服丧期间不应结婚，但世宗说公主婚期，孝惠皇太后已有遗旨，依前定时间，不用变更，所以最后公主婚礼还是如期举行了。①

在正式下嫁前一天，顺天府官员要在公主府前张灯结彩，布置婚礼现场，烘托喜庆气氛。到下嫁这天早上，在公主府月台上设香案，陈列公主仪仗女乐。驸马从左门进入中堂等候拜天地成礼，等公主穿戴好冠服，从后堂来到中堂，和驸马一起来到香案前拜天地，行八拜礼。礼毕后，公主驸马东西相向坐，驸马还需向公主行四拜礼，公主坐受两拜，起身答谢两拜。然后进行合卺仪，礼成后驸马可以住在公主府，但是否开始正常的夫妻生活，就是另一码事了，因为所处时代的不同，前后期差别很大（之后详述）。② 成婚十日后，还会安排公主驸马回门归宁。是日公主冠服谒奉先殿，然后去拜见帝后或母妃，礼毕赐宴宫中。而驸马则在前一天去鸿胪寺报名，本日则具公服于午门外谢恩，入宫行礼赐宴，宴毕回府，至此归宁结束。入宫谢恩后的次日，又有见舅姑之仪。"舅姑坐于东，西向。公主立于西，东向，行四拜礼。舅姑答两拜。"但《明史》中留有"然仪注虽存，其拜姑舅及公主驸马相向拜之礼，

---

① 《明世宗实录》卷二十九，嘉靖二年七月辛未。
② 据记录明末清初异闻传奇的《萤窗异草》，其中《潇湘公主》故事，记录合卺后同房前，还会有中官、小鬟周旋公主驸马间，排除双方新婚的紧张尴尬，让新人逐渐进入夫妻角色，不知明代是否有如此安排。

终明之世实未尝行也”[①]的记载，显然见舅姑之仪也是有名无实。不过有资料显示，英宗时山西布政司右参议周颙子周景被选为驸马，因为有公主见舅姑之仪，礼部专门上奏请将当时还在任的周颙与其妻宋氏，征至京城来参加婚礼。[②] 如此似乎可以说明见舅姑之仪还是存在的，因为公主身份的特殊，一方面是伦理纲常，一方面是等级有别，真正实行起来，却没人认真去遵守而已，舅姑可能都见过了，但所规定的拜舅姑的礼节，却没有实行过。所以之后孝宗、世宗时的公主出嫁仪注，虽然也在最后写上了见舅姑仪，皇帝也答复说“诏如拟”，实际却并没有得到执行。直到神宗时，荣昌公主驸马杨春元执拗守礼，对“公主拜舅姑之礼、驸马坐公之右”等规定不合理处，要求按洪武年间仪注执行，为此不惜触怒神宗，“一一据祖制以争”，最终迫使“天子竟从其请”[③]，但也只是个例而已。

四　公主的家庭生活

大婚结束后，公主和驸马的家庭生活就此开始。驸马尚主之后，爵班五等，禄享千钟，冠貂腰玉，一时显耀无比。成婚后“即居甲第，长安邸中，锦衣玉带，与公侯等。父封兵马指挥文林郎，母封孺人而已”。[④] 嘉靖之后，更是屡有恩诏奖励，万历皇帝令“累朝见在公主所出子孙，有志向学者，荫一子入监读书”，引发朝中儒臣恩荫过滥的牢

① 《明史》卷五十五《志第三十一・礼九》，第1399、1400页。

② 《万历野获编》补遗卷一《公主》，第809页。

③ 〔清〕孙奇逢：《夏峰先生集》卷十《杨都君明宇行述》，《续修四库全书》第1392册，上海：上海古籍出版社，2002年，第222页。

④ 《明孝宗实录》卷四十五，弘治三年十一月丁未，第917页。《五杂组》卷十五《事部三》，第298页。

骚。① 思宗时，"驸马侯拱宸之子昌胤遂改文秩，仕工部郎"②，在轻贱武职的晚明，更是直接从文臣手中抢职位。而驸马犯法，明初尚有杀头下狱之忧，及至中后期，对于犯法驸马，大多只训诫几句，入国子监学习而已。作为庶人家庭出身的驸马，一经中选，社会地位陡然而升跃入贵族行列，这些实实在在的利益，对很多希冀政治地位的富豪人家有着极大的吸引力。虽然在明中后期，驸马"岁禄各有差，皆不得与政事"③，"非卓有贤能，罕得与使事"④，实际权力地位有所下降，但仍享有较高的政治身份，"比从一品，而冠服与侯同，班列侯下"⑤，并经常被委派参与各类典礼，"惟奉祀孝陵，摄行庙祭，署宗人府事，往往受命，一充其任"⑥。其他如修理皇陵、侍卫经筵、统领大汉将军、印记马骡驹，不一而足。而在册封宗室或调查违法宗室事务方面，即"凡抄解宫眷"，更是多由驸马带队或随同处理。像顺德公主驸马石璟，"天顺间，圣眷愈加，日与二三贵近之臣入侍密勿，兼总禁卫貔虎之师，掌宗人府金书玉牒者凡二十余年。遇亲藩有事，悉以命之，凡持节而主册封大礼者数次"⑦。一些驸马偶尔还会在政治活动中扮演重要角色，像英宗淳安公主驸马蔡震，于审讯刘瑾时，打掉刘瑾气焰，力镇全场，因此名声大振。宪宗永康公主驸马崔元，甚至因迎立世宗，被进爵为京山侯。所以明代驸马的尊贵虽多是礼仪上的，但这一步登天的际遇，还是让许多并无权势根基的富家子弟对驸马"一职"趋之若鹜，以获取

① 《万历野获编》卷五《公主》，第 135 页。
② 《旧京遗事》，第 5 页。
③ 《明史》卷七十六《志第五十二·职官五》，第 1856 页。
④ 〔明〕夏言：《夏桂洲先生文集》卷十六《驸马都尉东园游公墓志铭》，《四库全书存目丛书》集部 75，济南：齐鲁书社，1997 年，第 34 页。
⑤ 《明宣宗实录》卷五十三，宣德四年四月丙子。
⑥ 《明史》卷七十六《志第五十二·职官五》，第 1856 页。
⑦ 石景山区地名志编委会：《北京市石景山区地名志》附篇三《地名石刻》，北京：北京科学技术出版社，1991 年，第 503 页。

名誉上的风光和物质上的富足。

　　然而驸马虽贵，却又"出入有时，起居有节，动作食息，不得自由"①。明代驸马在成婚前后，还要入学教习。洪武年间，就曾设学录一人为驸马授书教礼。正统年间规定，"凡驸马初授者，俱令赴监习礼读书"，由国子监祭酒严加教习。嘉靖六年因永淳公主出降驸马谢诏，世宗以"国家亲臣，焉可使之不读书知礼?"，特令"自后遇选驸马，本部移咨吏部，推升礼部主事一员，专在驸马府教习"。此后驸马教育，大体上"成弘以前赴监考验，嘉隆以后在家习教"②，不必再到国子监报到。除了文化课程，隶属武职系统的驸马还得学习武艺和骑射，尤其在明前期，经常见到皇帝训诫驸马操练武艺的要求。但愈到后期，重文轻武的社会气氛和远离权力的政治定位，使得驸马们更热衷于与士大夫交游，崇尚清玄儒雅。这时的驸马往往"与士大夫处，敬恭不怠，暇日闭户焚香读书，不轻出"③，一副淡出政界、樽酒啸吟的出世模样。

　　不过和读书相比，更令驸马困扰的是如何适应和公主的新生活。公主驸马尊卑有别，公主是君，驸马是臣，这与男尊女卑的传统观念恰恰相反。唐人谚云："娶妇得公主，无事取官府。"却也很符合明代驸马的心态。太祖时，驸马还多出自勋贵或官僚家庭，社会地位较高，公主驸马间的地位比较相近，夫尊妻贵分庭抗礼。自仁宗之后，驸马多出身平民和下级官僚家庭，与公主之间毫无对等可言，行嫁时更改成了迎驸马入公主府，夫妻地位来了个大颠倒。明初的公主驸马相向而拜之礼，"终明之世实未尝行也"，反而在弘治年间改作了驸马拜公主礼。嘉靖二年有大臣上奏世宗，称"驸马见公主，行四拜礼，公主坐受二拜。

①《五杂组》卷十五《事部三》，第 298 页。
②《明会典》卷七十《教习驸马》，第 416、417 页。
③〔明〕焦竑：《国朝献徵录》卷四《驸马都尉》，《明代传记丛刊》第 109 册，台北：明文书局，1991 年，第 136 页。

虽贵贱本殊,而夫妇分定,于礼不安",却未被理睬。① 弘治年间仁和长公主婚礼仪注,驸马进府只能去客位换服,走左门入中堂,由此可以看出公主府完全是以公主为主人,驸马只是客居关系。合卺礼时公主坐在东边上位,驸马却只能坐在西边客位。② 嘉靖年间嘉善公主婚礼仪注中,驸马地位进一步下降,公主座位被设于屋内正面,俨然一家之主,驸马座位设在屋子西边,仍是客位不变。③ 明中后期随着武职地位的低下,武职系统的驸马地位也愈发不堪,日常生活中的驸马,要以臣礼对待公主,形同下吏。崇祯年间乐安长公主下嫁巩永固,当时婚礼有"实不知起自何年"的"会典外相沿积习"。巩永固十二月行合卺礼后,直至次年六月仍未能入府,"三月后,则上堂、上门、上影壁,行礼如前,始视膳于公主前。公主饮食于上,驸马侍立于旁,过此方议成婚"。虽然已和公主合卺,但还要跪拜数月,称臣侍膳,然后才能成婚。而且"驸马馈果肴,称'臣';公主答礼,书'赐'"。驸马要以臣礼侍奉公主。尚主已经两年的遂平长公主驸马齐赞元,此时仍是"见在视膳"。经过教习驸马礼部主事陈钟盛上书,思宗才命两人择日成婚。④ 明末来华传教士曾德昭对此也有记述,成婚后"驸马每天必须向妻子行四次常礼,直到她生了孩子,才停止这种礼节,但对他们还有许多别的约束和不便,因此贵族人家不愿当皇帝的女婿"⑤。成为帝婿却要忍受男权的丧失,对于生活在男权至上的封建时代的男人们,是难以忍受的,明代士人常将帝婿比之赘婿,躲避拒绝唯恐不及,确系事出有因。

明代宦官势力强大,与之关联的宫廷势力能量惊人。明代"公主

①《明世宗实录》卷二十九,嘉靖二年七月辛未。
②《明孝宗实录》卷三十一,弘治二年十月壬辰。
③《明世宗实录》卷四百四十五,嘉靖三十六年三月丙子。
④《崇祯长编》卷九,崇祯元年五月辛巳。
⑤《大中国志》第一部《中国皇帝的婚姻》,第145页。

下降,例遣老宫人掌阁中事,名管家婆"。驸马为其压制,"尤用卑损",如果"挟娟选胜,主之保母得与闻行其罚"①。甚至连公主都要受制于管家婆。"无论蔑视驸马如奴隶,即贵主举动,每为所制。选尚以后,出居于王府,必捐数万金,偏赂内外,始得讲伉俪之好。"②对于原本是奴婢的管家婆,"都尉反俯首听节制,凡事务结其欢心,稍不如意,动生谗间"③。神宗与郑贵妃爱女寿宁公主驸马冉兴让,因与管家婆梁盈女发生矛盾,在上朝时被梁盈女率其党数十人于内廷阙下"殴之几死"。打得"衣冠破坏,血肉狼藉,狂走出长安门"。寿宁公主前去找母妃告状,反被梁盈女反咬一口,最终驸马被"褫其蟒玉,送国学省愆三月"④,公主亦含忍独还,而梁盈女只被召回另差他处而已。这一事件中,宦官居中操纵,神宗和郑贵妃被蒙在鼓里,还以为驸马是和公主反目逃回,故而命将冉兴让"召来罚演礼"以惩之,皇帝爱女亲婿反被内官构陷,其势力之大可见一斑。此外,宣宗顺德公主驸马石璟,正统年间因为"尝奏本府阍者吕宝为盗,且毁骂之"⑤,结果被王振下锦衣卫狱。穆宗寿阳公主驸马侯拱宸,因琐事被永宁公主府中使报复,带领一群太监"倚醉入府,扭结拱宸,窘辱甚至"。事后神宗只令答责领头中使,反而训诫侯拱宸要"谨守礼法,不得容纵下人"。穆宗瑞安公主驸马万炜,上奏公主府"司宫老婢"沈银蟾与内使李忠等人盗金银等物反遭其诟辱。神宗却斥其"圣母生辰烦渎",革其印信蟒玉,发国子监习礼六月。⑥ 上文曾提及的久未成婚的乐安公主驸马巩永固,思宗已准许于六月十三日成婚,公主府掌府中官董贵等"复索永固金,不遂,诈云奉

①《旧京遗事》,第5页。
②《万历野获编》卷五《公主》,第133页。
③《五杂组》卷十五《事部三》,第298页。
④《万历野获编》卷五《公主》,第134页。
⑤《明英宗实录》卷一百十八,正统九年七月己酉。
⑥《明神宗实录》卷一百七十,万历十四年正月辛酉;卷二百一十七,万历十七年十一月己巳。

内庭密旨,传改八月十四日"方许结婚。为此礼部教习陈钟盛再次上书,思宗遣内官往问公主,中途不知如何作梗,回复却说陈钟盛所言皆虚。为此陈钟盛被降职调用,巩永固又被罚国子监习礼三月①,可见明代驸马生活之委屈。

当然,正常的夫妻生活中,公主驸马还是以和睦生活的居多。大多数公主做到了公主册文"恪遵妇道以奉舅姑,闺门整肃内助佳美,毋累父母生身之恩"②的教诲。因而现存史料对明代公主的描写,也多是对其恪守妇德的赞扬。如重庆公主,"事舅姑甚孝。衣履多手制,拜谒皆如家人礼"。驸马石璟"每早朝,主必亲起视饮食。主之贤,亦近世所未有也"③。其他如临安公主亦"执妇道甚备"。德清公主"事姑如齐民礼"④。常宁公主"淑慧恭慎,动止有礼,通《孝经》《女则》《列女传》,下嫁驸马都尉沐昕,逾执恭俭、敦妇道"。淳安公主"式教子孙,勤俭是修,孝慈肃雍,戚里轨范"⑤。南康公主"孝敬天赋,贞顺柔淑,戚里称誉,虽屡膺恩命,富贵安荣,以恭俭自持"⑥。永康公主"孝慈勤俭之德出于天性,且执妇德无忝册训之词"⑦。乐安公主"甚贤,每值都尉宴客,则蔬果酒茗必亲制,如士人妇焉"⑧。上述记载,处处体现着大明公主们作为妇德楷模的一面。而公主驸马伉俪情深者也很常见,像宁国公主与驸马梅殷感情深厚,梅殷因政治上倾向惠帝为成祖暗害,公主

①《崇祯长编》卷十,崇祯元年六月己未。
②《礼部志稿》卷六十一,《文渊阁四库全书》第 598 册,第 32 页。
③《明孝宗实录》卷一百六,弘治八年十一月庚辰。
④《明史》卷一百二十一《列传第九·公主》,第 3663、3673 页。
⑤《明太宗实录》卷七十七,永乐六年三月戊午。〔明〕湛若水:《泉翁大全集》卷二十二《淳安大长公主八十华诞祝寿序》,台北:"中央研究院"钟彩钧点校本,2004 年,第 25 页。
⑥《南康大长公主圹志》,参见《南京出土明代皇族墓志考》,《中国国家博物馆馆刊》2013 年第 3 期。
⑦《永康大长公主圹志》拓片,国家数字图书馆·碑帖菁华。
⑧〔清〕孙承泽:《天府广记》卷三十四《人物二》,北京:北京古籍出版社,1984 年,第 486 页。

拽着成祖衣服大哭，逼得成祖杀凶了事，更对梅家后人关爱有加。① 广德公主驸马樊凯，"在内与公主相敬如宾"②。淳安公主与驸马蔡震"夫妇谐老，齐眉交宾，合敬同爱"③，同过八十华诞。冉兴让与寿宁公主"伉俪甚笃，无间言"④。真定公主临终遗言，令迁柩与驸马王谊合葬。⑤ 永福公主驸马邬景和因公主先逝，请留京城得以春秋祭扫公主坟茔，"长与相依，死无所恨"，可见夫妻感情不是虚假。⑥

　　明代公主婚姻生活不谐者亦有之，永宁公主的悲剧就是个极端体现。除此之外，夫妻难免有吵架拌嘴的时候，加之包办的婚姻使得一些公主和驸马的生活并不和谐，两人矛盾时常有激化甚至上升为政治事件的时候。像驸马薛桓，"尝私侍婢，与常德长公主争语犯上"。公主入诉英宗，命"法司考讯于外庭，论当斩。下锦衣卫狱固禁数日，释之"⑦。神宗荣昌公主驸马杨春元，因和公主吵架反目，竟然拂衣归里。神宗大怒想要审讯惩处，辅臣和内臣劝解神宗家丑不可外扬，况且"闺中絮语又难传播外廷"，最终挽回圣意，只将杨春元召回"罚于国子监演礼以惩之"⑧。世宗时甚至民间有传闻，凡公主薨逝，"朝廷旧制，封杖责驸马二十下，减奉米八百石，说者谓驸马二百石，公主乃八百石云"⑨。嘉靖年间永淳公主下嫁驸马谢诏，因为驸马寡发秃顶，"为时所嘲弄，竟已不怿"。又听闻之前被黜的驸马候选之一高拱考中进士，才貌俱佳，"主滋介介，形之悔欢"。屡屡给驸马脸色看，多亏驸马用计挽

①《明史》卷一百二十一《列传第九·公主》，第3664页。
②《石景山区地名志》编委会：《北京市石景山区地名志》附篇三《地名石刻》，第510页。
③《泉翁大全集》卷二十二《淳安大长公主八十华诞祝寿序》，第25页。
④《五杂组》卷十五《事部三》，第298页。
⑤《明英宗实录》卷一百九十九，景泰元年十二月乙酉。
⑥《明史》卷一百二十一《列传第九·公主》，第3674页。
⑦《明英宗实录》卷二百七十六，天顺元年三月癸酉。
⑧《明神宗实录》卷三百九十四，万历三十二年三月戊寅。
⑨《戒庵老人漫笔》卷一《邬驸马对》，第41页。

回心意,两人方才伉俪日笃。① 曾德昭《大中国志》亦称:"如果公主讨厌她的夫婿(这经常发生),她将终生折磨他。"②此类记载虽然不多,但明代公主高寿者,活过五十岁的只有 20 人,仅占出嫁公主 57 人的三分之一,而且多是在驸马死后守寡多年,或许也可视作公主生活不和谐的一个旁证吧。明代是个恪守传统礼教的朝代,公主没有再嫁的可能。明人所谓"本朝政体度越前代者甚多。其大者数事,如前代公主寡,再为择婿,今无之"③便是如此。《稗说》亦载,明时"公主命妇,寡不再嫁,主无出,驸马都尉始得纳妾"④。永宁公主就是以处子之身守了十二年的寡,却不能再嫁寻找自己的幸福。而驸马却可以在公主没有生育后,于府外娶妾,生活奢靡。而且很多驸马并未遵从禁令,在公主生育后照样纳妾招姬,因而多有嫡出和庶出的子嗣。生活中更是奢靡无度,纵情声色。像南康公主驸马胡观,公主尚存,就已"私遣阉者,诈称内使,强取上元县民女子数十人,又娶娼妇为妾"⑤。常宁公主驸马沐昕"胁人女子为妾"⑥。庆都公主驸马焦敬,收养"娼女为妾"。宝庆公主驸马赵辉,在公主死后"荒淫无度,婢妾至百人。殖货日不足,强夺民利"⑦。宜兴公主驸马马诚,"私通使婢,淫乱无度"⑧。仁和公主驸马齐世美,"性不好学,习为骄侈,纵于酒色"⑨。所以在明代反而有不愿出嫁的公主出现,像景帝之女固安公主,自言一生不嫁随母修行,宪宗劝说:"妹不肯嫁,志虽好,然终不了,后去,恐无结果处。"连哄带

---

① 《万历野获编·补遗》卷一《公主》,第 809 页。
② 《大中国志》第一部《中国皇帝的婚姻》,第 145 页。
③ 〔明〕陆容:《菽园杂记》卷二,《国朝典故》卷七十四,第 1619 页。
④ 《稗说》卷二《前代制作》,第 53 页。
⑤ 《明太宗实录》卷四十二,永乐三年五月癸卯。
⑥ 《明仁宗实录》卷七,永乐二十二年十一月庚辰。
⑦ 《明英宗实录》卷二百十九,景泰三年八月庚辰;卷三百六十,天顺七年十二月丁酉。
⑧ 《明宪宗实录》卷一百八十九,成化十五年四月壬子。
⑨ 《明孝宗实录》卷二百一,弘治十六年七月甲申。

逼地让她下嫁了王宪。① 而固安公主的妹妹则最终随母亲汪皇后斋素修行终生未嫁,以至宫词有"白头郡主闲相伴,错过春光四十年"②之叹。

公主日常居家生活,于相夫教子外,记录资料太过稀缺,实在难以描绘。明初有孙蕡者,尝访驸马不遇,临走作诗题壁:"踏青骑马未还家,公主传宣坐赐茶。十二栏杆春似海,隔窗闲杀碧桃花。"③从中也可看出一丝公主生活的无聊。明人笔记曾载宋晟和皆为驸马的二子商谈,"时二主在屏后闻之"。似有迹象表明公主会和驸马去公婆家参加家族聚会。④ 其他一些提及公主家居的资料,如驸马丰城侯谢昭宴会,只是言及驸马宴客,公主于后偷窥来宾,真有点看活人解闷的意思在里面。寻求寄托的公主多尊崇佛教,像永乐年间成祖就赐给宁国长公主佛像、菩萨像数尊,法器若干。⑤ 涿县觉华寺由真定公主请敕赐额。昌平龙泉寺望景轩为"宣德间嘉兴大长公主偕驸马都尉井源舍金帛建"⑥。京西皇姑寺,有永淳公主捐资铸造的大钟。荣昌公主深信佛法,崇祯七年有高僧在北京弘法,公主"与驸马杨公(应误,驸马万历时去世),阖府皈依,遣使送金襕紫僧伽黎三顶"⑦于僧众,还曾捐资铸造固安县千佛庵千佛铜莲座以及大辛庄关帝庙铜钟。⑧ 也有资料显示,公主府像民间一样,会为子嗣延请先生教学,像驸马侯拱宸,选中驸马后将自己的训蒙老师"延馆于府,累积千金之富"。落第举人揭春藻被

① 《野记》卷三,《国朝典故》卷三十三,第 548 页。
② 〔明〕程嗣章:《明宫词一百首》,《明宫词》,第 136 页。
③ 〔明〕焦竑:《玉堂丛语》卷七《伤逝》,北京:中华书局,1981 年,第 259 页。
④ 《野记》卷三,《国朝典故》卷三十三,第 563 页。
⑤ 《弇山堂别集》卷六十七《来朝之赏》,第 1267 页。
⑥ 《日下旧闻考》卷一百十、卷一百三十五,第 1836、2182 页。
⑦ 〔清〕见月老人:《一梦漫言》卷下,《佛学丛刊》第一辑第 26 册,民国二十六年世界书局刊,第 29 页。
⑧ 固安县志编纂委员会:《固安县志》,北京:中国人事出版社,1998 年,第 749 页。

驸马王昺邀请，"连馆驸马府五载"①。及至晚明，有关乐安公主生活的野史被较多地留存下来，如"乐安公主，善吴装，行步容与，不为凤女之态，性温柔少妒。驸马府深邃秘密，公主独好张街，遇有吴中士夫在京，必邀其宅眷到府，茶果谈宴"。驸马巩永固能诗歌善书画，风调流连，喜好交游，"与朝贤尽日而归，主然不问"。每值驸马宴客，公主"则蔬果酒茗必亲制，如士人妇焉"。她还经常入宫和哥哥思宗"饮酒投琼"②，也就是喝酒掷骰子，形象鲜活可爱。乐安公主还喜爱收藏，后世留存有她和驸马的印章各一，清代袁绶作《明乐安公主玉印图》记之。诗云："金枝生小耽文翰，异书赐出凭珍玩。锦轴牙签万卷横，簪花格妙词章绚。小印玲珑玉色融，云雷纹细篆来工。画眉窗下摊书坐，素手亲钤一颗红。"③赏玩珍藏即兴钤印，从中可见公主府内贵族生活之闲适。可惜这类记录能寻到的如片光零羽，偶尔一获再难目睹。曾见明清时人传奇，描写乐安公主夫妇成仙后，驸马为公主寿辰举宴，专门请人间歌者欢会。歌者见府门匾额大书"仪凤双栖"，公主驸马落座，"帘内庭中设二筵：一南向，一西向（公主南向坐，驸马西向坐）"。府内中官、女侍环立，服侍者皆宫装，仍是明代公主府的形制。④虽然只是小说家言，也可间接地反映一些明代公主家居生活的细节。

① 〔民国〕王维樑等：《明溪县志》卷十四《列传·忠烈》，《中国地方志集成·福建府县志辑》第38册，上海：上海书店出版社，2000年，第156页。
② 《旧京遗事》，第5页。《天府广记》卷三十四《人物二》，第486页。
③ 〔清〕袁绶：《瑶华阁诗草》，《丛书集成三编》第44册，台北：新文丰出版公司，1997年，第447页。
④ 〔清〕长白浩歌子：《萤窗异草》二编卷二《徐小三》，郑州：中州古籍出版社，1986年，第231页。

第四节　公主的政治及经济生活

一　公主的政治生活

在传统国家体制中,作为女性,明代政治生活中的公主主要是以参加礼仪活动为主。明代除早期有一些公主随同拥有权力的驸马,在政治上偶尔有所表现外,大多数公主还是远离政治圈子的。公主作为皇室之一员,"同气之至亲,内戚之至贵",自从出生开始,就参与到宫廷的各类典礼中,但真正频繁地参与宫中各类典礼,还是在她被册封授予冠服仪仗的成人礼后。一系列的典礼仪式,不仅象征着公主个人在皇朝中的政治地位,也展现了宫廷女性日常礼仪生活的大致轨迹。

宫廷典礼中,比较重要的礼仪主要是吉礼、嘉礼和凶礼三部分。吉礼方面,公主所能参与的是"先蚕礼"。这一仪式明初并未制定,至嘉靖年间,世宗着意于礼制兴革而首创。公主作为宫廷女性的代表之一,皇后先蚕,公主随之。皇帝的妻子女儿一起参加先蚕礼,以彰显皇家对蚕桑纺织的重视,和皇帝亲耕一样有着浓重的象征意义。嘉礼部分,主要有朝贺仪、上尊号、宴会仪、庆贺仪、受册仪、婚礼等宫廷礼仪,其中都有公主参与典礼的身影。凶礼中,主要是丧礼规定。帝崩,公主需斩衰三年。洪熙元年三位皇女虽已册封,因为仁宗突然去世,到宣德二年后方才出嫁。皇后崩,公主则服小功,皇妃、亲王、亲王妃、公主、驸马丧,公主皆祭一坛。大行皇帝神主入奉先殿,公主还要随同宫眷等迎神主至几筵,行安神礼。[1] 尚未册封的年幼皇女,也会参加一些宫廷典礼活动。根据《明实录》的记载,宪宗、光宗梓宫发引,未封皇女

---

[1] 参见《明史・礼志》中的吉礼、嘉礼、凶礼部分。

都曾参与祭祀。《思陵典礼记》也记载崇祯十三年正月神宗昭妃加号皇太妃,尚未册封的思宗皇长女、二女也参与了典礼,"行四拜礼"。皇女和已封公主参与典礼,在地位和冠服上是有所区别的。像同年十月进光宗御容,于慈宁宫大殿悬安,"皇长女、皇二女,具翠花冠行八拜讫"。而荣昌大长公主、宁德长公主、乐安长公主,则"各具起顶冠鞠衣行八拜礼"。礼毕叙坐,以皇后为尊,大长公主次之,长公主又次之,位在诸妃之上,其下则为皇女、诸嫔。①

除了礼仪活动,主要是在明初,公主还出现在一些政治活动中。是时驸马多为公侯子弟,常"有典兵出镇及掌府部事者"②。太祖、成祖也刻意栽培外戚,二者关系紧密,驸马地位尊崇。像曹国公主驸马李贞,"帝数临幸,太子诸王时往起居,亲重无与比"。临安公主驸马李祺,"功臣子,帝长婿,颇委任之"③。宁国公主驸马梅殷深得太祖喜爱,曾亲赐府门春联"人间尘俗不到处,阙下恩荣第一家"④。公主与拥有实权的驸马连体,也获得了参与政治的可能。像太祖侄女庆城郡主,靖难时成祖兵围南京,曾出城为惠帝做说客,成祖称之为"老姐姐公主",反让其入城劝说"众兄弟妹妹",城破在即,早做预防。⑤ 宁国公主在成祖举兵时,也曾"贻书责以大义",劝其不要起兵。后来南京城破,在成祖逼迫下,公主"啮血为书投殷",招降了统领重兵坚决抵抗成祖的驸马梅殷。梅殷因忠于惠帝被暗杀后,公主凭借自己和成祖的亲缘关系,巧为周旋,最终保全梅家一门子孙富贵。大名公主驸马李坚,靖难中效力惠帝,因功受封滦城侯,后被燕军俘虏,伤重而死。成祖即位

①《思陵典礼记》卷二,第2、10、11页。
②《明史》卷七十六《志第五十二·职官五》,第1856页。
③《明史》卷一百二十一《列传第九·公主》,第3662、3663页。
④〔清〕梁章钜:《楹联续话》卷一,《楹联丛话全编》,北京:北京出版社,1996年,第155页。
⑤〔明〕吕毖:《明朝小史》,《四库禁毁书丛刊》史部第19册,北京:北京出版社,2000年,第518页。

后,公主缴上侯爵诰券,保护了儿子李庄不被牵连。而怀庆公主驸马王宁,却因泄露朝事给成祖,结果被惠帝籍家下狱。成祖即位,因功"封永春侯,予世券"①。成祖时咸宁公主、安成公主、永平公主,更卷入时为太子的仁宗和汉王、赵王的夺位纠葛中。安成公主驸马宋琥"通汉庶人",告发太子违法事,成祖大怒,断绝东宫供应,使得东宫窘迫不堪,太子妃出面向安成公主、咸宁公主求助,咸宁公主与太子友笃,"数以财济仁宗乏",安成公主却是不肯接济。及至仁宗登基,立即以不恭之罪削去宋琥官爵,将西宁侯爵位改授咸宁公主驸马、宋琥的弟弟宋瑛,尽收宋琥"所置舟车田庄畀咸宁公主"②。而永平公主之子李茂芳也因与汉王友善,结果仁宗洪熙元年"以茂芳母子在先帝时有逆谋故",将李茂芳废为庶人。③驸马王宁靖难后封永春侯,因"与高煦善,屡言于太宗,曰二郡王有扈从功,宜为储贰"④。到宣德年间,其孙求袭侯爵,只准以卫所佥事带俸奉怀庆公主祀。

明中后期驸马地位下降,"亲臣非卓有贤能罕得与使事",这也使得公主参与政治的可能性大大下降。《旧京遗事》中曾提及京师万历以来的显赫家族,"诸皇亲四十家,为太后家、后家、妃家、主家诸家……妃、主家数稍逾,无容屈指"。仅有的几户驸马家,"是皇家贵主尚托体于霄汉",即因为公主和当朝皇帝血缘关系还很近,才保得家业兴旺。"王驸马昺虽锢废高阳里籍,万驸马炜年七十,犹管领大汉将军;冉驸马悦孔、齐驸马赞元、巩驸马永固俱食禄奉朝请",都只是挂个闲职优养而已。⑤公主们虽然在政治生活中再无建树,但作为皇室一

①《明史》卷一百二十一《列传第九·公主》,第3663—3665页。
②〔明〕黄景昉:《国史唯疑》卷二,上海:上海古籍出版社,2006年,第47页。
③《明仁宗实录》卷四,永乐二十二年九月癸巳。
④《明宣宗实录》卷二十,宣德元年八月壬戌。
⑤《旧京遗事》,第5页。

员,参与皇家生活走亲访友的机会还是很多。作为皇帝的爱女抑或皇
室中的长辈,皇家笃念至亲,对之礼待优厚。一些公主和帝后、太后等
皇室成员保持着良好的亲戚关系。像含山公主,于太祖诸子女中最为
寿考,天顺五年,英宗特意派人"赍送珠翠九翟博鬓冠一顶",赐给高龄
的祖姑,以表亲亲之义。博鬓冠在明代"唯皇后得用之。国初,王妃亦
许用。永乐间,革之。亲藩曾有请,而不许。今特以赐含山公主,盖异
数也"①。重庆公主之子周贤,是宪宗亲外甥,成化年间参加京城科举
考试,外婆"孝肃太皇太后喜甚,宠赉有加"②,会试时更派人"赐膳于场
中"③。世宗母章圣皇太后临终,犹自嘱托世宗,"二公主皇亲驸马,皇
帝可始终看顾"④,亲爱之情溢于言表。明代宫廷崇佛之风盛行,宫眷
往往热衷佛事,尤其是皇太后,公主或因信佛或为讨母后欢心,也常随
同捐资建庙。京城大隆善寺,宪宗时由"皇太后、中宫、妃、主下至女
官、宫人助修,制极壮丽"⑤。神宗时皇太后出内帑建慈寿寺、万寿寺,
几位公主都曾佐银相助。固安县大辛庄关帝庙铜钟,为"万历中宫皇
后、万岁荣昌嫡长公主千岁同赐造",钟铭有"中宫肇赐,帝女与同。永
垂万年,国运弥隆"之语。⑥ 万历年间荣昌公主还曾建玉皇庙,庙内天
启碑文云:"神宗圣母弗豫,荣昌公主命(道士)岫云祷之有应,遂为建
玉皇庙。"⑦其他由太后发起的慈善活动,公主也是紧随其后,襄助奉
承,像神宗时皇太后捐资修理被洪水冲毁的胡良河、拒马河二桥,公主

①《万历野获编》卷三《宫闱》,第 72 页。
②《明武宗实录》卷一百六,正德八年十一月辛未。
③〔明〕王锜:《寓圃杂记》卷一《宪宗大公》,北京:中华书局,1984 年,第 6 页。
④《明世宗实录》卷二百十九,嘉靖十七年十二月壬寅。
⑤《宛署杂记》卷十九《寺观》,第 223 页。
⑥ 固安县志编纂委员会:《固安县志》,第 749 页。
⑦《日下旧闻考》卷六十,第 995 页。

作为重要的出资人之一，也居中捐资若干以助工役。①

公主还时常入宫进朝帝后、太后，走动频繁。神宗时，专门诏令同母妹寿阳长公主"五日一朝，若遇节令，不拘日期"②。而神宗与郑贵妃爱女寿宁公主，"为神宗所爱，命五日一来朝，恩泽异他主"③。思宗时，神宗荣昌公主尚存，时常进入内廷，后人有诗描述："外家肺腑数尊亲，神庙荣昌主尚存。话到孝纯能识面，抱来太子辄呼名。"充满了家庭聚会的欢乐景象。思宗姊妹宁德公主、乐安公主，时常入宫串亲，"六宫都讲家人礼，四节频加戚里恩。同谢面脂龙德殿，共乘油壁月华门"。崇祯年间宫内喜好南装，连皇后衣着都概有吴风，乐安公主既"善吴装"，紧跟宫廷时尚，可见公主与内廷关系之密切。乐安公主"每入禁中，先皇与之饮酒投琼，笃天妹之礼"。兄妹感情深厚。乐安公主逝后，宁德公主仍常入宫为思宗排解烦忧，"此时同产更无人，宁德来朝笑语真。忧及四方宵旰甚，自家兄妹话艰辛。"④明代公主和皇家还常有人情往来，像宁国大长公主遣子梅景福向宣宗"进御用袍服，上赐公主鞠衣二、云肩袍二、钞一万贯"⑤。明末"戚畹遇节，宫中皆有赐，其家则进果盒，或五六十副或百副，视所赐以为多寡，大要以千金出，则以五六百金入矣。每季皆有赐衣，少者三四十端"⑥。崇祯十三年，神宗刘昭妃八十寿辰并上册加号皇太妃，荣昌大长公主、宁德长公主、乐安长公主进宫庆贺，就曾"进盒八副"以为贺礼，皇室间的人情往来颇似民间走亲戚一般的礼数。⑦ 公主和皇室间频繁的往来走动，使得公主

①《明神宗实录》卷五百二十九，万历四十三年二月丁亥。
②《明神宗实录》卷一百一十一，万历九年四月己酉。
③《明史》卷一百二十一《列传第九·公主》，第3676页。
④〔清〕谈迁：《北游录》，《纪邮上》甲午年三月壬辰，第56页。
⑤《明宣宗实录》卷三十六，宣德三年二月癸亥。
⑥〔清〕杨士聪：《玉堂荟记》卷上，《指海》第十五集，第33、34页。
⑦《思陵典礼记》卷二，《指海》第十五集，第10页。

们虽然在政治上不能再起风云,但为自己家庭儿孙求些实惠、要些虚职,多少还是能够如愿的。像常德公主就曾为驸马薛桓求情,免去停支禄米的处罚。宁安公主之子为人陷害,公主上疏申辩,得以宥贷。而公主为子孙求乞官职的记录更是不绝于史书,足见和皇室娘家保持良好关系对于公主及其家族的重要。

二　公主的经济生活

公主的经济生活,几乎从她诞生之初就已开始。前文所述神宗第一女降生,皇帝就借着"皇女赏赉之用"的名义,张口向太仓和光禄寺各要十万两银子,和群臣博弈后最终成功要到光禄寺十万两,不过这笔钱只能视作神宗私用,严格来说还算不到皇女头上。皇女在宫中的成长支出并不大,洪武九年曾定制,公主"未受封者,岁支纻丝一十匹,纱一十匹,罗一十匹,绢三十匹,夏布三十匹,木棉布三十匹,绵二百两"①。据张鼐《宝日堂杂钞》所载万历朝宫中月膳底单来看,明代宫膳供应范围广泛,包括皇室成员以及大小宦官、宫女乃至外廷官员等,身为宫眷,皇女理应也有一份。② 然而这都是些微末开支,公主们的大头支出,主要是从嫁妆开始的,而她的第一件必备的嫁妆,就是一整套宅院——公主府。

(一)公主府

公主府制度订立较早,洪武五年就已确定。当时规定:"唐、宋公主视正一品,其府第并用正一品制度。今拟公主府第,厅堂九间十一架,施花样兽头,梁、栋、斗棋、檐桷彩色绘饰,惟不用金。正门五间七架。大门用绿油,铜环石础,墙砖镌凿玲珑花样。"洪武七年,又命吏部

---

① 《弇山堂别集》卷六《皇明异典述一》,第 103 页。
② 邱仲麟:《〈宝日堂杂钞〉所载万历朝宫膳底帐考释》,《明代研究》2003 年第 6 期。

考汉唐典制，于公主府"设家令一人，正七品。司丞一人，正八品。录事一人，正九品"①。洪武九年太祖长女临安公主出嫁，驸马李祺尚公主，"复营宅于主第之左，以居之"②。之后的洪武十五年，工部开始大批建设公主府，两年后建成宁国公主等五公主府。而宁国公主在洪武十一年就已出嫁，都已结婚六年才有了自己的新宅，这似乎说明明初这一制度尚未完善。这次建设之后，凡公主出嫁事先建府基本成为定制。

公主府一般建在皇城近处，方便公主出入宫廷。明初公主府多在南京"皇城北门外西偏，弥望皆朱门碧瓦"。宝庆公主府第，即"在南京宫城后载门北"③。临安公主在洪武年间因李善长案牵连，"徙宅于聚宝门外碧峰寺之南……城外府制，与赵、梅二都尉府同"。④ 可见仍是公主府规制。永乐年间政治中心移至北京，根据一些文献记载，公主府仍分布于皇城周围。像顺德公主府，位于宫城东安门外。驸马石璟宅院所在地更得名石驸马大街，在今西单以南，也靠近西苑。永平公主府后被收为酒醋面局外厂，位于今钟楼北侧的国旺胡同，南靠皇城。驸马冉兴让宜园在今外交部街，位于皇城东侧。胡应麟曾作《过万都尉馆赋赠》诗记述瑞安公主和驸马万炜的宅邸："坐卷珠帘夏日长，主家楼阁凤城旁。金池草色连兴庆，玉洞花枝映寿阳。"⑤结合诗句来看，

---

① 《明太祖实录》卷七十四，洪武五年六月丙申；卷九十一，洪武七年七月壬午。
② 《明太祖实录》卷一百八，洪武九年八月丙寅。《戚畹赵君伯容墓志铭》记载："先是驸马尚主，皆赐宅。"又《明太祖实录》洪武十五年九月乙亥，"赐驸马都尉李祺、梅殷宅，人一区"。弘治年间驸马樊凯"赐第于都城之黄华坊"。似乎明初公主、驸马各有府邸。后世驸马宅所、府第仍见记录，不知是驸马另有赐宅还是自置宅院。按明驸马有私宅，如赵辉"既授爵，即置私第，迎太夫人就养"。沐昕也曾"擅取官木窃造私居"。
③ 龚巨平：《明宝庆公主墓葬的清理及明代公主墓葬制度分析》，《东南文化》2011年第1期。
④ 〔明〕顾起元：《客座赘语》卷六《李祺》，北京：中华书局，1987年，第169页。
⑤ 〔明〕胡应麟：《少室山房类稿》卷六十三，《续金华丛书》，民国十三年永康胡氏梦选楼刊，第5页。

可知公主府邸距皇城不远,还和姐姐寿阳公主的府邸相连。公主府在公主逝后会留给后人使用,但也难逃没落倾颓的命运。像洪武年间南京诸公主府邸,到成化年间,百年之内"皆倾颓略尽"。只有宝庆公主府,在后人"极力撑持"下,"使岿然如故","美轮美奂,不改旧观"。①

公主府都有一定的建制标准。宣德三年"新作公主府三所于诸王邸之南",宣宗专门谕下工部:"居室不必大、多,不可过为华侈,但令坚壮,可永安耳。"②明前期公主府的建设,大都遵循了宣德年间的这一要求,建筑不求豪奢,而以简朴坚固为好。像顺德公主府,就是将"东安门外官房"改建,只命内官监工修葺一下就用作了公主府。③ 又如景帝固安公主,虽然下嫁时"礼仪视公主",但也未建公主府,只"以故尚书蹇义赐第改赐之"④。前期的公主府建设因为工期仓促,像顺德公主九月建府十二月就已入府成婚,往往并未达到坚固这一指标,故而像太祖时南京各公主府,百年之内"皆倾颓略尽"⑤。及至明中后期,公主府的建设一改前期的简易,愈发壮观宏丽,明末荣昌公主所居就有"都中大房十余所"⑥。世宗时,还曾赐予永康、德清大长公主房价银各二千两,猜测是用来修缮旧居。嘉靖元年世宗"命修中公主府第"⑦,开始为尚未册封的公主建府,避免了前期仓促赶工导致工程质量不高的弊端。后世多遵从这一规定,如万历九年九月,"五公主府第兴工",到万历十三年十二月,已被册封为瑞安公主的五公主才出嫁。公主府建设在明后期的实录记载中频繁出现,如万历十四年三月,"六公主(延庆

---

① 龚巨平:《明宝庆公主墓葬的清理及明代公主墓葬制度分析》。
② 《明宣宗实录》卷四十一,宣德三年四月甲寅。
③ 《明英宗实录》卷三十四,正统二年九月丁酉。
④ 《明宪宗实录》卷七十三,成化五年十一月己亥。
⑤ 龚巨平:《明宝庆公主墓葬的清理及明代公主墓葬制度分析》。
⑥ 《明清史料》丙编第三本,《荣昌大长公主揭帖》,民国二十五年商务印书馆刊,第264页。
⑦ 《明世宗实录》卷十五,嘉靖元年六月庚辰。

公主)府第安石竖柱上梁,祭告后土司工之神,遣侍郎王友贤行礼"①。而天启年间六公主(宁德公主)、八公主(乐安公主)府第兴工及遂平公主府工成,都曾遣工部尚书、侍郎等高级官员祭告行礼。② 可见公主府的建设,因其工程规模的扩大,在明代后期已经成为一项值得记载的官府工作,而一些权贵也借机在工程预算中做手脚,中饱私囊。万历年间,贺盛瑞任工部营缮司郎中,主持修建荣昌公主府第,先期估价"计银七万两有奇"。开工前,户部、兵部、工部尚书和司礼监太监奉旨与科道官阅视工程,贺盛瑞参与检查,"通前彻后,逐一看验,殿于(宇)寝室,围廊门座等,俱因旧房,未有加一椽一墙者,止易瓦并墁饰油漆等工。公细计之,即五千金已属多余,乃费帑金至七万乎? 内监犹欲添银,日夕聒扰,公分毫不加"③。公主府以旧屋改造只需五千余金,却被人为拔高至七万多两,中间盘剥可谓惊人。

公主府建成后,内部役使人员多来自朝廷委派。公主府例有内官使唤,除公主出府例拨外,还有之后赏赐的,像成祖就曾一次赐给宁国公主安南阉者十名。④ 洪武二十三年公主府家令司被改作中使司,秩正七品,"以内使为之,给以印章。冠制用方帽顶,与官之制有别"⑤。洪熙元年还曾下诏"为嘉兴、延平、庆都三公主府造中使司印"。这之后中使司不见于正式记载,沈德符认为"后亦不知何时废罢"⑥。但根据相关史料,中使司应该是一直存在的。《今言》记载:"公主府中使

①《明神宗实录》卷一百一十六,万历九年九月丁亥;卷一百七十二,万历十四年三月癸丑。
②《明熹宗实录》卷六十二,天启五年八月辛丑;卷七十五,天启六年八月辛亥;卷八十七,天启七年八月庚戌。
③〔明〕贺仲轼:《冬官纪事》,《宝颜堂秘籍》第 31 册,民国十一年上海文明书局石印本,第 12 页。
④《弇山堂别集》卷六十七《来朝之赏》,第 1267 页。
⑤《明太祖实录》卷二百,洪武二十三年二月庚午。
⑥《万历野获编》卷五《公主》,第 130 页。

司,司正司副皆杂职。"①《酌中志》也提到公主府,分拨有"中使一员,阉者数十员"②。庆都公主府司副李旻、永平公主府中使青山、永宁公主府中使赵禄等人的记载仍见于明实录,有些只是叫法发生改变而已,像本府阉者、掌府中官、公主府阉者等,既然能够出面代表公主府向朝廷上奏,应即本府主事。宫内派出人员还有宫人,世宗上谕曾提到祖制规定,公主出府例拨宫人二十余侍奉。③ 宫人中有所谓的司宫老婢,又称为管家婆、婆婆;还有贴身宫女,称之为小姐。《宝日堂杂钞》所载万历朝宫中月膳底单,就有延庆长公主小姐、瑞安长公主府婆婆、瑞安长公主人役等名目。④ 此外,嘉靖六年还曾规定,"凡公主出府奏讨校尉,准行锦衣卫拨校尉三名、军三十七名"看守府第。⑤ 有些公主府还会买进奴婢使用,像景泰年间驸马焦敬因"收养逃军为奴、娼女为妾"被责罚。正统年间驸马薛桓、石璟因"隐藏无藉为家人"被科道章劾。⑥ 孝宗时有大臣上奏,称在京各驸马皇亲之家,"畜养奴婢家人之类,比之旧制或多逾十倍"⑦。这些家奴时常借着公主驸马的权势为非作歹,像驸马王谊"纵其家奴于河间府占耕军民田,肆逞暴横"⑧。隆庆公主府曾有"家僮"在外惹事,甚至诬陷顺天府官。⑨ 宪宗之后,一些公主驸马更指使家奴经商夺利、骚扰地方,成为一时公害。明代对自宫者管束严厉,有公主驸马不顾禁令,以用人不足为由擅自买入自宫者。正统五年永嘉大长公主家所买"净身人杨敬,因盗金册自经",英宗为此

① 《今言》卷一,第32页。
② 《酌中志》卷十六《内府衙门职掌》,第127页。
③ 《明世宗实录》卷三百二十,嘉靖二十六年二月辛丑。
④ 《〈宝日堂杂钞〉所载万历朝宫膳底帐考释》。
⑤ 《明会典》卷一百四十四《力士校尉》,第734页。
⑥ 《明英宗实录》卷一百三十一,正统十年七月戊寅。
⑦ 《明孝宗实录》卷十九,弘治元年十月乙未。
⑧ 《明英宗实录》卷一百五十三,正统十二年闰四月戊子。
⑨ 《明宪宗实录》卷一百三十一,成化十年七月癸亥。

致书公主训诫。同年十月，宝庆公主驸马赵辉，又奏请发还家用自宫人，被英宗以私买自宫者为由训斥一番。对于收用自宫者的行为，皇帝并非隐忍不发，景泰二年就曾大收公侯驸马伯家用自宫者，其中西宁侯家三名宦者，因"系随侍故母咸宁大长公主"的内廷人员，才被允许留用。① 公主府的家人因是朝廷拨给，公主逝后并非归为驸马私产。正统四年嘉兴大长公主薨，驸马井源奏请皇帝批准，才能调拨家人十户看守坟茔。景泰三年，驸马焦敬、石璟、薛桓"上章乞分用故驸马井源家人"，也被景帝驳回不允。②

（二）嫁妆赏赐

府邸之外，公主嫁妆同样可观。史载公主成婚时，"将及纳婿，预先选日安床及运装奁、金银、段匹等物入府"。宝庆公主为成祖夫妇喜爱，出嫁时"资班比诸公主特厚"③。前期公主待遇尚属中平，及至明中后期，公主婚礼费用大增，靡费日盛。尤其神宗一朝，皇室奢靡，日益挥霍不知遏制，公主出嫁婚礼费用也支出惊人。万历十三年瑞安公主出嫁，金银作局内监上奏称，世宗时公主下嫁，索费不过三百两，现在索用各色金至二千三百余两，珠宝称是，费用加大而财源不足，该局力不能支，户部也同时上奏请减费用，神宗仅同意削减三分之一。其后的万历二十三年，荣昌公主下嫁，要"合用金两珠石，敕户部照数买进"。户部尚书上书神宗，希望皇帝"念灾沴频仍，边饷倍缺，帑金既竭，珠宝难市"，依瑞安公主例减免三分之一，神宗答应后，公主婚礼所费依然达到"用至十三万五千两"这一新高。④ 至万历三十六年七公主

---

① 《明英宗实录》卷六十八，正统五年六月己丑；卷七十二，正统五年十月丙戌；卷二百七，景泰二年八月丙辰。
② 《明英宗实录》卷六十一，正统四年十一月辛酉；卷二百二十四，景泰三年十二月辛卯。
③ 《弇山堂别集》卷十一《皇明异典述六》，第196页。
④ 《明神宗实录》卷一百六十一，万历十三年五月丁丑；卷二百八十三，万历二十三年三月丁酉。

下嫁，"宣索至数十万。世卿引故事力争，诏减三之一。世卿复言：'陛下大婚止七万，长公主下嫁止十二万，乞陛下再裁损，一仿长公主例。'帝不得已从之"①。其他零散费用像选驸马、公主成婚要用的纸张笔墨、刊刻匠工食银、各类路费食银开销，都需要宛平、大兴等地方财政支出，公主出嫁使用的女轿夫也要由宛平县出钱雇佣。② 诸如此类的大量皇室花费，让明廷国库入不敷出，甚至出现了大臣与皇帝讨价还价的滑稽场面，若追究明王朝走向衰败的原因，或许也可以给这些公主们"记一功"了。

公主除了得到所谓"金银段匹等物"的嫁妆，还会得到皇家的大量赏赐。明代每逢节令及皇帝登基等喜庆大典，都会依例赏赐公主白金、文绮、纱罗、钞锭、西洋布等物品，遣内官等人分赍与之。公主生日例有赏赐，永乐元年宁国公主生日，"赐凤冠一顶并钞币等物"③。弘治后期因为公主千秋节令的赏赐"亦倍往年"，还曾引起大臣上奏请求节流财用。④ 一些和皇帝关系亲近的公主驸马，更是被皇帝多次赐赉，像宁国公主在成、仁、宣、英四朝备受关爱，赏赉记录不绝于实录，《弇山堂别集》中更是记载了永乐一朝宁国公主赐品，从金银珠宝绸缎到佛像法器酒食，乃至太监应有尽有。⑤ 英宗时，一次就赏赐含山大长公主"珠翠九翟博鬓冠一顶，白金三百两，钞一万贯，各色纻丝十匹，纱十匹，罗十匹，生熟绢三十匹"⑥。隆庆公主驸马游泰，"其诸蟒衣、斗牛、玉带、庄田、奴仆，与夫珍异之赐无虚日"⑦。广德公主驸马樊凯，"历事

---

① 《明史》卷二百二十《赵世卿传》，第 5806 页。
② 《宛署杂记》卷十四《经费上》，第 141、142 页。
③ 《明太宗实录》卷二十三，永乐元年九月庚寅。
④ 《明武宗实录》卷四，弘治十八年八月戊午。
⑤ 《弇山堂别集》卷六十七《来朝之赏》，第 1267 页。
⑥ 《明英宗实录》卷三百四十二，天顺六年七月癸卯。
⑦ 《夏桂洲先生文集》卷十六《驸马都尉东园游公墓志铭》，第 34 页。

三朝,皆承宠眷,弓矢甲胄、剑佩及蟒衣玉带、庄田奴仆之赐,时时有之"①。又有如咸宁公主因和仁宗友爱,仁宗刚即位,就"命户部增咸宁公主岁禄米千石,通前二千石,仍岁增钞万锭",又命"赐咸宁公主挈牧马五十疋"②。宣德三年更"敕户部岁赠赐咸宁长公主钞五万贯,自宣德三年始,就南京官库支给"。不久,又"赐皇姑咸宁长公主银五百两,钞一万贯,文绮彩币一十五疋"③。而当年慢待仁宗夫妇的安成公主在仁宣两朝却几无进项,等到英宗即位,公主写信向侄孙哭穷请求增加岁禄,英宗复书:"所喻增添禄米,数年荒旱,百姓艰难,朝廷所用粮饷不敷,姑如旧支用。"仍是不允。④ 武宗年间,甚至直接"夺故永平大长公主府第为酒醋面局外厂",公主孙李梅上疏陈诉后,才给了价银一千二百两做补偿。⑤

通过陪嫁以及赏赐,公主家常有宫廷流出的稀世珍宝。《客座赘语》就曾记载宁国公主后人所藏公主遗物,"所用遗墨半挺,上用紫金打成龙口吞之",又有"一白瓷酒杯,酌酒满则隐起一龙形,鳞鬣具备,倾去其酒,则不可见矣"⑥。这些装饰龙纹的物品只能是内府所赐。孙承泽也曾在驸马巩永固家见李公麟所绘罗汉图十六轴,"精工绝伦,是八公主自尚方带出"⑦。公主的御赐用品,按照定制在死后是要交还内廷的。如乐安公主逝后,"例有遗念之进。上谕:遗念不必进,其冠顶服册及有龙凤袍器者恭进"。驸马巩永固"因进长公主金册三道,九翟

①《石景山区地名志》编委会:《北京市石景山区地名志》附篇三《地名石刻》,第510页。
②《明仁宗实录》卷四,永乐二十二年九月庚寅;卷九,永乐二十二年十二月癸丑。
③《明宣宗实录》卷三十七,宣德三年二月己巳;卷四十三,宣德三年五月丁丑。
④《明英宗实录》卷十五,正统元年三月癸未。
⑤《明武宗实录》卷二十二,正德二年正月丙午。
⑥《客座赘语》卷十《宁国公主墨杯》,第313页。
⑦〔明〕孙承泽:《庚子销夏记》卷八,《文渊阁四库全书》第826册,第99页。

珠冠一顶，礼服一袭，龙凤袄裙十四件，龙凤尺头二十匹，龙凤屏椅九件，凤床六张，凤衣镜一架"。同时上奏称缴还公主金册等物，"起于遂平长公主，乃近例也，非旧则也。向臣恭谒寿阳、遂安、延庆大长公主坟园，及观其宗祠，其金册衣冠宛然在列，其子孙凛遵世守，设其裳衣，不啻圭璧琬琰。盖先朝之制，亦未详进缴之例也"。思宗"得疏恻然，因还其冠服金册，止收龙凤器物，至著为例"①。吴梅村《萧史青门曲》以诗言记述此事："玉房珍玩宫中赐，遗言上献依常制。却添驸马不胜情，至尊览表为流涕。金册珠衣进太妃，镜奁钿合还夫婿。"②不过巩永固所谓"近例"之说并不成立。如成化年间隆庆公主薨逝，即"以受封金册，祔敛葬翠微山"③。广德公主薨，"故事，以原受金册祔瘗。宪皇特命传谕，眷黄易之金册，留其家世传。"④可见收缴金册等物应是明廷惯例，偶尔出于皇帝特恩，才会给公主后人留下一些御赐用品以资纪念。永平公主府中，就留有"御赐大长公主遗像及凤床、班剑等物"⑤。作为皇家用品，普通人是不可僭用的。正统年间南京刑部右侍郎齐韶因罪弃市，罪状之一即"僭买永嘉大长公主府卧床"。天顺年间，兵部尚书陈汝言僭买嘉兴公主驸马井源第宅被惩处⑥。天启年间宁安公主子李承恩，就因家中存有御赐公主的龙纹漆盒瓷器以及五爪龙袍，被魏忠贤以"盗乘舆服御物例"陷害⑦。而魏氏私党心腹涂文辅，却敢"夺故宁安长公主第为廨"，无人敢问。⑧

---

①《天府广记》卷三十四《人物二》，第 486、487 页。
②《北游录》，《纪邮上》甲午年三月壬辰，第 56 页。
③《夏桂洲先生文集》卷十六《驸马都尉东园游公墓志铭》，第 34 页。
④《北京市石景山区地名志》附篇三《地名石刻》，第 510 页。
⑤《明武宗实录》卷二十二，正德二年闰正月丙午。
⑥《明英宗实录》卷一百六十八，正统十三年七月辛卯；卷二百八十六，天顺二年正月辛酉。
⑦《明熹宗实录》卷五十七，天启五年三月丁丑。
⑧《明史》卷三百五《涂文辅传》，第 7826 页。

(三)岁禄庄田

明代公主的经济来源,主要还是来自赐予的禄米和庄田。公主岁禄,洪武九年初定为"已受封者,庄田一所,岁收粮一千五百石,钞二千贯",但因为财力不足,"自初封十王之外,未有沾被者",因此尚无公主享受到这一待遇。① 洪武二十七年,更定"公主及驸马都尉,岁食禄米二千石"②,之后历代成为定制,当时中书丞相岁禄不过二千五百石,可见公主驸马待遇之高。宣德三年开始公主驸马岁禄例由南京仓支给,到了嘉靖十七年又改令公主禄米俱在京支给。③ 随着宗藩禄米成为政府一项极大的负担,朝廷开始采取各种措施变相地降低俸禄。公主禄米也随明代俸禄制度的演变,经历了从全米到米麦兼支、米钞兼支的过程。早在永乐初年,公主岁禄已经米麦兼支,"宁国长公主岁禄给全米"就已作为一项恩典被记录。④ 正统初年,"永平公主禄米一千石,支米三百石,麦七百石",为了多得一些价高的禄米,公主多次求乞,终于获得皇帝"米麦中半兼支"的许可。⑤ 到了孝宗时,原本公主驸马禄米"支麦不折钞"的规定也被取消,改成"俱准公侯折俸例,并折钞"⑥。世宗时,给永福公主和驸马的岁禄二千石,内中就已是"本色一千四百石,折钞六百石"⑦。皇帝偶尔还会借机赏赐,增加公主岁禄。如洪熙元年增宁国大长公主岁禄米三百石,加怀庆、天宁(大名)、永嘉、含山、汝阳、宝庆六大长公主各禄米二百石。⑧ 武宗即位之初,加淳安大长公

①《弇山堂别集》卷六《皇明异典述一》,第103、104页。
②《明太祖实录》卷二百三十三,洪武二十七年七月戊戌。
③《明会典》卷三十八《廪禄一·宗藩禄米》,第273页。
④《明太宗实录》卷一百十一,永乐八年十二月辛丑。
⑤《明英宗实录》卷二十二,正统元年九月丙午。
⑥《明孝宗实录》卷七十五,弘治六年五月辛卯。
⑦《明世宗实录》卷三十,嘉靖二年八月庚申。
⑧《明仁宗实录》卷七,永乐二十二年十一月甲申。

主、宜兴大长公主岁禄一百石。① 永康大长公主圹志记载，世宗登极，岁加公主禄米一百石。遂平长公主圹志亦载，思宗"登大宝，岁加禄米百石"②。神宗时，还将"收完泾府所遗禄米二千石"，给宁安大长公主、瑞安长公主、荣昌公主各三百石。③ 而一些公主也会以各种理由请求增加禄米，像英宗时含山大长公主"自陈年迈家属多，乞增岁禄。诏复增本色米二百石给之"④。而安成公主也曾向英宗请求"增添禄米"，却遭到拒绝。

在古代社会，田地是最重要也是最主要的财产，故而历代公主多有赐田、分地，明代公主同之，"生前有赐给庄田，以资养赡。薨后有护坟地土，以供香火"⑤。早在太祖时，爱女寿春公主就曾获赐"吴江县田一百二十四顷七十亩，为粮八千石"⑥。但这一时期的赐田，还主要是禄田性质，并非后世所谓庄田。庄田是朝廷于岁禄之外，另外赐予的土地，以其收益供应物质需要。明代赐庄田始于洪熙元年，当时宣宗"以初之国"，赐给赵王高燧"田园八十顷有奇。"⑦而洪武、永乐年间，"北直隶、山东地方土广人稀"，官府多招佃民众垦荒，逐渐掌握了大批国有土地，并用于分赐。"仁、宣之世，乞请渐广"⑧，仁宗曾赐顺天府房山县栗园地十九顷给嘉兴公主。⑨ 宣宗"赐真定公主武强县退滩田土九十四顷"，还曾"以保定府雄县利仁等社地八十五顷"赐庆都公主。⑩

①《明武宗实录》卷八，弘治十八年十二月甲寅。
② 高景春等编：《新中国出土墓志》北京·壹·下册，北京：文物出版社，2003年，第294页。
③《明神宗实录》卷四百六，万历三十三年二月甲子。
④《明英宗实录》卷二百七十，景泰七年九月癸未。
⑤《明神宗实录》卷二百八十，万历二十二年十二月丙寅。
⑥《明太祖实录》卷一百七十九，洪武十九年八月壬申。
⑦《明宣宗实录》卷四，洪熙元年七月癸未。
⑧《明史》卷七十七《食货志》，第1887页。
⑨《明英宗实录》卷三百十九，天顺四年九月癸未。
⑩《明宣宗实录》卷一百十二，宣德九年八月丙子；卷一百十，宣德九年四月辛亥。

当时还有将禄田转换为庄田的例子,咸宁公主驸马宋瑛有赐田在凤阳,"准禄米一千一百石,地不滨水,艰于运载"。在公主的请求下,宣宗命将苏州没官田地山场一百余顷换与驸马。^① 明前期,公主所得庄田面积还较小,最多不过百顷左右而已,主要由皇帝赐予。自宪宗年间开始,庄田赏赐逐年扩大,而且公主开始屡次自行求请,开口向皇帝索要庄田。成化四年赐嘉善长公主退滩空地三百余顷,"时公主已有赐地,至是凡三奏,故又给之"。成化九年"赐广德、宜兴二长公主任丘县地九百顷有奇"。次年,隆庆长公主更是狮子大开口,"奏乞滦州及玉田、丰润二县闲地四千余顷",最终宪宗"命以闲地一千顷二十亩赐主"^②。孝宗时,仁和长公主四次奏请,讨得庄田五百八十顷,德清长公主则在两次乞请后讨得六百四十顷。皇家的金枝玉叶们为获取土地,赏赐、奏讨、纳献、侵夺无所不用,使得朝廷不得不屡次下文,命令公主、驸马严格看管庄田管庄佃户人等,不许令其仗势欺人,侵占民田。嘉靖之后,土地集中现象更为严重,公主赐地动辄千顷,远超明初公主。如嘉靖三年永福长公主"请宝坻、武清县地千余顷"。户部奏言:"公主前已给有庄田,未及旬月,复有此请。若戚里之家互相仿傚,则尽畿内之地不足以供之。"世宗却仍命勘地给予。^③ 到了嘉靖后期,宁安公主一次所赐庄地就过千顷,嘉善公主更获得蓟州牧马草场地二千五百余顷。神宗时,曾先后赐给三个妹妹寿阳、瑞安、永宁长公主庄田各二千五百九十五顷八十二亩,此后公主赐田多依照这一定例给予,熹宗时宁德、遂平长公主即获庄田如上数。^④ 公主庄田除来自御赐外,

①《明宣宗实录》卷七,洪熙元年八月丁卯。
②《明宪宗实录》卷五十二,成化四年三月辛巳;卷一百十五,成化九年四月壬午;卷一百三十一,成化十年七月癸亥。
③《明世宗实录》卷四十三,嘉靖三年九月甲子。
④《明熹宗实录》卷七十五,天启六年八月己未。

还有来自皇室亲属的赠田。像宪宗时徽王将之国，奏辞所赐庄田，而请将"武清县塌河水甸地一千八十顷"，转拨给同母姐姐宜兴长公主。①偶尔还发生过公主向国家上缴庄田的情况，像景泰六年永嘉大长公主奏，"近见京师军马数多，用粮浩大，愿以永乐、宣德、正统间所买直隶无锡县田一处，计一千二百余亩，岁入租粮七百余石，尽归有司，以助供给"②。如此捐家报国的公主，在明代实属罕见。

　　明代中后期，随着岁禄的拖欠，"公主食禄之家也，兼以驸马两禄，犹称日给不足"③。公主们愈发地渴求于土地的获得，每每逾制乞请土地，并常常得到皇帝的支持。随着公主们赐田增多，京畿地区有限的土地被皇室权贵分割殆尽。如河北定兴在明末时，县内庄田籽粒地十场，分别为"一乾清宫、一慈宁宫、一雍靖王妃、一寿阳公主、一瑞安公主、一延庆公主、一恭顺侯吴汝胤、一驸马许从诚、一锦衣卫千户陈尚忠、一五军营"④，尽被瓜分。为了抢夺土地，公主和其他贵族以及百姓之间，因为土地诱发的矛盾逐渐增多。英宗之后，"权豪势要专利病民，或称为退滩，或指为空地，往往朦胧奏请"⑤。公主驸马亦跟风侵夺民田，获得皇帝许可后，凭借政治特权掠夺国有或私人田地。正统三年驸马赵辉就因"逼取民田三千余亩为己业"被科道弹劾。正统十二年驸马王谊"纵其家奴于河间府占耕军民田，肆逞暴横"⑥。成化三年户部上奏："崇德长公主所请直隶河间、保定、真（定）三府地一千余顷，及淳安长公主所请保定府并河南项城县间地四百余顷，俱系军民租税世业，实非闲地。"宪宗下旨所请皆不许。隆庆长公主意图侵占民田，

①《明宪宗实录》卷二百十一，成化十七年正月癸巳。
②《明英宗实录》卷二百五十八，景泰六年九月癸酉。
③《明宪宗实录》卷五十二，成化四年三月甲申。
④〔明〕鹿善继：《认真草》卷三，丛书集成初编本，上海：商务印书馆，1936年，第21页。
⑤《明宪宗实录》卷五十二，成化四年三月甲申。
⑥《明英宗实录》卷四十九，正统三年十二月戊午；卷一百五十三，正统十二年闰四月戊子。

派出家僮仗势欺人,"诬府官枉勘,民又群殴之",最后皇帝仍赐以千顷庄田,而没有追究公主家僮的罪行。① 武宗时期,诸王外戚更是"求请及夺民田者无算"。正德元年淳安大长公主钦赐庄田因遇涝潦没荒废四十余顷,公主为挽回损失,竟欲侵占邻近民田做补偿,在官员的力争下才没被准许。当时又有锦衣卫百户家庄田,"被人投献于德清公主府",两家为夺田地闹上朝堂,武宗御断将土地赐给了公主。正德四年宜兴大长公主和庆阳伯夏儒、锦衣卫千户王敏因赐田地界相连互有侵夺,请裁争田。② 万历年间驸马侯拱宸,"召游棍为家人,听从拨置,纳投献为己业,滥肆侵渔"。为夺田地甚至"私刑拷毙人命"③。

公主庄田也并非只进不出,遇到比她权势更大的权贵,手中田亩也只能乖乖让出,庄田所有权即行转移。永乐年间,汉王朱高煦就曾"侵占各公主府牧地及民田为草场"④。嘉兴公主驸马井源战死土木堡,仁宗赐予的公主庄田旋即被太平侯张轵占据,昌平县田则被英宗改赐给了太监尹奉。天顺年间,知府岳正被构陷充军,罪名之一就是"尝夺公主田"⑤。刘瑾当权时,曾强夺"淳安大长公主故崇文门外庄园",刘瑾失势后,"皇店官校复规为官园",直到嘉靖元年才由公主上书讨回。⑥ 明朝前期,公主赐田在公主薨后,朝廷会按照庄田数目多寡,留给公主子孙部分庄田以供赡养。像正统年间,宁国大长公主子孙,受公主"原给庄田之半……供奉时祀,全活子孙"⑦。弘治年间,命

---

①《明宪宗实录》卷四十三,成化三年六月庚子;卷一百三十一,成化十年七月癸亥。

②《明武宗实录》卷五,弘治十八年九月乙酉;卷十六,正德元年八月乙卯;卷五十四,正德四年九月壬申。

③《明神宗实录》卷二百二,万历十六年八月己亥。

④《明太宗实录》卷一百八十六,永乐十五年三月丙午。

⑤《明英宗实录》卷二百八十二,天顺元年九月庚寅。

⑥《明世宗实录》卷二十一,嘉靖元年十二月丙子。

⑦《明英宗实录》卷三十九,正统三年二月丙子。

以原赐故崇德长公主庄田三百顷给其子，又以原赐嘉善大长公主任丘等县庄田仍赐其子。正德之后，随着庄田资源的日益匮乏，新晋贵族们开始把目光盯向了已经没落的前代贵族的土地。嘉靖四年，玉田伯蒋轮"请故宜兴大长公主田千顷，言官部臣皆执不可，上特许割其半畀之"。之后还特诏："自今但系先朝给赐戚畹田土，不许妄争，以伤朝廷大义。"嘉靖六年，皇亲郭勇又和已逝永福公主驸马邬景和争田。世宗专门下令："今贵戚之家，第宜安分循理，如妄为奏讨，或恃势兼并军民田地者，所司奏闻处治。"①为了制止土地稀少引发的贵戚争田事件，同时增加政府手中持有的庄田数额以供赏赐所需，嘉靖二十九年规定削减皇家远亲的庄田数量，凡公主、国公庄田，世远者存什三。隆庆二年定制，"勋臣传派五世者，限田百顷。戚畹限田七百顷。宗支已绝及失爵者，夺之。奸民影射者，征租入官"②。万历十六年又规定，驸马传派五世，准留十顷供主祀。此后公主庄田，驸马尚存者"方得承受，改留地土"。万历十九年寿阳公主薨，神宗命留给驸马侯拱宸"护坟地土一千五百顷，余退还入官"。万历二十二年已故驸马梁邦瑞父梁桂，奏讨永宁长公主庄田，户部奏留五十顷。神宗命"既无亲支，着与香火地五顷"，③将庄田尽数收回。

　　公主庄田可由官府出租给佃农，并代为征收地租，还需上缴一部分收益给政府。为了多得租税，公主们有时会请求皇帝免去土地税收，像宣德六年"宁国大长公主遣人奏，近因钞法不通，蔬地每亩征钞三百贯，已蒙减半，请悉蠲之"。宣宗虚言搪塞没有应允。有时皇帝也会通过一些税收减免赏赐公主，宣德五年就曾将"近赐庆都公主地"每

①《明世宗实录》卷四十八，嘉靖四年二月己亥；卷八十三，嘉靖六年十二月甲寅。
②《明穆宗实录》卷二十七，隆庆二年十二月丁酉。
③《明神宗实录》卷二百一，万历十六年七月己未；卷二百三十五，万历十九年四月己亥；卷二百八十，万历二十二年十二月丙寅。

月三千六百贯的纳钞免除。① 更多时候,公主会请求自行收租,意图多收租税满足私欲。皇帝允许之余,不忘在官样文字中写上"仍申禁管庄人等毋得暴横为非",其实际效果可想而知。成化后期,户部就奏称畿内庄田多为勋戚势家所据,"且不纳税"②。弘治初年,各王府及内外勋戚庄田"每亩征银三分,水草湖荡每顷征银三钱五分。有司类收解纳"。延至后期,"各处军民开垦空闲田地,近来俱赐王府及勋戚之家自收子粒,毒害殊甚",或征银达到五分,民不胜困。而皇帝对自行征收的放纵更助长了这一情况的加重,如弘治十四年驸马樊凯奏乞将钦赐庄田自行征收,户部以为,"庄田子粒俱有司收征给用,遵行已久,官民称便,已为定例",拒之,但孝宗仍特许之。范例一开积弊立增,最终迫使孝宗又不得不专门下谕:"各处钦赏庄田有自收子粒。管庄人等分外需索,逼民逃窜,今后令有司征收送用。"③此后历代赐田官府代收似乎成为定例,在《明实录》中偶有请求自收者,除恩礼外基本不允。万历九年还曾重申禁约,凡"私自征收、多勒租银者,听屯田御史参究"④。不过据《宛署杂记》罗列的万历时期宛平县诸勋戚庄田,后注多有"本爵自征"字样,看来这一禁令的执行效果并不显著。但总的来说明代后期公主庄田银两,例由官府代为征收应是常例,像熹宗时,"赐宁德、遂平二公主庄田五千一百九十一顷,岁征银七千七百八十七两,自天启六年为始,顺天各府务及时解部转给,以称朝廷亲亲之意"⑤。

除庄田外,公主还屡屡请求其他经济资源。仁宗即位,赐给咸宁

---

①《明宣宗实录》卷七十八,宣德六年四月甲辰;卷六十四,宣德五年三月戊辰。
②《明宪宗实录》卷二百七十七,成化二十二年四月乙未。
③《明孝宗实录》卷一百九十八,弘治十六年四月丁未;卷一百六十四,弘治十三年七月丁巳;卷一百七十八,弘治十四年八月乙亥;卷二百二十四,弘治十八年五月辛卯。
④《明会典》卷十七《给赐》,第116页。
⑤《明熹宗实录》卷七十八,天启六年十一月庚寅。

长公主挚牧马五十疋,宣宗赐给真定长公主草地三十二顷,宪宗应隆庆长公主奏求,一次就赐给武清县牧地草场三百余顷,这在当时都是珍贵的畜牧资源。思宗时还将邯郸、曲周等五县草场赐给乐安长公主,每年获租银九百七十余两。而仁和公主更是颇有经济头脑,正德元年就以"孀居禄薄,五子成长不能自给"为借口,请"浑河大峪山煤窑四座榷利养瞻"。所幸皇家觉得此地临近皇陵,怕伤风水而没有准许。① 崇祯年间,惠安伯张庆臻家"煤窑二十六座",被人"投献驸马都尉侯拱宸、巩永固、刘有福三家"②,看来煤矿带来的巨额收益始终吸引着公主、驸马的注意。嘉靖二年淳安大长公主奏讨"没入犯人王准房屋",工部上奏称房已经卖了,同时说驸马蔡震早已奏讨过三里河的园地、房屋,没过数月又来讨要,应该拒绝,世宗听从部议没有准奏。③ 明初禁止功臣宗室经商,驸马欧阳伦因为私贩茶叶,被太祖处死,禁例不可谓不严。然而随着时间的推移,明中后期经济发展商品流通,巨大的商业利益使得金枝玉叶们马上把手伸向了各项商业活动。正统年间开始,"京城官店、塌房多为贵近勋戚所有"。正统五年永平大长公主"令家人诣蔚州买松木千余,至卢沟桥,奏乞免抽分",即要求免除商税,但没有被同意。④ 当时宗室经商业已蔚然成风,禁商令一定程度上流为具文,贵族们纷纷下海与民夺利,只是为避嫌疑往往指使家奴出面张罗,出事可以推卸干净。如庆都公主驸马焦敬,唆使公主府司副李渠"于文明门五里建广鲸店,集市井无赖,假牙行名诈税商贩者,钱积数十千"。还派府内阉者于京畿诸通商要道,诈收税款。顺德公主驸马石璟,使家奴放高利贷给卫军,还"令家奴货私盐,载以官舟"。宝

①《明武宗实录》卷十三,正德元年五月癸未。
②《崇祯长编》卷三十五,崇祯三年六月甲寅。
③《明世宗实录》卷三十三,嘉靖二年十一月壬申。
④《明英宗实录》卷二百三,景泰二年四月辛巳;卷六十七,正统五年五月癸卯。

庆公主驸马赵辉,"令家人陈纲商贩","殖货日不足,强夺民利"。① 崇德公主驸马杨伟,在南京"把持行市,谤怨京都"。嘉靖初年,通州码头一带"皇亲贵戚之家列肆其间,尽笼天下货物,令商贾无所牟利",驸马邬景和就借家奴之手在码头"多蓄无赖网利剥民","纵容家人,张开店面,刻害商民"。嘉靖九年驸马谢诏"陈乞于近地列肆,召商如皇亲例",反被世宗驳斥一番。②

此外,公主还有一些零散的经济权利,像婚后仍由光禄寺管理伙食。《宝日堂杂钞》所载万历三十九年宫膳底单中,已经出嫁的皇帝妹妹和女儿依旧在宫中领伙食费,她们位下的婆婆、小姐、人役等,也依旧吃着朝廷伙食。其中如瑞安长公主膳一份,包括"猪肉十五斤,鹅二只,鸡四只,猪肚二个,鸡子十斤,白面二斤,香油三两,面筋一斤,豆腐二连,乳饼八两,黑糖二两,胶枣一斤,水笋二斤,豆菜一斤。每日共银一两四钱五分二厘二丝,每月共银四十二两一钱八厘五毫八丝"③。依靠着来源广泛的经济收入,当朝公主的生活一般都很宽裕。吴伟业《萧史青门曲》记录光宗宁德公主、乐安公主在崇祯年间的生活:"道路争传长公主,夫婿豪华势莫当。百两车来填紫陌,千金楹送出雕房……两家姊妹骄纨绮。九子鸾雏斗玉钗,钗工百万恣来取。屋里薰炉瀲若云,门前钿縠流如水。"④《帝京景物略》也曾记载大兴县建有驸马冉兴让和万炜的私宅园林,白石桥还有万炜白石庄,驸马于平日效仿名流延揽宾客,享尽荣华。到了明朝后期,随着朝廷费用日益不足,作为近戚的公主驸马还需时常出资补贴朝用。像嘉靖、万历、天启年间,奉天等三大殿被焚,内廷宫眷及诸王、公主等都曾入捐助工银两。

①《明英宗实录》卷二十五,正统元年十二月癸未;卷二百十二,景泰三年正月壬子;卷三百六十,天顺七年十二月丁酉。
②《明世宗实录》卷五十一,嘉靖四年五月甲子;卷一百九,嘉靖九年正月壬子。
③《〈宝日堂杂钞〉所载万历朝宫膳底帐考释》。
④《北游录》,《纪邮上》甲午年三月壬辰,第56页。

天启六年宁远之战,熹宗发往前线的赏银,就有公主捐银其中。崇祯九年军费紧急,思宗无奈之下只好向驸马王昺、万炜、冉兴让各借十万金发往大同、西宁。① 及至明朝灭亡,皇权护佑下的特权一时除尽,曾经的天潢贵胄沦落为胜朝劫余。清人对待前明贵族,只将原属田土"量口给与,其余田地,尽行分给东来诸王勋臣兵丁人等"②。驸马冉兴让被大顺军追赃拷掠而死,寿宁公主名下的顺天等府州县赡田,也被清廷收缴以充国用。驸马侯拱宸宅邸被征用为朝鲜世子馆处。③ 只留给宁德公主夫妇"银百两、地二百晌以资赡养"④,生活一落千丈,正是"粉碓脂田县吏收,妆楼舞阁豪家夺。曾见天街羡璧人,今朝破帽迎风雪。卖珠易米反柴门,贵主凄凉向谁说"⑤。驸马刘有福不堪没落,顺治十四年意图反清被杀,公主因"系故明泰昌帝女,应免入官。交礼部与故明妃嫔一体赡养"⑥。而那位皇姑荣昌大长公主,"都中大房十余所,俱遵旨腾与大兵居趾",自己及家口先被迁于"固安荒村族人之家",后又迁于"县南之荆垡"。所属赐田和自置地,亦因圈地"有丈给官兵者,有补给民间者","转眼则无赡口矣"。昔日受人奉承、不可一世的金枝玉叶,竟落得哀哀无告,"朝夕嗷嗷"之中了。⑦

第五节 公主的丧礼

明代公主"封有号,葬有仪",丧仪典礼明载于册,与公主相对应的礼仪,象征着她在社会中的身份和地位。如景帝固安公主薨,因已降

---

① 《崇祯实录》卷九,崇祯九年九月丁巳。
② 《清世祖实录》卷十二,北京:中华书局,2008 年,顺治元年十二月丁丑。
③ 《朝鲜李朝实录中的中国史料》上编卷五十八,第 3730 页。
④ 《清世祖实录》卷十七,顺治二年六月乙亥。
⑤ 《北游录》,《纪邮上》甲午年三月壬辰,第 56 页。
⑥ 《清世祖实录》卷一百一十一,顺治十四年八月辛卯。
⑦ 《明清史料》丙编第三本,《荣昌大长公主揭帖》,民国二十五年商务印书馆刊,第 264 页。

封郡主，葬祭虽以公主例进行，"但免报讣诸王府"①，细节处仍体现着两者地位的不同。明初时，公主丧仪尚无定制。洪武五年为早已去世的皇姊陇西长公主（后改册曹国长公主）修建"茔、庙、碑亭，其制视功臣之封王者"尚属异典。太祖爱女寿春公主薨，只书"赐明器仪杖以葬"②，具体葬仪不知。《明史·礼志》略记公主丧礼："定制，凡公主丧闻，辍朝一日。自初丧至大祥，御祭凡十二坛。下葬，辍朝一日。仪视诸王稍杀，丧制同，惟各官不成服。其未下嫁葬西山者，岁时遣内官行礼。"③公主只比亲王规格稍低的丧仪，正显示了她身为皇族尊贵的社会地位。据《礼部志稿》，洪武初年就制定有公主丧仪，具体为：

> 丧闻，上辍朝一日。御祭一，皇太后、中宫、东宫各祭一，各公主共祭一，翰林院撰祭文、圹志文，户部给斋粮，工部造铭旌、神主、魂帛、棺椁、坟圹志石、冥器仪仗，钦天监选地择日，国子监监生报讣，御祭凡六。下葬，灵柩由东上南门、东上北门、北中门、北安门出，工部内监官于坟所设享堂，教坊司拨女乐送至坟所，祀后土并题主安神，俱遣大臣行礼。④

而万历《明会典》所载丧仪，与其大同小异，只一些细节上有所变化，应是后世续订的结果，具体内容为：

> 丧闻，上辍朝一日。御祭一坛，皇太后、中宫、东宫各祭一坛，各公主共祭一坛。翰林院撰祭文、圹志文。户部给斋粮一百石。工部造铭旌、神主、魂帛、棺椁、坟圹志石、冥器仪仗。顺天府买办麻布一百疋，及真亭彩桌长明灯油等物。钦天监差官选地择日，

---

① 《明孝宗实录》卷四十八，弘治四年二月壬戌。
② 《明太祖实录》卷七十二，洪武五年二月庚辰；卷一百九十一，洪武二十一年六月辛未。
③ 《明史》卷五十九《志第三十五·礼十三》，第1469页。
④ 《礼部志稿》卷二十，《文渊阁四库全书》第597册，第603页。

国子监取监生报讣各王府。孝服花冠等件，内府内官监等衙门成
造。其七七、百日、周年、二周年、除服御祭各一坛。下葬，辍朝一
日。上位、皇太后、中宫、东宫、公主各祭一坛，皇亲、命妇共一坛，
公侯伯都督命妇共一坛，六部等衙门四品以上官命妇共一坛，都
指挥指挥命妇共一坛。其启土、迁柩、祖奠、过门、过桥、掩圹、题
主、奉安神主、虞祭各祭物，俱光禄寺备办。①

　　明代公主丧仪基本就是以上两种叙述的结合，这一制度衍变成形
并写入条例，一直沿用至明末不改。如崇祯三年，瑞安大长公主灵车
发引，"午时下葬，命中书官点主，帝及懿安皇后、皇后、太子诸公主各
设祭一坛，皇亲命妇共祭一坛，公、侯、伯、都督命妇共祭一坛，六部等
衙门四品以上官命妇共祭一坛，都指挥、指挥命妇共祭一坛。自启土
至虞祭，俱光禄寺办给如制"②。当中偶尔有些细节会有改变，如辍朝
仪，成祖时永安公主薨，辍朝四日，福清公主薨，辍朝三日，宣德、正统
年间，公主薨逝仍依辍朝一日旧例。景泰年间，诏令辍朝礼仪俱照永
乐时例实行，于是又辍朝两日，直到天顺之后，才最终确定为一日。③
公主薨后第二日皇帝重新视朝，臣下还要行奉慰礼，如熹宗长女去世，
"大学士叶向高等以皇长女薨逝，具疏恭慰圣怀"④。公主丧仪还会有
特恩，万历二十八年延庆长公主薨逝，礼部请示，"其有加恩，合应题
请"，神宗"命斋粮、麻布各加五十石、疋"⑤。

　　此外，弘治年间，孝宗独生爱女太康公主薨，孝宗及皇后痛惜，特

①《明会典》卷九十八《丧礼三·公主》，第551页。
②《崇祯长编》卷三十二，崇祯三年三月丁酉。
③《明史》卷五十九《志第三十五·礼十三》，第1469页。
④《明熹宗实录》卷三十六，天启三年七月壬辰。
⑤《明神宗实录》卷三百四十八，万历二十八年六月甲申。

命礼部丧礼按照亲王级别实行，只是免去了辍朝和奉慰礼。① 嘉靖二十三年皇第四女薨，追封为归善公主，治丧及祭葬视同太康公主。万历《明会典》记录了这次拟定的未封公主的丧仪。具体为丧闻后，先赐封号，之后皇帝等各祭一坛，因为年幼，"俱用素馐"，其余择地、造坟无甚变化。发引，"灵柩由东上南门、东上北门、北中门、北安门出，各祭一坛，内官行礼。西直门祭一坛，太常寺官行礼。工部内监官于坟所安设享堂，各用仪物俱行内府该衙门预行制造。锦衣卫拨旗校摆路，教坊司拨并女乐三拨、乐人三百员名送至坟所。灵柩至坟及下葬，各御祭一坛，用素馐，遣内官行礼。掩土后，祀后土并题神主、安神各祭，俱遣大臣行礼。百日、周年、二周年，每次御祭一坛，皇妃以下祭数同前，俱用素馐，遣内官行礼。闻丧下葬，俱免辍朝"②。嘉靖之后，因为早殇公主的增多，这一仪注被广为沿用。又明朝前期，夭折公主多不追封，孝宗时，追封早薨皇女为太康公主，世宗时又追封两个早逝的姊妹为公主，之后历代基本沿袭这一做法，早薨皇女一律追册封号，"丧用成人之礼，以寓哀也"。后来穆宗即位，还曾让礼部制定两个早殇女儿蓬莱公主、太和公主的追封仪注，先在宫中举行有所修改的公主册封仪式，再遣官持节捧册到坟园行礼。③ 明朝公主本无谥号，"惟仁宗登极，追封第四女为德安公主，谥曰悼简"。世宗时，武定侯郭勋"以上宠异，遂请追谥其远祖郭镇所尚永嘉公主曰贞懿"，时人皆以为特恩。④然而恩例一开后必有效，熹宗、思宗时，以"悼"为首字，先后为早薨姊妹七人赠以谥号。

公主丧礼由朝廷全权打理，一般"遣中官赐祭，命工部营葬"，成为

①《明孝宗实录》卷一百四十一，弘治十一年九月己酉。
②《礼部志稿》卷二十，《文渊阁四库全书》第597册，第603、604页。
③《明穆宗实录》卷四，隆庆元年二月癸巳。
④《万历野获编》卷五《公主》，第129页。

定例。公主薨逝例有赙仪，永康大长公主薨，世宗就曾赐"驸马都尉京
山侯崔元银三百两，彩段八表里，钞一万贯。中宫赐亦如之"①。公主
薨逝后，参与葬仪的各部门各司其责。翰林院主要负责撰祭文、圹志
文以及点神主，万历年间，这一工作主要由内阁辅臣书写或监督中书
官写成。如同民间撰写祭文圹志有润笔一般，皇家亦不能免俗，像万
历十七年就曾"以写篆灵丘公主神主、圹志，赐元辅银二十两纻丝二表
里，次辅银十五两纻丝一表里，中书官六员有差"②。出土的明代公主
圹志上，"儒臣奉诏爰志于石"的记录也常见于上。户部调给斋粮，主
要是供应做法事的僧道费用。顺天官府还需负担杂出费用，像神宗时
寿阳公主薨逝，所用棺木、大小车辆、役使人夫、车夫以及七七纸张、麻
布、香油、麻绳、磁缸等所需用品，俱从宛平、大兴两县铺税银支出。③
钦天监除了负责卜选良辰下葬，还负责差官选择葬地。但实际操作
中，葬地的选择还有礼部、工部以及司礼监官员的参与。万历年间，为
几位夭折公主选择葬地，礼部尚书、礼部侍郎、工部侍郎以及司礼监主
要官员都曾亲自走访，可见朝廷对公主丧礼的重视。而公主葬地，根
据现有的考古资料，南京诸公主，一般都葬于南京西南雨花台、牛首山
等山麓地带。北京地区除成祖永安公主葬于房山区，宪宗仁和公主、
永康公主、德清公主葬于朝阳区外，葬地主要以广义上的西山山麓一
带为主，包括今天海淀区的西山以及石景山区的翠微山、黑石山一带
山麓平原。而明代"诸殇公主……俱葬西山"④，今天香山植物园边尚
有西小府地名，就因葬有神宗几位早薨王子公主而得名，神宗未满
半岁的第五女仙居公主圹志即出土于此。因为西山一带风景秀

---

① 《明世宗实录》卷三百二十，嘉靖二十六年二月戊子。
② 《明神宗实录》卷二百一十五，万历十七年九月丙寅。
③ 《宛署杂记》卷二十《志遗五·宫禁传取》，第 283 页。
④ 《宛署杂记》卷十八《坟墓》，第 213 页。

丽，林泉茂盛，作为上乘的风水宝地，明代皇亲贵戚多葬于此，故而民间有"一溜儿边山七十二府"之称。及至明末，西山一带形势稍胜者几乎被占用一空，"诸王公主殇绝者并葬金山，碧殿道接"①。"环城百里之间，王侯、妃主、勋戚、中贵护坟、香火等地，尺寸殆尽。"②（见表四）

表四　墓地可考或圹志存世的公主简表

封号	次序	薨年与寿龄	葬地	圹志出土地
太原公主	仁祖（追封）第一女	—	安徽省明光市石坝镇包集村	—
曹国公主	仁祖第二女	—	安徽省明光市明光街道大李村	—
临安公主	太祖第一女	永乐十九年（62）	安德门外南山之原	南京市雨花台区冯韦村
宁国公主	太祖第二女	宣德九年（71）	南京市江宁区牛首山	—
怀庆公主	太祖第六女	洪熙元年（58）	凤凰山之原	南京市江宁区牛首山东门
福清公主	太祖第八女	永乐十五年（48）	安德山之原	南京市雨花台区邓府山
南康公主	太祖第十一女	正统三年（66）	三山之原	南京市建邺区赛虹桥
永嘉公主	太祖第十二女	景泰六年（80）	江宁县循（驯）羣乡章（张）山之原	—
宝庆公主	太祖第十六女	宣德八年（39）	光泽乡之山原	南京市雨花台区赵坟村
永安公主	成祖第一女	永乐十五年（40）	北京顺天府涿州房山县永安乡佛仙山之原	北京市房山区阎村镇公主坟村

①《北游录》，《纪邮上》甲午年八月丁丑，第75页。
②《宛署杂记》卷四《古迹》，第32页。

续表

封号	次序	薨年与寿龄	葬地	圹志出土地
永平公主	成祖 第二女	正统九年 (66)	宛平县京西乡玉井乡之原	北京市颐和园西侧玉泉山下
安成公主	成祖 第三女	正统八年 (60)	南京市江宁区前盛村	—
咸宁公主	成祖 第四女	正统五年 (56)	南京应天府溧水县长寿乡本庄团山之原	南京市溧水区乌山村团山西麓
常宁公主	成祖 第五女	永乐六年 (23)	南京市江宁区牛首山	—
庆都公主	仁宗 第二女	正统五年 (32)	黑石山之原	北京市石景山区黑石头村
真定公主	仁宗 第四女	景泰元年 (38)	香山	—
顺德公主	宣宗 第一女	正统八年 (24)	宛平县黑石山之原	北京市门头沟区三家店中街
永清公主	宣宗 第二女	宣德八年 (不详， 十余岁)	祔后(胡皇后)葬玉泉山之阳(北京市海淀区娘娘府)	—
重庆公主	英宗 第二女	弘治十二年 (54)	顺天府通州樊村庄之原	—
广德公主	英宗 第五女	成化二十年 (31)	西山香山乡翠微山之原	北京市石景山区福寿岭北京铁路职工疗养院
宜兴公主	英宗 第十女	正德九年 (61)	宛平京西乡	—
隆庆公主	英宗 第十一女	成化十五年 (25)	翠微山之原	北京市石景山区琅山村
嘉祥公主	英宗 第十三女 (推测)	成化十九年 (25)	翠微山之原	—
固安郡主	景帝 第一女	弘治四年 (43)	翠微山之原	北京市石景山区八大处四平台
仁和公主	宪宗 第一女	嘉靖二十三年 (71)	顺天府大兴县下马社榨子口之原	北京市朝阳区小红门

封号	次序	薨年与寿龄	葬地	圹志出土地
永康公主	宪宗 第二女	嘉靖二十六年 （70）	顺天府大兴县下马 社榨子口之原	北京市朝阳区 小红门
德清公主	宪宗 第三女	嘉靖二十八年 （72）	顺天府大兴县魏村 社十里河	北京市朝阳区 十里河
太康公主	孝宗 独生女	弘治十一年 （5）	都城西金山之原	北京市海淀区 正蓝旗村东
常宁公主	睿宗（追封） 第一女	弘治十七年 （4）	双桥之原	湖北省钟祥杨桥 村李家湾（碑记）
善化公主	睿宗 第二女	正德七年 （10）	封内之丘公圹	湖北省钟祥王岭 村二队
永淳公主	睿宗 第四女	嘉靖十九年 （30）	北京市石景山区北京 军区大院内四平台	—
宁安公主	世宗 第三女	万历三十五年 （69）	翠微山之原	北京市石景山 区琅山村
归善公主	世宗 第四女	嘉靖二十三年 （4）	西山	出土圹志盖
寿阳公主	穆宗 第三女	万历十八年 （26）	翠微山之原	—
永宁公主	穆宗 第四女	万历二十二年 （28）	清良山之原	北京市石景山 区西下庄西侧
栖霞公主	穆宗 第七女	隆庆六年 （2）	都城西金山之原	北京市海淀区 董四墓
荣昌公主	神宗 第一女	顺治四年 （65）	北京市石景山区西黄 村西北（驸马合葬墓）	—
静乐公主	神宗 第三女	万历十三年 （2）	都城西金山之原	北京市海淀区 厂洼
仙居公主	神宗 第五女	万历十二年 （1）	都城西金山之原	北京市海淀区 西小府
遂平公主	光宗 第七女	崇祯六年 （23）	普安山之阳	北京市海淀区 鲍家窑
乐安公主	光宗 第八女	崇祯十六年 （33）	驸马巩永固墓在永 定门外	—

封号	次序	薨年与寿龄	葬地	圹志出土地
永宁公主	熹宗 第一女	天启三年 （1）	金山之原	北京市海淀区 董四墓
怀宁公主	熹宗 第二女	天启四年 （1）	金山之原	北京市海淀区 董四墓
长平公主	思宗 第一女	顺治三年 （17）	广宁门（亦称彰义 门）周氏宅旁	—

按：诸殇公主例葬金山，非圹志出土者不载。

选好葬地修建墓地，役使用工，在明朝前期主要是调拨营军、班军来完成，后期有时会以折班价作为修建之资，当折班银交不上来的时候，晚明时期仍然有用在京班军修建的事例①。弘治六年（1493）仙游公主营造坟茔，用三大营官军服役。弘治十年为重庆大长公主造坟，调用的官军就达三千人之多，当时甚至驸马营葬，都可拨夫二十名应役。② 一些公主还以年老将逝为由，向皇帝请求预建生坟。最早在正统四年，英宗允准汝阳大长公主奏请："以应天府江宁县民地三十三亩有奇，增筑汝阳大长公主寿藏。"其后的正统八年，永嘉大长公主也上奏，"年老死日近，欲为后计，乞造坟于江宁县之循翠乡。上从其请"。天顺三年"含山大长公主以年老，奏求工料营生坟，工部奏无例，上特允之"③。此后预修生坟凡乞请者多能如愿，只偶尔有不成者。如正德八年宜兴大长公主"奏乞预成坟兆"，工部以"在礼不豫凶事，况时值兵荒，不急之务所宜停止"，将其拒绝。宜兴大长公主只好自费"预买坟地，修筑墙垣，多称贷者'。公主薨后驸马找朝廷报销，户、工二部认为

---

① 参见彭勇：《明代班军制度研究——以京操班军为中心》，北京：中央民族大学出版社，2006年，第302—319页。
②《明孝宗实录》卷七十五，弘治六年五月壬申；卷一百三十，弘治十年十月己卯、十月丁亥。
③《明英宗实录》卷五十五，正统四年五月丙寅；卷一百四，正统八年五月丁卯；卷三百八，天顺三年十月戊午。

没有前例,武宗特命给"地价三十两,墙垣工价百两"①。而随着明中后期白银的流通,拨给坟价银自行修坟几为定规。如嘉靖十六年五月,德清大长公主奏请"实领全数军价",即将役使官军用工费用折算为银两支付,"及易上林果园地,预自营冢墓"。户部认为园地属于皇家上林苑,不该给予。世宗命"军价还照营册实数全给之,其茔地令领价自置"②。当时因为军价也就是用工工费不一,还专门设定折价标准,是时户部奏言:"公主预造坟茔,其应役军夫口粮折价银两,旧无定规。"近日仁和大长公主造坟,给折价银一千六百九十两。德清大长公主造坟,却是按照嘉靖三年春季班军定例计价王费,给折价银一万六千二百两,差距不啻十倍。而今永康公主又有造坟的奏请,请设立定规减少纠纷。世宗诏令"军夫折价银两,俱照三年春班例行"③。万历年间修永宁公主墓,"旧规公主驸马坟,价一万四千两,特恩加一万两,共两万四千两"。其中一万四千两由"驸马家领修坟祠,一万两司礼监等内衙门公用,并无差部官修建者"。可见公主造坟已基本自建,而其中一万两竟是被内廷依例取用。当时的工部营缮司郎中贺盛瑞主持修坟,免去了内廷的一万两,"于是大失垂涎者之欲,怨谤并作,蜚语沸腾,就中几有不可脱之祸"。及至修缮完工,"金井并席殿五十余间,计费仅三百三十两有奇"④。对比两万四千两的拨发银两,明末工程腐败可见一斑。及至后期,政府财用匮乏,公主坟价银还有以土地抵偿的。如万历十八年寿阳公主无出薨逝,次年才决定给驸马护坟地土一千五百顷,"余退还入官,其造葬银一千六百九十九两零给驸马侯拱宸自行营造"⑤。思宗时财政更加窘迫,崇祯五年驸马万炜"以瑞安大长公主于

①《明武宗实录》卷一百五,正德八年十月丙辰;卷一百十三,正德九年六月乙卯。
②《明世宗实录》卷二百,嘉靖十六年五月乙巳。
③《明世宗实录》卷二百五,嘉靖十六年十月丁巳。
④〔明〕贺仲轼:《冬官纪事》,《丛书集成初编》,第1500册,北京:中华书局,1985年,第33页。
⑤《明神宗实录》卷二百三十五,万历十九年四月己亥。

崇祯二年薨逝,坟价至今不给,具疏恳请",绕过工部径自向皇帝讨要起拖欠三年的丧葬费来。崇祯九年驸马冉兴让也奏称寿宁大长公主薨逝"旋值军兴旁午,帑藏匮诎,为公主发引允给料价银,今两载有余,止给过三千两,请准拨给余额"。①

公主的墓地建筑,依例都"置有享殿、库厨、内官房"②。享殿专供祭祀,神厨神库用来制作、储藏祭品,内官房则是看守内官的居所。嘉靖年间,世宗命承天府修常宁长公主墓,当时编撰的《兴都志》详细记载了公主墓建筑构成,共有"享殿五间,东西厢各三间,左右直房共六间。燎炉一座,碑一座,棂星门三间,券门一座。神厨一所,厅三间,门一座,宰牲房三间,库三间。红墙周回八十有四丈,内官住宅一所"③。规模等级略低于亲王。墓室规制,现有南京发掘的福清公主墓可作参考,明早期公主墓室分前后室,长方形券顶,后室中央置须弥座石棺床,东、西、南三壁各砌壁龛,使用绿釉琉璃瓦和凤纹滴水构件以彰显身份。④北京永宁公主墓前,还残留有文臣石像一尊,石虎、石羊各一,推测其石像生的规制,应该与亲王不相上下。作为国家工程,公主墓地在明前期,还常常得到官方的养护修理。宣德六年因为"大名、临安、怀庆、福清诸公主坟……垣堵多颓坏",宣宗令南京工部"以直隶州县均工夫修葺"⑤。此后官方维护只限于西山诸早殇公主坟,如天顺七年英宗曾命人修缮永清公主享堂,⑥世宗时,还曾为永清公主等公主坟树立碑碣。⑦而出嫁公主的坟茔维护,只能靠拨予香火田的收入自行修理。正德二年,已故嘉祥公主府阉者鲁才,就曾奏请分得公主将被

①《崇祯长编》卷六十三,崇祯五年九月辛丑。
②《宛署杂记》卷十八《祠祭》,第215页。
③〔明〕顾璘:《兴都志》卷之七《典制七·兴都建设》,民国廿六年钟祥县志局重刊。
④姜林海、张九文:《南京邓府山明代福清公主家族墓》,《南方文物》2000年02期。
⑤《明宣宗实录》卷八十三,宣德六年九月壬午。
⑥《明英宗实录》卷三百五十五,天顺七年七月乙丑。
⑦《明世宗实录》卷二百二十九,嘉靖十八年九月丙辰。

收回的庄田地租六千两,用来修理公主坟茔。① 嘉靖年间宜兴公主之子"重修宜兴母及都尉公享堂,独捐己资"②自行修建。

明代公主薨后都会留下一定数量的土地,"给与的(嫡)亲承继人员管业,以备护坟香火之用"③。嘉靖十六年,命仁和、永康二公主,"其钦赏庄田为护坟永业,亦如德清公主例"④。如果公主嫡出"正派已绝,爵级已革,不论地亩多寡,止留地五顷,给旁枝看守坟茔之人"⑤。万历二十二年,已故驸马梁邦瑞父亲请永宁公主香火田,户部拟留五十顷,"岁征子粒给梁桂,专备公主香火"。神宗说驸马早已病逝又无后,依例只准给香火地五顷。⑥ 万历十六年还规定,驸马传派五世,准许留十顷香火田供公主祭祀。香火田也有单独赏赐的,如成化二十二年就曾命"分顺义县仁智乡庄田一所,以其半给常德大长公主香火"⑦。早薨公主也会赐予香火田,供应坟园所用。弘治十一年"命以宛平县地七顷有奇,给太康公主坟所管业"⑧。作为坟地香火田,这些田亩会获得减免税收的优惠,如宣德十年英宗即位之初,"诏免宁国大长公主坟地税粮"。正统四年"以应天府江宁县民地三十三亩有奇,增筑汝阳大长公主寿藏,除民租税"。正统八年以"顺德长公主坟占顺天府宛平县民地二顷五十亩,命有司除其税"。景泰二年还曾下诏"蠲真定大长公主坟地粮草"⑨。作为已逝公主的香火田,如果没有后台权势,地亩虽少也常被权贵倚势侵占。如嘉兴大长公主坟地属宛平县,旧免税粮,后

① 《明武宗实录》卷二十八,正德二年七月丁卯。
② 《新中国出土墓志》北京·壹·下册,第241页。
③ 《明会典》卷十七《给赐》,第116页。
④ 《明世宗实录》卷二百五,嘉靖十六年十月丁巳。
⑤ 《明会典》卷十七《给赐》,第116页。
⑥ 《明神宗实录》卷二百八十,万历二十二年十二月丙寅。
⑦ 《明宪宗实录》卷二百七十八,成化二十二年五月癸酉。
⑧ 《明孝宗实录》卷一百四十三,弘治十一年十一月甲午。
⑨ 《明英宗实录》卷三,宣德十年三月辛丑;卷五十五,正统四年五月丙寅;卷一百九,正统八年十月甲午;卷二百,景泰二年正月戊午。

来田地被大太监王振的侄子仗势侵占，辗转没入官田，到了天顺年间才由公主府管事太监奏请返还，并依旧免税。① 成化年间永清公主守坟家人刘源与嘉祥公主家人郭端互争东安县庄地八十余顷，"本地原系给赐永清公主管业"，被太监王振家人侵占后又没入官，此地最后可能仍判归嘉祥公主领有，还被用作了嘉祥公主的香火田。到了正德二年，诏"改嘉祥长公主东安县香火地土为皇庄"，最终又被皇家夺走了。②

　　为看护坟茔，做好日常维护、打扫祭祀，政府还会拨给公主坟园坟户差役。"俱令于坟园边原拨官地内居住种作，看守坟园、供应洒扫等事，一应粮差悉皆优免。凡遇墙垣祠宇损坏，听看坟官提督修理……敢有奸懒逃躲者，罪之。"③坟户的设立，太祖时尚无。嘉靖初年，太祖女怀庆公主后代奏乞坟户，因为"高庙戚畹，初无坟户，事遂寝"④。永乐二十二年仁宗即位之初，"给蕲献王及德安公主守坟民各十户，复其家"。这是《明实录》中首例给公主坟户的记录。⑤ 英宗即位不久，下令给去世不久的宁国大长公主，"仍命应天府为置坟户"，如此英宗时给置坟户似乎已成定规。不过在正统四年嘉兴大长公主薨逝，"拨家人十户看守坟茔，从驸马都尉井源奏请也"。如此当时还有用家人作坟户的记录。又景泰四年太祖女汝阳大长公主孙，"奏祖母坟茔无人看守，命南京礼部移文应天府江宁县，拨民四户与之"⑥。这么看来，至少在正统、景泰年间，给置坟户好像还没那么顺理成章。明朝前期，这些例拨的坟户都在锦衣卫带俸领薪水，正统元年才改令为公主守墓者自

---

①《明英宗实录》卷二百九十一，天顺二年五月癸丑。
②《明宪宗实录》卷二百九十三，成化二十三年八月丁亥；《明武宗实录》卷二十八，正德二年七月丁卯。
③《明英宗实录》卷一百十一，正统八年十二月戊子。
④《明世宗实录》卷三十一，嘉靖二年九月辛巳。
⑤《明仁宗实录》卷九，永乐二十二年十二月癸亥。
⑥《明英宗实录》卷三，宣德十年三月辛丑；卷六十一，正统四年十一月辛酉；卷二百三十，景泰四年六月癸巳。

食其力。又因为坟户有着免除赋役等优惠条件,当时有很多富户投充坟户,借以逃避赋役。正统七年应天府尹奏称,"本府上元、江宁二县,富实丁多之家",往往充当各公主府坟户,"一户多至一二十丁,俱避差役,负累小民"。英宗旋令革除优免不提。①

西山一带的早殇公主们,例由朝廷派遣内官管理,"西山陵坟,各有掌府官一员,金书十余员,以供洒扫,看守香火。凡有祭祀,即本掌府官行"②。嘉靖五年永福长公主驸马邬景和,想让公主"守坟内使,乞行内府支粮"。虽然公主为世宗亲妹,仍因不合惯例被拒绝。③ 孝宗爱女太康公主坟园,设有坟户十户,守视旗军四十名,应是当时特例。④ 及至万历年间,据《宛署杂记》记载,太康公主坟只留有坟户二名,每名徭编银四两。早殇公主坟还都拨有护坟地即香火田,太康公主香火田如前述,《宛署杂记》还记录有"邠哀王、仙居公主护坟地,贰拾伍顷柒拾叁亩。万历十二年给。灵丘公主、顺妃张氏、悼妃耿氏,地壹拾肆顷。万历十五年给"⑤。此外还规定公主祭祀每年分正旦、清明、中元、霜降、冬至凡五祭,俱小祭,用素馐。及至明末崇祯年间,西山共有早殇公主二十六位,其中"惟长太(泰)公主、仙游公主、太康公主、常安公主、思柔公主、归善公主共九位用素馐,余俱用牲醴"。每逢祭祀,太常寺库内"出各陵坟所合用制帛、香烛、果品、牲醴等物"。于诸早殇公主处陈设祝文、素帛、牙香、蜡烛、胡桃、栗子、红枣、荔枝、圆眼、白麴、祝文本纸、酒等物品。而煮牲柴炭、银两等,俱由坟户支给。万历年间祭祀,祝文例书:皇帝遣□致祭于某公主之灵,曰兹惟某节之辰,特修常

①《明英宗实录》卷二十一,正统元年八月辛卯;卷八十九,正统七年二月丁酉。
②《酌中志》卷十六《内府衙门职掌》,第124页。
③《明世宗实录》卷六十二,嘉靖五年三月乙未。
④《明孝宗实录》卷一百四十三,弘治十一年十一月甲午。
⑤《宛署杂记》卷十八《田宅》,第209页。

祀，灵其如在，尚克歆承。①

　　已婚公主的祭祀，虽然正统元年有命应天府"岁于所属量存商税钞课支给光禄寺买办果品，供奉先殿并各王、公主坟所时节祭祀"。但这可能只是针对南京诸公主的专门祭祀。② 居处北京的诸公主，身后祭祀主要由驸马及后嗣举行，而且只能由公主嫡系子孙奉祀。宣德十年，就曾"命故驸马都尉张麟孙纲为孝陵卫副千户，食禄不任事，奉福清公主之祀"。正统七年南康大长公主子"奏有疾，不能奉公主祀，乞以其子靖代职奉祀，从之"。英宗时，驸马沐昕"四时祭祀公主坟茔"③。成化年间嘉祥公主逝后，朝廷"恩立祠宇庄田，子孙世守，监官司香"④。世宗时驸马邬景和"私省公主坟墓于西山，见丘封翳然，荆棘不剪"，自以为"不得展春秋祭扫之诚"，乞求世宗释罪归京，世宗怜而许之。⑤ 神宗时驸马王昺因犯颜被"押羁原籍，夺其田里"，结果"长公主乏祀五年于兹"。寿阳公主无生育，驸马侯拱宸以庶子侯昌国求赐职衔，以奉寿阳公主庙祀。⑥ 这些都可以看出明代驸马及后嗣，还有祭祀公主的使命在身。古人建祠堂以奉祭祀，公主因为身份特殊，神主进不了驸马家祠堂，因而要再次建祠。早在正德十一年，就"以没官房屋一区，赐驸马都尉马诚，安奉宜兴大长公主神主。从其请也"⑦。之后世宗一朝，公主家属多有乞请建祠者。嘉靖六年"以王准入官房一所，赐驸马

① 〔明〕佚名：《太常续考》卷四《西山陵园事宜》，《景印文渊阁四库全书》第599册，台北：商务印书馆，1983年，第178、180页。
② 《明英宗实录》卷十九，正统元年闰六月丁卯。
③ 《明英宗实录》卷十二，宣德十年十二月丁未；卷九十三，正统七年六月乙巳；卷一百三十一，正统十年七月壬辰。
④ 〔明〕曹嗣轩：《休宁名族志》卷八《黄·约山》，合肥：黄山书社，2007年，第173页。
⑤ 《明世宗实录》卷四百三十九，嘉靖三十五年九月戊午。
⑥ 《明神宗实录》卷五百九十，万历四十八年正月丙戌；卷五百五十四，万历四十五年二月庚申。
⑦ 《明武宗实录》卷一百三十四，正德十一年二月癸酉。

邬景和，为永福长公主祠，仍令工部给与修理之费"。最后赐邬景和工料银二千两。嘉靖十五年，淳安公主子奏"公主神主将出府，请赐房安祀"，诏给银二千五百两自行建造，此后祠堂建设多照例赐银自行建造①。万历二十一年驸马侯拱宸奏讨房屋改祠，工科都给事中奏称驸马奏讨祠宇始于嘉靖初年，原属特恩，后来只赐银自建。直到嘉靖后期驸马谢诏求没官房屋土地自行修理，后遂相沿为例。因此请神宗不允侯拱宸所奏。"如谓戚畹可念，或照邬景和等例量给银两。或照谢诏例，查给相应房屋令自行修理。"最后神宗仍赏给侯拱宸一处房屋，令其自行修理建祠，下不为例②。

驸马去世，朝廷也会给予帝婿相应的哀荣。像广德公主驸马樊凯，"卒于私第。上闻之悼惜，辍视朝一日，遣中官赐其家宝镪万缗，米以石、布以疋计者各五十。工部给椁具治茔域，礼部谕祭者十有三，亲王致祭者一，恩礼兼备"③。明初，公主与驸马按例不能合葬。公主地位尊贵，死后不葬入驸马家祖茔，而是别营葬所，以示皇家威仪。正统八年，锦衣卫指挥佥事宋铉"请奉其母安成大长公主与父驸马都尉琥合葬，且求看坟人户。礼部言：旧无公主驸马合葬例。惟永安公主与驸马都尉袁容，其子私自合葬。上曰：合葬古礼也，从之。第不允其坟户"。当时英宗采取折中手法，允许合葬从礼，不允坟户从法。景泰元年，真定大长公主子上奏，"臣父谊卒，已葬香山。今臣母薨，蒙择地安葬，缘臣母临终遗言，令迁枢合葬"。景帝即以正统旧例从其所请。史载英宗是个重夫妻情谊之人，经历南宫禁锢后，夫妻感情深厚。故而天顺二年有大臣上奏，国朝"自亲王以下及文武大臣之家，例当有司营

①《明世宗实录》卷八十，嘉靖六年九月己丑；卷一百九十一，嘉靖十五年九月己未。
②《明神宗实录》卷二百五十七，万历二十一年二月辛卯。
③《北京市石景山区地名志》附篇三《地名石刻》，第510页。

葬者,往往夫妇异葬,各造坟茔享堂。不惟劳民伤财,抑且有乖礼度,今后宜令夫妇同坟茔享堂,庶便于民,且合乎礼事"。英宗即命"下礼部议,俱从之"①。从此,公主驸马除一些因夫妻感情问题或配偶丧久不愿开圹合葬外,基本合葬在一起了。

---

① 《明英宗实录》卷一百八,正统八年九月丁卯;卷一百九十九,景泰元年十二月乙酉;卷二百八十九,天顺二年三月甲午。

第五章　明代女官的采选

第一节　明代"女官"的界定

女官制度是中国古代后宫制度的重要组成部分,有关女官制度的肇始和历代的发展,在前人著述中已有系统的论述。朱子彦《帝国九重天——中国后宫制度变迁》一书中指出,从古代女官制度的发展看,广义上"女官"包括后宫妃嫔和司掌宫中各项事务的宫人;狭义上,则单指宫中与天子无配偶名分而掌管着上起后妃教育、下至衣食供给的各级女性管理人员。[①]《唐代女官制度研究》一文作者认为,唐代"女官"包括内官与宫官,内官即妃嫔,宫官即承袭自隋代并加以完善的六局二十四司及宫正司。[②]《唐六典》中亦明确将宫中六局一司的女性管理人员统称为"宫官"[③],另外在《旧唐书》《新唐书》等史籍中,"女官"还往往指"女冠"。也就是说"女官"一词在唐代其概念远大于"宫官"的概念。宋朝亦沿袭唐代之制设置六尚二十四司,《宋会要》中将其称为

---

① 《帝国九重天——中国后宫制度变迁》,第 88 页。
② 刘晓云:《唐代女官制度研究》,首都师范大学 2007 年硕士学位论文。
③ 〔唐〕李隆基:《大唐六典》卷二十《内官·宫官·内侍省》,西安:三秦出版社,1991 年,第 245、250 页。

"宫人女官"。但是据宋人《趋朝事类》记载,宋内廷女官分为五等,六尚二十四司属于第二等,且编制职位也是逐步完善的,从第一等到第五等均可泛称"宫人"。① 这些宫人虽然各有等级,掌管不同的宫廷事务,但是和妃嫔一样也具有承御和成为妃嫔的可能。如《文献通考》中记载:"尚宫李氏、徐氏、顺容邵氏,扬州人,俱太宗后宫。"②据统计,宋代妃嫔有将近一半是由宫女晋升而来③,在《旧唐书·后妃传》和《宋会要》④中都将六尚等专职女官排在了妃嫔等内命妇的品级序列之内,可见,唐宋时期虽然专职女官已自成系统,但还是没有完全从妃嫔系统中独立出来。

明代的女官之制,机构设置、人员品级皆承袭自唐代制度。明代在女官之制创立完善的过程中,每一次制度的制定或更定,都是沿用了唐代"宫官"这一称谓。"洪武五年六月,命礼部议宫官女职之制","洪武十七年夏四月,更定宫官六尚局品秩","洪武二十八年九月重定宫官六尚品职"。而与唐代不同的是,"女官"这一称谓亦在宫官之制建立之后,逐渐开始使用,"六尚女官"这样的称呼亦常出现,尤其在各种典章仪制制定和更定时,"女官"这一称谓代替具体的宫官职位名称大量出现在仪注之中。明代各种史籍中凡提及"女官"皆是指宫官六尚之女职。从明初所定女官采选的标准和洪武二十二年所授六尚局

---

① 《帝国九重天——中国后宫制度变迁》,第 96 页;张讯瑾:《宋代宫女研究》,上海师范大学 2009 年硕士学位论文,第 11—14 页。
② 〔元〕马端临:《文献通考》卷二百五十六《帝系考七·后妃》,杭州:浙江古籍出版社, 2000 年。
③ 《宋代宫女研究》,第 33 页。
④ 参见《旧唐书》卷五十五《列传第一·后妃上》,北京:中华书局,1975 年;〔清〕徐松:《宋会要辑稿》后妃四,北京:中华书局,1957 年。

宫官敕中对女官职责、服务年限和授职给禄的规定①皆可说明,明代的宫官是与妃嫔互不统属的两个系统。正所谓"是皆宫中之职,左右后妃以供事者,皆非进御于王者也"②,"盖与妃嫔判然不同也"③。

明代后宫,妃嫔以下皆通称"宫人"④,女官属于宫人之列,但因为大多有品级并担负着管理宫廷的具体职务,所以其地位是高于宫中的普通宫人的。这些普通宫人即通常所说的宫女,亦可称宫婢,在各宫中做洒扫、浆洗、造办饭食等杂役,且分隶六尚及宫正司⑤。所以在明代后宫中,女官是宫闱事务的管理者,普通宫人则是服务者。《万历野获编补遗》中记载:"凡诸宫女曾受内臣教习,读书通文理者,先为女秀才,递升女史,升宫官,以至六局掌印。"⑥这句话实际上体现了普通宫女与女官的等级及工作性质的差别,另外还表明,女史之下还有"女秀才",是宫女中的优秀者升为宫官所必须经历的一等,其等级在女史之下,应同样没有品级,但是有具体的职掌,如负责后妃的礼仪之事。女秀才在明初可能已经出现⑦,其是否也如宫官女史一样有员额的规定则未见记载,但应归入女官之列。

综上所述,本文中所指明代的"女官"主要是指狭义的女官,即指

①《明太祖实录》卷一百九十八,洪武二十二年十一月己酉,授六尚局宫官敕曰:"朕观帝王为治,必自齐家,始未有家不齐而能治国平天下者。周之内宰以阴礼教六宫九嫔,以妇职之法教九御,各有所司,非细故也。朕起布衣,陟尊位而于内治之道不敢忽焉,是以内设六尚以职六宫,斯列圣相继之道也。近年精选民间淑德入宫者数人,使兼六尚事,人各克勤,事多周备,今特命某为某官尔,尚克遵前规,慎守乃职,毋怠毋忽。其外有家者,女子服劳,既多或五载六载,归其父母,从与婚嫁。妇人受命年高者,许归以终天命,愿留者听其在宫闱,及见授职者家给与禄,视外品等差。"
②《女官传》,第583页。
③《明制女官考》,第515页。
④《中国妇女通史·明代卷》,第203页。
⑤《明书》卷二十《纪一·宫闱女官附》,《四库全书存目丛书》史38,第197页。
⑥《万历野获编·补遗》卷一《宫闱·女秀才》,第805页。
⑦《万历野获编·补遗》卷一《宫闱·女秀才》,第806页。

宫官六局一司的女性管理人员，包括"尚"字、"司"字、"典"字、"掌"字各级有品秩的"官"，以及没有品秩的女史、女秀才。但在论及宫廷女性群体时，比如女官的宫廷生活时，显然无法将"女官"与"宫人"严格区分开来。

第二节　明代女官的采选

有明一代，关于后宫女子的采选，在明初即有明确的规定。据《皇明祖训》记载，"凡天子及亲王后妃、宫人等，必须选择良家子女"①。从民间挑选同样是明代女官采选最主要的途径，亦有相应的制度规定，但采选的标准、方式并非一成不变。邱仲麟在《明代宫女的采选与放出》②一文中，对有史籍可考的明代历次女官和宫女的采选情况进行了详细的梳理，但仍有一些问题，如女官的采选标准及标准变化等，是邱文中有所涉及但仍可深入探讨或尚未涉及的，这些将作为本章节论述的重点。

一　采选的沿革

《明实录》中记载的历次明代女官采选的敕谕，涉及洪武、永乐、天顺、嘉靖、隆庆、万历六朝。《万历野获编》《枣林杂俎》等明清时期的笔记及地方志中亦对不同时期的女官采选及女官人物有相应记载，可视为对官修正史的补充。从目前所掌握的材料看，洪武、永乐时期的女官采选相对频繁，表五按年代顺序列出：

---

① 《皇明祖训》，第179页。
② 邱仲麟：《明代宫女的采选与放出》，第二届明代宫廷史国际学术研讨会会议论文，2011年。

表五　洪武、永乐时期女官采选事例

序号	年代	相关记载	史料出处
1	洪武五年六月	往苏、杭二州选民间妇女通晓书数,愿入宫者,得四十四人,其中堪任事者十四人,已俱授职……	《明太祖实录》卷七十四
2	洪武十四年	敕谕苏、松、嘉、湖及浙江、江西有司,民间女子年十三岁以上、十九岁以下,妇人年三十岁以上、四十岁以下,无夫者,愿入宫备使……盖女子以备后宫,而妇人则充六尚也。	《明太祖实录》卷一百三十五、《万历野获编补遗》卷一
3	洪武二十年	洪武廿年诏选民间淑女入宫,分司六尚……	雍正《广东通志》卷四九《列女》、《枣林杂俎·义集》
4	洪武二十一年	二十一年,诏征识字良家妇,有司以胡(贞良)通书史应诏,赴阙入宫……;洪武二十一、二十二年,有中使选民间淑女入宫……高皇帝悉命兼六尚事。	雍正《江西通志》卷一〇一《列女》、《女官传》
5	洪武二十四年	有叶女官者……洪武廿四年闻其孝敬,选入宫,擢为女官。	乾隆《番禺县志》卷一六《列女》、《枣林杂俎·义集》
6	洪武二十六年	癸酉(洪武二十六年),诏选识字节妇,任用内府,当道以江为荐,赴内选中,授女府内品……;县民敖用敬妻易渊碧,洪武二十六年举女秀才……	《酌中志》卷二二、康熙《万载县志》卷九《选举》
7	洪武三十五年八月	今六尚俱未有人,尔礼部榜示中外,凡军民之家有识字妇人年三十至四十,女子年十七以上,不拘容貌,但愿赴选者……量授以职……	《明太宗实录》卷十一

续表

序号	年代	相关记载	史料出处
8	永乐元年七月	诏求民间识字妇女充六尚内职。	万历《广东通志》卷六《藩省志·事纪五》
9	永乐二年	王司彩者,番禺人,永乐二年选入宫为女官……	雍正《广东通志》卷四九《列女》、《枣林杂俎·义集》
10	永乐二十一年	令天下选嫠妇无子而守节者,有司籍送内廷,教宫女刺绣缝纫。	《国朝典故》卷三一《野记》

从上表可知,洪武、永乐时期有具体年份记载的女官采选次数约十次,太祖在位期间约六次,成祖即位后四次。而明代最早的女官采选有可能早于洪武五年。

刊载在1935年《北平晨报》上的常景宗撰写的《明代女官制度》一文,引用了明人陈启荣所著的《明初琐记》中的记载,其中提到,洪武三年,"诏选天下女子之秀者入宫",经过层层选拔,"入选者,皆得为女官矣"①。若《明初琐记》所记不虚,那么"洪武三年"可能是目前所见有具体年份记载的最早的一次明代女官采选。《明初琐记》中又记:"次年,又诏选淑女善文艺者朱象真等六十人,定六局处之,各有官秩。"②其中"次年"即指"洪武四年"。这两次采选,规模应不小,洪武三年这次"集者千余人",但经过层层严格筛选后,留下的不足一半,洪武四年的采选又选得六十人。根据《明太祖实录》记载,吴元年十二月"命置内职六尚局"③,洪武五年六月,"命礼部议宫官女职之制","遂定设六局一司"④,同月又下诏到苏杭二州采选民间妇女充任女官。由此可见,随着女官制度的创建,女官的采选也随之展开,根据官职的设定,采选女

① 〔民国〕常景宗:《明代女官制度》(下),《北平晨报》,1935年7月3日。
② 〔民国〕常景宗:《明代女官制度》(下),《北平晨报》,1935年7月3日。
③ 《明太祖实录》卷二十八上,吴元年十月丁末。
④ 《明太祖实录》卷七十四,洪武五年六月丁丑。

子的数量可能不在少数,采选应比较频繁。

洪武二十年到二十六年,明廷又数次采选民间女子充任六尚女官。此前,在洪武十七年时,"更定宫官六尚局品秩"①,增加了"二十四掌",正七品。女官机构的增加,人员设置的增多,使得六尚需要更多的女子入宫服务。这很可能是之后几年女官采选比较频繁的原因。《明太祖实录》洪武二十二年十一月授六尚局宫官敕中提到"近年精选民间淑德入宫者数人,使兼六尚事"②,亦可证明这段时期曾数度采选女官。洪武二十八年九月,明廷再次"重定宫官六尚品职"③,对女官的机构又进行了调整和增加,相应的人数也在增加。此次重定后,终明一世未再作更改。虽然目前未见材料明确提及洪武二十八年至洪武朝结束是否进行了女官的采选,但据《明会典》记载:

> 洪武二十九年定……其在京军民之家有女子及无夫妇人能写能算者,不论贫富丑陋,许皆进用。④

既然有此规定,采选应当还在继续。

朱棣登基伊始即"求民间识字妇女充内职",因为"今六尚俱未有人"⑤。据记载,朱棣在"靖难之役"进入南京后,"清宫三日,诸宫人、女官、内官多诛死,惟得罪于建文帝者乃得留"⑥。万历《广东通志》中亦记载:"京城既定,用兵以清宫禁,建文中六尚等局女官俱诛死,故求补

①《明太祖实录》卷一百六十一,洪武十七年夏四月癸未。
②《明太祖实录》卷一百九十八,洪武二十二年十一月己酉。
③《明天实录》卷二百四十一,洪武二十八年九月辛酉。
④《明会典》卷六七《皇帝纳后仪·选用宫人》,第405页。
⑤《明宗实录》卷十一,洪武三十五年八月甲寅。
⑥〔明〕陈建:《皇明通纪法传全录》卷十三,《续修四库全书》357,上海:上海古籍出版社,2002年,第216页。

之。"①这才是宫中大量需要女官的原因。而且因为缺员严重,至永乐初年,采选可能也未中断。另外,在洪武年间已经归乡但曾经颇受器重的女官,也因熟知宫中典故在朱棣登基后被召回任事,如陈二妹、江全。②

　　洪武、永乐时期,由于女官制度的创建、完善以及人员的变动损益,曾多次采选女官,且明代有名姓可考的女官也多出自洪永两朝。洪熙、宣德、正统、景泰年间,从官方记载看,未见女官采选,但邱仲麟《明代宫女的采选与放出》一文指出,正统二年可能进行过采选,这年二月,有寡妇被选入宫中供事③,但不知是官方的正式采选还是零星选入。从现有的材料看,这段时期针对女官的采选可能确实不多,究其原因,也许是永乐年间经过不断采选补充,六尚女官的各个职位已不再缺员,能保证宫中的管理工作正常运转,所以不需要频繁采选。洪武三十五年八月的采选就有规定:"妇人入宫后年至五十,愿还乡者听。女子入宫十数年后,有识字人替用,愿回乡及适人者,听从其便。"④虽有"听从其便"之语,但实际上这些女子大多数一朝入宫,便将自己的人生少则十几年、多则几十年地奉献于宫掖。如洪武年间入宫的女官黄惟德,宣德七年乞求还乡时已是七十多岁的老人⑤;清人饶智元所著《明宫杂咏·洪武宫词》中引《万载县志》的记载:"中都左卫千户陈泰圆妻龙玉英孀居,亦举女秀才,洪熙元年,封大乐贤母。"⑥龙玉英应是洪武年间入宫的,至洪熙元年受封,颇受礼遇,亦是服务于宫廷

---

① 万历《广东通志》卷六《藩省志·事纪五》,《四库全书存目丛书》史 197,济南:齐鲁书社,1996 年,第 127 页。
② 《枣林杂俎·义集》,《彤管·孝慈高皇后无子》中记载:"文皇即位,以司彩(陈二妹)熟知典故,召复原职";《酌中志》卷二十二《见闻琐事杂记》中记载:"壬午,文皇帝登极,复遣内官秦陪捧帛来宣(江全),助理内政,升尚宝局正……"
③ 《明代宫女的采选与放出》。
④ 《明会典》卷六七《皇帝纳后仪·选用宫人》,第 405 页。
⑤ 《女官传》,第 583、584 页。
⑥ 〔清〕饶智元:《明宫杂咏·洪武宫词》,《明宫词》,第 211 页。

几十年矣。还有名为胡淑清的女官，亦是洪武年间入宫，至正统九年始还乡。① 未还乡者，则亡故于宫中。据此推测，从永乐时期入宫，至正统、景泰时期依然服务于内廷的恐不乏其人，或即使缺员，尚能维持。但至天顺年间，可能因之前长期没有采选，确实缺员严重而不得不采选了。于是天顺三年，英宗下诏，因六尚女官"近年以来，多有放出还家及老疾不堪事者，缺人任用"，派遣宦官密切体访，采选良家女子。②

《明实录》没有成化、弘治年间女官或是普通宫女采选的记载，正德年间，武宗四处巡狩，搜刮民女，未见经正式的官方渠道采选的记载。嘉靖年间，以不同名目自民间采选女子十分频繁，加上隆庆、万历年间的数次采选，嘉隆万时期是明代中后期自民间采选女子的高峰时期。但从嘉靖时期至明末，明确以补六尚为名而进行的女官采选则只有表六中所列的四次，实际执行的有三次。

表六　嘉隆万时期可考的女官采选情况

序号	年代	相关记载	史料出处
1	嘉靖四十二年十一月	上谕礼部曰：祖宗之制，宫中设六尚皆预教读书习于礼法，今缺久矣，其选民间女子三百人入宫。	《明世宗实录》卷五百二十七
2	隆庆三年四月	祖制，宫中设六尚皆预教以读书，使知礼法兹已缺少，可照例选民间女子年十一以上十六以下者三百人进入。	《明穆宗实录》卷三十一

---

① 《明英宗实录》卷一百十六，正统九年五月庚戌。其中记载："庚戌朔，内使陈景先送女官吴淑清还扬州……"。此处"吴淑清"应为"胡淑清"相似读音之误笔。《明英宗实录》卷一百五，正统八年六月壬寅条记载："直隶凤阳府临淮县民刘昶奏：臣祖母胡淑清，洪武间选入内为女官，彼时蒙恩复臣家，近年有司仍令供役，望垂矜恻。上命户部复之如故。"

② 《明英宗实录》卷三百六，天顺三年八月己未。

续表

序号	年代	相关记载	史料出处
3	万历八年九月（未遂）	谕礼部宫中六尚缺人其选民间淑女二百人入内，寻复罢之。	《明神宗实录》卷一百四
4	万历十九年正月	有诏宫中六尚局兼皇长子册立届期，及长公主长成，俱缺人役使，着礼部选民间女子，年十岁以上、十五岁以下三百人，进内预教应用。	《宛署杂记》卷十四《经费上·宫禁》

从目前掌握的材料看，明代专门针对女官的采选，明前期相对次数较多，而中后期可能次数很少，当然亦不能排除中后期确有一些采选是未作记载的可能。究其原因，一方面是制度创建之初，尚能有效正常地运行，所以相应的采选亦较为频繁，而到中后期，由于种种原因可能已无法保障有效地实行最初的制度规定，于是疏于采选亦是可能的。另一方面，可能与采选标准的变化有很大的关系。

二　采选的标准

邱仲麟《明代宫女的采选与放出》一文，对明代女官和宫女的采选地域与标准进行了概括，其中言："明代初年，采选女官或宫人的范围较广，直至正统年间，南北直隶、山东、浙江、江西、福建、广东等地皆有其例，而所采选者分为两类，一为识字少女，一为识字寡妇……至世宗时，采选的范围缩小至北直隶，穆宗以后则多在北京。另一变化是，明代后期不再采选识字寡妇，而采选的少女亦不以识字为要件，待其入宫后再进行教育。"[1]邱文对明代包括女官和普通宫女在内的所有宫人的采选情况进行了梳理，上述总结亦是针对所有宫人笼统而言，而具

---

[1]《明代宫女的采选与放出》。

体到女官的采选标准及其特点、变化和变化背后的原因则仍可深入探究。

(一)洪武、永乐时期的采选标准

《明史·后妃传》开篇有云:"明太祖鉴前代女祸,立纲陈纪,首严内教。"[1]女官制度的建立亦是太祖"严内教"的重要举措,并且自该制度创立后在洪武一朝三度更定,最终完善,可见太祖对于这项制度的重视,更可认为是对于整个后宫管理的重视。要实现统治者宫闱井然、闺房雍肃的设想,作为后宫的管理人员,女官担负着重要的职责。洪武二十二年,太祖在授六尚局宫官敕中说道:

> 朕观帝王为治,必自齐家始,未有家不齐而能治国平天下者。周之内宰以阴礼教六宫九嫔,以妇职之法教九御,各有所司非细故也。朕起布衣,陟尊位而于内治之道不敢忽焉,是以内设六尚以职六宫,斯列圣相继之道也。[2]

"以阴礼教六宫九嫔,以妇职之法教九御",这是太祖重视内治、设置女官的目的,亦是女官职责之所在。那么按照太祖的设想,什么样的女子才能够胜任宫官之职呢?

《明实录》中所记载的第一次女官采选发生在洪武五年六月:

> 洪武五年六月癸未,上谕中书省臣曰:近者礼部奏定中宫女职,遣奉御张和、蔡旺往苏、杭二州,选民间妇女通晓书数、愿入宫者,得四十四人,其中堪任事者十四人,已俱授职,各赐白金三十七两,以赡其家,有年未及二十者三十人,各赐白金二十两遣还,听其适人。其已授女职者,令有司蠲其徭役,戒其父兄伯佺各守

---

[1]《明史》卷一一三《列传第一·后妃一》,第 3503 页。
[2]《明太祖实录》卷一百九十八,洪武二十二年十一月己酉。

▲ 明·朱邦《明代宫城图》

孝慈高皇后

▲ 明太祖马皇后像

▲ 明成祖徐皇后像

▶ 徐皇后撰《內訓》

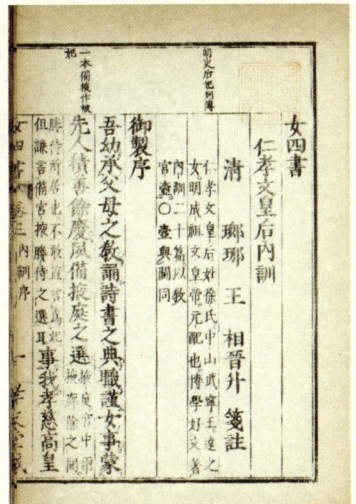

宣德六年四月初一日長子皇帝贈基萬年松圖奉敬寫

仁壽宮清玩

▲ 明宣宗为张太后所绘《万年松图》

▲ 明·仇英《宫女游园图》

► 明·佚名《鹦鹉仕女图》

▲《明宪宗元宵行乐图》（局部，现藏于中国国家博物馆）

◀ 明·唐寅《簪花宫女图》

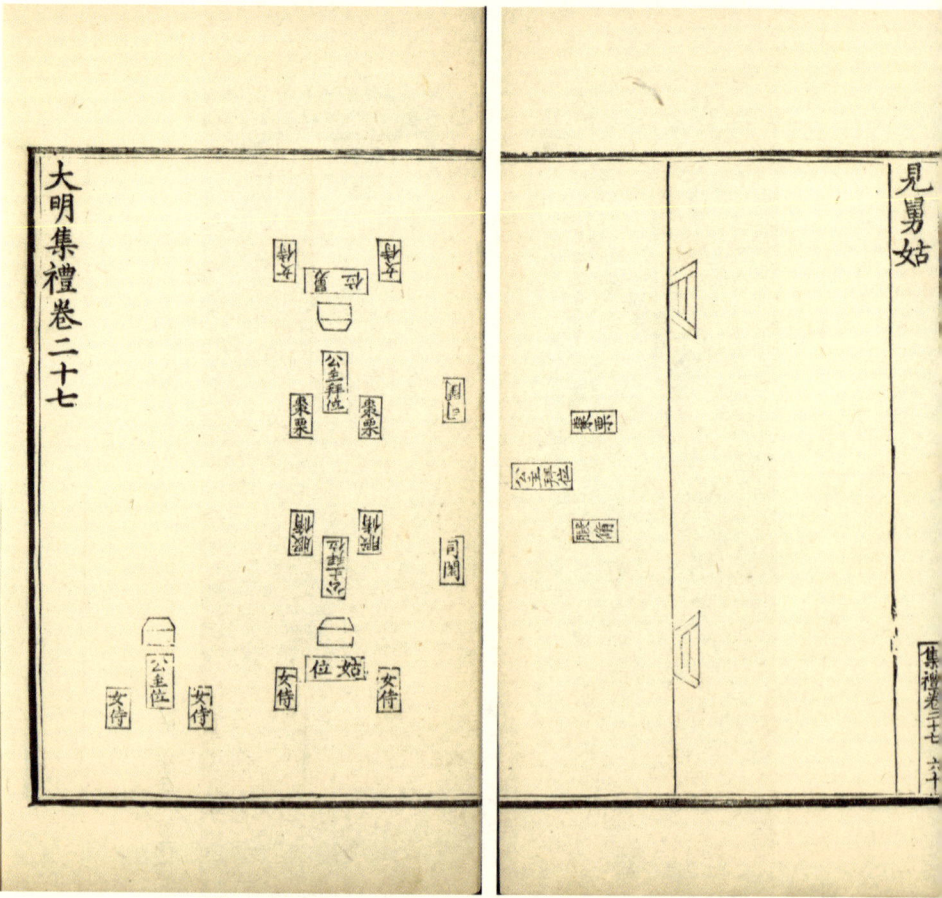

皇帝敕書
皇姑仁和長公主　朕嗣
祖宗大統念義
皇考孝宗敬皇帝同氣至親
有
姑三人在今特進封
姑為仁和大長公主仍奉銀
鈔綵幣以表朕親親之義
惟
姑亮之

正德元年正月二十七日

▲ 正德元年进封仁和大长公主敕书

▲《大明集礼》中记载的公主出降见舅姑仪

分，毋挟势侵犯官府。①

这段记载中明确提及了此次女官采选的地点、所选人数以及所选女子的年龄。苏杭自古乃文教兴盛之地，书香之家辈出，自然多知书识礼的女子。若要挑选"通晓书数"的女子，苏杭地区当是首选之地了。此番采选共选得四十四人，但只任用了十四人，原因也很明确，退回的三十人"年未及二十"。在中国古代，二十岁以上的女子应多已嫁为人妇。可见明初采选女官时，不仅所选女子要具备一定的文化素养，还倾向于选择年龄较大的妇人。

再看洪武十四年时的采选要求，据《万历野获编补遗》记载：

> 洪武十四年，敕谕苏、松、嘉、湖及浙江、江西有司，民间女子年十三岁以上、十九岁以下，妇人年三十岁以上、四十岁以下，无夫者，愿入宫备使令，各给钞为道里费，送赴京师。盖女子以备后宫，而妇人则充六尚也。②

此次采选的地域扩大了很多，几乎涵盖江南地区，对于少女和妇人都进行了采选，分别有年龄要求，妇人还需是无夫者，即或未嫁，或守寡，并且明确说女子是以备后宫之选，妇人是担任六尚女官的。

《礼部志稿》中所记洪武二十九年的采选规定亦对做普通杂役的宫女与女官有明确区分：

> ……所取女子除富豪不用，其余不问贫难之家，女子年十五、二十岁者送进洒扫宫院，晒晾幔褥，浆糨衣服，造办饭食，许各家父母亲送，赏银五十锭。其在京军民之家有女子及无夫妇人能写

①《明太祖实录》卷七十四，洪武五年六月癸未。
②《万历野获编补遗》卷一《宫闱·选江南女子》，第804、805页。另见《明太祖实录》卷一百三十五，洪武十四年春正月庚子。

能算者,不论贫富丑陋许皆进用,赏与前同。不许将体气恶疾及已曾进到者一概进来。①

可见明初对女官的采选是与妃嫔或宫女的采选区别对待的。二十岁可能是一个年龄限定的标准,二十岁以下的少女或者以备后宫嫔妃之选,或者是以供洒扫、浆洗等日常服务工作,没有知书识字的要求。女官之选则以二十岁以上乃至三十岁以上的无夫妇人为主。女官从所定的采选标准看,当不具备成为皇帝嫔御的条件,女官体系不属于后妃系统,而即便有女官承御,当视为少数特例而已。

此外,从洪武年间有名姓可考的女官生平事迹中亦可见洪武时期所采选女官的一些共同特色和具体要求。清江范氏是洪武时期比较著名的一位女官,深受太祖及马皇后的敬重。在正史和不少明清笔记及地方志中都有关于她的记载。如《枣林杂俎·义集》:

> 《临江府志》:范氏,清江人,博通经史,洪武初召为女使,授孺人,为宫中姆师。一日高皇问前代何后最贤、家法何代最正。对曰:"惟赵宋诸后多贤,家法最正。"命录进,更诵听之。凡降内制,多范为定。诏赐归,老于家。②

《枣林杂俎》《女官传》及明清时期广东地区的一些方志中都对明初广东籍的几位女官有所记载。如雍正《广东通志》记载:

> 司彩陈氏,字瑞贞,父曰仲裕。女貌端庄,在乳不啼,晬日设物以验,则左取印,右取笔,以是知其不凡。甫能言,窥父书,指示数字皆不忘。至六七龄,示以女工,过目辄晓,就女师,闻爱亲敬长之言,必反复致问。《孝经》《内则》《列女传》《女诫》诸书莫不究

---

① 《礼部志稿》卷二十《仪制司职掌·选用宫人》,《文津阁四库全书》198,第109页。
② 《枣林杂俎·义集》,《彤管·孺人范氏》,第274页。

心。深居闺阁,足迹未尝至中门。洪武二十年诏选淑女,入宫分
司六尚,陈与焉。善六书,晓大义,精女工,嫔嫱皆师事之。二十
四年命为司彩……①

《女官传》记载:

> 黄惟德,南海人,洪武二十二年②选入宫司宝。初名广兴,永
> 乐初赐名惟德,历任尚服局局正,授五品诰命。宣德七年春乞归,
> 犹处女也……黄归时,皇太后尝作图及诗赐之。……诗中称黄
> "女中士",又谓少而从容知礼义,噫嘻,岂非幽闲贞静之淑女乎
> 哉。黄致仕三年,至宣德十年,年七十八乃终。③

《枣林杂俎·义集》记载:

> 同时有叶女官者,番禺人,少有淑质,通《列女传》。洪武廿四
> 年闻其孝敬,选入宫,擢为女官。因召其父碧山、弟祖道诣阙,赐
> 宴,俱授锦衣卫镇抚,赉以币,复其家。④

《酌中志》记载:

> 又闽人徐𤀹《榕阴新检》所载《城山郑氏谱·女官恩遇》云:江
> 氏名全,闽邑高惠里人,少淑慧,能记诵《孝经》《列女传》。及笄,
> 归城山郑琚。洪武癸亥(洪武十六年),琚早世,江守节。癸酉(洪
> 武二十六年),诏选识字节妇,任用内府。当道以江为荐,赴内选
> 中,授女府内品,钦赐名曰全,委掌金银各库……⑤

---

① 雍正《广东通志》卷四十九《列女》,《文津阁四库全书》第 188 册,史部·地理类,北京:商务
　印书馆,2005 年。
②《枣林杂俎·义集》中黄惟德入宫时间记作"洪武廿年"。
③《女官传》,第 583、584 页。
④《枣林杂俎·义集》,《彤管·孝慈高皇后无子》,第 269 页。
⑤《酌中志》卷二十二《见闻琐事杂记》,第 189 页。

雍正《江西通志》记载：

> 汪希宁妻胡氏贞良，德兴人。洪武初，希宁充粮长，坐累罚紫金山营工，死。胡年二十三，矢志不二。后二十一年，诏征识字良家妇，有司以胡通书史应诏，赴阙入宫为中书令，训教宫女……①

从以上记载可知，洪武时期对于女官的采选并不局限于江南地区，而是扩大至东南地区，广东、福建皆有。

年龄方面，据乾隆《增城沙堤陈氏族谱》记载，陈司彩生于元至正二十七年，入宫时应该是 20 岁或 20 岁出头。② 女官黄惟德，按其卒年是宣德十年，享年 78 岁推算，洪武二十年或二十二年入宫时已经 30 岁或 32 岁。此二人皆终身未嫁。胡贞良洪武初年守寡时年方 23 岁，洪武二十一年入宫时，年纪可能已在 40 岁上下了。女官江全入宫前已孀居多年，范氏据《静志居诗话》记载亦是"早寡"③，从以上女官个案情况可知，未记入《明实录》的洪武时期的历次女官采选，对于年龄的要求是与《明实录》中所记的洪武五年、十四年的两次采选中规定的年龄范围及婚姻状况相吻合的，确实不选择年少女子，而是选未嫁或已守寡且年龄较大的无夫妇女。明初女官的选择在姿容方面不作要求，容貌端正即可，如陈司彩，"貌端庄"，叶女官亦是"以孝敬被选，非以容姿"④，但身体健康还是必需的。《明实录》记载，洪武十四年在江南地区采选女官时，即"不问容貌妍丑"，但要求"无恶疾"。⑤ 除去这些客观

---

① 雍正《江西通志》卷一百一《列女·饶州府》，《景印文渊阁四库全书》516，史 274，地理类，台北：商务印书馆股份有限公司，2008 年，第 360 页。

② 参见刘正刚、王潞：《明代家族建构中的性别位移：以增城女官为例》，《中国社会经济史研究》2010 年第 3 期，第 24 页。

③〔清〕朱彝尊：《静志居诗话》卷一《宫掖》，黄君坦点校，北京：人民文学出版社，1990 年，第 23 页。

④《女官传》，第 584 页。

⑤《明太祖实录》卷一百三十五，洪武十四年春正月庚子。

的条件,最重要的选择因素还是这些女官的个人素质。

《女官传》中云:"说者谓周礼所言御者,亦非相从于燕寝者也。司彩尚服之职,所谓嫔妇化治丝枲,掌王后之礼,职内治之贰,以贤而不以色……"①范孺人博通经史,受帝后敬重,凡降内制,多为其所定,足见其德才兼备;陈司彩自幼聪慧过人,不仅精于女工,对于那些教化伦理道德,尤其是教化妇女伦理德行的书,她自幼研习,而且严守闺范;叶女官、江全和胡贞良也同样通晓经史,谨守妇德闺范,她们或为孝女,或是节妇;还有黄惟德亦是自幼知书达礼的贞静淑女。这些女官,不仅仅是简单的识文断字、读书知礼的才女,更重要的是,她们在当时皆是女子妇德、妇言、行止、修养之典范,这也是统治者最需要、最看重的。自建国伊始,为使内治井然,太祖颇花心思。洪武元年三月,命朱升等儒臣"纂述《女诫》及古贤妃之事可为法者,使后世子孙知所持守"②。洪武三年五月册封诸皇妃后,又以元末宫闱之乱戒谕后宫③,这些内容皆逐条写入《皇明祖训》④,传于后世。洪武五年六月,在正式命礼部议宫官女职之制的当月,又"命工部造红牌,镌戒谕后妃之辞悬于宫中"⑤,以严宫闱之禁,并且如此煞费苦心,一方面是防备汉唐女主干政现象重现,另一方面则是有鉴于元末宫廷之混乱。⑥ 仅有严格的戒令还不够,还需要有人管理和督导,这些精挑细选的深受正统礼教教育、深谙忠孝节烈思想且又通晓书史的民间淑德自然是不二的人选。她们导引后妃,表率宫女,虽然只是"服劳宫寝、祗勤典守而已"⑦,

①《女官传》,第 583 页。
②《明太祖实录》卷三十一,洪武元年三月辛未。
③《明太祖实录》卷五十二,洪武三年五月乙未。
④ 参见《皇明祖训·内令》。
⑤《明太祖实录》卷七十四,洪武五年六月甲辰。
⑥ 王云:《明代女官制度探析》,《齐鲁学刊》1997 年第 1 期,第 102 页。
⑦《明史》卷一百一十三《列传第一·后妃》,第 3504 页。

但她们是一种"标准",也是一种"榜样",影响着后宫女子的言行举止、性情素养乃至思想,帮助统治者实现宫壸肃清的设想。

范孺人为"宫中姆师",陈司彩"后宫多师事之,称'女君子'、'女太史'"①,黄惟德亦有"女中士"之称。明代得以载于书史且有些许生平可考的女官屈指可数,其中明初女官又占多数。能够青史留名,且又有如此美誉的女性,她们符合统治者的需要,亦符合社会舆论的标准,不仅是那个时代女子之仪范,亦是女官中的佼佼者,与各种地方志《列女传》中所记载的贞节烈女们相比,她们更多了一份曾服劳于宫寝的荣誉。当然还有更多的宫廷女官,她们的名字被埋没于深宫高墙之内,湮没在时间的长河里,她们可能只是粗通文墨,没有那么出众的才德。但是从范孺人、陈司彩辈身上,我们能一窥明初所选之宫廷女官的整体风貌,固然,她们代表了明初女官采选之最高标准。

成祖朱棣即位伊始即下诏采选女官,且明确是遵循"旧制":

> (洪武三十五年八月)甲寅,求民间识字妇女充内职。上谓礼部臣曰:国家稽古,置六尚之官以典内事。旧制,选民间识字妇女充之,今六尚俱未有人。尔礼部榜示中外,凡军民之家有识字妇人年三十至四十,女子年十七以上,不拘容貌,但愿赴选者,官给驿舟,令其父母亲送京师,量授以职,其合得俸以给其亲,仍复其家。②

从对妇人的选择要求上看,确实是依照洪武年间的"旧制",但除妇人外,少女亦成为采选对象,女子年龄的下限出现降低的趋势。《明会典》亦对此次采选有所记载:"若女子识字,虽容貌丑陋,年十七八已

①《女官传》,第583页。
②《明太宗实录》卷十一,洪武三十五年八月甲寅。

上愿来者听,一体应付脚力,赴京选用。"①年龄放宽了,容貌丑陋亦无妨,有如此的规定,很可能确实是因为六尚缺员严重,急需补充。永乐二十一年的采选,则明确要求是"选嫠妇无子而守节者"②,可见,即使采选女子的年龄下限有降低的趋势,但仍然倾向于选择品行良好且无家事负累的寡居妇人,她们应当比年轻少女更加沉稳,能够直接任事,教导宫女。除了年龄,对于应选女子的要求虽然只是"识字"即可,但这一时期对于她们的德行、才识的要求并没有放宽。如永乐二年入宫授予司彩之职的番禺人王氏,"时年少,权妃方见幸,特推同辇之爱,固辞曰:'臣妾嫠妇也,敢充下陈哉?'上重之,亦从其志。司彩有文学,能诗",且有宫词传世,词云:"璚花移入未央官,旖旎浓香韵晚风。赢得君王留步辇,玉箫嘹亮月明中。"③《女官传》中称赞她:

> 王氏当明初,乃以宫词婉丽,获承恩宠,"玉箫寥亮"之名,袅袅于今有余音,其才与上官昭容、花蕊夫人不相上下,而节操则过之矣。④

《枣林杂俎》中有如下记载:

> 晋江御史翁庆,巡按四川,不避权贵。又敕往武当山献玄武神眼珠,次一品服。亡何,坐累下狱。庆无子,长女诣阙上书请代,仁孝皇后召入宫,留之三月,为宫中女师,人以比缇萦。⑤

---

① 《明会典》卷六七《皇帝纳后仪·选用宫人》,第 405 页。
② 〔明〕邓士龙辑:《国朝典故》卷三十一《野记一》,许大龄、王天有主点校,北京:北京大学出版社,1993 年,第 508 页。
③ 乾隆《番禺县志》卷十六《列女》,《故宫珍本丛刊》《广东府州县志》第三册,海口:海南出版社,第 357 页。
④ 《女官传》,第 584 页。
⑤ 《枣林杂俎·义集》,《彤管·翁氏女女师》,第 274 页。

翁氏女曾为"宫中女师",虽然在宫内时间不长,授予过什么职位亦不可考,但是可以肯定的是,她是位有胆识且颇尽孝道的女子,正因为有高尚的德行,才会被徐皇后器重。她的入宫相比于其他采选进宫的女官是个特例,但却可说明统治者对于能为"宫中女师"之人的德行的重视并未减少。

(二)天顺时期的采选标准

天顺年间因六尚缺人,再度采选女官。据《明实录》记载:

> 天顺三年八月己未,敕镇守浙江太监卢永、江西太监叶达、福建少监冯让曰:中官原设六尚女官以纪内事,必选识字妇人以充其任。近年以来,多有放出还家及老疾不堪事者,缺人任用,敕至,尔即密切体访良家子女十五以上及无夫妇人四十以下,能读书写字并谙晓算数者四五十人,籍记姓名,待明年春暖,别遣人同尔会选,令其亲属送来有司,应付口粮脚力。体访之际,不可委用非人,因而诈骗财物,惊扰下人,尔其慎之。[1]

《万历野获编》中曾言:"观此敕,则禁中须女官甚急。"[2]从此番采选的要求看,大体上依然是效法祖制,采选的地域仍然是江南及东南地区,采选的对象亦包括未婚年轻女子及无夫妇人。据《闽书·闺阁志》记载,福建建宁府崇安县早寡的妇人倪氏,于天顺四年"以通书史,能书"被选入宫,任女官。[3]倪氏应该就是天顺三年采选女官的敕谕发布后应选入宫的。孀居且有较好文化素养的妇人依然是采选的主要对象。但此番采选,对于女子年龄要求的下限与建文四年采

---

① 《明英宗实录》卷三百六,天顺三年八月己未。
② 〔明〕沈德符:《万历野获编补遗》卷一《宫闱·采女官》,第 805 页。
③ 〔明〕何乔远:《闽书》卷一百四十二《闺阁志·建宁府·崇安县》,《四库全书存目丛书》史207,济南:齐鲁书社,1996 年,第 548 页。

选时相比再次降低，而在实际采选中很可能对年龄要求进一步放宽。

沈琼莲是明中期一位颇著名的宫廷女官，时人称"女学士""女阁老"。《"女学士"沈琼莲及其宫词考证》一文对其生平有详细考证，文中指出沈琼莲很可能是在天顺三年这次采选时入宫的，时年13岁，未达到待选年龄，但可能因为其出众的才华而破格选中。① 针对此次采选，《万历野获编》中有"命江南选择，不独取其美丽，亦以彗黠堪给事左右"②之语，沈琼莲在初入宫廷后所作的《寄兄》一诗中有"疏明星斗夜珊珊，玉貌花容列女官"之句。③ 可见，这一时期的采选，除了对于女官才华、品行的要求，已不是容貌丑陋亦无妨了，才貌双全固然最好，只是不知"所选者，果几人当圣意耳"④。

成化、弘治年间未见下诏采选女官的记载。正德年间，由于武宗四处巡狩，搜刮民女、娼妓、女乐，除即位之初册封的后妃外，多有未经正式采选入宫者⑤，女官采选也就更无从谈起。清人毛奇龄所著《武宗外纪》中有武宗裁撤尚寝局诸所司的记载⑥，很可能这一时期连正常的机构设置和运转都被迫取消和停滞了。

（三）嘉靖朝及以后时期的采选标准

《明实录》中再次出现女官采选已是嘉靖四十二年十一月：

> 癸卯，上谕礼部曰：祖宗之制，宫中设六尚，皆预教读书，习于

① 许冰彬：《"女学士"沈琼莲及其宫词考证》，《故宫学刊》2010年总第6辑，北京：紫禁城出版社，2010年8月，第133页。
② 《万历野获编补遗》卷一《宫闱·采女官》，第805页。
③ 《"女学士"沈琼莲及其宫词考证》，第134页。
④ 《万历野获编补遗》卷一《宫闱·采女官》，第805页。
⑤ 参见《明代遴选后妃及其规制》及《明代宫女的采选与放出》。
⑥ 〔清〕毛奇龄：《武宗外纪》，《历代笔记小说集成·清代笔记小说》第十册，石家庄：河北教育出版社，1996年，第541页。

礼法，今缺久矣，其选民间女子三百人入宫。①

至嘉靖四十三年正月，"礼部奉诏选京城内良家女三百人入宫，以备六尚之用"②。此次采选的记载，寥寥数语，似很简略，但与明前期的几次采选相比，仍能看出三点明显的不同：其一，此次采选地域在京城，也就是当时的北京范围之内，不再如明前期的采选，多选择籍贯在南方的女子；其二，明前期的采选在《明实录》中有人数记载的一次是洪武五年六月，选得四十四人，任用了十四人，一次是天顺三年，要求选四五十人，但不知中选多少。依据这两次推测，洪武至天顺年间历次采选的人数要求可能不会有太大的出入③，而此次采选人数达三百人之多；其三，明前期所选之民间淑德，一旦选中，即可任事，授予官秩，而此次所选女子不再如明前期一样以才德为采选条件，反而是进宫后再"预教读书，习于礼法"，也就是说，中选者不具备马上担任宫官之职的能力和素质。由此可见，嘉靖年间的女官采选标准已完全有悖于"祖宗之制"，发生了很大的变化。

前文已提及，嘉靖年间是明代中后期自民间采选女子的高峰时期，名目不同，前后多达十余次，此次女官采选标准的变化不能孤立地考察，应结合嘉靖年间数次采选综合分析。以下参考邱仲麟《明代遴选后妃及其规制》《明代宫女的采选与放出》两篇论文及《明世宗实录》，将嘉靖年间历次采选民间女子的大致情况列表如下（见表七）：

---

① 《明世宗实录》卷五百二十七，嘉靖四十二年十一月癸卯。
② 《明世宗实录》卷五百二十九，嘉靖四十三年正月甲申。
③ 前文引《明初琐记》中的记载，洪武三年的采选，"以七月集京师，集者千余人"。因正史和其他材料中并无此次采选的记载，所以无法对照考证。如若所记不虚，或许是因为制度草创阶段，宫中需要大量用人，才会有如此大规模的采选。

表七　嘉靖年间历次采选民间女子情况

时间	采选事由	采选地域	年龄	采选人数
正德十六年十二月至嘉靖元年八月	皇帝大婚	北京、北直隶、南京、凤阳、淮安、徐州、河南、山东	十四、十五	
九年十月至十年三月	遴选九嫔	南北直隶、河南、山东		北京内外初选1258人；南京经四次复选，选得6人；最终获留30人，由皇太后从中选取9人
十三年八月至十四年十月	选补九嫔	北京、南京		
十四年十一月至十五年五月	所选淑女不足	南北直隶、河南、山东		88人
十五年十二月	以宫人不谙保护皇子，命礼部选民间妇无夫子系累者			2000余人
十九年五月	选淑女	京城内外		100人
二十六年二月	朕宫应役数少，中宫妃御所用不足	京城内外并顺天等八府州县	十一以上十四以下	300人
三十一年九月	为裕王、景王选妃	京城内外	十四至十六	初选1200人
三十一年十二月	选民间女子	京城内外并顺天等八府	八至十四	300人，次年二月选得80人
三十四年九月	选民间女子		十岁以下	160人
三十四年十一月	选民女纳于后宫	湖广承天府		20余人

时间	采选事由	采选地域	年龄	采选人数
三十七年闰七月至九月	选裕王继妃	京城		
四十二年十一月至四十三年正月	六尚缺人	京城内		300 人

　　嘉靖年间采选民间女子可分为两类，即为皇帝、皇子选择配偶和采选宫中服务人员，包括女官和普通宫女。从上表可知，嘉靖十九年以后的民间女子采选，除三十四年十一月的采选外，其他都在京城及顺天八府范围之内，几乎只在京畿地区选择。以上诸次采选中，凡是记载了采选女子年龄要求的，最大十六岁，最小八岁。前四次采选是为了充实后宫，嘉靖十九年之后的历次采选，除了为亲王选妃的两次，其他的有些有具体的名目，如宫女不足，缺人役使，或者六尚缺人，或者以备后宫之选，而有些采选只是下诏选民间女子，并未记载具体名目。除了采选保育皇子的无夫妇人那次，世宗频繁而大规模采选民间女子的目的在前人论著中已有论及，无外乎两个：供其淫乐役使，以及供道士们炼制丹药。即使是有名目的采选亦可能只是为了掩人耳目。① 那么，以六尚女官缺人为由而进行的这次采选，又有多少女子入宫后能够真正成为名副其实的女官？或许只应该把它看成世宗广采民间女子之举中的一次。既然采选目的相同，采选标准也就不会有多少出入。此次采选虽然没有记载年龄要求，但参考其他诸次采选，所选女子同样为年少处女当是毫无疑问的，年龄应在八岁至十六岁这个范围之内。

　　既然年龄小，进宫后"预教读书，习于礼法"便是必需的。而有"预

---

① 胡凡：《嘉靖传》，北京：人民出版社，2004 年，第 254、255 页。

教读书"要求的亦不止四十二年采选女官这一次。嘉靖十三年八月选补九嫔期间,"有司上民间女子名籍"时,世宗曾说:"所选女子,苟不教以诗书,与见御者无异。其各令父母视教之,俟过夏秋行得从容耳。夫教养日久,或善性可就,而得贤淑以佐朕焉。"①嘉靖二十六年二月采选宫女时亦有"不预教数年,何以取用"②之语。由此可见,虽名为采选六尚女官,实际上所选女子的资质与采选妃嫔、宫女时的要求无甚区别,只是以备妃嫔之选的女子是要求由父母教养,宫女是进宫受教导。

隆庆、万历年间,女官和宫女的采选依然延续着嘉靖年间的标准。《明穆宗实录》中记载:

> (隆庆三年四月)甲申,谕礼部,祖制宫中设六尚,皆预教以读书,使知礼法,兹已缺少,可照例选民间女子年十一以上、十六以下者三百人进入。礼部尚书兼学士高仪请差官选取京城内外并顺天等八府州县,得旨:"各府太远,止于京城内外选取。"③

隆庆三年的采选,在年龄要求、采选人数、采选地域各方面皆依照嘉靖年间的前例,所选女子同样需"预教"。隆庆三年距离嘉靖四十二年的采选不过六年,六尚女官又"已缺少",嘉靖四十二年这次所谓的女官采选,所选的三百少女究竟所为何用,有多少能有女官之实也就可想而知了。又,《明神宗实录》中记载:

> (万历八年九月)辛未,谕礼部:"宫中六尚缺人,其选民间淑女二百人入内。"寻复罢之。④

---

① 《明世宗实录》卷一百八十,嘉靖十四年十月己酉。
② 《明世宗实录》卷三百二十,嘉靖二十六年二月辛丑。
③ 《明穆宗实录》卷三十一,隆庆三年四月甲申。
④ 《明神宗实录》卷一百四,万历八年九月辛未。

万历八年的这次采选因官员上疏劝阻最终不了了之。[①] 但很快在万历十一年、十九年又进行了两次采选，据《明神宗实录》记载：

> 万历十一年二月壬辰，命礼部选民间女子年十一以上、十五以下者三百人，进宫预教。[②]

《宛署杂记》记载：

> 万历十九年正月十八日，有诏：宫中六尚局兼皇长子册立届期，及长公主长成，俱缺人役使，着礼部选民间女子，年十岁以上、十五岁以下三百人，进内预教应用。[③]

这两次采选的要求与嘉靖、隆庆时如出一辙。神宗后来为太子、皇子选婚时亦可能顺便采选宫女。[④] 皇子、公主的册立是皇室的重要仪式，需要大量女官和宫女服务其中，不管所选女子进宫后最终所任何职，皆需预教，才能够役使，再次说明采选女官与采选宫女已殊途同归。另外，穆宗、神宗皆是好色之辈，广选民间女子的真实目的很可能也是从乃父、乃祖那里一脉相承的。自嘉靖年间之后，所谓的女官采选与普通宫女的采选完全可等同视之，无本质区别。以上几次采选皆有"进宫预教"之语，宫女进宫后有能识文断字的宦官教导读书，"能通者升女秀才，升女史，或升宫正司六局掌印"[⑤]，那么凡是采选进宫的少女经预教后，同样都有成为女官的可能。《天启宫词》中有诗云："乾西移驻翠华来，新例传宣女秀才。为是初升仪未熟，玉腮红映两三回。"后有注语："凡圣母及后妃行礼，女秀才为引赞礼官。初升者往往举止

---

① 参见《明代宫女的采选与放出》。
②《明神宗实录》卷一百三十三，万历十一年二月壬辰。
③《宛署杂记》卷十四《经费上·宫禁》，第142页。
④ 参见《明代宫女的采选与放出》。
⑤《酌中志》卷十六《内府衙门职掌》，第130页。

羞涩,经年后周旋合度,音声朗然矣。"①所谓"初升者"当指"诸宫女曾受内臣教习,读书通文理者"②。

由宫女升任女官的情况可能自明初即有,《明初琐记》中有"宫女之才慧者,亦遴举入局任事,诏以司礼监长其事"③的记载。但按明前期的采选标准,中选者多是有才德、知书史的无夫妇人或女子,可直接授职,所以由宫女升任女官这种情况可能只是少数。但民间的采选能有多少符合标准总是未知的,而经过教导后能通文理的宫女确实可作为女官的后备之选。永乐年间已有由内臣训导女官之事。《戒庵老人漫笔》中记载:"永乐末年,诏天下学官考绩不称者,许净身入宫训女官辈。"④其中的"女官辈"当指需要教导的"女秀才"之辈,而不会是已具备才识的无夫妇人。由于明初的采选之制,在制定之初就已存在因标准过高而所选无法满足宫内需要的情况,实不知"所选者,果几人当圣意耳"⑤,所以,从宫女中选拔一些有才能者以作补充。但长此以往,最初的标准很可能会因实际需要而调整更改,这亦可能是明中期以后正式的采选减少并导致选择标准逐渐变化的原因。民间淑德所选乏人,从"宫女之才慧者"中选拔女官的情况应会逐渐增多。至嘉靖年间,大量从民间采选少女,即使有以补充六尚为名的采选,也不再采选无夫妇人,采选的真实初衷亦和明初的采选目的相悖,采选标准与采选宫女是一样的,也同样都要"进宫预教",能堪任事者可任用为女官,由宫女晋升女官很可能成为女官选择的主要途径。虽然宫女进宫后都要念书学礼,其中也会有聪慧之人,但其素养、才情和任事能力恐怕不能

① 〔明〕秦徵兰:《天启宫词》,《明宫词》,第 29 页。
②《万历野获编补遗》卷一《宫闱·女秀才》,第 805 页。
③ 参见〔民国〕常景宗《明代女官制度》(下)。
④ 〔明〕李诩:《戒庵老人漫笔》卷二《教职净身》,第 67 页。
⑤《万历野获编补遗》卷一《宫闱·采女官》,第 805 页。

和明初所选的女官相比了。

（四）成为女官的特殊途经

明代的女官除了通过官方组织于民间采选这一主要选择途径进入宫廷,亦有少数是通过其他途径入宫的。如孝宗生母纪太后,"贺人,本蛮土官女,成化中大征蛮,太后在俘中,久之,中选宫人,受女史,警敏通文,守内藏"①。纪氏是在成为宫人后,又因其聪慧有才而命为守内藏的女史,但她的入宫方式比较特殊,是战争中被俘而没入宫中,并不是通过朝廷的正式采选而进宫的。再如前文已提及的永乐年间翁氏女,她因为赴阙上书愿替父受过的义举而为仁孝皇后器重,得以召入宫廷,为宫中女师。这种因个人突出的品行而受到最上层统治者所重视而入宫的,亦是特例。

凡是能升为女官的宫女,皆是受内官教习后,能够读书通文理者,但可能亦有例外。《烬宫遗录》中记载了崇祯年间的一件事:一夜风雨之中,一个有过的宫女被罚提铃,"上觉唱声凄婉,命宣至,问姓字,曰韩翠娥,特赦之,为女史官"②。皇帝因为一时的怜悯,不但赦免了一个宫女的过错,还将其提拔为女官,这确实是异数了。

三 采选的程序及影响

（一）采选的程序

从洪武至天顺年间历次女官采选的记载看,采选程序基本无异,往往由礼部奉诏谕地方有司,或皇帝派内官为钦差,点检民籍,访其品

① 《名山藏》卷三十一《坤则记·纪太后》,扬州:江苏广陵古籍刻印社,第 1825 页。另见《罪惟录·列传》卷二,第 1160 页。
② 〔清〕佚名:《烬宫遗录》卷之上,适园丛书本,民国乌程张氏刻,国家图书馆藏。另见〔清〕王誉昌:《崇祯宫词》,《明宫词》,第 82、83 页。

行端庄、通晓文墨者,允许父母送至集中地。① 除了派地方官和宦官体访,"此等识字妇人,若乡里耆老邻人举保出来有赏"②,可见荐举亦是一种途径。另外,明人田汝成所著《西湖游览志余》中记载:

> 洪武间诏选识字良家女及能读大诰者,杭州以江干蔡氏应诏,入宫署为女官,掌御前文字,宠冠六尚。永乐初命蔡氏临选识字女子于杭州,民间骚动……后得其甥女张氏应诏,亦为女官云。③

除地方官与宦官外,比较有资历的女官亦可能授命赴地方上,参与到女官的采选中。

常景宗《明代女官制度》一文曾引《明初琐记》中记载的一段关于应选女子集于京城后的具体遴选程序:

> 洪武三年,诏选天下女子之秀者入宫,有司聘以银币,其父母亲送之,以七月集京师,集者千令人。天子分遣内监选女,每百人以齿序立,内监循视之,曰:某稍长,某稍短,某稍肥瘠,皆扶去之。明日,诸女分立如前,内监谛视耳、目、口、鼻、发、肤、腰、领、肩、背,不合者去之。又使自诵籍、姓、年岁,听其音之稍雌、稍雄及吃浊者,去之。明日,内监使女子周行数十步,观其丰度,腕短趾短,举止轻躁者,去之。留者仅其半矣。皆诏入宫,分遣宫娥之老者,引至密室,采其肌理,病瘠。翌日,乃试文史。入选者,皆得为女官矣。在宫一月,熟察其性情言论,而汇评其人之刚柔,智愚闲否,由司礼监总理分派各司掌任。次年,又诏选淑女善文艺者,朱

①《明代女官制度探析》,第105页。
②〔明〕俞汝楫:《礼部志稿》卷二十《仪制司职掌·选用宫人》,《文津阁四库全书》198,第109页。
③〔明〕田汝成:《西湖游览志余》卷二《帝王都会》,上海:上海古籍出版社,1958年,第36页。

象真等六十人,定六局处之,各有官秩。①

依据上述记载,集于京师后的复选由司礼监主持,步骤繁多、琐细,体态相貌、声音举止、健康状况都要细细察验,还需测试文史水平,这些方面都通过了还要对其性情言论进行一段时间的观察,才分派职务。但是洪武三年七月及次年的采选在正史及其他史料中未见记载,且此段记载中,采选程序、检验项目以及行文措辞与《明懿安皇后外传》中所记载的妃嫔采选程序有颇多相似,只是采选女官对于身体的检查并不像选后妃那样细致、复杂。对于《明懿安皇后外传》的可信度,有学者尚持怀疑态度,如邱仲麟指出,其所载月日与《明实录》多半不符,而集中于京城进行初选不合明代制度。② 那么,《明初琐记》这段其实亦存在此问题,洪武三年、四年是否进行了女官采选没有其他史料记载,而根据《明实录》洪武五年的采选记载,是皇帝派宦官去民间采选,并没有集于京城,且只得四十四人,与"集者千余人"相比差距有些大。所以这段记载是否完全可信,尚需存疑,但其检验、测试女官的具体方法可能还是有可资参考之处的。

嘉靖年间由于女官的采选标准实际已与普通宫女的采选无异,而且采选地域主要是在北方,尤以京城内外和顺天八府为主,采选程序和明前期相比也就有所差别。嘉靖二十六年二月,世宗欲采选宫女三百名,采选范围是京城内外并顺天八府,礼部根据圣谕制定了《选取宫女条款》,对采选程序做出了具体的规定。采选可分为两个地区进行,即京城和顺天八府。总体说来,京城的初选主要是在礼部所派官员和五城御史的主持下,由五城兵马司先挨家挨户查访开报,然后由礼部所派官员拣选;顺天八府的初选主要是由府州县的地方官查访开报,

① 〔明〕陈启荣:《明初琐记》,引自〔民国〕常景宗:《明代女官制度》(下)。
②《明代遴选后妃及其规制》。

等到礼部所派官员到达后,会同巡按御史拣选。礼部再将京城内外初
选的女子送入诸王馆,由内夫人、女官进行复选。① 以上采选过程,初
选由礼部及地方官员办理,复选由内夫人、女官这些在宫内有一定资
历的女眷进行选择,宦官并不参与采选。将初选女子送至诸王馆复选
亦并非始于此次参选,或仅限于采选宫人。嘉靖九年选九嫔和三十一
年为皇子选妃时同样将所选淑女送至诸王馆复选。② 将所选淑女送至
诸王馆以待进一步挑选可能是明代中后期才有的规定。《明实录》中
最早记载将诸王馆用作采选淑女之用是在孝宗弘治元年,③但孝宗并
未选妃,此事便作罢。武宗一朝鲜有正式采选。从嘉靖朝开始,"诸王
馆"作为淑女复选之处,便多次出现于采选程序之中。嘉靖朝以后的
采选亦遵循嘉靖年间的采选规制,不过司礼监会参与复选,如万历十
九年的采选,其复选便是"钦差内夫人、近侍女官同司礼监会选之诸王
馆内"④。

(二)采选的影响

明前期女官的采选规定中,多有赏赐金银、"蠲其徭役"之语,而且
是"须其愿乃发"⑤。入宫后,"其在宫闱与现受职者,家给本品禄,视外
品"⑥,不仅在宫中能受到礼遇,而且还会给家人带来不少恩惠。如女
官叶氏入宫后,"召其父碧山、弟祖道诣阙,赐宴,俱授锦衣卫镇抚,赉
以币,复其家"⑦。女官江全入宫后,因思念子女,太祖推恩"遣使来闽,

①《礼部志稿》卷六十一《冠婚备考·选宫人·选取宫女条款》,第352页。另参见邱仲麟:《明代宫女的采选与放出》。
②《明世宗实录》卷一百十九,嘉靖九年十一月辛卯;卷三百八十九,嘉靖三十一年九月丙申。
③《明孝宗实录》卷十一,弘治元年二月丁巳。此条记载:"先是,御马监左少监郭镛,请预选女子于宫中或诸王馆,读书习礼,以待服阕之日,册封二妃,广衍储嗣。"
④《宛署杂记》卷十四《经费上·宫禁》,第142页。
⑤《国朝典故》卷三十一《野记一》,第508页。
⑥《罪惟录·志》卷二十七《定制女官》,第976页。
⑦《枣林杂俎·义集》,《彤管·孝慈高皇后无子》,第269页。

挈取家属驰驿至京，赐官房与居，免税课差役"，不仅将其子女家人接到京城，还赐房居住，确是难得的恩遇。永乐年间江全回乡时，重赐礼物，遣内官护送。① 陈司彩入宫不过数载便赐归省，而且仍给禄米，供养其家族儿孙，除了免除陈家的杂泛差役，还赐予土地，为陈氏家族在当地发展并成为望族提供了重要的物质基础，陈司彩在家族中亦享有很高的地位。② 能够如此惠泽其家，很多家庭应是愿意让家中女子应选的，而绝非强迫，且家中能有这样的女子亦是家门之誉。正统年间，直隶凤阳府临淮县民刘昶上奏朝廷，云其祖母胡淑清"洪武间选入内为女官，彼时蒙恩复臣家，近年有司仍令供役，望垂矜恻"，于是"上命户部复之如故"③。可见至正统年间，依然执行着蠲免女官家族的税课差役的政策。

　　明代采选民间女子，虽常有"勿骚扰百姓，强抑民间"之语，然自明中期以来，因搜刮民女或广选秀女而引发民间骚乱，甚至因讹言选女入宫而出现婚配闹剧的记载则屡见不鲜，前人的论著对于此方面已多有论及。④ 待遇方面，据万历《明会典》记载，嘉靖十三年题准，女子选入内庭，例应收充女户者，舍余于原卫、民籍于锦衣卫带管食粮，各止终身，不许朦胧影射差役。⑤ 嘉靖二十六年的宫女采选，则将"所选宫女三百家，俱收充女户食粮，各赏银五两，缎一疋"⑥。那么成为女官者至少亦应有这些待遇，但女官及其家庭是否还能有前述那些恩惠政

①《酌中志》卷二十二《见闻琐事杂记》，第 189 页。
② 参见《明代家族建构中的性别位移：以增城女官为例》。
③《明英宗实录》卷一百五，正统八年六月壬寅。
④ 参见胡凡、王伟：《论明代的选秀女之制》，《西南师范大学学报》（哲学社会科学版），第 25
　　卷第 6 期，1999 年 11 月；朱子彦：《明代的采选制度与宫人命运》，《史林》，2003 年第 3 期；
　　王春瑜：《明代文化史杂识》，《阜阳师范学院学报》（社会科学版）1985 年第 1 期。
⑤《明会典》卷六十七《皇帝纳后仪·选用宫人》，第 405 页。
⑥《明世宗实录》卷三百二十三，嘉靖二十六年五月甲子。

策,则未见相关记载。不过在民间皆视选女入宫为畏途的情形下,自愿入宫者恐少之又少,而入宫能为女官的女子,恐怕已不会像明前期那些女官一样,能够享有丰厚的赏银,免除其家庭赋税,赏赐官职、土地等恩惠与礼遇。

第六章 明代女官的宫廷职掌

　　考中国古代后宫宫官之制,"六局二十四司"的机构设置形成于隋炀帝时期,以"掌宫掖之政"。唐承隋制,在玄宗时有所改定,已有"彤史"和"宫正"的设置,但基本格局未作变动。[①] 明太祖在命礼部议定宫官之制时,即参详前代之制,《续通典》中称其"宫官六尚二十四司皆用唐制"[②],设六尚局及宫正司,"局曰尚宫、曰尚仪、曰尚服、曰尚食、曰尚寝、曰尚功,司曰宫正"[③]。后经过两次更定,终成一代定制,可谓机构完备、属员众多、职掌明确。[④] 女官的职掌可以分为两大部分,一是宫中的常规职责,二是皇室礼制中的职掌。关于"六局二十四司"的职掌,官修私修的史籍中皆有记载,前人著述中也基本上是照搬罗列,但三言两语实不足以观女官职掌之全貌,只因相关记载缺少,想要具体探究并非易事,但也并不是无迹可寻。所以通过对相关或间接关联的史料的记载,力求将女官常规的职掌更加细化,是本章第一部分的重点。国家重大的典礼仪制能够突显女官在礼仪中的作用,通过对典礼

---

① 参见〔清〕陈梦雷:《古今图书集成・明伦汇编・宫闱典》卷二《宫闱总部汇考二》,北京:中华书局、成都:巴蜀书社,1985 年,第 29382—29384 页。刘晓云:《唐代女官制度研究》,首都师范大学 2007 年硕士学位论文。
② 清官修《续通典》卷三十八《职官・内官》,杭州:浙江古籍出版社,2000 年,第 1353 页。
③《明太祖实录》卷七十四,洪武五年六月丁丑。
④《明代女官制度探析》。

仪制中女官职掌的考察可以更清晰地了解女官在典礼仪式中的具体执事程序和发挥的职能作用,亦可折射典礼仪制的发展变化,这是本章第二部分将重点探讨的。

第一节　女官机构设置及其常规职掌

一　机构设置与员额

吴元年十二月,太祖就"命置内职六尚局"①,宫官六尚的设置自此提上日程,但最初六尚局内各机构设置如何,职掌分工如何并无记载,只是从明初所制定的诸多典礼仪制中,已见尚宫、尚仪及以下各种职务的女官的参与。洪武时期凡三次厘定,终成一代定制。关于明代女官的职掌、品秩,在《明实录》《明史》等史籍中都可见记载,官职设置及人员配备见表八。

表八　洪武五年宫官定制

官职	人数	官职	人数	官职	人数	
尚宫局						尚宫局人数总计
尚宫	2	司记	2	女史	6	18(官 12,女史 6)
		司言	2			
		司簿	2			
		司闱	4			

---

①《明太祖实录》卷二十八上,吴元年十二月丁未。

官职	人数	官职	人数	官职	人数	
尚仪局						尚仪局人数总计
尚仪	1	司籍	4	女史	3	18（官15，女史3）
		司乐	2			
		司宾	4			
		司赞	4			
尚服局						尚服局人数总计
尚服	1	司宝	2	女史	2	13（官11，女史2）
		司衣	2			
		司饰	2			
		司仗	4			
尚食局						尚食局人数总计
尚食	1	司膳	4	女史	2	13（官11，女史2）
		司酝	2			
		司药	2			
		司饎	2			
尚寝局						尚寝局人数总计
尚寝	1	司设	4	女史	2	15（官13，女史2）
		司舆	2			
		司苑	2			
		司灯	4			
尚功局						尚功局人数总计
尚功	1	司制	4	女史	2	13（官11，女史2）
		司珍	2			
		司彩	2			
		司计	2			

续表

官职	人数	官职	人数	官职	人数	
宫正司						宫正司人数总计
正宫	1			女史	2	3(官1,女史2)
人数总计93(官74,女史19)						

  洪武五年正式议定宫官之制时,太祖"以为古者所设过多,宜防女宠,垂法将来"①,在唐代宫官机构设置的基础上又重加裁定,遂有上表中所见六局一司的设置与人员分配。六局最高一级的女官即"尚"字女官,以及宫正司宫正的品秩皆为正六品。《明太祖实录》中记载,此次定制"凡官七十五人,女史十八人"②,总人数为九十三人。但据上表统计,官七十四人,女史十九人,总人数不变。初期定制,六局下各辖四司,机构设置比较简约,人员相对较少,品级较低。随着各项典章制度的创立与丰富,最初的宫官设置已无法满足后宫管理的需求,有待扩充更定。于是洪武十七年,"更定宫官六尚局品秩"③。(见表九)

表九 洪武十七年宫官定制

官职	品秩	人数	官职	品秩	官职	品秩	官职	人数
尚宫局								
尚宫	正五品	1	司记	正六品	掌记	正七品	女史	6
			司言	正六品	掌言	正七品		
			司簿	正六品	掌薄	正七品		
			司闱	正六品	掌闱	正七品		

———————

①《明太祖实录》卷七十四,洪武五年六月丁丑。
②《明太祖实录》卷七十四,洪武五年六月丁丑。
③《明太祖实录》卷一百六十一,洪武十七年夏四月癸未。

官职	品秩	人数	官职	品秩	官职	品秩	官职	人数
尚仪局								
尚仪	正五品	1	司籍	正六品	掌籍	正七品	女史	2
			司乐	正六品	掌乐	正七品		
			司宾	正六品	掌宾	正七品		
			司赞	正六品	掌赞	正七品		
尚服局								
尚服	正五品	1	司宝	正六品	掌宝	正七品	女史	2
			司衣	正六品	掌衣	正七品		
			司饰	正六品	掌饰	正七品		
			司仗	正六品	掌杖	正七品		
尚食局								
尚食	正五品	1	司膳	正六品	掌膳	正七品	女史	2
			司酝	正六品	掌酝	正七品		
			司药	正六品	掌药	正七品		
			司饎	正六品	掌饎	正七品		
尚寝局								
尚寝	正五品	1	司设	正六品	掌设	正七品	女史	2
			司舆	正六品	掌舆	正七品		
			司苑	正六品	掌苑	正七品		
			司灯	正六品	掌灯	正七品		
尚功局								
尚功	正五品	1	司制	正六品	掌制	正七品	女史	2
			司珍	正六品	掌珍	正七品		
			司彩	正六品	掌彩	正七品		
			司计	正六品	掌计	正七品		

续表

官职	品秩	人数	官职	品秩	官职	品秩	官职	人数
宫正司								
宫正	正五品	1	司正	正六品			女史	2

　　此番更定，最高级别的"尚"字女官，品秩升为正五品，"司"字女官之下又分别对应增加"掌"字女官，正七品，宫正司增设司正一职，正六品。职务的增加必然使得人员数量有所增加，但《明实录》中并没有记载此次更定后"二十四司"和"二十四掌"的人数，若按洪武五年定制进行推算，假使"二十四掌"的人员至少各为二人，整体人数的增长至少在五十人。在机构、人员整体扩充的情况下，少数官职则出现人员减少的情况，如尚宫局尚宫一职，由洪武五年定制时的二人减为一人①，尚仪局下的女史，由三人减为二人。

　　洪武二十年以后，是明初女官采选较为频繁的时期，洪武二十二年所授六尚宫官敕中，言："近年精选民间淑德入宫者数人，使兼六尚事，人各克勤，事多周备，今特命某为某官尔，尚克遵前规，慎守乃职，毋怠毋忽。"②太祖希望宫官们能够各有所司，恪尽职守，切勿怠慢，将后宫诸项事务处理得周备井然，并且认为宫官之设"非细故也"。之后又命为六尚铸印③，这都表现了他对这一重要的后宫制度建设的重视。随着制度的发展完善，人员的增加，机构设置势必更加完备，分工更加细化。（见表十）

---

① 按：尚宫的职责是导引中宫，然洪武十五年，马皇后已崩逝，除了总行六尚的管理事务，尚宫实际已无需襄赞中宫皇后的职责，故据此猜测有可能因此而减员。
②《明太祖实录》卷一百九十八，洪武二十二年十一月己酉。
③《明太祖实录》卷二百三十五，洪武二十七年冬十月戊辰。

表十　洪武二十八年宫官定制

局司	官职	品秩	人数	官职	品秩	人数	官职	品秩	人数	官职	品秩	人数	女史人数	人数总计
尚宫局	尚宫	正五品	2	司记	正六品	2	典记	正七品	2	掌记	正八品	2	6	58
				司言	正六品	2	典言	正七品	2	掌言	正八品	2	4	
				司簿	正六品	2	典簿	正七品	2	掌簿	正八品	2	6	
				司闱	正六品	6	典闱	正七品	6	掌闱	正八品	6	4	
尚仪局	尚仪	正五品	2	司籍	正六品	2	典籍	正七品	2	掌籍	正八品	2	10	50
				司乐	正六品	4	典乐	正七品	4	掌乐	正八品	4	2	
				司宾	正六品	2	典宾	正七品	2	掌宾	正八品	2	2	
				司赞	正六品	2	典赞	正七品	2	掌赞	正八品	2	2	
				彤史	正六品	2								
尚服局	尚服	正五品	2	司宝	正六品	2	典宝	正七品	2	掌宝	正八品	2	4	38
				司衣	正六品	2	典衣	正七品	2	掌衣	正八品	2	4	
				司饰	正六品	2	典饰	正七品	2	掌饰	正八品	2	2	
				司仗	正六品	2	典仗	正七品	2	掌仗	正八品	2	2	
尚食局	尚食	正五品	2	司膳	正六品	4	典膳	正七品	4	掌膳	正八品	4	4	46
				司酝	正六品	2	典酝	正七品	2	掌酝	正八品	2	2	
				司药	正六品	2	典药	正七品	2	掌药	正八品	2	4	
				司饎	正六品	2	典饎	正七品	2	掌饎	正八品	2	4	
尚寝局	尚寝	正五品	2	司设	正六品	2	典设	正七品	2	掌设	正八品	2	4	36
				司舆	正六品	2	典舆	正七品	2	掌舆	正八品	2	2	
				司苑	正六品	2	典苑	正七品	2	掌苑	正八品	2	2	
				司灯	正六品	2	典灯	正七品	2	掌灯	正八品	2	2	
尚功局	尚功	正五品	2	司制	正六品	2	典制	正七品	2	掌制	正八品	2	4	46
				司珍	正六品	2	典珍	正七品	2	掌珍	正八品	2	6	
				司彩	正六品	2	典彩	正七品	2	掌彩	正八品	2	6	
				司计	正六品	2	典计	正七品	2	掌计	正八品	2	4	
宫正司	宫正	正五品	1	司正	正六品	2	典正	正七品	4				4	11
人数总计			13			60			60			56	96	285

　　洪武二十八年九月，重定宫官六尚品秩，对机构设置做出了重大调整，增设"二十四典"，为正七品，改"二十四掌"为正八品，以佐"二十四司"处理各司事务。宫正司增设"典正"，正七品，尚仪局增设"彤史"，正六品。初定品秩时，太祖曾认为"古者所设过多"，然经此更定，实际上还是将唐朝之制全盘吸纳，且员额更是超过了唐代的设置。六尚的最高一级宫官均设置两人，"二十四司"的女官多数为两人，除司乐、司膳各四人，司闱六人，这应与各司所辖事务的繁简程度相关，"二十四典""二十四掌"因之。与之前的定制相比，在增加的人员中，女史占了很大一部分，原本每局司仅数名女史，通掌该局司的文案，此番更定，每局所辖各司分别有若干名女史，负责执掌各司的文书，少则两人，多则十人。女史人数的多寡同样与各司的职能有关，如司籍是负责经籍、教授、文墨等事务的，自然比其他各司需要更多的女史负责文书的记录保管。《明史·职官志》所载，经过此次重定，"凡宫官一百八十七人，女史九十六人"[①]，总人数应为 283 人。但据上表的统计，总人数为 285 人，其中宫官 189 人，女史 96 人。至此，经过几乎洪武一朝的创建更定，宫官六尚之制终臻于完善，可谓机构完备、功能健全、事权分明、递等有序、属员众多，亦足见宫廷事务之繁杂。总体而言，宫官六尚的品秩仍然较低，最高一级的"尚"字女官仅正五品，且只有 13 人，只占庞大的女官队伍中的一小部分，而占据总人数几近三分之一的女史，则流于品外。制度的建立赋予她们襄赞后妃、表率宫女、整肃宫闱的职权，但却并没有给予她们相应的地位。

二　常规职掌分工

　　《明会典》中记载洪武三十五年的女官采选时曾言"女官所管，皆宫中事务，不过纪录名数物件而已，别无艰难"[②]。若仅仅将女官的职

---

①《明史》卷七四《职官三》，第 1829 页。
②《明会典》卷六十七《婚礼一·选用宫人》，第 405 页。

掌视作"纪录名数物件而已"，则实为对太祖煞费苦心制定这一制度以及女官机构的设置和职能的严重贬低。洪武二十八年定制后的女官职掌，在《明实录》、清官修《明史》、王圻《续文献通考》、王世贞《弇州史料》、张岱《石匮书》、孙承泽《天府广记》、查继佐《罪惟录》、傅维鳞《明书》等多种明清时期官修私著的史籍中均有记载，且内容基本没有出入。综合以上诸史籍中明代女官职掌的记载，列表如下（见表十一）：

表十一　洪武二十八年定制后的女官职掌

官职	职责	官职	职责	官职	官职	官职	总人数
尚宫局							
尚宫	掌导引中宫，凡六尚事物出纳文籍皆印署之	司记	掌印宫内诸司簿书，出入录目，审而付行	典记	掌记	女史	58
		司言	掌宣传奏启之事	典言	掌言	女史	
		司簿	掌宫人名籍廪赐之事	典簿	掌簿	女史	
		司闱	掌宫闱管钥之事	典闱	掌闱	女史	
尚仪局							
尚仪	掌礼乐起居	司籍	掌经籍、教授、笔札、几案之事	典籍	掌籍	女史	50
		司乐	掌率乐人习乐、陈县、拊击、进退之事	典乐	掌乐	女史	
		司宾	掌朝见宴会赏赐之事	典宾	掌宾	女史	
		司赞	掌朝见宴会赞相之事	典赞	掌赞	女史	
		彤史	掌后妃群妾御于君所，书其月日				
尚服局							

续表

官职	职责	官职	职责	官职	官职	官职	总人数
尚服	掌供内服用采章之数	司宝	掌珍宝符契图籍	典宝	掌宝	女史	38
		司衣	掌衣服首饰	典衣	掌衣	女史	
		司饰	掌膏沐巾栉器玩之事	典饰	掌饰	女史	
		司仗	掌羽仪、仗卫之事	典仗	掌仗	女史	
尚食局								
尚食	掌供膳馐品齐之数,凡进食先尝之	司膳	掌割烹煎和之事	掌膳	掌膳	女史	46
		司酝	掌酒醴酏饮之事	掌酝	掌酝	女史	
		司药	掌医方药物之事	掌药	掌药	女史	
		司饎	掌给宫人廪饩、薪炭之事	掌饎	掌饎	女史	
尚寝局								
尚寝	掌燕寝及进御之次序	司设	掌帷帐、茵席、洒扫、张设之事	典设	掌设	女史	36
		司舆	掌舆辇、伞扇、羽仪之事	典舆	掌舆	女史	
		司苑	掌园苑种植蔬果之事	典苑	掌苑	女史	
		司灯	掌灯烛、膏火之事	典灯	掌灯	女史	
尚功局								

官职	职责	官职	职责	官职	官职	官职	总人数
尚功	掌女功之程课	司制	掌衣服裁制缝线之事	典制	掌制	女史	46
		司珍	掌金玉、宝货之事	典珍	掌珍	女史	
		司彩	掌彩物、缯锦、丝枲之事	典彩	掌彩	女史	
		司计	掌度支衣服、饮食、薪炭之事	典计	掌计	女史	
宫正司							
宫正	掌纠察宫闱,责罚戒令之事	司正	佐宫正	典正		女史	11

上表中所列"二十四司""二十四掌"及宫正司下司正、典正之职皆是佐助上级女官的,女史之职主要是执掌文书,因此就不在表中列出了。总体而言,女官的职务范围涵盖宫廷管理、宫廷礼仪、物品保管与供给、饮食医药、宫廷服务、生活杂事等诸方面,包括宫廷事务中的各个环节。六尚分管不同方面的事物,以"尚"字女官为各机构的总负责人,再下分各司,细化分工。从人员比例看,尚宫局的定员最多,有 58 人,尚仪局次之,50 人,而以尚宫局为主的宫廷管理部门和以尚仪局为主的宫廷礼仪部门分别掌管宫廷事务中最为重要的两个方面,事务可能更加繁重,人员配备也就更多。

有关明代女官机构设置及职掌的记载,即如以上表格所列,各种史籍中皆大同小异或毫无差别,看似清晰全面,实则不过这寥寥数语,有欠翔实。在此尽力搜集史籍中的记载,并结合前人研究,力求将"六局二十四司"及宫正司的职掌更加具体化,以期对明代女官职掌有更深入的探讨。

（一）尚宫局

尚宫局下辖司记、司言、司簿、司闱四司，负责整个宫官六尚的管理工作。尚宫"总行六尚之事，凡出纳文籍皆印署之"①，"若征办于外，则为之请旨，牒付内官监，监受牒，行移于外"②。凡是各局的文书出入、物品征办，都要由尚宫请旨、署牒、用印后交付内官监，再由内官监交付在外的相应部门办理。由于太祖严于宫闱之政，且规定"自后妃以下至嫔侍女使，大小衣食之费、金银、钱帛、器用百物之供，皆自尚宫奏之，而后发内使监官覆奏，方得赴所部关领。若尚宫不及奏，而朦胧发内官监，监官不覆奏而辄擅领之部者，皆论死，或以私书出外者，罪亦如之。"③这一规定亦写入《祖训》之中，可见对于宫中女眷私自与外界的任何沟通联系均是严厉禁止的，唯一的渠道只有通过尚宫的汇报。所以作为六局之内最高级别的女官，尚宫对于后宫女眷的管理职责尤为重大。此外，尚宫的另一项重要职掌就是导引中宫，即中宫皇后，这主要体现在宫中各项典礼仪式活动中。其下诸司日常职掌大体如下。

司记，"掌宫内诸司簿书，出入录目，番署加印，然后授行"④。从这一职掌的描述看，此职应是辅助尚宫，进行出入文书的管理，主要是对宫内各局司出入的文书进行记录、审核、加印、付行。司记之下设置了6名执掌文书的女史，可见文书管理工作的烦琐。

司言，掌宣传奏启之事，从目前掌握的材料看，"司言"多出现在各种典礼仪式中，如正旦、冬至的中宫朝贺仪，负责传达皇后的懿旨和奏启。后宫若有事需上禀皇后时，奏启之职可能亦属于司言。

①《明太祖实录》卷七十四，洪武五年六月丁丑。
②《明史》卷七四《职官三》，第1872页。
③〔明〕余继登：《典故纪闻》卷二，北京：中华书局，1981年，第32页。
④《明史》卷七四《职官三》，第1827页。

司簿,掌宫人名籍及廪赐之事。傅维鳞的《明书》中记载明代"凡各宫女使皆分隶六尚及宫正"①,司籍所掌的名籍,除了六尚局和宫正司的各级女官,还有大量服侍于各宫,做洒扫、晾晒、浆洗等活的普通宫女。女官的品秩从正五品至正八品,还有流于品外的女史、女秀才,等级不同,廪赐亦不同,皆"照依所授品级给俸"②。《明初琐记》中记载:"女官有过者,降及宫女;有功者,岁时赐赍,赏以官秩。"③廪赐之事不是一成不变的,女官及宫女的俸禄和赏赐事务都需要司簿按等级及可能出现的变化详细记录,严格管理,其下属女史亦有 6 人,可见司簿及其所领的典簿、掌簿及女史的工作是很繁杂琐碎的。

司闱,掌宫闱管钥之事。见诸史料的有关"司闱"的记载不过此寥寥数字。然既是掌宫闱之管钥,其所管应为内廷后宫中各门锁钥。洪武十七年更定内官诸监库局及外承运等库局品职时,定"司钥库掌皇城各门管钥"④,"凡乾清宫等门及东华、午门锁钥,皆本库监工,于五更三点时自宫中发出,分启各门,其钥即缴回"⑤。洪武二十八年九月重定宫官之制时亦重定了内官监、司库局与诸门官并东宫六局、王府承奉等官职秩。其中规定:"各门官七,掌晨昏启闭,关防出入,曰午门,曰东华门,曰西华门,曰玄武门,曰奉天门,曰左顺门,曰右顺门,门皆设官二人,门正一人,秩正四品,门副一人,秩从四品。"⑥皇城宫城各主要门户由内臣门官职掌,那么后宫的各门户应是由女官掌管的。司闱及其下的典闱、掌闱分别有 6 人,宫官数共有 18 人,相比于二十四司中的其他各司,此司所设宫官人数最多,足见后宫宫殿门户众多,管钥

---

①《明书》卷二十一《纪一·宫闱女官附》,第 197 页。
②《礼部志稿》卷二十《仪制司职掌·选用宫人》,《文津阁四库全书》198,第 109 页。
③〔明〕陈启荣:《明初琐记》,转引自〔民国〕常景宗:《明代女官制度》(下)。
④《明太祖实录》卷一百六个一,洪武十七年夏四月癸未。
⑤《酌中志》卷十六《内府衙门职掌》,第 113 页。
⑥《明太祖实录》卷二百四十一,洪武二十八年九月。

门禁之事亦十分重要。

（二）尚仪局

尚仪局统领后宫中的礼仪事务，下辖司籍、司乐、司宾、司赞诸司及彤史。宫廷中的生活，起居行止皆体现着严格的礼仪与等级，关于后妃们的起居生活，虽然正史中少有记载，但是明人一些文学作品中的描摹却能有些管中窥豹的作用。明末章回小说《梼杌闲评》（又名《明珠缘》）中有这样一段：

> 一日有旨："中宫驾幸御园赏花，各管事的都不许擅离，各各伺候，六宫嫔妃俱要随侍游赏。"……只见各宫嫔妃陆续俱到。众太监远立伺候，不敢仰窥。少刻小黄门飞报娘娘驾到，众嫔妃起身到园门外迎接。众内官都俯伏道旁接驾。只见一对对仪从过去，先是引驾太监，约有百余人，都是大红直摆，然后是一班女官，拥着中宫的七宝步辇。将进门，各院嫔妃两旁跪道迎接，女官喝声"起去"。后面东西两宫跟随，一队队的进去。步辇到殿前，中宫下辇坐下，东西二宫上来叩头毕，又是太子妃行礼，然后各嫔妃及六尚女官分班朝见。各监太监也来叩头，行毕礼，太子妃上来献茶。茶罢，中宫起身，率众下阶游玩。众太监远远立着观望，就如王母领着一群仙子一般，到各处亭榭，俱有茶汤伺候。游览多时，回殿欢宴。只见两班彩女拥列，着似蕊宫仙府，强如锦帐春风。[1]

后妃游园，排场浩大，一片花团锦簇、云髻峨眉、环佩鸣鸾。在普通百姓眼里，天家生活如瑶台仙境一般，不仅因为皇家的金玉满堂、富贵奢华，还因为等级森严、令人仰望而却步的礼仪制度。小说里一段

---

[1] 〔明〕佚名：《梼杌闲评》第二十二回《御花园嫔妃拾翠　漪兰殿褓姆怀春》，刘文忠校点，北京：人民文学出版社，1983年，第262—264页。

足以让平头百姓大开眼界的生动描写,却暗含着后妃出行、仪仗、朝见、宴饮等种种仪制,而簇拥在后妃身边的女官们,要引导、襄助后妃们完成这些皇宫生活中无处不在的礼仪,这就是尚仪局女官的职责。尚仪,掌礼乐起居,从各种仪制的记载看主要是随侍皇后左右,负责奉迎、启请、导从,有关典礼仪制中女官的职掌和作用将在后文中详述。明中期著名女官、"女学士"沈琼莲有宫词云:"尚仪引见近龙床,御笔亲题墨色香。"①可见尚仪不仅侍奉于皇后左右,后宫有事需觐见皇帝,亦属于尚仪所掌的礼仪起居范畴,需尚仪启请通传于御前。诸司日常职掌大体如下。

司籍,掌经籍、教授、笔札、几案之事,这一职务既包括对书籍和文房用品的保管,还包括教授。教授的对象是后妃嫔御宫女,教授的主要是《女诫》《内训》《女训》《古今列女传》等女教方面的内容。这些"女教书"或由皇帝赐撰,或由皇后亲撰。② 可见司籍的职掌,充分体现了女官"以阴礼教六宫九嫔,以妇职之法教九御"的作用,是统治者"严于内治"的重要手段。笔札、几案应是以备教学之用的。从司籍的职掌看,此一司的女官应是所有宫官中文化素养最高的。司籍之下设置女史10人,是二十四司中所设女史最多的,亦是因其所掌经籍、教授、文墨之事,需要掌执的文书必定更多。

司籍是如何进行教学的? 在《明世宗实录》有如下记载:

> (嘉靖九年十月)圣谕欲令翰林院撮诸书关女教者,撰为诗言进呈,以备宫中诵咏。合行翰林院作速撰造,仍令明白易晓。仁孝文皇后《内训》,圣母章圣慈仁皇太后《女训》,合行翰林院官每月撰成直解三章,仍引经传及《高皇后传》内事实引证,每章不得

---

① 〔明〕沈琼莲:《宫词》,《明宫词》,第7页。
② 《中国妇女通史·明代卷》,第440、441页。

过百余字,以便女官记诵。初六日,皇后率妃、夫人诣圣母前听讲,十六日、二十六日,皇后率妃、夫人于坤宁宫,令女官进讲,仍起立、拱听,讲毕,女官仍歌翰林院新撰诗一章。臣等又惟宫壸邃密,前项讲章陆续进呈,或至误事,况《内训》《女训》辞语有限,讲读易尽,合令内阁预先类编二训章旨,令讲读官通撰直解,总成一集进呈,女官按期讲解。①

这是嘉靖九年进讲《女训》等女教书的规定,礼部还奏承了授书仪注。女官记诵所讲的内容,在规定的讲读之日,为皇后、妃嫔们讲解。虽然所讲"教材"并不用女官撰写,但她们仍需精通。这样的教授方式更注重的是仪式性。这只是嘉靖年间的规定,但亦可一窥司籍女官的"教授"之职。除了为后妃教授"女教书",司籍还可能教导皇子读书。沈琼莲宫词中有"水风凉好朝西坐,专把书经教小王"之句,《"女学士"沈琼莲及其宫词考证》一文中认为,沈琼莲可能在成化年间已担任司籍一职,据《乌程县志》记载,她曾教授皇子《尚书·无逸》篇。②

另外,洪武年间的著名女官范氏,入宫为女史,但没有材料能表明她属于六尚中的哪一个部门。范氏被授孺人,为宫中姆师,孺人为命妇封号,七品。按洪武五年的定制,六尚为正六品,二十四司当为正七品。孝慈皇后曾问她何代皇后最贤,家法最正,以赵宋对之,"高后使录其事以进诵而听之"③。从这一描述看,范氏很可能为司籍女官。且"凡降内制,多范为定"④,能够定内制,赞襄皇后治理后宫,她实际的职权应已超出了司籍一职。

司乐,是内廷负责礼乐的机构。在与皇太后、皇后、太子妃相关的

①《明世宗实录》卷一百十八,嘉靖九年十月己未。
②《"女学士"沈琼莲及其宫词考证》,第135、136页。
③《名山藏》卷八十九《列女记》,扬州:江苏广陵古籍刻印社,第5450页。
④《枣林杂俎·义集·彤管》《孺人范氏》,第274页。

朝贺、册封等典礼仪式中均"陈女乐于丹陛"。明代宫廷朝贺音乐分四类,其中包括命妇朝贺女乐,用于皇后、皇太后、太皇太后诞辰及正旦、冬至时节命妇朝贺之际。① 在这些仪式中,司乐负责女乐的排列、演奏、进退,以及乐人的演练。朝贺女乐所用的乐器包括"戏竹二、箫十四、笙十四、笛十四、头管十四、篥十、琵琶八、二十弦八、方响六、鼓五、拍板八、杖鼓十二"②。据万历《明会典》记载:"凡庆贺皇太后圣节、女乐奉銮等官妻五人、提调女乐四人、歌章二十四人、奏乐一百一十五人。凡庆贺中宫,女乐同。"③这是朝贺女乐所规定的乐人数量。皇妃册立则不设女乐。司乐要在典礼仪式中按仪制程序安排督导乐人,但乐人并不由司乐管理,而是归于教坊司管理。《稗说》中记载,后妃用膳时,有宫女演奏细乐,"按古乐府被之管弦,毋敢以亵辞郑声进"④。可见,除了在重大典礼场合,日常亦有奏乐的需要,此亦当由司乐负责。嘉靖九年十月,礼部上奏授女训仪注时亦云:

> 古礼弦歌周南、召南之诗,不用钟磬,乃房中之乐,后、夫人之所讽诵以事其君子者,宜令宫中女官将二南之诗被之管弦,以备宫中宴乐,斥去一应俗乐,其于阐德宫仪尤有裨益。⑤

"将二南之诗被之管弦"的宫中女官亦应是司乐。

司宾,掌朝见、宴会、赏赐之事。此职掌亦是主要体现在典礼仪式之中,从其名称可知,主要是仪式中负责宾客的引导。如中宫朝贺仪中,司宾负责引导内外命妇就位、参拜,完成仪式的每一个环节。朝贺

---

① 参见赵中男等:《明代宫廷典制史》第十三章《乐舞》,北京:紫禁城出版社,2010 年,第 605、606 页。
②《明史》卷六一《乐一》,第 1506 页。
③《明会典》卷一〇四《教坊司承应乐舞》,第 571 页。
④《稗说》卷四《大内常仪》,第 120 页。
⑤《明世宗实录》卷一百十八,嘉靖九年十月己未。

中宫后往往赐宴，有时还会有赏赐，亦是司宾负责。

司赞，掌朝见、宴会赞相之事。此职掌同样体现于典礼仪式之中。司赞是掌握仪式进程的人，在仪式的每一个环节、步骤进行前皆用唱赞引导，参加仪式的人根据其唱赞内容，完成仪式中的每一个规定动作。

彤史，洪武二十八年九月增设，掌后妃群妾御于君所，书其月日，且仅设二人。彤史一职在唐代已设，但《唐六典》《新唐书》只记官职、品秩、人数，未记职掌。《唐会要》中有"彤史纪功书过"①之语。金代宫官设置亦全仿唐代，彤史掌"礼仪班序，设板赞拜"②。可见，明代虽有彤史之名，但是职掌与前代完全不同。毛奇龄《胜朝彤史拾遗记》中云："彤史者，后宫女官名也，其制，选良家女子之知书者充之，使之记宫闱起居及内庭燕亵之事，用示劝戒。"③这便当是明宫中的彤史。彤史所记，皆是宫闱秘事，关乎帝王生活最私密的部分。除了记录后宫妃嫔受临幸的具体日期地点外，承宠的妃嫔、宫人会获得赏赐，这些也会记录在案。在明代，"后宫姬侍列在鱼贯者，一承天眷，次日报名谢恩，内廷即以异礼待之，主上亦命铺宫以待封拜"④。彤史的详细记载，便是以备日后查验的最可靠的依据。另外还要记录嫔御的"桃花癸水"，即月事，以安排好帝王的临幸。清人史梦兰所作宫词有云："夜来钦录候彤闱，何日前星耀紫微。"其后引《丹铅总录》之记载：

> 周礼：掌王之阴事阴令。注：阴事，群妃御见之事。汉掖庭令，昼漏不尽八刻，白录所记推当御见者，今宫中亦有之，名钦录

① 〔宋〕王溥：《唐会要》卷三，北京：中华书局，1955 年，第 33 页。
② 〔明〕王圻：《续文献通考》卷一百三《内职》，东京：中文出版社，1979 年，1571 页。
③ 《胜朝彤史拾遗记》卷一，第 354 页。
④ 《万历野获编》卷三《封妃异典》，第 77 页。

簿,则其来古矣。①

由此可见,彤史所记应皆书于《钦录簿》之上。明人田艺蘅在其《留青日札》一书中记载:

> 我朝宫中《钦录簿》,女官掌之。余之高祖姑蔡氏之姊②,杭之丰宁坊人也。当宪庙时为女官,甚得幸。以选绣女一差至杭,宦官侍者四人,与三司诸大夫抗礼。所言宫掖事甚详……有报宫之笺,有卫门之寝,有承御之名,有纪幸之籍,其事甚详且密,虽圣上亦不得而观览也。③

"报宫之笺,卫门之寝,承御之名,纪幸之籍"涉及宫廷女官的不同职掌,其中"纪幸之籍"即指《钦录簿》所记录的内容④。《钦录簿》连皇帝都不能随意浏览,既可见后宫之事的隐秘,亦体现宫闱之制的严密。一般说来,皇帝要临幸某宫妃嫔,宫中自有一套程序。据《稗说》记载,皇帝在用晚膳时有乐舞表演,此时皇帝会宣召此晚将承御的妃嫔,妃"乘步辇入宫,免大礼,止四叩,赐坐,再谢免,遂侍宴"。歌舞晚宴完毕后,"作纱笼行燎达寝宫,上与所召辇乘步辇入"⑤。而每晚,各宫门口都会挂两盏红纱笼灯,"圣驾临幸某宫,则宫门之灯先卸。东西巡街者,即传各宫俱卸灯寝息"⑥。各宫院"各有侍夜执盥栉巾具者"伺候,

---

① 〔清〕史梦兰:《全史宫词》(明及明补遗),《明宫词》,第164页。
② 按:田艺蘅之父是田汝成,其所作《西湖游览志余》中曾记载:"洪武间,诏选识字良家女及能读大诰者。杭州以江干蔡氏应诏,入宫署为女官,掌御前文字,宠冠六尚。蔡乃予高祖母之姑也。永乐初,命蔡氏临选识字女子于杭州,民间骚动。"笔者认为,田汝成所记其高祖母之姑蔡氏,与田艺蘅所记高祖姑蔡氏之姊或为同一人,且两处所记的蔡氏女官都曾奉诏往杭州采选民间女子。但两处所记时代相差颇大,不知应作何解。
③ 〔明〕田艺蘅:《留青日札》卷二十《月运红潮》,上海:上海古籍出版社,1985年,第681、682页。
④ 《罪惟录》卷二十七《定制女官》,第976页。
⑤ 《稗说》卷四《中外起居杂仪》,第121页。
⑥ 〔清〕王昌誉:《崇祯宫词》,《明宫词》,第93页。

次日清晨，伺候皇帝起居"与在帝宫同"。另据《罪惟录》记载，若"三宫侍幸，随者五六十人待寝门"。也就是皇帝若临幸地位最尊的一后二妃，有五六十名随侍人员伺候等待于寝宫门外，即"卫门之寝"①，亦是宫官之职，这当是其他宫院所没有的待遇。

（三）尚服局

尚服局，下辖司宝、司衣、司饰、司仗诸司，是后宫中主要的服务机构。尚服掌内服用采章之数，即掌管后宫服饰、物品、仪仗的数目以及保管和供应。服饰包括皇后及妃嫔在不同的礼仪场合和日常生活中所穿的礼服、常服。这些服饰包括冠饰、衣饰、带绶、配饰、鞋袜等等，体现着皇家的尊贵与繁缛，亦具有严格的尊卑高下之分。除礼服、常服外，尚服还需准备丧服。《明集礼·凶礼》中，"中宫为父母、祖父母成服仪注"记载："尚服制皇后齐衰及应从命妇孝服，俟丧家成服之日，尚服奉齐衰进于皇后，服讫，侍女扶引皇后哭诣灵前，从临命妇亦服孝服立哭于其后……"②尚服总管宫中服饰用具的数目和供应，各宫则相应有专门司衣者。诸司日常职掌大体如下。

司宝，掌宝玺、符契、图籍。明代，外朝有尚宝司，掌"宝玺、符牌、印章，而辨其所用"③，宦官有尚宝监，"职掌御用宝玺、敕符、将军印信"。用宝玺的程序是"遇用宝，则尚宝司以揭帖赴尚宝监，监请旨，然后赴内司领取"④，尚宝司"凡请宝、用宝、捧宝、随宝、洗宝、缴宝，皆与内官尚宝监俱"⑤，尚宝监"监视外司用讫，存号簿，缴进"⑥。尚宝监监

---

①《罪惟录·志》卷二十七《定制女官》，第 976 页。
②《明集礼》卷三十六《凶礼一》，第 686 页。
③《明史》卷七四《职官三·尚宝司》，第 1803 页。
④《酌中志》卷十六《内府衙门职掌》，第 104、105 页。
⑤《明史》卷七四《职官三·尚宝司》，第 1804 页。
⑥《明史》卷七四《职官三·宦官》，第 1819 页。

视尚宝司用宝，但"凡宝皆内尚宝女官掌之"①，司宝女官才是宝玺的保管者。但女官绝对不可以与外朝官员有直接的沟通，所以从中进行内外联系的就只有宦官了。尚宝司、尚宝监、司宝女官，三者相互制约，这是明代御宝制度最有特色的一点。② 而符契、图籍同样也要分门别类保管，出付、收回皆需记录在案。除了御用宝玺，皇后的宝玺也由女官保管。《万历野获编》记载：

> 若中宫之玺，自属女官收掌。更有太祖所作白玉印，曰"厚载之纪"，以赐孝慈后者，至今相传宝藏。③

司衣，掌衣服、首饰。如此简短的职掌描述是不足以了解司衣的具体工作的。宋起凤《稗说》中有这样的记载："内宫司衣者，按四时列寻常服着色样于架，奉上取用何色，即进之，已更他衣，则原着收贮不汶进。大率衣制皆龙凤福寿花纹居多，黄赭色、赤色、青绿色差半。余本色，杂色不敢备。辍朝屏去朝服，独着软幞便衣鞋袜，如外间。晋唐巾、飘巾、纱巾、氅衣、野服、云履、方舄等项悉备，咸听上随时衣着。"④此"内宫司衣者"主要负责的是皇帝衣物的进奉和收贮，但似又有伺候皇帝更衣之职，不过并未明确指明为司衣女官。司衣司各级女官加女史共 10 人，人数不多，6 名女官若要负责侍候皇帝后妃们穿衣着履是不可能的，这应是各宫近侍的宦官、宫女之职。《稗说》中就记载："凡宫中诸女侍，每娘娘位下，内外服役若干人，如司衣尚食，供洒扫巾栉，盥沐浆洗，纫针裁剪，以至厨馔诸役，悉有名载籍，别其尊卑。"⑤此处"司衣尚食"很显然不是女官的官职，而只是与"洒扫巾栉，盥沐浆洗"

---

① 《酌中志》卷十六《内府衙门职掌》，第 105 页。

② 《明代宫廷典制史》第十六章《宝玺》，第 704 页。

③ 《万历野获编》卷二《列朝·符印之式》，第 58 页。

④ 《稗说》卷四《中外起居杂仪》，第 120—121 页。

⑤ 《稗说》卷四《大内常仪》，第 119 页。

一样,是宫女的执事而已。所以,所谓司衣"掌衣服首饰",应指她们主要负责的是宫内各种衣物、首饰按时节进奉,并将不穿不用的收储保存,女史掌文书,便是记录衣物首饰的进奉与收存情况的。

　　有关皇帝后妃所穿衣饰,《宫庭睹记》亦记载,皇帝若在宫中,"或巾或帽俱不定,衣服亦不尽是织锦纱绫,俱御用有二十四种花样,以应二十四气,御服虽尺寸之龙,必张牙露爪,舒展云中"。后妃"衣皆对襟者,皇后左龙右凤,贵妃则双凤"①。除礼服、常服外,皇帝、后妃平时亦会穿着一些较为随意的便服。如太祖的马皇后,"平居服大练浣濯之衣,虽敝不忍易"②。崇祯朝,皇帝崇尚节俭,亦衣布袍,宫中也效仿③,后妃亦能曲体上意,饮食衣着亦从简,"旧时,两宫及服役上下咸衣文绣诸采缯,后与妃亦奏请罢去,平常止令女侍曳皂绨青素纱绢而已。两宫服制亦如外间,冬则绌绫,夏则罗葛"④。明代后妃皆来自民间,民间的服饰风尚亦会引入宫中,后妃们亦会自创一些新的式样。明人秦徽兰《天启宫词》中云:"后(懿安张皇后)常用白绫间新桑色绫,制衣如鹤氅式,服之礼士大夫像,宫中称为霓裳羽衣。"⑤《崇祯宫词》中有"就里细参苏样好,内家妆束一时新"之句,因崇祯帝的周皇后原籍苏州,田贵妃曾居扬州,她们"皆习江南服饰,谓之苏样"⑥。"上自田贵妃入宫后,凡衣鞋之类,悉用南制,贵妃母扬州人,岁制以进。"⑦《崇祯宫词》中还记载:"宫眷暑衣从未有用纯素者,葛亦惟帝用之,余皆不敢用。

---

① 〔明〕憨融上人:《宫庭睹记·冠服》,《三异词录》十二种,国家图书馆藏清抄本。憨融上人,熹庙张皇后弟。
② 《明史》卷一一三《后妃一》,第3507页。
③ 《稗说》卷四《司设监》,第115页。
④ 《稗说》卷四《三宫节俭》,第125页。
⑤ 〔明〕秦徽兰:《天启宫词》,《明宫词》,第19页。
⑥ 〔清〕王玉昌:《崇祯宫词》,《明宫词》,第75、76页。
⑦ 〔明〕李清:《三垣笔记》上《崇祯》,顾思点校,北京:中华书局,1982年,第22页。

后始以白纱为衫,不加盖饰。上笑曰:此真白衣大士也。"[1]至于首饰,神宗定陵和一些已发掘的藩王墓中皆有明代宫廷所用的首饰出土,金玉宝石,珠翠光华,尽显明代宫廷之富贵奢华。首饰搭配不同的礼服与常服佩戴,亦按不同等级有严格的制度规定,在《明实录》及《大明会典》中皆有详细记载,在此不做赘述。面对种类众多的衣服、首饰,需要按不同的场合,不同的时节进奉,可见,司衣的工作很是细碎,且需沉稳细心。

司饰,掌膏沐、巾栉、器玩之事。膏沐既指妇女润发的油脂,又有洗沐之义,栉即梳篦。司饰之职当是供应梳洗、沐浴时所用之物的。考唐代宫官之制,司饰"掌汤沐、巾栉,凡供进识其寒温之节"[2]。唐代宫官职掌的记载相对更加详细,明制承袭唐制,宫官职掌的记述亦可供借鉴参考。"凡供进识其寒温之节",沐浴梳洗之事确实需根据寒暑的变化做不同的准备,这亦是司饰之责。清人沈云钦所著《秋镫录》中,根据明季宫人所述记载:

> 崇祯帝每晨起盥漱,四宫女捧紫金盆四,镶以八宝。一初盥手,径二尺,一漱口,径一尺,一浴面,径四尺,一再洗手,径一尺五寸。盥毕,栉发。[3]

《稗说》中亦记载:"上盥栉……侍列栉发、整容、授巾、捧鉴、执澡豆诸昭仪各数人。"[4]虽未见后妃盥栉之情景的记载,但程序及所需器具当是大体相当,而等级降低而已。澡豆自魏晋唐宋以来就一直是古人在盥洗时常用的清洁美容必备之物,可见明代宫廷中还在使用。而

① 〔清〕王玉昌:《崇祯宫词》,《明宫词》,第82页。
② 《古今图书集成·明伦汇编·宫闱典》第二卷《宫闱总部汇考二》,第29383页。
③ 〔清〕沈云钦:《秋镫录》,《历代笔记小说集成:清代笔记小说》十四册,石家庄:河北教育出版社,1996年,第232页。
④ 《稗说》卷四《中外起居杂仪》,第121页。

我们今天常用的肥皂,在明代宫廷中就已经使用了。明神宗定陵出土了两件万历帝后所用的金、银肥皂盒,造型皆为圆形,其中银皂盒底部刻有铭文"肥皂盒一件重七两二钱",皂盒内有横隔将空间一分为二,略小的部分还有半圆形的器盖,如此设计可能是为肥皂的储藏和使用划出不同的功能区。金皂盒是上下两件套装,上层底部有孔眼,很显然,将用过的肥皂放在上层,所带的水会从孔眼中漏到下层,可见现在的肥皂盒的设计亦未突破古人之匠心。金皂盒中还有丸状肥皂的遗存。① 这两件珍贵的出土器物是明代宫中常用的盥洗器具,从中已可窥宫廷器物的奢华精致。另外,明人在制作肥皂时已开始加入草药香料,明人胡文焕所著《香奁润色》一书中就记载了一则"香肥皂方",其中有甘松、茅香、藿香叶、零陵香、龙脑、白丁香等十余种药材香料,用此方制成的肥皂洁面,不仅可以"令颜色光泽",还有治疗斑点粉刺的药用功效。② 想必此类"香肥皂"亦是司饰女官所管以备后宫中常用的洗沐物品了。

司仗,掌羽仪仗卫之事。后妃出行,中宫朝仪,皆有仪仗的前导与陈设。《明史·仪卫志》中皇后仪仗的记载如下:

> 洪武元年定,丹陛仪仗三十六人:黄麾二,戟五色绣幡六,戈五色绣幡六,镗五色锦幡六,小雉扇四,红杂花团扇四,锦曲盖二,紫方伞二,红大伞四。丹墀仪仗五十八人:班剑四,金吾杖四,立瓜四,卧瓜四,仪刀四,镫杖四,骨朵四,斧四,响节十二,锦花盖二,金交椅一,金脚踏一,金水盆一,金水罐一,方扇八。宫中常用仪卫二十人:内使八人,色绣幡二,金斧二,金骨朵二,金交椅一,

① 参见中国社会科学院考古研究所等编:《定陵》,北京:文物出版社,1990年;引自孟晖:《贵妃的红汗》,南京:南京大学出版社,2011年,第38—45页。
② 〔明〕胡文焕:《香奁润色》,《手足部·香肥皂方》,北京:中华书局,2012年,第150页;参见孟晖:《贵妃的红汗》,第41、42页。

金脚踏一；宫女十二人，金水盆一，金水罐一，金香炉一，金香合一，金唾壶一，金唾盂一，拂子二，方扇四。永乐元年增制红杖一对。①

万历《明会典》中皇后卤簿的记载与上述记载略有出入，应是后来又有更定。中宫朝贺仪时，丹陛与殿内御座旁皆有仪仗陈设，丹陛设仪由内使执之，殿内御座左右仪仗，为女官擎执者执之②。"女官擎执者"当为司仗司女官。除了擎执仪仗，她们应还有持兵仗宿卫之职。《名山藏》《罪惟录》皆记载了正统年间，太皇太后张氏当着英宗与辅政大臣的面欲处治王振一事，其中言太皇太后"御便殿，女官左右侍杂佩刀剑"③，这应是负责为太皇太后仗卫的司仗女官。

（四）尚食局

尚食局，负责后宫饮食医药，下辖司膳、司酝、司药、司饎诸司。尚食，掌供膳馐品齐之数，并不是负责食物烹饪，而是负责在膳食做好后进膳，并服侍在侧。为保证食物的安全，所进食物，要由尚食先尝。洪武五年初定制时，"进饮食先尝"并不是尚食之职，而是其下属司馔（司膳）之职。有关尚食服侍的对象，邱仲麟的《皇帝的餐桌：明代宫膳制度及其相关问题》一文中认为，尚食是伺候皇帝用膳的。④ 方孝孺所撰《郊祀颂》中云："皇帝肇禋于上下神祇，奉太祖高皇帝配。先是十二月癸卯朔，乘舆临视殿坛……其夕宿于斋宫，明日巳卯，出舍皇邸，尚食进素膳，及期行事，自元旦至于祭。"⑤宣宗所作《赐群臣石榴诗》之序中

①《明史》卷六四《仪卫》，第1592页。
②《明太祖实录》卷二百二十八，洪武二十六年六月壬寅。
③《罪惟录·列传》卷二《皇后列传》，第1151页。
④ 邱仲麟：《皇帝的餐桌：明代宫膳制度及其相关问题》，《台大历史学报》第34期，2004年12月。
⑤〔明〕陈子龙：《明经世文编》卷九《方正学文集·郊祀颂》，北京：中华书局，1962年，第58页。

云："尚食所进石榴,味清而雅……"①可见尚食确实负责皇帝膳食的进献。但初定宫官之制时,即定尚食"掌供内膳"②,作为管理后宫的宫官六尚之一,负责皇太后及后妃的膳食进献亦是其主要工作。明人王世贞所作的宫词中有"雪乳冰糖巧簇新,坤宁尚食奉慈纶"③之句,"雪乳冰糖"当指宫膳中的一种乳品,④这两句诗或指尚食奉皇太后的旨意进呈宫中新做的乳品。《宣宗御制集》中有《赐廷臣食鲥鱼诗》,其序曰:"兹者南京进至鲥鱼,谨以为宗庙献之。母后尚食方进之际,切惟股肱贤臣辅朕为理宜共享之……"⑤"坤宁尚食"及"母后尚食"皆是服侍于皇太后或皇后身边的尚食女官。皇妃的膳食进呈同样由尚食局女官负责,《胜朝彤史拾遗记》记载,成化时,因万贵妃在宫中生活奢侈僭越,一些大臣上书劝谏宪宗,其中言:"……处置未闻,但传尚食所司,昭德进膳不减中宫。"⑥《明宫词》亦有"尚食每尝陈玉馔,翟车驰道任争先"⑦之句来描述万贵妃的恃宠而骄。尚食进呈膳食的具体情形,由于史料的缺乏而不能窥其原貌,但还是可以从一些零星的记载中略做探寻。王世贞所作《弘治宫词》中有"黄帕朱奁覆御羞"⑧之句,进膳之时当是有"黄帕朱奁"罩在膳食之上的。《宫庭睹记》中"饮食"一条有如下记载:

　　每进一味,有黄绢一端罩之,盒盖上,用小曲柄黄伞一把,金

① 〔明〕朱瞻基:《大明宣宗皇帝御制集》卷四十三《七言绝句》,《四库全书存目丛书》集24,济南:齐鲁书社,1995年,第261页。
② 《明太祖实录》卷七十四,洪武五年六月丁丑。
③ 〔明〕王世贞:《弘治宫词》,《明宫词》,第11页。
④ 邱仲麟:《〈宝日堂杂钞〉所载万历朝宫膳底帐考释》。
⑤ 《大明宣宗皇帝御制集》卷四十三《七言绝句》,第261页。
⑥ 《胜朝彤史拾遗记》卷三,第376页。
⑦ 〔清〕程嗣章:《明宫词》,《明宫词》,第137页。
⑧ 〔明〕王世贞:《弘治宫词》,《明宫词》,第11页。

铃数十，太监顶之而进，摇曳有声，防鸟雀之污也。至上前跪，随用领巾藏起口鼻，以虞出息之不谨。①

为后妃进膳之时，亦需"以金丝笼罩盘面，内侍口兜绛纱袋，侧其面，防口鼻息出入处于馐也"②。上述两材料所记皆是崇祯年间皇帝、后妃用膳时的进膳情形。为了保证膳食的安全卫生，进膳时有如此精细的防护手段，足见宫廷生活之奢华讲究。但在这两处记载中，进膳之人皆是宦官，而在《稗说》中有关思宗用膳的记载，又有"日进常膳，乐九奏，尚食以次献，帝概撤去，止三奏，食列数器，三宫亦同焉"③之语。再结合尚食"掌供膳馐品齐之数，凡进食先尝之"的职掌，很可能尚食所负责的就是膳食的数量种类及进呈次序，而不是由其将膳食亲自端呈。事实上，由于宫膳菜色种类数量繁多④，也不可能由尚食来一一陈设。凡是进呈的膳食，皇帝根据其喜好选用，其余的"移置别案"。以思宗的早膳为例，不同种类的米食和面食同列，皇帝选用完毕后同撤，另外还有肉类、水产、海鲜若干种，以及时令小菜等。⑤ 如此种类众多的膳食的进呈需由尚食从旁调度，同时为食物的安全进行最后的把关。

除了负责日常的进膳，尚食还需参与与皇室女性相关的礼仪活动。如皇帝纳后仪中，仪注中的最后一个环节为"盥馈"，即皇后向皇太后、太皇太后进膳。膳食由尚膳监准备好，在礼仪程序中，"尚食以膳授皇后"⑥。

①《宫庭睹记·饮食》，《三异词录》十二种，国家图书馆藏清抄本。
②《稗说》卷四《大内常仪》，第 120 页。
③《稗说》卷一《明崇祯善政》，第 23 页。
④ 有关明代宫膳的菜色，可参见邱仲麟：《皇帝的餐桌：明代的宫膳制度及其相关问题》。
⑤《稗说》卷四《中外起居杂仪》，第 121 页。
⑥《明会典》卷六十七《婚礼一·皇帝纳后仪》，第 405 页。

《礼部志稿》中记载了一道正统年间的敕谕：

> 正统二年八月，敕谕尚膳监及光禄寺曰："比闻进宫中食物所
> 用器皿扛索十还一二，光禄寺不以奏，尚膳监不以言，重复造用，
> 甚费财扰民。今后凡进食物必须印信揭帖，备书器皿扛索之数与
> 收领内官姓名，尚膳监如数还之，有一不还即以奏闻，敢隐瞒扶同
> 者，悉坐以罪。"遂敕宫中六尚司曰："凡光禄寺进食所用器皿扛
> 索，皆国与民力所给，不可妄费，今后悉照光禄寺所具之数，付尚
> 膳监还之，有误损者奏闻注销，敢匿一器一索以上皆治罪。"①

由于宫中进膳食所用的器物出现用而不还、缺损严重的现象，皇
帝才对宫中主要负责膳食的机构下达此敕谕。宫中六尚司中，尚食局
是负责膳食供应的，那么将宫中进膳所用的器皿扛索，在用毕后如数
交还尚膳监，应主要也是尚食局女官的职责。诸司日常职掌大体
如下。

司膳，掌割烹煎和之事。按洪武五年六月制定的宫官之制，其中
尚食局下有"司馔四人，掌烹炮调和饮膳之事，凡进饮食先尝之"②。此
处作"司馔"，再后来的两次制度更定时则都作"司膳"，且进食先尝最
初是司馔之职。明代御膳及皇室膳食的备办与烹制主要是由光禄寺、
尚膳监负责的，司膳既掌割烹煎和之事，说明后宫中有部分膳食的烹
制是由女官负责。清人程岱葊所著《野语》中有一段关于明代世宗朝
时一宫人的记载：

> 有闵氏女亦与选入宫，未得恩幸，及放出已中年，不愿适人，
> 宗人构庵处之。戚族妇女询以宫中事，女言：宠妃于尚食外每进

---

① 《礼部志稿》卷四《圣训·英宗睿皇帝尚膳之训》，《文津阁四库全书》198，第 22 页。
② 《明太祖实录》卷七十四，洪武五年六月丁丑。

精馔,女与襄其事,惟解切葱。闻者疑,切葱细事安所见长,因取
葱请切。女则用针挑破镂成人物花鸟,具有逸致。①

此闵氏宫人因其有如此精细的手艺,而在宫中需要制作所谓精馔时,
供职于负责饮膳的部门,此部门很可能就是司膳司。司膳可能是负责
在常规进膳之外,烹调一些有特别要求的膳食以供帝后妃嫔享用。宣
德年间,宣宗因个人对朝鲜饮食的喜好,曾数度向朝鲜征选会做茶饭
的女子,②这些朝鲜女子入宫后,应当是入司膳司的。

司酝,掌酒醴酏饮之事。明代宫廷内设御酒房,由内臣监酿,专供
御前,外廷很难得到,所酿之酒有竹叶青、金茎露、太禧白等品种。③ 此
外还有各地进贡于朝廷的一些酒。司酝所掌当是在皇帝后妃宴饮用
膳时负责进呈酒水,《椒宫旧事》还记载,太祖的淑妃李氏"性不爱酒,
上为造引口醪,每宴饮,特设以供妃"④。除了掌供酒水,一些特制的饮
品应当也是司酝负责在宴享时进呈的。《稗说》记载崇祯帝用膳的情
形时,言"早午例不饮酒,晚则备之"⑤,可能应是宫中的惯例。亦说明
当时宫中饮酒之盛。

司药,掌医方药物之事,但应该没有诊病的职能。皇帝得病有太
医院和宦官衙门的御药房共同负责,互为表里,诊病、煎药及医方的收

---

① 〔清〕程岱葊:《野语》卷一《明宫人》,《续修四库全书》1180,上海:上海古籍出版社,2002
  年,第 14 页。
② 参见肖春娟:《明初朝鲜贡女问题研究》,中央民族大学 2006 年硕士学位论文,第 21—
  24 页。
③《酌中志》卷十六《内府衙门职掌》,第 114 页;〔清〕王誉昌:《崇祯宫词》,《明宫词》,
  第 76 页。
④ 〔明〕王达:《椒宫旧事》,〔明〕陶宗仪编:《说郛三种·说郛续》卷五,上海:上海古籍出版社,
  1988 年,第 235 页。
⑤《稗说》卷四《中外起居杂仪》,第 121 页。

掌等,皆不见司药女官的介入。^① 若后妃以下有疾病,按《皇明祖训》中的规定:"凡宫中遇有疾病,不许唤医入内,止是说证取药。"^②可见医官是不可以入内,与后宫女性接触的。但又有一些零星的记载显示,太医可以入宫给后妃看病。《明宪宗实录》记载孝宗生母纪氏病重时言:"先是皇子母病,上命内医日往视疗,至是病剧,汤药弗能进。"^③此"内医"或许为宦官,亦可能为太医院的医官。据《双槐岁钞》记载,孝宗即位后,有大臣请求追究纪氏死因,认为"当时诊视太医院使方贤,治中吴衡,俱宜逮治"^④,这表明纪氏病重时确有太医院的医官为纪氏治疗过。另外《金陵琐事》中记载:"黄谦中,成化壬辰进士,授工部主事,管砖厂三月,被宦官刘郎诬害,去官耻归金陵,遂卖药于燕市。后医太后有功,授太医院判。"^⑤这位黄院判所医的太后当为宪宗的母亲周太后。皇帝的药方由内臣收掌,那么后妃的药方或许就是由司药女官掌管了。能够得到太医院医官医治的后妃当是地位不同一般者,更多的嫔御宫人只能在得病时"说证取药",此"说证取药"之处应该也是司药司。明代后宫亦选用女医入宫为后妃诊病,如神宗生母慈圣皇太后,"久病目疾,屡治屡发,至癸丑年,有医妇彭氏者入内颇奏微效,且善谈谐,能道市井杂事,甚惬太后圣意,因留宫中"^⑥。这些女医又称"医

---

① 万历《明会典》卷二百二十四《太医院》中记载:"凡本院院使、院判、御医,日于内府御药房,分两班轮直供事。嘉靖十五年,改建圣济殿于文华殿后,设御药库,本院官分班轮直。凡收受四方进贡及储蓄上用药品,俱于内府收掌。凡供用药饵,国初令医官就内局修制。本院官诊视御脉,御医参看校同,内臣就内局合药,将药帖连名封记,具本开写本方药性治证之法,于日用之下医官内臣,书名以进,置簿历,用中书省印合缝,进药奏本既具,随即附簿年月下书名,内臣收掌,以凭稽考。凡烹调御药,本院官与内臣监视,每二服合为一服,候熟分为二器,其一器御医先尝,次院判,次内臣,其一器进御。"
②《皇明祖训》,第179页。
③《明宪宗实录》卷一百四十二,成化十一年六月癸卯。
④〔明〕黄瑜:《双槐岁钞》卷十《孝穆诞圣》,魏连科点校,北京:中华书局,1999年,第198页。
⑤〔明〕周晖:《金陵琐事》卷三《进士以医用》,南京:南京出版社,2007年,第97页。
⑥《万历野获编》卷二十三《妇女·女医贷命》,第598页。

婆",明人沈榜在《宛署杂记》中记载:

> 医婆,取精通方脉者,候内有旨,则各衙门选取,以送司礼监
> 会选中籍名待诏。入选者,妇女多荣之。余初至宛平,曾选一女,
> 年仅十五六,而考其医业,则应对有条,即大方脉家不过焉。盖素
> 习以待用者,习俗然也。[1]

但是这些女医入宫后是否属司药司则未见记载。

司馔,掌给宫人廪饩薪炭之事,应是主要为宫人们提供生活物资的部门。这些生活物资应只能通过上奏,经宦官衙门才能得到。如宫中所用柴炭皆由宦官惜薪司掌管,"立冬后,惜薪司进各宫所用红萝炭,炭用红漆筐盛之"[2]。这种红萝炭,"每根长尺许,圆径二三寸不等,气暖而耐久,灰白而不爆。"不过,"如经伏雨久淋,性未过尽,而火气太炽,多能损人,倏令眩晕,昏迷发呕"[3],但此炭在宫中应是比较好的炭了。还有一种更高级的炭,因制作时被雕镂成兽形,俗称"兽炭","惟三宫得用之,余不遍及"。遇上年节,还有些特殊的习俗,除夕的时候,"宫内外无论嫔妃侍御辈门阃旁,概置长炭,径尺者二,束以彩缬金紫陆离,相称为炭将军","外廷中贵家亦争效之,旬日后则撤去"。日常的饮食烹调,"则皆资于煤,不概用柴也"。[4] 后宫宫人皆有上下等级之分,"悉有名载籍,别其尊卑"[5]。宫人名籍掌于司簿司,发放廪饩薪炭等物时,应按名籍等级分配。

(五)尚寝局

尚寝局,主要负责寝宫中的各项事务,下辖司设、司舆、司苑、司灯

---

①《宛署杂记》卷十《三婆》,第83页。
②〔明〕秦徽兰:《天启宫词》,《明宫词》,第36页。
③《酌中志》卷十六《内府衙门职掌》,第106页。
④《稗说》卷四《酒醋局》,第118页。
⑤《稗说》卷四《大内常仪》,第119页。

诸司。尚寝诸司所掌之职保障着帝王后妃能有一个舒适称心的燕居环境。尚寝，掌燕寝及进御之次序，即管理皇帝、后妃的寝宫之事，以及妃嫔为皇帝所御幸之序。宋《太平预览》引《五经要义》之记载云：

> 古者后、夫人必有女史彤管之法，后妃群妾，以礼御于君所，女史书其日，授环，以示进退之法。生子月娠，则以金环退之，当御者以银环，进者著于左手；既御，著于右手。左手阳也，以当就男，故著左手。右手阴也，既御而复故。此女史之职也。[①]

按此古礼，女史在安排进御之序时，会以金银手环加以区别。有孕者戴金环，当御者戴银环。明宫中的尚寝是否也会按此古礼安排御之序未见记载，但或许亦是以类似之法来安排进御之序的。尚寝的职掌或与彤史互为表里，一掌进御之次序，一掌妃嫔御于君所，书其月日。清人毛奇龄所著《武宗外纪》记载，武宗曾令"掣去尚寝诸所司事"，对所幸宫嫔地点与年月的记录亦全部除却，"遂遍游宫中，日率小黄门为角觝蹋踘之戏，随所驻辄饮宿不返。其入中宫及东西两宫，月不过四五日"[②]。可见，尚寝既掌上寝处之事，对于皇帝最私密的寝宫生活亦有规范作用，使其不能随心所欲。一经裁撤，武宗便在宫中荒唐游戏，为所欲为了。诸司日常职掌大体如下。

司设，掌帷帐、茵席洒扫、张设之事。《稗说》中记载："宫中帷幕、荐席、帘衣、案衣等，旧例锦绣文绮交杂金碧璀璨。"崇祯帝登基后"概易赭绢"[③]。可见宫中所用的帷幕、茵席、帘帐都是用比较华丽奢侈的布料制作的。用久的帷帐、茵席需要清洗，若有破损的还需上报更换。

---

① 〔宋〕李昉等：《太平御览》卷一百三十五《皇亲部一·总序后妃》，北京：中华书局，1960 年，第 653 页。
② 《武宗外纪》，第 541 页。
③ 《稗说》卷四《中外起居杂仪》，第 124 页。

宫中宫院众多,而司设及其下属典设、掌设总共才六人,她们应不会负责具体的洒扫、铺设工作,而是督促各宫中负责洒扫浆洗的宫女来完成。

司舆,掌舆辇、伞扇、羽仪之事。前文已述司仗负责仪仗的擎执和宿卫之事,那么司舆负责的就应是后妃仪仗中各种物件及车舆的保管。皇后的车舆有辂和安车各一乘,皇妃的车曰凤轿,后妃出行还有肩舆。①

司苑,掌园苑种植蔬果之事。《烬宫遗录》中有这样的记述:"凡西苑花开,司苑具报后,每遣宫婢采折以供赏玩,间亦行幸,或宣某宫,或宣合宫同游,至则聚于花所不过一二时而已。"②再参考唐制司苑之职,还有"果熟进御"③之语。司苑除了掌管种植之事,皇家园苑中,凡遇花开果熟,司苑都要上报或进奉蔬果于御前。明代紫禁城内,坤宁宫后有后苑,慈宁宫、慈庆宫皆有花园。④ 紫禁城东西还有东苑、西苑。清人吴长元所著《宸垣识略》中记载:"南花园在西苑门迤南,明时为灰池,种植瓜蔬于坑洞内,烘养新菜,以备春盘荐生之用。立春日进鲜萝卜,名曰咬春。"⑤宫城皇城之内的众多园苑皆种植花木蔬果。而宦官衙门中设有司苑局,"职掌宫中蔬果及种艺之事。岁用黑豆、谷草,山东等处岁供之。御前所用瓜菜、茶料,俱此局与林衡等署、上林苑、南海子同办之"⑥。同样都掌蔬果种植之事,女官司苑司和宦官司苑局应当有不同的分工,负责不同园苑的种植之事,监督役使的种蔬果之人也应是不同的,但是相关记载阙如。

①《明史》卷六五《舆服一》,第 1606—1608 页。
②〔清〕佚名:《烬宫遗录》卷之上,清稽瑞楼刊本。
③《古今图书集成·明伦汇编·宫闱典》第二卷《宫闱总部汇考二》,第 29384 页。
④《酌中志》卷十七《大内规制纪略》,第 147、152 页。
⑤〔清〕吴长元:《宸垣识略》卷三《皇城一》,北京:北京古籍出版社,1983 年,第 57 页。
⑥《酌中志》卷十六《内府衙门执掌》,第 112 页。

司灯，掌灯烛膏火之事，即宫中灯烛的供应和管理。宫中所用的灯具是多种多样的。《宫庭睹记》记载，乾清宫"内置明角灯，如巨琉璃，四面各十二盏，长可四尺，中焚巨蜡，自夜达旦"①。王誉昌《崇祯宫词》中记载："每日暮，各宫门挂红纱龙灯二。圣驾临幸某宫，则宫门之灯先卸。"②思宗田贵妃还曾改良宫中的灯具。《胜朝彤史拾遗记》记载："宫中灯多缕金匣匝，虽烜丽而炬不外达，妃乃剜灯扇每当炬处，去一方以疏绡幕之，炬影左右彻，观者称快。"③宫人夜行时亦执炬，"其炬长二尺，大如（梅）拇指，色纯黑，下留握柄，燃之则光明胜常烛，其烟气芳香可掬，如安息苏合等制，宫中呼谓香燃子，行走皆执此"④。

另外《天启宫词》中有诗云："玄武初更堕玉钩，长街冥冥夜悠悠。石台铜壁依然在，内府官人不上楼。"其注言："禁府有东一长街、西一长街等街。街有楼，楼设路灯。其楼石为基，铜为壁，铜丝为窗户。每日晚，内府供用库，差官人灌油燃火，荧煌达曙。魏忠贤概令废之，盖以便于侦视诸宫、诸直房之言动也。"⑤《酌中志》中亦有相同的记述。但按此记载，每晚负责点灯的是宦官，可能司灯并不负责宫内点灯的事宜，亦可能此职后来为宦官所取代。

（六）尚功局

尚功局，掌女功之程课，下辖司制、司珍、司彩、司计诸司。古代女子将勤于女红视为美德，内宫之中，上自后妃，下至宫女亦皆事女红，太祖曾因见到宫人"有遗丝些微在地，召诸姬至，计其蚕缫征税之费而

①《宫庭睹记》，《三异词录》十二种，国家图书馆藏清抄本。
②〔清〕王誉昌：《崇祯宫词》，《明宫词》，第93页。
③《胜朝彤史拾遗记》卷六，第402页。
④《稗说》卷四《大内常仪》，第120页。
⑤〔明〕秦徽兰：《天启宫词》，《明宫词》，第24页。

责之"①。马皇后亦常"督宫妾治女工,夙兴夜寐,无时豫怠"②。后宫皆事女红,便需要有人督促、指导,这便是尚宫之职。明初采选的女官,除了知书识礼,精于女红的亦不乏其人,如洪武年间入宫的广东番禺陈氏,便精于女红,后命为司彩。永乐年间更是选媵妇无子而守节者,送入内廷,教宫女刺绣缝纫③,这些妇女当皆入尚功局。诸司日常职掌大体如下。

　　司制,掌衣服裁制、缝线之事。司制司的各级女官应当都是裁衣刺绣的女红高手,但是裁制何种衣服则缺乏记载。帝后、妃嫔及女官的礼服、常服的制造并不是由司制掌管,而皆由工部的都水清吏司负责,其职掌中有织造一项。如,洪武元年定冠礼时,"工部制衮冕、远游冠、折上巾服"④;《明集礼》中记载的"天子纳后"及"皇太子纳妃"仪注中,有"工部造册宝、褘衣(皇太子纳妃仪中为"褕翟")、首饰、车辂、仪仗"之语⑤;洪武六年"命工部制女官冠服,山松特髻礼服二十袭,庆云冠常服如之"⑥。但真正成造的则是宦官机构。《明会典》记载,"(洪武)二十六年定,凡供用袍服段匹,及祭祀制帛等项,须于内府置局,如法织造,依时进送"⑦,而都水清吏司要做的是移文于内府及南京诸省,"周知其数而慎节之"⑧。御用及宫内所用的缎匹绢帛由内织染局制造⑨,而各地的织染局每年也要按定额向内府上缴织染的缎匹。具体

①《国朝典故》卷三《蓬胜野闻》,1993 年,第 58 页。
②《明太祖实录》卷一百四十七,洪武十五年八月丙戌。
③《罪惟录·志》卷二十七《定制女官》,第 976 页。
④《明太祖实录》卷三十六下,洪武元年十一月丙寅。
⑤《明集礼》卷二十五《嘉礼九·天子纳后》,卷二十六《嘉礼十·皇太子纳妃》,第 614、621 页。
⑥《明太祖实录》卷八十四,洪武六年八月戊子。
⑦《明会典》卷之二百一《工部二十一·织造》,1009 页。
⑧《天府广记》卷二十一《工部》,第 274 页。
⑨《酌中志》卷十六《内府衙门执掌》,第 111 页。

制作则由尚衣监、针工局、巾帽局办理。尚衣监"掌造御用冠冕、袍服、履舄、靴袜之事"①。《明神宗实录》中亦有"尚衣主造冠服、龙凤鞠衣"②之记载。另外，王府所需衣服亦由尚衣监制造，如天顺年间，"保安王公鍊奏，缺织金衮龙、红青黑绿纻丝、纱罗常服、各色衬衣，乞各赐一袭，上命尚衣监如数制予之"③。从《明会典》中记载的亲王及王妃所需制作的冠服佩饰，可明确看出内府各衙门的分工，其中王妃所穿的大衫鞠衣等各式衣物，皆由针工局办理。④

既然礼服、常服这些有严格的礼制规定的服装皆不由司制制作，那么司制所负责的可能是平素后宫中所用的寻常衣衫、便服的裁制和衣服的缝补。尚衣监、针工局等皆有大量绣匠、裁缝匠服役，其制作规模和数量必然较大，而司制司下，司制、典制、掌制共 6 人，裁制衣服数量必然十分有限，或者可能是带领一些宫女进行裁制。《宸垣识略》中记载："蚕池，东临西苑，明宫人织锦之所。"⑤所织锦缎必然是供宫廷享用的，既有织锦之所，皇宫之中或许亦有专供司制司率领宫人纺纱缝衣刺绣的场所。

司珍，掌金玉宝货之事。后宫之中需要大量金玉器饰、玉石宝物的供应，司珍负责这些物件的收藏保管。至于后宫金玉器饰的制作则并不是由女官来负责，主要成造机构有宦官二十四衙门中的银作局。洪武三十年"置银作局，掌造内府金银器用"⑥。银作局所造之金银器用，据《酌中志》记载包括"金银铎针、枝箇、桃杖、金银钱、金银豆叶"⑦

---

①《酌中志》卷十六《内府衙门执掌》，第 105 页。
②《明神宗实录》卷一百五十八，万历十三年二月戊午。
③《明英宗实录》卷二百七十九，天顺元年六月己亥。
④《明会典》卷之二百一《工部二十一·织造·冠服》，第 1011、1012 页。
⑤《宸垣识略》卷四《皇城二》，第 72 页。
⑥《明太祖实录》卷二百五十四，洪武三十年秋七月庚戌。
⑦《酌中志》卷十六《内府衙门职掌》，第 110 页。

以及花银，金银首饰亦是其成造之物。目前已发掘的明代藩王墓、贵戚墓中，皆有金饰出土，如江西益庄王墓、益端王墓皆出土金累丝凤簪，其上铭文皆为"银作局永乐贰拾贰年拾月内成造玖成色金贰两外焊贰分"，益端王墓还有一对金花头簪出土，簪脚铭文曰："银作局弘治六年十月内造金五分。"①北京右安门外明代万贵夫妇墓曾出土一对錾花金凤簪，簪柄上细刻铭文，曰："银作局永乐贰拾贰年拾月内成造玖成色金壹两贰钱伍分外焊五厘。"②墓主万贵乃宪宗万贵妃之父，所以这对金凤簪必然是银作局所造供奉于宫中使用之物。金凤簪造型别致，展翅欲飞，凤尾飞扬，工艺精美，尽显皇家的富贵华丽，可见内府工匠技艺之精湛。一对金凤簪已显宫廷服用之奢华，而司珍所掌之金玉宝货，其中之珠翠琳琅当是更加不胜枚举了。除了银作局，内官监亦负责宫中妆奁、金玉饰品的制造。③

司彩，掌彩物缯锦丝枲之事，即负责这些彩物锦缎、桑麻丝线的储藏保管。④ 这些绸缎丝麻可能是供宫中女红之用，彩物或许是作赏赐之用。

司计，掌度支衣服、饮食、薪炭之事，即对宫中的衣食和生活所需的物品进行调配以及相关出入账目的管理。由于没有更多的与司计相关的材料，所以只能从字面上对其职掌作出简单的解释。

（七）宫正司

宫正司，是宫官机构中人员最少、机构设置最简单的一个，但是却

---

① 参见扬之水：《奢华之色——宋元明金银器研究》第二卷《明代金银首饰》，北京：中华书局，2011年，第9页。
②《北京文物鉴赏：明清金银首饰》，北京：北京美术摄影出版社，2005年，第10、17页。
③《明太祖实录》卷二百四十一，洪武二十八年九月辛酉条记载："洪武二十八年重定宦官职秩……内官监掌成造婚礼妆奁、冠、舄、伞、扇、衾褥、帐幔、仪仗及内官内使贴黄诸造作，并宫内器用、首饰与架阁文书诸事。"
④〔清〕饶智元：《明宫杂咏·永乐宫词》，《明宫词》，第230页。

掌纠察宫闱,司责罚戒令的重要职责。毕竟宫闱之内事务繁杂,人员众多,需要设置专门监管纠察机构,以保障宫中事务的正常运作,宫闱生活的有序进行。有关宫正司如何纠察宫闱,目前尚未见此方面的材料,而参考唐代宫正司的职掌,可知,唐代若"宫人不供职者,司正以牒取裁,小事决罚,大事奏闻"①,即如有宫人失职或触犯戒令,司正会写成文书,由宫正制裁,小事直接处罚,大事则要上报。明代宫正司人员配备皆仿唐代之制,且设女史四人,掌书记功过,所以明代宫正司纠察宫闱的方式应该亦会借鉴唐代之制。另外,宫人一旦犯错,如何惩处则可见些许记载。《酌中志》中言:"凡宫人有罪者,发落责处墩锁,或罚提铃等名色以苦之。提铃者,每日申时正一刻并天晚宫门下锁时,及每夜起更至二更、三更、四更之交,五更则自乾清宫门里提至日精门,回至月华殿门,仍至乾清宫门里,其声方止。提者徐行正步,大风大雨不敢避。而铃声若四字一句,'天下太平'。神庙御居启祥宫时,则自咸和右门提至家的门,仍回原处止焉。"②另有一种体罚的方式称为"扳著",设于泰昌、天启之际,"扳著者,向北立,屈腰舒两手,自扳两足,不许体曲,曲则夏楚乱施。立再移时许,其人必头晕目眩,僵仆卧地,甚有呕吐成疾殒命者"③。另外,宫词中有"帘钉风飐月栖檐,宫正来巡夜独严"④之句,晚间巡夜是否为宫正之职,正史中未见记载,但既掌纠察宫闱,夜间巡视也是可能的。

　　以上即为女官六局二十四司及宫正司的具体职掌。总体看来,六尚女官的职掌涉及宫中人、事、物的方方面面,确实林林总总,十分庞杂,但其实可以大致归纳为三类,即宫廷管理、宫廷礼仪和宫廷生活。

---

①《古今图书集成·明伦汇编·宫闱典》第二卷《宫闱总部汇考二》,第 29384 页。
②《酌中志》卷十六《内府衙门职掌》,第 130 页。
③〔明〕秦徵兰:《天启宫词》,《明宫词》,第 36 页。
④〔明〕蒋之翘:《天启宫词》,《明宫词》,第 59 页。

宫廷管理方面主要由尚宫局负责,包括对宫人的管理和六局各种管理事务的总行。此外,宫正司掌宫闱纠察戒令,其职责亦属于对宫中人员的管理。宫廷礼仪方面,由尚仪局负责。宫廷生活方面,则属尚服局、尚食局、尚寝局、尚功局的职掌,分别负责宫中衣、食、住、用、行的各项事务。从每局司的具体职掌看,还可细分为对皇帝后妃的服侍和各种物品的保管。各局司各司其职,但却不是各自为政,具体事宜的执行办理往往需要各局司之间的相互配合。比如,尚宫局下司簿司掌宫人廪赐,但具体执行时,则需要先由尚功局下司计司度支调配,再由尚食局下司饎司,按司簿所掌的宫人名籍进行发放。再如,尚仪局负责后妃礼仪起居之事,但遇后妃出行或参加典礼活动,其他局司的女官必须在饮食、服饰、出行等各方面提供服务保障,甚至参与到礼仪活动的环节中,与尚仪局的女官相互配合,保障典礼仪式的顺利进行。

三 女官的"分外"职能

以上所述六局二十四司及宫正司的职掌皆是在官修典籍中有明确记载的,但从一些材料中不难发现,有一些女官办理的具体差事或承担的职能是在上述女官职掌中未见记载或记载不明确的。

(一)六尚之外差

据《国朝典故》记载:

> 至永乐癸卯(二十一年),又令天下选嫠妇无子而守节者,有司籍送内廷,教宫女刺绣缝纫,因以廪之。及有藩王之国,分隶随行,以教王宫女,其所处曰"养赡所"。[①]

《罪惟录》中亦有相同记载,并将女官随藩王之国任事,称为"六尚

---

① 《国朝典故》卷三十一《野记一》,第 508、509 页。

之外职事"①。

（二）守女官库

《酌中志》中所记明初闽籍女官江全，选入宫后"委掌金银各库"②。但江全隶属于宫官六尚的哪一局司，其所掌金银各库又在何处则不见具体记载。明孝宗生母纪氏入宫后亦曾授女史，因"警敏通文字，命守内藏"③。"内藏"一词，从《明实录》中的记载看，即指内府库藏，乃内库之同义词。④ 明代内府各库藏包括内承运库、甲字库、乙字库、丙字库、丁字库、戊字库、广积库、广盈库、广惠库、天财库（司钥库）、赃罚库等，可统称为"内库"⑤，是专门供应皇室取用的库藏，分别贮藏不同的物品。各库皆由宦官管理，但隶属外朝各部，如内承运库、甲字库、丙字库、丁字库、广惠库、赃罚库，属户部。户部派官员巡视，但没有使用权和决定权。⑥ 刘颖《明代内承运库试探》一文中认为，在多数材料和传世文献中，通常都是把内承运库简称为"内库"，内库作为皇帝的私产，皇帝是可以不受正常行政程序的束缚，随意指派人员管理的，并以孝宗生母纪氏曾守内藏为例。⑦ 然笔者认为若把纪氏所守之"内藏"认为是内承运库则实属谬误。内府各库皆有宦官管理这是很明确的，《酌中志》记载，内承运库"掌印太监一员，近侍、金书十余员"⑧。女官并不参与管理内承运库以及其他内府各库。宫中女性绝不允许与外朝有

①《罪惟录·志》卷二十七《定制女官》，第 976 页。
②《酌中志》卷二十二《见闻琐事杂记》，第 189 页。
③《明史》卷一百十三《后妃一》，第 3521 页。
④ 参见《明太祖实录》卷五十四，洪武三年秋七月丙辰条记："上阅内藏，慨然谓臣下曰，此皆民力所供，蓄积为天下之用，吾何敢私苟，奢侈妄费，取一己之娱，殚耳目之乐……"《明宪宗实录》卷一百九十一，成化十五年六月辛卯条记："南京户部于所收户口食盐税课诸钞，前此有例，与钱兼收积于内藏……"可见，内藏即是内库。
⑤《明史》卷七九《食货三·仓库》，第 1926 页。
⑥ 王天有：《明代国家机构研究》，北京：北京大学出版社，1992 年，第 94 页。
⑦ 刘颖：《明代内承运库试探》，山东大学 2009 年硕士学位论文，第 16 页。
⑧《酌中志》卷十六《内府衙门职掌》，第 113 页。

任何联系，这是明初既有的严格规定，而内承运库属于户部，户部官员会来巡视，如将女官安排于此，岂不是天方夜谭。纪氏所守之内藏必然是在内宫中的，且所处之地当比较隐蔽，才会发生"上尝行内藏，纪太后应对称上意，上悦之，就藏幸太后"[1]之事。所以，纪氏所守之内藏，当是内廷中的某处库藏，所藏当是金玉宝货之物，也许与女官江全所掌是同一库藏。

明人陆钹所著《病逸漫记》中有这样的记载：

> 砖城北甲、乙、丙、丁、戊五库，与天财、承运等库，惟天财库赃罚银、香料等项最富。砖城内文华殿南是内承运库以藏银、绢，除岁用外，其余皆入内女官库。云南各处矿银，各衙门办银，岁进若干，各入女官库。其各处折粮银，有一项入太仓，以备边用，岁送西北诸处三十余万两。[2]

内承运库，"凡金银、纱罗、纻丝、织金闪色绵绒、玉带、象牙、玛瑙、珠宝、珊瑚之类，总隶之"，而其中最为重要的便是"浙江等处，每岁夏秋麦米，共折银一百万有奇，即国初所谓'折粮银'，今所谓'金花银'是也"[3]。内承运库所藏即所谓"内帑"，完全就是皇帝的私人金库。但从上述记载来看，内承运库所藏只要保障每岁支用，其余所藏皆入内女官库，也就是说，藏入女官库的物品是与内承运库所藏一样的，但不做使用，相当于是内承运库的一个储备仓库。女官库所藏之来源除了内承运库，还有各地矿银、衙门办银。而明代中后期，各地矿监税使的搜刮所得，成为内库的主要进项，至万历时期已愈演愈烈。明清之际的文秉所著《定陵注略》中对万历二十五年至万历三十一年间各地矿监

① 《胜朝彤史拾遗记》卷三《孝穆纪太后》，第 373 页。
② 《国朝典故》卷六十七《病逸漫记》，第 1505 页。
③ 《酌中志》卷十六《内府衙门职掌》，第 113 页。

税使向内库的进奉有详细的记载，①数目巨大，源源不断。按上述这段材料所记，这些矿银在进入内承运库后最终存放在女官库，其库藏当是相当可观的，这同样说明女官库当是内承运库下辖的一个子仓库，储存上缴于内承运库的银两，供皇室私用。既然称作"女官库"，那么其管理者应为宫中女官，而库藏地点必然也在内廷之中。

　　由此推断，江全所掌之金银各库，纪氏所守之内藏，很可能就是内廷中的女官库。然女官库到底在宫中何处，正史中不见记载。而内承运库"在宫内者曰内东裕库、宝藏库，皆谓之里库"②，且"凡里库不关于有司"③，可见此二库地处内廷，是内承运库在宫中的仓库，外朝不得过问。《酌中志》记载了内东裕库在宫内的位置，即"过日精门之东，曰崇仁门。稍南，曰内东裕库，曰宏孝殿、神霄殿即崇光殿也"④。但没有宝藏库的记载。正史中关于这两库的记载亦寥寥无几。⑤ 从以上分析来看，作为同样是内承运库设于内廷之仓库的女官库，其可能是内东裕库与宝藏库这两库之一，亦可能是内承运库在宫中的另一个库藏。女官库所藏亦是金玉宝货银两，对应宫官六局二十四司的职掌，比较符合的是尚功局下的司珍司，司珍所掌之金玉宝货必然是存放于库藏之中的，所以，司珍所掌很可能就是内廷中的女官库，而纪氏或许便是司珍司下的女史。

---

① 《定陵注略》卷四《内府进奉》。
② 《酌中志》卷十六《内府衙门职掌》，第 113 页。
③ 《明史》卷七九《食货三·仓库》，第 1926 页。
④ 《酌中志》卷十七《大内规制纪略》，第 144 页。
⑤ 《明实录》中关于宝藏库的记载，仅见：正统年间，有内使盗启宝藏库锁；正德年间，内承运库太监龙绶等奏谓宝藏库宝石西珠无可用者，欲本部区处进纳；嘉靖年间，南京织造太监李政奏请支宝藏库贮银一万八千九百两以佐工价。

（三）采选宫人

《西湖游览志余》中记载，明初从杭州选入宫中的女官蔡氏，在永乐初年奉命选识字女子于杭州，后来她的甥女张氏应诏亦为女官。[①] 女官参与采选民间女子之职在明初已有。嘉靖年间从民间采选的女子皆送至诸王馆进行复选，复选由内夫人、女官进行选择。[②] 至万历年间，复选则由司礼监会同内夫人、女官进行。[③]

上述女官的职掌并未在官方的记录中出现，可能有以下原因：其一，看似分外的职掌可能本身并没有超出制度所规定的职责范围，所以没有额外的记载。承担这些职能的女官，具体属于哪一局、司，虽没有记载，但有的可以进行大致推测，如，担任"六尚之外职事"的女官，先是选入宫教宫女刺绣，从这一职能可推测，她们应归于负责女工的尚功局，再具体一点，可能属于掌裁制缝线之事的司制司。她们随藩王之国后，同样还是教王府宫女女工之事，其本身职掌并未变，只是供职地点发生变化。其二，因官方的职掌记载过于简略，使得一些具体的职能无法与记载的只言片语准确对应。如，守女官库这一职掌，根据上文的分析，可能属于尚功局下司珍司女官负责，然司珍司的职掌官方记载仅为"掌金玉宝货之事"，从字面上很难与"守女官库"产生联系。其三，这些分外的职掌可能只是一些临时性的差事。比如，随藩王之国，参与女官、宫女的采选，都不是经常性的固定职务，而是临时派发到相应的女官部门，所以常态的职能规定中就没有记载。

---

① 〔明〕田汝成：《西湖游览志余》卷二《帝王都会》，上海：上海古籍出版社，1958年，第36页。
② 《礼部志稿》卷六十一《冠婚备考·选宫人·选取宫女条款》，《文津阁四库全书》198，第352页。
③ 《宛署杂记》卷十四《经费上·宫禁》，第142页。

第二节　女官在国家礼仪中的职能

尚仪局负责后宫中的礼仪起居之事，但在常仪之外，凡遇国之大礼，如帝后大婚、册封、朝贺等，除尚仪局外，其他局司的女官亦需参与典礼仪式环节，协助仪式的完成。前文对女官各局司的常规职掌已分别论述，但实际上关于女官的职掌多是根据正史中的制度规定和其他相关的记载进行笼统的概括或推测，想要了解女官在具体工作中的一些动态的流程、她们的执事情形，却是很难，因为相关记载实在太少。而从所掌握的史料看，唯一有"女官"大量集中出现的，就是诸多皇家的典礼仪式，这就为从国家典制方面了解女官职能及执事程序提供了可能。

在诸多皇家典礼仪制中，凡是以皇室女性为主或是皇室女性参与的典礼仪式，都有女官从旁赞襄、导引。很多典礼仪制自明初制定之后并不是一成不变，在日后皆有更定。通过对典礼仪制的考察可以更明确地了解女官官职的设置与礼仪程序中的具体职责。通过对同一仪制前后不同时期所定仪注的对比，同一类仪制所定仪注的对比，亦可反映礼仪中女官称谓、职掌的变迁，折射出典礼仪制的发展变化。各种以宫廷女性为主或需其参与其中并有女官赞襄的典礼仪制有三十余种之多，又大致可分为婚礼、册立仪、朝贺仪、丧礼等，本部分将选择婚礼、册立仪、朝贺仪中最具代表性的典礼仪制进行论述。

一　女官称谓的差异与变化——以婚礼为例

早在明朝建立之前，太祖就已着手创建各项典章仪制，皇室的婚礼亦是较早创建的一个方面，明代皇室的婚礼承袭了传统的"六礼"，其中以皇帝纳后仪等级最高。明代第一位即位后行大婚之礼的皇帝

是明英宗,纳后之仪注第一次得以全面践行,但纳后之仪洪武初年便
已制定,并详载于《大明集礼》之中。此纳后仪注在《明实录》中并未记
载,而《明实录》中记载的洪武元年十二月诏定的皇太子婚礼仪注与
《大明集礼》中记载的皇太子纳妃仪注完全一样,据此推测,《大明集
礼》中所载纳后仪注的具体制定时间,可能与皇太子纳妃仪注相当,所
以《明史》中所言"英宗大婚,始定仪注"①并不准确。

吴元年,太祖命置内职六尚局,制定纳后仪注时已有宫官六尚的
设置,但此时尚属于宫官之制的草创阶段,具体的机构设置,人员分工
并没有记载。纳后仪相较于册立仪,程序更复杂,参与人员更多,其中
参与的女官亦相对较多,因而仪注中涉及的女官职掌亦相对全面些。

(一)明初所定"皇帝纳后仪"中的女官职掌和称谓

"皇帝纳后仪"具体的礼仪环节包括纳采问名、纳吉、纳征、告期、
发册奉迎、庙见、合卺、朝见两宫、受贺、盥馈。② 作为婚礼女主角的皇
后,并不是从整个仪式最早的环节就参与其中,而是在"发册奉迎"环
节,方从闺阁中现身,女官作为在礼仪程序中赞襄、导引皇后的重要角
色,亦随之加入仪式之中,随侍左右,直至仪式终结。以下为《大明集
礼》中记载的"天子纳后仪"中的"受册仪注":

> 前一日,侍仪司设册宝使幕次于皇后第门外,设内使监官幕
> 次于中门之外,设内外命妇幕次于中门之内,设尚宫及宫人幕次
> 于皇后合外,设使者序立位于大门外之东,副使及内使监官于使
> 者之南,执节者位于使者之北,少退,俱西向。设主昏者序立位于
> 大门内之西,东向,又设使副位于中门外之东,西向,执节者位于
> 使副之北。设授册宝内使监官及读册宝、奉册宝监官位于使副之

① 《明史》卷五十五《礼九·天子纳后仪》,第 1389 页。
② 《明会典》卷六十七《婚礼一·皇帝纳后仪》,第 402—405 页。

北,西向,设主昏者位于奉册宝之南,司赞二人位于中门之左右,东西相向。引使者二人位于司赞之南,东西相向。又设皇后座于合之正中,设册宝案于皇后座之南,设香案于合门外之庭中,随阙所向,设权置册宝案于香案之前,册东宝西。设皇后受册宝位于案前北向,设司言、司宝二人位于皇后位之西,东向,设授册宝内使监官位于册宝案之东,西向,设读册宝内使监官位于授册宝使之北,西向。设尚宫、傅姆位于皇后之左右,设宫人侍立位于傅姆之后,东西相向。设内外命妇拜位于庭下,重行北向。尚仪二人位于皇后拜位之北,东西相向。司赞二人位于内外命妇拜位之北,东西相向。其日侵晨,内外命妇各服其服,先至皇后第幕次以伺,册宝使奉迎册宝至皇后第,仪仗鼓吹,分列于大门外之左右,备而不作。陈册宝彩舆于大门外之正中,进皇后卤簿仪仗,重翟等车,以次列于大门之内,掌次延册宝使入就次,内使监官入就次,尚宫及宫人先奉皇后首饰、袆衣入就次。册宝使既至次,傧者引主昏者朝服立于大门内之西,内侍引内使监官序立于中门之外,引礼引册宝使出次,诣彩舆前取册宝置案上,立于大门外之东,执节者立于其北。傧者出诣使者前,请曰:“敢请事。”使者曰:“某奉制授皇后备物册宝。”傧者入告,遂引主昏者出迎使者于大门外之南,北面立,傧者唱鞠躬,拜兴拜兴,平身,主昏者鞠躬,拜兴、拜兴、平身。使副不答拜,傧者引主昏者先入,立于中门外之西,东向,执节者导使副入执节在前,持案者次之,使副从其后至中门外,以案置于位,册东,宝西。使副各就位立定,持节者脱节衣,使者诣案取册,以授授册内使监官,内使监官受册,以授内侍,内侍受册立于内使监官之右,副使诣案取宝,以授授宝内使监官,内使监官受宝,以授内侍,内侍受宝立于授宝内使监官之右。举案者以案退,使副亦退,就位。内侍奉册宝由中门入,授册宝内使监官及读册宝内使监官从入至合门外,以册宝置于案。尚宫及宫人奉皇后首饰袆衣入合,请皇后具首饰袆衣讫,尚宫、傅姆、宫人、内侍等导从皇后出宫在前,傅姆次之,宫人四人执扇拥护,二人在前,二人在后,皆分列左右。宫人内侍皆从其后至合门外,降自东阶,诣香案前向阙立,尚宫、傅姆分立于左右,内侍引内外命妇就庭下,分东西相向立。内使监官称有制,尚仪奏拜兴、拜兴,皇后拜兴、拜兴,尚仪奏读册,读册内使监官进诣案,取册,读册于皇后之右,读讫,以授授册内使监官,进授皇后,皇后受册,以授司言,司言受册,捧立于皇后之左。尚仪奏读宝,读宝内使监官诣案取宝,读于皇后之右,读讫,以授授宝内使监官,授宝内使监官进授皇后,皇后受宝以授司宝,司宝受宝捧立于皇后之左。尚仪奏拜兴、拜兴,皇后拜兴、拜兴,尚仪奏请升座,尚宫、傅姆导引皇后由东阶升即御座,司言、司宝奉册宝置于案,退立于左右,尚宫、傅姆及宫人、内侍、应侍卫者各升立于侍立位。内侍引内外命妇就拜位,北向立,司赞唱拜兴、拜兴、拜兴、拜兴,内外命妇皆拜兴拜兴拜兴拜兴,内侍引命妇班首一人升西阶,诣皇后座前,致辞曰:"伏惟殿下,坤象配天,德昭厚载,率土含识,不胜抃舞。"贺讫,内侍引命妇由西阶降复位,司赞唱拜兴、拜兴、拜兴、拜兴,内外命妇皆拜兴、拜兴、拜兴、拜兴,司赞唱礼毕。尚仪奏礼毕,皇后降座,尚宫、傅姆仍导从皇后入合,内外命妇送至合,出就次,内使监官出告礼毕,册宝使副退,主昏者礼宴使副、内使监官毕,册宝使副复命并如告期之仪。①

明初所定仪注繁缛、细致,参与典礼的人员及他们的行走、站位、

①《明集礼》卷二十五《嘉礼九·天子纳后》,第615页。

朝向,各种礼仪所需器具的陈设、方位皆详细记载。在此"受册"环节,
参与的女官有尚宫、尚仪、司言、司宝、司赞。从以上仪注环节可知,尚
宫之职,是率宫人捧皇后婚礼所穿戴的礼服、首饰入合,伺候皇后更
衣,并在接下来皇后的每一步行止中,从旁导引,不离左右,日后所定
"导引中宫"之职,在明初即已有之。尚仪有两人,位于皇后拜位之北,
左右分立,在皇后穿戴礼服、首饰出阁后,每一步皇后需要完成的礼仪
动作,如受册、受宝、每一次拜兴,皆有尚仪先奏请,然后皇后完成。司
言、司宝之位皆在皇后位之西,即皇后受册受宝时,皆立于皇后之左,
待皇后分别接过所受之册、宝后,再分别交与司言、司宝,二人分别捧
册、宝,立于皇后之左,受册受宝环节完毕,皇后升座后,二人将册、宝
分别放置于册案、宝案后分立于左右,不再站于同侧。司赞在此环节
只负责唱赞引导内外命妇向皇后行礼。"受册"环节后,奉迎使、尚宫、
尚仪等宫官及内使,"奉迎"皇后入宫。另外,仪注中还出现了"傅姆"
一职,考唐代皇帝纳后之仪,据《新唐书》所载,其中受册、奉迎等环节
便有傅姆随侍、导引在皇后之侧,明初仪注中出现"傅姆",说明明初所
定典礼仪制确实参考、沿袭了唐代之制。以后更定的仪注中,则不再
有"傅姆"。

《大明集礼》中所载,"受册""奉迎"仪注之后为"同牢"仪注,即帝
后行合卺之礼:

> 前一日,内使监预设皇后大次二,一于奉天殿门外之西,南
> 向,一于皇宫内殿庭之南,北向。尚寝设御幄于内殿之正中,设
> 皇帝御榻于御幄中之东,西向,又设皇后御榻于御幄中之西,
> 与皇帝御榻相对。尚宫设皇帝御巾洗一于殿之南,司巾宫人
> 位于御洗之南,司盥宫人位于御洗之北,皆西向,设皇后御巾
> 洗一于殿之北,司巾宫人位于后洗之南,司盥宫人位于后洗之

北，皆东向。设酒案于御幄之南，正中陈御酒樽于案上，设四
爵、两卺于御酒樽之北，卺古用匏，今以酒器代之，设御食案二
于酒案之北。

仪注中规定，在行合卺礼的前一日，尚寝要负责陈设殿内御
幄及帝后御榻，尚宫则要负责安排司掌不同职务的宫人的位置，
以及一应礼仪器具的陈设。行礼当日，皇后车驾入宫后的仪注
如下：

> 尚宫导引皇后入内殿庭之大次，严整以俟。内侍进诣皇帝前
> 版奏请中严，御用监奏请皇帝服通天冠绛纱袍，内使监官及宫人
> 擎执导从出至内殿，升御座南向，左右侍御如常仪。皇后入次，少
> 顷，尚宫前奏请皇后降座，皇后兴，尚宫导引出殿庭之西，东向立，
> 内侍诣皇帝前版奏外办，内使监令奏请皇帝降座，礼迎，皇帝兴，
> 内侍导引降诣殿庭之东，西向，揖皇后以入，内侍导引皇帝先升，
> 尚宫导引皇后从升。内侍奏请皇帝诣南御洗所，内侍奏盥手，宫
> 人酌水，皇帝盥手，内侍奏帨手，宫人以巾进皇帝，帨手，内侍奏请
> 皇帝就御榻前西向立。皇帝盥手时，尚宫奏请皇后诣北御洗所，
> 尚宫奏盥手，宫人酌水，皇后盥手，尚宫奏帨手，宫人以巾进皇后，
> 帨手，尚宫奏请皇后就御榻前东向立，内使监令跪奏，请就御座，
> 皇帝、皇后皆坐，皇帝侍从立于御幄之东，皇后侍从立于御幄之
> 西。内使监官各举食案进于皇帝、皇后之前，皇帝、皇后皆品尝
> 讫，尚食各撤馔，尚酝取爵酒进供于皇帝、皇后，皇帝、皇后皆饮
> 讫，尚酝各撤虚爵。尚食再以馔进皇帝、皇后，进馔讫，尚食撤馔
> 如前，尚酝再取爵酒以进皇帝、皇后，饮讫尚酝撤爵如初，皇帝、皇
> 后三馔讫，尚酝取卺酌酒以进，皇帝、皇后俱受卺饮讫，尚酝撤虚
> 卺。内侍跪奏礼毕，皇帝、皇后俱兴，内侍及内使监官、宫人等导

从皇帝入宫,尚宫及内使监官、宫人等导从皇后入幄。尚宫奏请皇帝更礼服,尚寝奏请皇后服常服。皇后从者馂皇帝之馔,皇帝从者馂皇后之馔。①

在这一礼仪环节中,皇帝的行止皆由内侍导引,皇后的行止则由尚宫负责。尚食负责进呈、撤下帝后所用的食物,尚酝进呈酒水并配以不同的酒器,进馔进酒凡三次。"尚酝"一职在洪武五年所定六尚之制中并不见,只是尚食局下有司酝女官的设置,掌酒醴酏饮之事。此处"尚酝"之职,或许是因明初机构设置尚不完备,制度并未健全,所以职掌称谓可能有不同于以后者,亦有可能是因礼仪需要而临时设置的。但"尚酝"与"尚宫""尚寝""尚食"等同为"尚"字宫官,级别应是等同的。从以上礼仪环节中可知,皇帝纳后仪中参与礼仪服务的女官分属六尚中的尚宫、尚仪、尚食、尚服、尚寝五局。明初制定典礼仪注时,这些参与其中的宫官皆用其本身官职之称谓,执事、级别一目了然。唐宋时期皇帝纳后或册立皇后等仪制中,参与的宫官皆称其官职,明初制定仪制时当是沿袭了这一做法。

(二)女官称谓体现仪制等级

明初所定典礼仪注中女官皆以官职相称,在典礼中的职掌分工一目了然,洪武元年十二月所定皇太子纳妃之仪在程序上与皇帝纳后仪是一样的,最大的区别便是等级的差异,而仪注中女官的称谓恰能明确体现这一点。前文已将皇帝纳后仪中有女官参与的受册及合卺两环节仪注列出,表十二以表格形式将皇太子纳妃仪中受册与合卺两环节仪注与皇帝纳后仪进行对比。

———————————

① 《明集礼》卷二十五《嘉礼九·天子纳后》,第616页。

表十二 "天子纳后仪"与"皇太子纳妃仪"中受册礼的比较

《大明集礼》中所载"天子纳后仪"中的受册礼	洪武元年十二月定皇太子婚礼中的受册礼①（与《大明集礼》所载"皇太子纳妃仪"②相同）
其日侵晨，内外命妇各服其服，先至皇后第幕次以伺，册宝使奉迎册宝至皇后第，仪仗鼓吹，分列于大门外之左右，备而不作，陈册宝彩舆于大门外之正中，进皇后卤簿、仪仗、重翟等车，以次列于大门之内，掌次延册宝使入就次，内使监官入就次。	其日清晨，册宝使奉迎皇太子妃册宝、车辂、仪仗、冠服、礼物至妃第，仪仗鼓吹列于大门外之左右，备而不作，陈册宝彩舆于大门外之正中，进卤簿、仪仗及凤轿等以次列于大门外。奉册宝使入就次，内使延内使监官入就次。
尚宫及宫人先奉皇后首饰、袆衣入就次，册宝使既至次，傧者引主昏者朝服立于大门内之西，内侍引内使监官序立于中门之外，……内侍奉册宝由中门入，授册宝内使监官及读册宝内使监官从入至合门外，以册宝置于案。	宫人先奉妃首饰褕翟衣入就次，傧者引主婚者朝服立于大门内之西，内侍引内使监官序立于中门外，……内侍奉册宝由中门入，授册宝内使监官后从至合门外以册宝权置于案。
尚宫及宫人奉皇后首饰袆衣入合，请皇后具首饰袆衣讫，尚宫、傅姆、宫人、内侍等导从皇后出宫在前，傅姆次之，宫人四人执扇拥护，二人在前，二人在后，皆分列左右，宫人内侍皆从其后至合门外。	宫人奉妃首饰褕翟入合，请妃具服，傅姆、宫人、内侍等导从妃出阁，傅姆在前，次宫人执扇拥护，次宫人及内使各擎执从其后至合门外。
降自东阶，诣香案前向阙立，尚宫、傅姆分立于左右，内侍引内外命妇就庭下，分东西相向立。	傅姆引妃降自东阶，诣吞案前向阙立，傅姆分列于左右，宫人、内侍分立于其后。
内使监官称有制，尚仪奏拜兴、拜兴，皇后拜兴、拜兴，尚仪奏读册，读册内使监官进诣案，取册，读册于皇后之右，读讫，以授授册内使监官，进授皇后，皇后受册，以授司言，司言受册，捧立于皇后之左。	内使监官称有制，典内启妃再拜，典内启受册，授册内使监官诣案取册，进授妃，妃受册，以授受册宫人，宫人受册立于妃之左。

———————————

① 《明太祖实录》卷三十七，洪武元年十二月癸酉。
② 《明集礼》卷二十六《嘉礼十·皇太子纳妃》，第612页。

《大明集礼》中所载"天子纳后仪"中的受册礼	洪武元年十二月定皇太子婚礼中的受册礼（与《大明集礼》所载"皇太子纳妃仪"相同）
尚仪奏读宝，读宝内使监官诣案取宝，读于皇后之右，读讫，以授授宝内使监官，授宝内使监官进授皇后，皇后受宝以授司宝，司宝受宝捧立于皇后之左。尚仪奏拜兴、拜兴，皇后拜兴、拜兴，尚仪奏请升座，尚宫、傅姆导引皇后由东阶升即御座，司言、司宝奉册宝置于案，退立于左右，尚宫、傅姆及宫人、内侍、应侍卫者各升立于侍立位。	典内启受宝，其仪如受册仪，宫人受宝立于受册宫人下。典内启妃再拜，请升座，傅姆导引妃由东阶升，即座，宫人奉册宝各置于案，退立于左右，傅姆及宫人内使各升立于侍立位。
内侍引内外命妇就拜位，北向立，司赞唱拜兴、拜兴、拜兴、拜兴，内外命妇皆拜兴拜兴拜兴拜兴，……尚仪奏礼毕，皇后降座，尚宫、傅姆仍导从皇后入合，内外命妇送至合，出就次，内使监官出告礼毕，册宝使副退，主昏者礼宴使副、内使监官毕，册宝使副复命并如告期之仪。	内侍引宫官以下各就庭下位，重行北向立，以西为上，司赞赞拜，宫官以下皆四拜，礼毕，妃降座，傅姆导引妃还堂内。主婚者礼使副如告期之仪使副乘车而还。

由上表可知，"皇帝纳后仪"中，随侍和导引皇后，并奉皇后穿戴礼服首饰之职由尚宫带领傅姆、宫人来完成，在"皇太子纳妃仪"中，相应职责只是由傅姆、宫人来承担，而不是女官。"皇帝纳后仪"中负责为皇后引礼的是尚仪，对应在"皇太子纳妃仪"中，则为典内。"典内"在唐代的"皇太子纳妃仪"中亦有，根据其仪注中的描述，"典内"是负责在受册礼开始前摆放册宝的，且是属于东宫的宦官，后又改隶内侍省。① 而明初仪注中，"典内"是负责为皇太子妃引礼赞礼的，虽可与尚仪在"皇帝纳后仪"中的职掌相对应，但是却不好断言其是女官还是宦官，不过有一点是肯定的，从"典内"一职可知此仪式当为皇太子这一

① 〔宋〕欧阳修等：《新唐书》卷四七《百官二·内侍省》，北京：中华书局，1975 年，第 1224 页。

级别的。"皇帝纳后仪"中有司言、司宝受册、受宝，而"皇太子纳妃仪"中，则是受册、受宝宫人。明初所定"皇帝纳后仪"中，在受册礼中就安排了内外命妇拜见皇后称贺的环节，由司赞赞礼，在"皇太子纳妃仪"中无命妇称贺，司赞则为"宫官以下"拜皇太子妃赞礼。

受册礼后，皇太子亲迎皇太子妃入宫，行同牢之仪即合卺礼。以下为"皇帝纳后仪"与"皇太子纳妃仪"中合卺礼的对比。（见表十三）

表十三 "皇帝纳后仪"与"皇太子纳妃仪"中合卺礼的比较

《大明集礼》中所载"天子纳后仪"中的合卺礼	洪武元年十二月定皇太子婚礼中的合卺礼①
尚宫导引皇后入内殿庭之大次，严整以俟。内侍进诣皇帝前版奏请中严，御用监奏请皇帝服通天冠绛纱袍，内使监官及宫人擎执导从出至内殿，升御座南向，左右侍御如常仪。	傅姆导引妃入次整饰。
皇后入次，少顷，尚宫前奏请皇后降座，皇后兴，尚宫导引出殿庭之西，东向立，内侍诣皇帝前版奏外办，内使监令奏请皇帝降座，礼迎，皇帝兴，内侍导引降诣殿庭之东，西向，揖皇后以入，内侍导引皇帝先升，尚宫导引皇后从升。	司闺引妃诣内殿门西东面，内侍引皇太子揖妃以入，皇太子先升。司闺导妃后升，入内殿。
内侍奏请皇帝诣南御洗所，内侍奏盥手，宫人酌水，皇帝盥手，内侍奏帨手，宫人以巾进皇帝，帨手，内侍奏请皇帝就御榻前西向立。皇帝盥手时，尚宫奏请皇后诣北御洗所，尚宫奏盥手，宫人酌水，皇后盥手，尚宫奏帨手，宫人以巾进皇后，帨手，尚宫奏请皇后就御榻前东向立，内使监令跪奏，请就御座，皇帝、皇后皆坐，皇帝侍从立于御幄之东，皇后侍从立于御幄之西。	内侍引皇太子就洗位，内侍启盥手，宫人酌水，皇太子盥手，内侍启帨手，宫人以巾进皇太子，帨手，内侍启请皇太子就座前西向立，皇太子盥手时，司闺启请妃诣盥洗所，司闺启盥手，宫人酌水，妃盥手，司闺启帨手，宫人进巾，妃帨手，司闺启请妃就座前东向立，内侍、司闺各启请皇太子及妃皆坐。皇太子侍从立于幄东，妃侍从立于幄西。

---

①《明太祖实录》卷三十七，洪武元年十二月癸酉。另见《明集礼》卷二十六《嘉礼十·皇太子纳妃》，第612页。

续表

《大明集礼》中所载"天子纳后仪"中的合卺礼	洪武元年十二月定皇太子婚礼中的合卺礼
内使监官各举食案进于皇帝、皇后之前,皇帝、皇后皆品尝讫,尚食各撤馔,尚酝取爵酒进供于皇帝、皇后,皇帝、皇后皆饮讫,尚酝各徹虚爵。	司馔宫人各举食案进于皇太子及妃之前,司馔以馔进皇太子及妃,皆食讫,司馔各撤馔,司酝宫人取爵酒进供于皇太子及妃,皆饮讫,司酝各撤虚爵。
尚食再以馔进皇帝、皇后,进馔讫,尚食徹馔如前,尚酝再取爵酒以进皇帝、皇后,饮讫,尚酝撤爵如初,皇帝、皇后三馔讫,尚酝取卺酌酒以进,皇帝、皇后俱受卺饮讫,尚酝撤虚卺。	司馔各以馔进皇太子及妃馔讫,彻馔如前,司酝再取爵酒以进皇太子及妃饮讫,撤爵如初,皇太子及妃三馔讫,司酝取卺酌酒以进,皇太子及妃各受卺饮讫,司酝撤虚卺。
内侍跪奏礼毕,皇帝、皇后俱兴,内侍及内使监官、宫人等导从皇帝入宫,尚宫及内使监官、宫人等导从皇后入幄。尚宫奏请皇帝更礼服,尚寝奏请皇后服常服。皇后从者馂皇帝之馔,皇帝从者馂皇后之馔。	礼毕,皇太子及妃皆兴,内侍内使监官及宫人等导从皇太子入宫,司闺及傅姆、宫人等导从妃入宫,内侍启请皇太子更礼衣,司闺启请妃服常服。皇太子从者馂妃之馔,妃从者馂皇太子之馔。

　　由表可知,"皇太子纳妃仪"的合卺礼中,导引皇太子妃的为"司闺",此官职名称同样沿袭自唐代制度。唐代,东宫亦专门设有内官,其机构与职能仿皇宫中六尚而置,但人数、规模皆比宫中小,有三司、三掌之制,均由女官充任。[①]其中"司闺二人,从六品,三司皆如之。掌导妃及宫人名簿,总掌正、掌书、掌筵"[②]。从唐代司闺的职掌看,其在东宫的职能相当于皇宫中尚宫之职。明初仪制的制定沿袭唐制,与东宫相关的仪制中亦保留了唐代东宫所属的官职称谓,但洪武五年六月正式制定宫官之制时,并无专为东宫而设的宫官机构,明初是否设置过未见记载。且"司闺"并不仅仅出现于"皇太子纳妃仪"中,"亲王纳妃仪"中亦有"司闺""典内"导引、赞襄亲王妃,可见,"司闺""典内"并

①　杜文玉:《唐代宫廷史》,天津:百花文艺出版社,2010年,第146页。
②　《新唐书》卷四七《百官二·太子内官》,第1231页。

不是专为东宫设置的官职,可能只是保留前代仪制中的称谓,并能反映礼仪规格等级。在合卺礼中,进食进酒者为司馔宫人(或作司馔)及司酝宫人(或作司酝),从名称看,她们可能是尚食、尚酝之下属,但既作"宫人",可能只是仪式中的执事宫人而不是宫官,另外"司馔"亦可能与"司闺"一样,也是参考唐代仪制,对这一称谓的保留,唐代东宫亦设"司馔","掌进食先尝"①。

通过对以上两仪式环节的对比可知,在仪式中,所用引礼、赞礼及随侍人员的等级亦是对典章仪制中严格的等级之分、尊卑之别的直接反映。皇太子纳妃的仪制等级低于纳后仪,相应引礼、赞礼及随侍人员的级别亦降低。吴元年,宫官之制初建,机构设置与人员配备皆在起步阶段,虽然尚不完备,但参与典礼仪制的部门应已初具规模且能担负起职责。从以上所列的婚礼仪注中可知,在纳后仪中,导引、赞襄皇后的主要职务皆由宫官担任,宫人只是扈从、侍候,并不担任主要职务。下帝后一等的皇太子婚礼中,不见"尚"字宫官参与,而"司宝""司言"亦是专司皇后受册宝之事,亦不出现在低一等级的仪式中。皇太子婚礼,包括亲王婚礼仪注中沿袭了个别唐代的官职称谓,但只是沿袭了官职称谓,而非东宫内官的制度,既然是沿袭称谓,"司闺""典内"当是为典礼仪制的需要而临时设置的称谓,由宫官或宦官充任。虽然洪武五年六月以前,宫官六尚尚未设置品级,但从称谓上已知其级别必低于"尚宫""尚仪",且在仪式中宫官所用数量有限,仪式中多数赞襄礼仪之职,则如仪注中所记,主要由宫人承担。所以明初在重大典礼仪式中司掌礼仪的六尚宫官,一开始可能只是主要服务于皇后参与的仪式之中。此点在上表未列出的纳后仪"奉迎仪注"和皇太子纳妃

① 《新唐书》卷四七《百官二·太子内官》,第1232页。

仪的"亲迎仪注"中亦有对比。在纳后仪"奉迎"环节中,皇后出母家"降阶升舆"的过程中,尚仪奏请,尚宫、傅姆导引。除此之外,仪注中还有"六尚以下侍从如常"之语,①而皇太子纳妃仪"亲迎"环节,此步骤仍是司闺启请,宫人、傅姆导从,而没有"六尚以下侍从如常"之语。②另外,在太子妃受册之前已"设宫人拜位于庭下,重行北向",妃受册后"宫官以下"即宫官与宫人就此处向妃行鞠躬拜礼,可见宫官只参与向皇太子妃行礼,而在仪式中侍从者寥寥无几,仅"司闺"。其称谓是按唐代东宫内官而非宫官六尚之制,那么以六尚官职相称的女官侍从对象仅是皇后。如此,一方面从礼仪的赞襄人员的称谓可体现仪式等级的差别,另一方面或许也反映了宫官六尚创立伊始,尚徘徊于唐代制度,而自身制度建设刚起步,机构设置与职能分配尚不健全、不完备,所以可能没有足够的相应级别的宫官赞襄礼仪。从洪武二十六年更定的亲王婚礼仪注看,担任王妃引礼、赞礼、宣册、进馔、进酒等职的已多为女官,不见宫人,说明此时宫官六尚的机构设置已臻于完善,且分工明确,职能亦更加细化,已完全能为各级皇室女性参与的各项仪式服务了。

(三) 女官称谓的变化

英宗大婚时,婚礼仪注与明初相比已有改变,参与典礼人员的站位、朝向、礼仪器具的陈设等方面只简要记述或省略。具体的仪制环节的制定可见帝后婚礼的仪制内容,在此不做赘述,但通过对比可知,仪注中女官称谓的变化是显而易见的(见表十四):

---

① 《明集礼》卷二十五《嘉礼九·天子纳后》,第 616 页。
② 《明集礼》卷二十六《嘉礼十·皇太子纳妃》,第 622 页。

表十四 《大明集礼》与《明英宗实录》中所载部分帝后大婚仪注比较

	《大明集礼》中所载"天子纳后仪"	《明英宗实录》中所载大婚仪注
受册礼	尚宫及宫人先奉皇后首饰、袆衣入就次……	女官奉皇后首饰袆服入中堂左……
	尚宫及宫人奉皇后首饰袆衣入合,请皇后具首饰袆衣讫,尚宫、傅姆、宫人、内侍等导从皇后出宫在前,傅姆次之,宫人四人执扇拥护……诣香案前向阙立……	皇后具服出阁,女官及宫人拥护诣香案前向阙立……
	尚仪奏拜兴、拜兴,皇后拜兴、拜兴,尚仪奏读册,读册内使监官进诣案,取册,读册于皇后之右,读讫,以授授册内使监官,进授皇后,皇后受册,以授司言,司言受册,捧立于皇后之左。	内赞赞行四拜礼,赞宣册,赞跪,皇后跪,宣册官取册立宣于皇后之左讫,赞受册,赞搢圭,宣册官以册进授皇后,皇后受册以授女官,女官跪受立于西。
	尚仪奏读宝,读宝内使监官诣案取宝,读于皇后之右,读讫,以授授宝内使监官,授宝内使监官进授皇后,皇后受宝以授司宝,司宝受宝捧立于皇后之左。	赞宣宝,宣宝官取宝立宣于皇后之左讫,赞受宝,宣宝官以宝进授皇后,皇后受宝以授女官,女官跪受立于西……
合卺礼	内侍进诣皇帝前版奏请中严,御用监奏请皇帝服通天冠绛纱袍,内使监官及宫人擎执导从出至内殿,升御座南向,左右侍御如常仪。皇后入次,少顷,尚宫前奏请皇后降座,皇后兴,尚宫导引出殿庭之西,东向立……内侍导引皇帝先升,尚宫导引皇后从升。	谒庙还,内侍、女官请上与皇后各就更服处,上服皮弁服升内殿,皇后更衣从升,赞请升座。

《大明集礼》中所载"天子纳后仪"	《明英宗实录》中所载大婚仪注
内使监官各举食案进于皇帝、皇后之前,皇帝、皇后皆品尝讫,尚食各撤馔,尚酝取爵酒进供于皇帝、皇后,皇帝、皇后皆饮讫,尚酝各撤虚爵。尚食再以馔进皇帝、皇后,进馔讫,尚食撤馔如前,尚酝再取爵酒以进皇帝、皇后,饮讫尚酝撤爵如初,皇帝、皇后三馔讫,尚酝取卺酌酒以进,皇帝、皇后俱受卺饮讫,尚酝撤虚卺。内侍跪奏礼毕,皇帝、皇后俱兴,内侍及内使监官、宫人等导从皇帝入宫,尚宫及内使监官、宫人等导从皇后入幄。尚宫奏请皇帝更礼服,尚寝奏请皇后服常服。	执事者举馔案于上与皇后前,女官司尊者取金爵酌酒以进,饮讫,女官进馔,举馔讫,女官再进金爵酌酒以进,饮讫,进馔女官以卺盏酌酒合和以进,饮讫,又进馔,举馔毕。内侍奏礼毕,上同皇后兴,内侍、女官执事奏请上与皇后就更服处易常服。

　　上表将《大明集礼》中所载"天子纳后仪"中的"受册""同牢"两个环节与《明英宗实录》中所载英宗大婚的"发册""合卺"两环节中涉及女官的内容分别列出。除了仪制程序的变动调整,一个显著的区别则是在英宗大婚的仪注中,女官不再直接称呼其官职,而是皆用"女官"这一称谓。除了"女官司尊者"与"进馔女官"能知其所掌之事外,其他皆不能从称谓上辨其职务与等级,参与各仪式环节的女官是否仍如明初仪制中,出自尚宫、尚仪、尚食、尚服、尚寝五局,亦无从考证了。

　　不论是何官职,在仪制中负责什么环节,皆称"女官",这一变化在洪武时期已经出现。洪武五年六月正式制定宫官之制时,尚未见"女官"之称,洪武初年制定的与宫廷女性相关的仪制中,凡出现宫官皆称其官职,如吴元年十二月制定的册立皇后、皇太子之仪,洪武元年十二月制定的皇太子、亲王婚礼仪制,其中皆不见"女官"之称。《明实录》

中第一次出现"女官"一词是在洪武六年八月戊子,"命工部制女官冠服"①。洪武六年之后制定的仪制中,"女官"之称逐渐加入,并取代了原来的官职之称。根据《明太祖实录》的记载,洪武八年十一月,秦王纳次妃的仪注中有"成亲之日遣女官到妃家,请妃上轿"②之语,这是明初以来所定仪制中第一次出现"女官"之称。洪武九年七月临安公主婚礼仪注中,不同职责的宫官已多以"女官"称之,其中部分"女官"前会加上其在礼仪环节中的职责,加以称呼,如"执事女官""引礼女官"。③ 至洪武二十六年重定亲王、公主婚礼仪注时,亦几乎完全使用此称呼方式。洪武三十五年十一月的册立皇后仪注中,亦皆称"女官"。也就是说,凡是以皇室女性为主或皇室女性参与的典礼,其中出现的为典礼仪制服务的宫官皆以"女官"或"女官"前加其职掌加以称呼,而很少再称其官职。这一变化,说明"女官"这一概念至明代已与前代不同,只用作称呼宫官六局一司中各级女性管理与服务人员,典礼仪注中宫官称呼的演变,恰是"女官"这一概念在明初发生变化后最直接的体现。但命妇朝贺中宫之仪及亲蚕礼除外。

二 女官职掌的变化——以册立仪为例

明初制定的仪制,随着后来的执行,则屡有更定,仪制中女官的职掌亦有所变化,以下主要以册立仪进行分析。

(一)"皇后册立仪"中女官职掌的变化

皇后册立仪始定于吴元年十二月,其仪注在《明太祖实录》《大明集礼》《明会典》中皆详细记载。成祖即位后续定,亦记载于《明

---

① 《明太祖实录》卷八十四,洪武六年八月戊子。
② 《明太祖实录》卷一百二,洪武八年十一月甲子。
③ 《明太祖实录》卷一百七,洪武九年秋七月壬戌。

实录》与《明会典》中。仪式主要包括遣使册立、受册受贺、百官称贺上表笺、谒庙等环节。皇后在受册环节进入仪式,女官亦随之加入。册后仪在成祖时及以后虽有更定,但几个主要步骤没有改变,本部分以皇后受册环节作为考察重点,分析仪式中女官职掌的变化。

吴元年所定仪注中,受册前一日,内使监官陈设皇后御座及一应典礼所需的器具于殿内外,并安排引礼、赞礼、随侍人员之位。① 洪武三十五年所定仪注亦如此,只是时间为"至日早"②。遣使册立礼之后,正副册立使等一行奉册宝至中宫门外,准备行册封之礼。以下将两仪注中受册受宝环节以表格形式列出,进行对比(见表十五):

表十五 "皇后册立仪"受册环节比较

吴元年定"皇后册立仪"受册环节③	洪武三十五年定"皇后册立仪"受册环节④
册宝将至中宫门,尚仪奏请皇后首饰、袆衣出阁,乐作,至殿上南向立,乐止,司言司宝立于后。	仪仗鼓乐迎节册宝至右顺门外,正副使朝北立,内官捧节册宝由正门入,女乐导迎。节册宝未至之前,引礼请皇后具礼服,宫人侍卫以俟。

---

① 《明太祖实录》卷二十八下,吴元年十二月乙丑。具体陈设站位如下:前一日,内使监官陈设皇后御座于中宫殿上如常仪,设香案于殿庭之正中,设权置册宝案于香案之前,册东宝西;设皇后受册宝位于册宝案前北向,设司言、司宝二人位于皇后位之北,东西相向;设奉册宝内官位于册宝案之南,东西相向;设读册宝内官位于奉册宝内官之南,东西相向;设内外命妇位于庭下左右,东西相向。又设内外命妇贺位于殿中北向,尚仪二人位于皇后拜位之北,东西相向。司赞内官二人位于内外命妇立位之北,东西相向。
② 《明太宗实录》卷十四,洪武三十五年十一月丁亥。
③ 《明太祖实录》卷二十八下,吴元年十二月乙丑。另见《明集礼》卷十九《嘉礼三·册皇后》,第580页,及万历《明会典》卷四十六《册立一》,第322页。
④ 《明太宗实录》卷十四,洪武三十五年十一月丁亥。另见万历《明会典》卷四十六《册立一》,第323页。

吴元年定"皇后册立仪"受册环节	洪武三十五年定"皇后册立仪"受册环节
及册宝至宫门，使副于龙亭中取册宝权置于门外所设案上，引礼引使副及内使监令俱就位立定，次引册使于内使监令前，称册礼使臣某副使臣某奉制授皇后册宝，退复位。内使监令入诣皇后殿躬言讫，出复位。引礼引内外命妇俱入就位，读册宝内官及司赞内官俱就位。引礼引册使取册授内使监令，内使监令跪受，以授奉册内官，册使退复位，引礼又引副使取宝授内使监令，内使监令跪受，以授奉宝内官，副使退复位，以俟宫中行礼。内使监令率奉册、奉宝官各奉册宝以次入诣皇后受册位前，以册宝各置于案，册东宝西。	节册宝将至，引礼导皇后出迎于宫门外。节册宝至，由正门入，皇后随至拜位。内官以节册宝各置于案。
尚仪引皇后降诣庭中受册位立定，侍从如常仪，司言、司宝各就位。内使监令率奉册、奉宝内官取册宝以次立于皇后之东，西向。内使监令称有制，尚仪赞拜兴，乐作，皇后四拜兴，乐止。	乐作，内赞赞四拜，乐止。
内使监令宣制讫，奉册内官就案取册授读册内官，读册讫，跪以授内使监，内使监跪，以册授皇后，皇后跪受讫，以授司言。	赞宣册，赞跪，宣册女官取册立宣于皇后之左，宣讫，赞受册，赞搢圭，宣册女官以册跪授皇后，受讫，以授女官，女官跪受于皇后之右，立于西。
奉宝内官就案取宝以授读宝内官，读宝讫，以授内使监，内使监跪以宝授皇后，皇后跪受讫，以授司宝。	赞受宝，其授受一如册。
尚仪赞拜兴，乐作，皇后四拜兴，乐止，内使监令出诣使副前，称皇后受册礼毕。	赞出圭，赞兴，乐作，内赞赞四拜，乐止，礼毕内官持节由正门出，皇后出，送于宫门外。内官至右顺门以节授正副使，报礼毕，正副使得报，持节复命。

明初制定的仪制因仪式中参与人员的每一个行为动作几乎都详细交代，所以行文往往比后来更定的仪注要长。虽然程序上变化不

大，但是具体细节还是有出入的。吴元年仪注，正副使奉册宝至中宫门外后，分别交与内使监令，内使监令跪授后再分别交与奉册、奉宝内官。外朝官员不能进入后宫，所以由一众内官奉册宝入宫中行礼，皇后则在宫中等候册宝到来。洪武三十五年更定的仪注中，正副使和内官于右顺门外交接册宝，皇后要在册宝即将到来时于宫门外迎接，再随册宝入宫，礼毕后，内官出，皇后还要"送于宫门外"。吴元年仪注中，为皇后引礼、赞礼者为尚仪，设两人。更定的仪注中，则是引礼和内赞负责皇后的导引与赞礼，分别设两人。内赞为宦官，据《酌中志》记载："内赞礼官，凡宫中祭祀礼仪，系赞礼官职掌。其官十余员，自答应长随选其动作便利、声音洪亮、仪表丰秀者为之。"①引礼可能是宦官为之，因洪武以后的仪注中，宫官皆作"女官"，若为女官，仪注中一般直接称"女官"或"引礼女官"。但《明会典》中记载的永乐二年制定的"皇太子妃册立仪"中，则设置内赞、引礼女官各二人，且在节册宝将至时，虽同样记载"引礼"引导皇太子妃出迎于宫门外②，但很显然此"引礼"为引礼女官，那么皇后册立仪中的"引礼"也有可能为女官。

　　仪式进入受册受宝环节，虽然前后仪注中所载的受册、宝的程序并没有改变，但赞襄辅助皇后完成这一环节的人员则发生了很大的变化。吴元年仪注中，先由内使监令宣制后，站于册案旁的奉册内官从案上取册，授予其南侧的读册内官，读册后，跪授内使监，内使监再跪授皇后，皇后跪接。按此仪注规定，在皇后接到金册前，金册需经过奉册内官、读册内官、内使监三名宦官之手，然后才交到皇后手上。受宝时，金宝同样也要经过奉宝内官、读宝内官及内使监三名宦官之手，再交到皇后手上。皇后受册、受宝后，再分别交予司言、司宝。在这个环

①《酌中志》卷十六《内府衙门职掌》，第 125 页。
②《明会典》卷四八《册立二·皇太子妃册立仪》，第 329 页。

节中赞襄皇后的有八人，其中六人皆为宦官，只最后受册、宝的司言、司宝为女官。洪武三十五年的仪注中，内赞赞宣册后，由宣册女官取册宣读后，跪授皇后，皇后再将册交给身边的女官，受宝亦如受册。更定后的仪注，环节简化了很多，分别一名宣册女官、一名宣宝女官，宣册女官取代了之前仪注中三名宦官的职责，即受册受宝环节中赞襄皇后的变为四名女官而无宦官。宦官在受册受宝环节中的执事为女官取代。正统七年的皇帝纳后仪中，受册环节亦有相应的更改。受册受宝无论在皇后册立仪还是纳后仪中都是十分重要的仪式环节，象征着皇后母仪天下身份的确立，以女官取代宦官，完全负责此环节的礼仪赞襄，既体现了此仪式以皇室女性为主角的礼仪特色，更通过女官立于皇后之侧宣册、宣宝，皇后跪听，女官跪授，皇后跪受的礼仪形式，体现女官教化宫闱、赞襄中宫、确立坤德仪范的作用。

（二）"皇妃册立仪"中女官职掌的变化

皇妃册立仪定于洪武三年五月册立贵妃孙氏等六妃之时，永乐年间又续定，通过前后仪注的对比可发现，女官职掌在皇妃册立仪中发生了很大的变化。以下仍以受册仪进行对比：

> ……册印将至内官门外，内使请妃服花钗翟衣引出阁，至本位宫中南向立。及册印至，使副于龙亭中取册印权置于门外所设案上讫，引礼内使引使副及内使监令俱就位立，次引册使于内使监令前，称册礼使某副使某奉制授某妃册印，退复位。内使监令入诣妃本位庭中，躬言讫，出复位，引礼引内命妇诸亲俱入就位，引礼引册使诣内使监令前。册使取册以授内使监令，内使监令跪受以授内执事，引礼又引副使取印以授内使监令，内使监令跪受以授内执事，率执事者奉册印以次入诣妃受册位前，各置于案，册东印西。引礼引妃降诣庭中受册位立，侍从如常仪。内使监令率

内执事取册、印以次立于妃之东西向，内使监令称有制，内赞赞妃四拜，内使监令宣制讫，执事者取册授内使监令，跪读册讫，以册授妃，妃跪受册以授内执事，执事者取印跪授妃，妃跪受印以授内执事，内赞赞妃四拜，内使监令出诣使副前，躬称妃受册印礼毕，使副还复命。①

这是洪武三年五月所定皇妃册立仪受册环节的仪注，明代册立皇妃，有册无宝有印，此仪注在受册环节之后为受印环节，但此仪注最大的特点是，在皇妃的整个受册受印过程中，引礼、赞礼及随侍于侧的人员中皆未见女官，可见最早制定的皇妃册立仪，女官并不从旁赞襄，这亦说明明初所定仪制中，女官主要负责皇后参与的仪式，皇妃册立仪中不设女官，仪式规格自然降低。再看永乐七年续定的仪注：

……执事官举节册案由御道东出，黄盖遮送，至奉天门外，用鼓乐迎至右顺门外。正副使朝北立，内官捧节册正门入，迎至各皇妃宫中。节册将至，引礼请皇妃具礼服，宫人各执扇卫从，出迎于宫门外。节册至，皇妃随至拜位。内官以节册各置于案，内赞赞四拜，赞宣册，赞跪。女官捧册立宣于皇妃之左，宣毕，赞搢圭，赞受册。女官跪授皇妃，皇妃以授女官，女官跪受于皇妃之右，赞兴，内赞赞四拜礼毕。内官持节出，妃送出宫门外。内官出报正副使礼毕，各官行礼俱同。正副使得报持节复命。②

续定后仪注中的受册环节与洪武三十五年的皇后册立仪相比，册立皇妃时不设女乐，流程与仪注的行文基本一致，宣册、受册之职皆由女官担任，但因没有受宝环节，所以受册时所需女官人数视皇后受册

①《明太祖实录》卷五十二，洪武三年五月乙未。另见万历《明会典》卷四六《册立一·皇妃立仪》，第325页。
②《明会典》卷四六《册立一·皇妃册立仪》，第325页。

时减半。且永乐时期更定的仪式流程中，无论册后还是册妃，在册封礼后，皆需行谒庙礼及谢恩礼，之后皆要接受命妇庆贺，六尚女官排在公主、亲王妃之后，向后、妃行拜礼。

皇妃册立仪从没有女官执事，到女官加入并担任与皇后册立仪中相同的职责，这一变化可反映出两方面信息，其一，册立仪中女官的职责范围有所扩大，不仅要赞襄皇后，皇妃册立亦有女官执事，但这不仅反映在册立仪中，正如前文所述，明初所定仪注中，女官皆称其官职，且主要服务于皇后参与的重大典礼仪制中，这和宫官之制尚不完备亦有关系，随着制度建设的完备，典礼仪制亦随之更定，涉及皇室女性的典礼仪制，皆有女官参与，皇妃册立仪的更定亦在其中。其二，皇妃册立仪的程序与女官在仪式中的职掌与皇后册立仪相近。永乐二十二年九月，因皇后与皇妃同时册封，册后、妃仪注合二为一，可见仪注已程式化，并有趋同的趋势，区别只是皇后宫中设女乐，但不作，以及"惟皇后宫中赞受宝，女官取宝跪受皇后之右立如之，皇妃宫中不赞受宝"①。至宣德元年五月，因"赐贵妃孙氏宝"②，命礼部拟定了贵妃受册宝仪注，开贵妃受宝之例，孙贵妃具有了"后之副贰"的地位，其受册宝仪注除个别细节外已与皇后受册宝之仪如出一辙，而且也设置了女乐，根据仪注的记载，应该是设而不作。贵妃受宝，从礼仪上抬升了贵妃的地位，几乎与皇后平起平坐，且并非特例，而是成为后世皇贵妃册封仪制的依照。赵克生在《明朝后妃与国家礼仪兴衰》一文中指出，明代后妃在册封礼仪上的趋同，是对重"嫡庶之别"的皇明家法的挑战③，除了体现在贵妃受宝这个环节，仪式的程序和所用引礼、赞礼人员与

---

① 《明仁宗实录》卷四，永乐二十二年九月丁亥。
② 《明宣宗实录》卷十七，宣德元年五月甲午。
③ 赵克生：《明朝后妃与国家礼制兴革》，《东北师大学报》（哲学社会科学版）2007 年第 5 期。

皇后册立仪无甚区别亦是这一礼制僭越现象的体现。但还有一点需要指出,随着宫官之制的发展、完善,女官职能分工不断细化,亦有明确的级别,在制定仪制时,同一类但不同等级的仪式中,相同的执事,是否会因仪式等级不同而用不同品级的女官赞礼,比如:皇后受册宝时,有司宝、司言赞襄,那么贵妃受册宝时是否应由品级降一等的掌宝、掌言赞襄?然而从更定的仪注看,这一点已无从体现,"女官"一词,已使其无从分辨了。

三 女官在典礼中的作用——命妇朝贺中宫之仪及亲蚕礼

以上两部分分别通过婚礼和册立仪的仪制更定,分析了女官称谓和职掌在仪制中的变化。但上述两类礼仪中,女官只是参与部分环节,且参与人数相对有限,而命妇朝贺中宫之仪和亲蚕礼是完全由皇室女性及命妇参与的宫廷礼仪,无外朝官员和皇室男性成员参与。赞襄礼仪之人,除少数宦官外,皆是女官。从仪注的记载看,这两项典礼仪式中赞襄的女官,一部分以具体官职作称谓,而不仅以"女官"称呼。通过对这两项典礼仪制的考察,可以更加全面地了解女官在典礼仪制中的分工、职能及发挥的作用。

(一)命妇朝贺中宫之仪

在明代的朝贺之仪中,凡遇正旦、冬至及千秋节,皆有内外命妇朝贺中宫皇后(包括皇太后、太皇太后)之仪,遇万寿圣节,命妇亦朝贺皇后。中宫朝贺仪是明代内廷典礼中最为隆重的仪式。洪武年间定,京官文武四品以上命妇,三大节及朔望皆要朝贺中宫,遇隆寒、盛暑、雨雪则免,至永乐元年三月,免命妇朔望朝[1],四月,改令三品以上命妇

---

[1]《明太宗实录》卷十八,永乐元年三月壬辰。

朝贺①。

朝贺中宫之仪始定于洪武元年九月，所定仪注中先为皇太子、亲王朝贺中宫之仪。皇太子、亲王在朝贺皇帝之后，前往皇后殿前，内使监官启请皇后升座后，皇太子、亲王先由司宾引导在殿前拜位行鞠躬四拜之礼，再进入殿内，由内赞引导，跪于拜位后由皇太子向皇后致辞称贺，行俯伏叩拜之礼，出殿后复于殿前拜位再行鞠躬四拜之礼。之后为内外命妇朝贺仪注，皇妃以下及内外命妇行礼，分为三班，先为皇妃，再为皇太子妃、王妃、公主，最后为外命妇，大致程序与皇太子、亲王朝贺皇后相同，不同的是，命妇于殿内外行礼皆由司宾引导，殿外行礼由司赞赞礼，殿内行礼司赞、内赞同赞。贵妃作为班首，代表众妃入殿向皇后致辞称贺，太子妃和外命妇中地位最高的夫人亦分别为班首入殿向皇后致辞称贺。行礼皆完毕后，司言要跪承皇后之意，再向跪于殿外拜位的众命妇宣旨云：履端之庆与夫人等同之（冬至则云履长之庆），再入殿向皇后跪云宣旨完毕，整个礼仪才算完成。之后皇后还要赐宴于众人。②

洪武二十六年六月，重定朝贺之仪，其中亦包括中宫朝贺仪，此次更定，没有将皇太子、亲王朝皇后之仪写入仪注。根据《明会典》记载，另有"东宫亲王并妃正旦冬至宫中朝贺仪"，所以，此仪注只是命妇朝贺之仪，详细仪注如下：

> 凡正旦、冬至前期一日，女官陈设御座于宫中，设香案于丹墀之南。其日内官陈设仪仗于丹陛之东西及丹墀东西，女官擎执者立于御座之左右，陈女乐于丹陛东西，北向。设笺案于殿东门外，

①《明太宗实录》卷四十一，永乐三年夏四月壬午。

②《明太祖实录》卷三十五，洪武元年九月丁酉，另见《明集礼》卷十八上《嘉礼二上·中宫朝会》，第 568 页。

设班首拜位于中道之东西,设命妇拜位于丹墀,北向,设司赞位于丹墀东西,设司宾位于命妇班之北,东西相向,设内赞二人位于殿内东西。命妇至宫门外,司宾引命妇入就拜位,女官具服侍班如常仪,尚宫、尚仪等官诣内奉迎,尚仪奏请升座,皇后具服出,导从如常仪,乐作,升座,乐止。司赞唱班齐,乐作,赞四拜,乐止。内赞唱进笺,引笺案女官前导,举笺案女官二人举案由殿东门入,乐作,至殿中,乐止。赞众命妇跪,内赞唱宣笺目,宣笺目女官宣讫,兴,唱宣笺,展笺女官诣案前取笺,宣笺女官宣讫,兴,举案者举案于殿东,赞命妇皆兴。司宾引班首由东阶升,乐作,自东门入至殿中,乐止。内赞唱跪,班首跪。司赞唱跪,众命妇皆跪。班首称某夫人妾某氏等,兹遇正旦则云履端之节,冬至则云履长之节,敬诣皇后殿下称贺(今班首致词称贺俱司言女官代),内赞、司赞同唱兴,班首及殿外命妇皆兴,司宾引班首由西门出降自西阶,乐作,至拜位,乐止,赞拜,乐作,四拜,乐止。司言前跪将旨,由东门靠东出至丹陛东,西向立,称有旨,司赞唱跪,众命妇皆跪。司言宣旨,正旦则云履端之庆,冬至则云履长之庆与夫人等同之。赞兴,众命妇皆兴,司赞唱拜,乐作,四拜,乐止,尚仪跪奏礼毕,皇后兴,乐作,还宫,乐止,引礼引命妇以次出。

中宫千秋节命妇朝贺礼仪与正旦、冬至同,但致词云:兹遇千秋令节,敬诣皇后殿下称贺。不传旨。[1]

《明会典》中《东宫亲王并妃正旦冬至宫中朝贺仪》记载,节庆之日,皇太子妃和亲王妃与皇太子和亲王一起向皇帝行礼称贺后,再共

---

[1]《明会典》卷四三《礼部一·中宫正旦冬至命妇朝贺仪》,第309—310页。另见《明太祖实录》卷二百二十八,洪武二十六年六月壬寅。

同"诣中宫前"行礼，且洪武七年更定，不致词，止行八拜礼。^① 洪武二十六年更定的命妇朝贺中宫之仪中，"命妇"应不包括皇太子妃及亲王妃。从命妇对皇后的致词看，洪武元年所定仪注中，贵妃作为众妃之班首，致词时自称"妾某氏等"，皇太子妃作为班首致词时自称"长妇妾某氏等"，外命妇班首致词时自称"某国夫人妾某氏等"^②。洪武二十六年更定后，仪注中命妇班首致词时自称"某国夫人妾某氏"^③。所以，更定后的命妇朝贺中宫之仪中的"命妇"应仅指文武四品以上命妇，皇妃、公主等皇室女性朝贺皇后的内容并没有写入仪注之中。

明初凡遇正旦、冬至，各行省官员亦向皇后进笺称贺，但在朝贺仪注中并无专门环节体现。与洪武元年仪注相比，更定后的仪注增加了进笺、宣笺环节，并有引笺案女官、举笺案女官、展笺女官、宣笺女官等专门负责此环节。参与仪式的女官，从官职看有尚宫、尚仪、司赞、司宾、司言，女乐则应由司乐负责，进笺环节诸执事女官，虽不注明其官职，但既为礼仪之事，可能是由尚仪、尚宫之下所属女官或女史执掌。另外，御座、香案等仪式所需用具的陈设亦是由女官负责，应属尚寝局下女官之职，而不再如洪武元年所定仪制中，是由内使监官设置。御座左右擎执伺立者亦是女官，当是尚服局下掌羽仪、仗卫之事的司仗负责。从各女官在仪式中的职掌看，尚宫、尚仪负责奉迎、导引皇后，随侍左右，仪式的开始和结束亦由尚仪启奏，她们取代了洪武元年仪注中内使监官启请皇后之职，充分体现了尚宫导引中宫，尚仪总管礼乐的职能；司赞、司宾之职并无变化，司赞位于殿外丹墀之上，负责殿前拜礼，殿内则由内赞负责；司宾负责引导命妇行礼。司言负责宣旨，

---

① 《明会典》卷四三《礼部一·东宫亲王并妃正旦冬至宫中朝贺仪》，第 310 页。
② 《明太祖实录》卷三十五，洪武元年九月丁酉。
③ 《明太祖实录》卷二百二十八，洪武二十六年六月壬寅。万历《明会典》中作"某夫人妾某氏"。

据万历《明会典》记载，命妇班首致词称贺已由司言代替。从女官人数看，根据《明集礼》记载，洪武元年仪注中，擎执女使六人，司赞二人，司宾四人，分别负责引导内命妇与外命妇各两人，司言一人，共十三人。①洪武二十六年更定的仪注中对于女官人数的记载并不明确，若殿内仪仗之数不变，仍为"金香炉、香盒、唾壶、唾盂各一，拂子二"②，那么女官擎执者仍为六人，从"司赞位于丹墀东西"，"司宾位于命妇班之北，东西相向"可知，司赞、司宾应至少各两人，司言一人，尚宫、尚仪至少各一人，另有负责女乐及殿内仪仗的司乐和司仗。还有引笺案女官、举笺案女官二人、宣笺目女官、展笺女官、宣笺女官，在六人左右，参与仪式环节的女官总计在二十人以上。女官人数的增加主要是因为仪注环节的增加、仪式中女官职能的增加及分工的细化，整个仪式中的执事人员，除了内赞二人，其他皆为女官。更定后的命妇朝贺中宫仪，提升并扩大了女官在仪式中的职能，充分发挥女官除后宫管理、侍从之外亦司掌后宫礼乐的作用。史料中，寥寥数语的女官职掌，通过典礼仪注的记载，得以具象化。虽然参与礼仪的主要人物是最尊贵的皇室女性和拥有较高身份地位的社会上层女性，但导引、唱赞、进笺、致词，仪式中的每一句话、每一个步骤、每一个站位、每一个参与典礼人员的行动路线，皆需女官们精确掌控。不同级别的女官对应不同的执事，上赞皇后，下引命妇，表面看程式化的仪式，处处体现着礼制森严的等级秩序。庄严隆重之中幻化出的雍肃井然，令人仰望的坤德仪范，都是在女官的导引与赞襄中得以彰显。明末拟话本小说《三刻拍案惊奇》中有这样一段描写：

　　……又过月余，华旗牌以功升把总。渡曹娥江，梦中恍有召，

①《明集礼》卷十八上《嘉礼二上·中宫朝会·执事》，第569页。
②《明太祖实录》卷三十五，洪武元年九月丁酉。

疑为督府，及至，瑶楼玉宇，瑶阶金殿，环以甲士。至门，二黄衣立于外，更二女官导之，金钿翠裳，容色绝世。引之登阶，见一殿入云，玳瑁作梁，珊瑚为栋，八窗玲珑，嵌以异宝，一帘半垂，缀以明珠。外列女官，皆介胄、执戈戟，殿内列女史，皆袍带抱文牍。卷帘，中坐一人，如妃主，侧绕以霓裳羽衣女流数十人，或捧剑印，或执如意，或秉拂尘，皆艳绝，真牡丹傲然，名花四环，俱可倾国。①

这是故事中的人物梦游仙境所见的情景，虽然是对天庭仙人的描摹，但很显然这样的情景是脱胎于皇宫中中宫朝仪的场景。虽然小说中难免有想象的成分，但却是对朝仪中不同执事女官的形象与职掌最生动的诠释。没有拱卫环侍在侧的宫官女史，天家妃主何来令人仰视惊叹的威严风范？

（二）亲蚕礼

按万历《明会典》记载，亲蚕之仪明初并未制定。至嘉靖年间，世宗着意于礼制的兴革，采纳夏言之议，于嘉靖九年正月敕礼部言：“古者天子亲耕，王后亲蚕，以劝天下，朕在宫中，每有称慕，自今岁始，朕躬祀先农，于本日祭社稷毕即往先农坛行礼，皇后亲蚕礼仪便会官考求古制具仪以闻。”②以示对于稼穑农桑的重视，建先蚕坛于安定门外。二月，礼部奏皇后亲蚕仪仪注，三月行亲蚕礼于北郊。嘉靖十年，以“皇后出郊亲蚕不便”③又改筑先蚕坛于西苑，从此亲蚕礼在西苑举行。根据《明世宗实录》记载的亲蚕礼仪注，参加亲蚕礼的人员包括皇后、公主、内命妇，“命妇文官自四品以上、武官自三品以上，俱陪祀”④。亲

① 〔明〕陆人龙：《三刻拍案惊奇》第七回《胡总制巧用华棣卿　王翠翘死报徐明山》，北京：华夏出版社，1995年，第79页。
② 《明世宗实录》卷一百九，嘉靖九年正月丙午。
③ 《明世宗实录》卷一百二十三，嘉靖十年三月己丑。
④ 《明世宗实录》卷一百十，嘉靖九年二月庚午。

蚕之仪是明后期制定的完全由皇室女性和命妇参与的重大祭祀礼仪，女官的参与赞襄亦是必需。

根据仪注记载，亲蚕之仪分两部分，即祭祀先蚕氏之神和亲蚕礼，万历《明会典》则将这两部分分为《先蚕》和《亲蚕》，记于不同卷目之下。正式行礼的前三日"尚仪奏斋戒，皇后致斋三日，内执事并司赞六尚等女官及应入坛者各斋一日"①。行礼前一日，

> 蚕宫令陈乐舞（乐女生）位于坛南，设皇后拜位于坛下，北向，次公主及内命妇，又次外命妇拜位，俱异位重行北向。设内赞位于坛南，设司赞位于皇后拜位之东西，设司宾位于外命妇班之北，东西相向。②

> 设皇后采桑位于采桑台、东向。执钩筐者位于稍东。设公主及内命妇位于皇后位东。设外命妇位于采桑台东陛之下、南北向。以西为上。③

太常寺执事者要入坛将祭祀用品交予蚕宫令，蚕宫令再转交执事女官。是日未明，皇后在内侍、女官导引，仪卫拥护之下至先蚕坛，公主、内命妇陪从。而"内执事、女乐生并司赞六尚女官等，皆乘车先至坛内候"④。在仪式正式开始之前，女官便参与前期的准备工作，行礼当天，一部分在仪式中负责赞礼的女官要先至典礼举行场所等候，另一部分导引随侍左右，与皇后一同进入典礼场所。

仪式的第一部分是祭祀先蚕氏：

> 皇后至坛所，入具服殿少憩。司宾先引外命妇列于先蚕坛

①《明会典》卷九二《群祀二·先蚕》，第526页。
②《明会典》卷九二《群祀二·先蚕》，第526页。
③《明会典》卷五一《亲蚕》，第337页。
④《明会典》卷五一《亲蚕》，第337页。

下,东西相向,以北为上。尚仪诣皇后前,奏请皇后易礼服出殿门。将至坛,内赞唱乐女生就位。执事官各司其事。导引女官导皇后至拜位,司赞奏就位,次公主,次内命妇,又次外命妇各就拜位。内赞唱瘗毛血,迎神,乐作,乐止。司赞奏四拜,(公主以下同)内赞唱奠帛,行初献礼,乐作。执事官捧帛爵跪于神位前、各奠讫。乐暂止。内赞唱读祝,司赞奏跪,皇后跪。(公主以下同)读祝女官跪于神位前右,读讫,乐作,司赞奏兴,皇后兴,(公主以下同)乐止。内赞唱行亚献礼,乐作,执事官捧爵,跪奠于神位前讫,乐止。内赞唱行终献礼,(仪同亚献)执事女官进立坛东、西向。唱赐福胙,司赞奏跪,皇后跪。执事女官以福酒跪进于皇后右,奏饮福酒,皇后饮讫。执事女官以胙跪进于皇后右,奏受胙,皇后受胙讫。司赞奏兴,皇后兴,司赞奏二拜,(公主以下同)内赞唱撤馔,乐作,执事女官诣神位前撤馔讫。乐止。内赞唱送神,乐作,司赞奏四拜,(公主以下同)乐止。内赞唱读祝官捧祝,执事官捧帛馔各诣瘗位,乐作,乐止。司赞唱礼毕。皇后还具服殿更常衣,行亲蚕礼。[1]

仪式开始后,执事人员皆各司其事,根据仪注的记载,尚仪仍掌启请皇后之职,另有女官专司导引皇后之职,司宾掌导引命妇之事。整个祭祀礼分初献、亚献、终献,负责赞礼者为司赞和内赞,各有分工。内赞在仪式进程中先奏报即刻要进行的环节的名目,司赞奏请皇后及公主、命妇行礼跪拜。另有一些女官是专门针对某一具体的祭祀环节而设置,如读祝女官、进酒、进胙的执事女官等。仪式的第二部分是行亲蚕躬桑之礼。

---

[1]《明会典》卷九二《群祀二·先蚕》,第526页。

司宾引外命妇先诣采桑台位,南北向,女侍执钩筐者各随于后。尚仪入奏请诣采桑位,导引女官导皇后至采桑位,东向。公主以下各就位,南北向。执钩者跪进钩,执筐者跪奉筐,受桑。皇后采桑三条,还至坛南仪门坐,观命妇采桑。三公命妇以次取钩采桑五条。列侯九卿命妇以次采桑九条,采讫,各以筐授女侍。司宾引内命妇一人诣蚕室,尚功帅执钩筐者从,尚功以桑授蚕母,蚕母受桑,缕切之,以授内命妇。内命妇食蚕,洒一箔讫。司宾引内命妇还。尚仪前奏采桑礼毕,皇后还具服殿,候升座。尚仪奏司宾率蚕母等行叩头礼讫,司赞唱班齐,外命妇序列定,赞四拜毕。赐命妇宴于殿内外,并赐蚕母酒食于采桑台傍。公主及内命妇殿内序坐,外命妇从采桑者,及文武二品以上命妇于殿台上、三品以下于台下,各序坐。尚食进膳,司宾引公主及内命妇各就坐。教坊司女乐,奏乐进酒,及进膳进汤如仪,宴毕,撤案。公主以下并外命妇各就班,司赞赞四拜,尚仪跪奏礼毕,皇后兴,还宫,导从如前。①

此部分主要包括皇后率皇室女性及命妇行采桑礼,及采桑礼后赐宴两个环节。通过仪注记载不难发现,此部分所有参与行礼、赞礼及随侍人员皆为女性。中国古代社会男耕女织经济形态中,女子专事纺织生产,皇家的亲蚕之礼体现了对蚕桑纺织的重视,意在激励民间养蚕种桑,反映着千百年不变的传统劳作分工。既是女性的专职,亲蚕礼当只有女性参与,只用女官执事,这也是仪式的特点。此部分仪式,尚仪、司宾、司赞及导引女官各司其职如前,另有专掌宫中女工之事的尚功要完成将所采桑条授予蚕母的仪式,采桑礼后赐宴时,尚食负责

---

① 《明会典》卷五一《亲蚕》,第337、338页。

进膳。亲蚕礼亦设置女乐,在祭祀先蚕和最后的赐宴环节及皇后回宫皆需演奏,且有歌咏乐章。参与整个仪式的女官人数,因缺乏具体的记载,所以无从统计。相较于命妇朝贺中宫之仪,亲蚕礼的典礼规模显然更宏大,礼仪程序更烦琐,所以无论前期准备,还是仪式进行中,为之服务的女官人数必然更多,且从六尚女官需先于皇后入坛等候之语亦可想见,如此隆重的以宫廷女性为主角的盛大仪式,必定动用了六尚中与仪式相关的各个部门。

一场亲蚕之仪,可谓宫中大礼,且最初在安定门外建坛祭祀,后妃车驾出宫更是声势浩大,盛况空前。皇后亲蚕,以劝天下,相比朝贺中宫这样的内廷典礼,亲蚕礼更有重视国计民生、表率天下之意。如此重要且完全以女性为主的祭祀典礼本就是个别,行亲蚕礼全部由女官赞襄则更体现了它的特色,宫官六尚"掌王后之礼"的作用,在明代中后期出现的这项重要的祀典中得以再次体现。神圣的礼坛上,盛装雍容的皇室贵妇、品官夫人们固然是仪式中的焦点,但她们只是尊贵的象征,只是按照指示完成一系列规定动作而已,如同华丽的道具。身着礼服的女官们才是将典礼仪注演变为真正仪式的人,在她们的声声唱赞、从容导引和按部就班的穿梭忙碌中,世人不仅感受着亲蚕祀典之隆重,也领略了母仪天下的天家仪范。

但是亲蚕之仪在明代的礼制中不过是昙花一现。据《明世宗实录》记载,自嘉靖十年亲蚕礼移于西苑举行后,十一、十二年皆如常举行,十三、十四年的情况不载,从十五年开始,屡屡罢皇后亲蚕而遣女官代祭,至嘉靖四十一年则彻底废止。

命妇朝贺中宫之仪和亲蚕礼是完全由皇室女性和品官命妇参与的重大的宫廷典礼仪式,主要的赞襄礼仪之职皆由女官承担,且根据仪式环节需要,她们的职责分工细致,各就其位,各司其职。女官们不仅要对复杂的仪式程序十分熟悉,而且不能有丝毫差池,除了分别完成各自的任务，更需要相互配合、衔接，她们是仪式进程的实际掌控者，是保证繁杂而隆重的仪式程序能够有条不紊、按部就班进行的关键，她们在礼制中的作用是不可替代的。或许正是因为这两项仪制完全是女性参与的，且程序烦琐，步骤较多，所以与其他典礼仪制相比，仪式中涉及的宫官机构和所需的女官人数也就更多，在制定典礼仪注时，女官的职掌分工亦需更加明确，如只是以"女官"来称呼，则难免所指不明，造成混乱。以官职相称，则能切实做到各司其职，明确分工，使仪式程序井然。

　　清人屈大均所著《女官传》中引《周礼》所记，以"掌王后之礼，职内治之贰"①来概括女官在宫廷中的职能是比较准确的。六局一司的常规职掌就是从后宫事务的各个方面，协助作为六宫之主的皇后，管理宫闱，教化嫔御，即所谓"职内治之贰"，而女官在重大典礼仪式中的职能则是"掌王后之礼"的体现。皇家生活，处处皆是等级制度、礼仪规范，国之大礼则是日常礼仪的集中与放大，且更加仪式化。国之大礼中女官的职掌虽是临时性的，但实际上也是以日常职掌的执事内容与分工来设置安排，如此才能既各司其职，又相互协作，使典礼仪式顺利进行。典礼仪制中女官职掌的记载亦使日常的职掌得以具象化。

①《女官传》，第 583 页。

第七章　明代女官地位的嬗变

　　女官服务于内廷，服侍于皇帝、皇太后、后妃左右，因为明代宫禁甚严，所以很难与外界有直接的联系。在后宫之中，她们能够经常接触的只有三类人——皇帝、后妃和宦官。女官的荣辱和女官制度的兴革嬗变都与宫中这些不同等级的人物息息相关。本章将分别论述宫中各等级人物包括皇帝、后妃、宦官与女官的种种关联，对女官制度的发展、嬗变所起的作用和造成的影响。《明史·职官志》中关于女官的记载最后写道："永乐后，职尽移于宦官。其宫官所存者，惟尚宝四司而已。"可见女官制度在永乐以后的嬗变，与宦官对女官职掌的侵夺有直接关系，所以本章将以此为切入点，首先对"职尽移于宦官"之说进行考证，分析女官职能及机构设置保存状况，探讨宦官与女官的关系，及对女官制度的影响。女官的主要职责是协助皇后管理内治，赞襄后妃礼仪。后妃是女官主要接触的人物，她们是后宫中拥有较高身份地位的女性，女官的命运与后妃们有着密切的关系，所以次论后妃对女官制度嬗变的影响。后宫真正的主宰是皇帝，不论宦官还是后妃，他们与女官的关系，对女官制度的影响其实都直接或间接地反映着皇帝的意愿，所以，最后评论皇帝对于女官的态度，对女官制度的嬗变进行总结。

第一节 宦官与女官的关系

按《明史·职官志》中的记载,明代女官"永乐后,职尽移于宦官。其宫官所存者,惟尚宝四司而已"①。所谓"尚宝四司",在宫官六局二十四司中并无尚宝司,清官修《续文献通考》亦提出"未见又称尚宝者,殆指尚服内司宝四司也"②。但此说法出处何在无从考证,按此说法,永乐以后,宫官职务多被宦官侵夺,宫官机构亦所存无几,那么实际情况是否如此呢?

明末宦官刘若愚所著的《酌中志》中记录了宫正司六尚局在宫中的位置,《春明梦余录》中的《附载宫殿额名考》亦详细记载了宫正司六尚局的殿额名称分别为:宫正司、尚衣(仪)局、尚食局、尚功局、尚服局、尚寝局、尚宫局。③ 由此可见,不论其职务是否移于宦官,至少机构名称与六局一司整体的机构设置至明末仍然存在。宫官之制完善于洪武时期,洪武二十二年,太祖还"命铸尚宫、尚仪、尚服、尚食、尚寝、尚功印"。建文、永乐时期,制度相沿无改。永乐迁都,外朝与内廷的各机构亦相继在北京建立,永乐六年时,成祖就"命礼部铸五军都督府、六部、都察院、大理寺、锦衣卫印,凡十四颗,印文并加'行在'二字。内府尚膳等监、惜薪等司、兵仗等局印凡十六颗,印文并加'随驾'二字"④。随着紫禁城的落成,都城正式迁往北京,宫廷内的各种机构必然也在逐步完善,宫官机构应也在其中。宣宗即位后,于洪熙元年十

---

① 《明史》卷七四《职官三》。
② 清官修《续文献通考》卷五十六《职官六》,杭州:浙江古籍出版社,2000年。
③ 《春明梦余录》卷六《附载宫殿额名考》,第63页。
④ 《明太宗实录》卷八十六,永乐六年十二月甲申。

一月命"造随驾尚服局、尚寝局、宫正司印"①，虽未言及为其他四局造印，但已说明宫官各机构必然已在紫禁城中建立，宣德年间，宫官机构的各种职能依然正常运行着。天顺年间，尚依祖制，采选女官，宪宗即位之初，曾放出宫人，但"留其有职务及不愿出者"。留下有职务的，说明宫官职能依然存在。沈琼莲宫词中提及尚仪、尚寝，对自己的职掌亦有所涉及，王世贞所作《弘治宫词》中亦提及"坤宁尚食"，说明这几个部门职能皆存在。唯一言及宫官机构被撤销的是清人毛奇龄所著《武宗外纪》，其中写到，尚寝掌上寝处事，因武宗总是游戏宫中，不愿受其约束而撤尚寝诸司。② 不过，显然明末尚寝局之名尚存，如果确实曾被撤销，很可能又恢复了，但职能是否存在则不得而知了。嘉靖、隆庆、万历年间皆有以六尚局缺人为由而进行的采选，但从《明实录》中对嘉隆万时期的几次采选的具体记载中可发现一些端倪：

> （嘉靖四十二年十一月）癸卯，上谕礼部曰：祖宗之制，宫中设六尚，皆预教读书，习于礼法，今缺久矣，其选民间女子三百人入宫。③
>
> （隆庆三年四月）甲申，谕礼部，祖制宫中设六尚，皆预教以读书，使知礼法，兹已缺少，可照例选民间女子年十一以上十六以下者三百人进入。④
>
> （万历八年九月）辛未，谕礼部，宫中六尚缺人，其选民间淑女二百人入内，寻复罢之。⑤

这三次采选的理由都是六尚缺人，采选人数都在两三百人。女官

---

①《明宣宗实录》卷十一，洪熙元年十一月丁巳。
②《武宗外纪》，第541页。
③《明世宗实录》卷五百二十七，嘉靖四十二年十一月癸卯。
④《明穆宗实录》卷三十一，隆庆三年四月甲申。
⑤《明神宗实录》卷一百四，万历八年九月辛未。

六局一司在制度最完善、人员最齐备之时，总人数为 285 人。一次采
选 300 人，可能就是根据制度规定的员额人数而定的。若确是如此，
只能说明，女官人员缺损极为严重，机构名称虽存，但形同虚设，更别
提发挥任何职能了。不过采选之后，人员总是会补充一些。按明后期
的一些典礼仪注的记载，女官在宫廷礼仪中的职掌是一直保存且不能
替代的，不管六尚的其他职能是否还存在。所以《明史·职官志》中的
这句记载显然不是准确的。但既有职移于宦官之语，则说明女官之制
必然发生了很大的变化，且与宦官有关。

朱彝尊《曝书亭集》中对于明代宫官之制有这样的评述："开创之
主宫中府中设司分职，各有典司，后正位乎内夫人嫔御交赞阴教，居有
保阿之训，动有环佩之响，内无出阃之言，权无私溺之授，法至善矣。
其后宫官罢设，阉寺乃得横行，王振、汪直、刘瑾恶已贯盈……"①这段
评价显然高估了宫官之制的作用，似乎是因宫官罢设才导致宦官专
权。可宫官是否有能力来遏制宦官专权呢？

王云《明代女官制度探析》一文认为，太祖设置女官机构的初衷，
一是为禁绝女祸，二是为抑制宦官势力。其在禁绝女祸方面确实发挥
了作用，然设置宫官是为抑制宦官势力的膨胀，恐并不符合实际情况。
洪武朝，宫官之制经三次更定，在洪武二十八年最终确定，而宦官机构
的设置在洪武年间经历五次更定增设，在洪武二十八年九月重定宫官
之制时亦对宦官各机构进行第四次更定，已达到了十一监、二司、九局
库的规模，并定最高品级为正四品。②洪武三十年又有增设，至永乐年
间最终成为十二监、四司、八局，此外还有各种名目繁多的局、库、司的

①《曝书亭集》卷五十二。
②《明太祖实录》卷二百四十一，洪武二十八年九月。

设置①，机构庞杂、职掌涵盖外朝内廷的方方面面，人员众多，这些皆远远超出女官机构的设置。宦官品秩，虽然"十七年又降其长为正六品，盖爵秩逊女官之六尚焉"②，但女官最高品级亦只是正五品，且只是在洪武十七年至二十八年这段时间高出宦官品秩而已。无论机构设置、职掌品秩，都没有哪一点能说明女官有抑制宦官权势的能力。洪武之初，太祖与侍臣论及古之女宠、宦官、外戚、权臣、藩镇、夷狄之祸时曾言："朕观往古，深用为戒，然制之有其道，若不惑于声色，严宫闱之禁，贵贱有体，恩不掩义，女宠之祸何自而生？……阉寺便习，职在扫除，供给使令，不假以兵柄，则无宦寺之祸。"③对于后宫，洪武三年，以元末宫闱之混乱为鉴，严申内令，并写于《祖训》之中。④ 洪武五年，命工部造红牌镌戒谕后妃之辞，悬于宫中。⑤ 对于宦官，《明实录》记载，洪武十年，因一久侍内廷的宦官言及政事，太祖将其遣返，还规定"寺人不过侍奉洒扫，不许干预政事"⑥。《明史·职官志》中还有规定内臣不许识字，铸铁牌，上写"内臣不得干预政事，犯者斩"置宫门中的记载，历来亦多有征引。⑦ 但关于太祖是否严禁宦官干政，有学者已提出疑问，并指出作为"家法"的《祖训》中并无委任阉人之禁，而宦官官制载于《祖训》实际上以"祖宗之法"的形式确立了宦官在明代政治体制中的合法地位，非几句制阉的训诫所能否认和抵消的。⑧ 而洪武年间，宦官

① 张德信：《明朝典章制度》，长春：吉林文史出版社，2001年，第68页。
②《万历野获编补遗》卷一《内监·内官定制》，第814页。
③《典故纪闻》卷三，第55页。
④《明太祖实录》卷五十二，洪武三年五月乙未。
⑤《明太祖实录》卷七十四，洪武五年六月甲辰。
⑥《明太祖实录》卷一百十二，洪武十年五月。
⑦《明史》卷七四《职官三·宦官》。
⑧ 参见胡丹：《明太祖禁止宦官干政"祖制"之考辨》，《济南大学学报》（社会科学版）第20卷第2期，2010年。

确实已被委派参与到国内外诸多重大政治活动之中亦是不争的事实。① 不论太祖是否曾禁止宦官干政，对于后宫的诫谕与防范是毫无疑问的。女官只是处于深宫中的女子，其女性的身份从一开始就决定她们根本不具备如宦官那般任事的条件和参与政事的权力。

从明初至明末，不管女官的采选方式发生了怎样的变化，宦官都一直参与着女官的寻访和选拔，甚至傅维鳞《明书》中提及明后期女官采选时言："久之，则但由内官进献，不须选矣。"②进入宫中，便不能私自与外界联系，衣食之用、大事小情，凡有所需必须通过宦官奏报，唯一与外界沟通的渠道只有宦官。宦官教授女官、宫人并不是明后期才有，王振便是因知诗书，于永乐末年净身入宫训女官辈③，宫人呼之为王先生④。明中后期多采选少女进宫，进宫后皆需预教，更多的升为女官的宫女皆是受宦官的教导。女官方方面面都需依赖于宦官，甚至受制于宦官，虽然设置女官主要是为佐理内治，与宦官亦不相统属，各司其职，但显然女官的权限完全与宦官不对等，又怎么可能遏制宦官权势的膨胀？

虽然永乐以后宦官已经日益受到重用，权力越来越大，镇守、监军、出使、采办，无所不为，但尚未到专权误国、横行无忌的地步。王振开明代宦官专擅国政之先河⑤，宫官并未罢设，但宦官权势的膨胀，不仅在外朝专权横行，对于内政必定也会有影响，可女官又如何奈何得了。可见，不是"宫官罢设，阉寺乃得横行"，倒很可能是阉寺横行，而导致女官职能被侵夺。然而女官职能如何为宦官侵夺，则没有直接的

① 参见王春瑜、杜婉言：《明朝宦官》，西安：陕西人民出版社，2007 年，第 5、6 页。
②《明书》卷二十一《纪一·宫闱女官附》，第 197 页。
③《戒庵老人漫笔》卷二《教职净身》，第 67 页。
④《罪惟录·列传》卷二十九下《王振》，第 2617 页。
⑤《正统皇帝大传》，第 26 页。

材料可以证明，只能从一些记载中间接地获取一些信息。

《武宗外纪》中关于武宗撤尚寝诸司的记载如下：

> 故事，宫中六局官有尚寝者，司上寝处事，而文书房内官每记上幸宿所在及所幸宫嫔年月，以俟稽考。上悉令除却，省记注，撤去尚寝诸所司事，遂遍游宫中，日率小黄门为角觗蹋鞠之戏，随所驻辄饮宿不返。其入中宫及东西两宫，月不过四五日。①

武宗可能不仅撤销了尚寝局，还撤销了关于他幸宿所何处及日期的记录，这一执事为文书房内官所掌。《明史·后妃传》中对光宗生母孝靖王太后有如下记述：

> 初为慈宁宫宫人。年长矣，帝过慈宁，私幸之，有身。故事，宫中承宠，必有赏赉，文书房内侍记年月及所赐以为验。时帝讳之，故左右无言者。一日，侍慈圣宴，语及之，帝不应。慈圣命取内起居注示帝……②

此处亦记载由文书房内侍记录宫中承宠的日期以及皇帝所赐之物。但根据洪武时的宫官定制，这一职责分明是属于尚仪局下彤史所掌，且上述两条记载皆以文书房内侍担此职务为宫中"故事"，那么很可能在正德以前，彤史之职已被司礼监所属的文书房的内臣取代了。

《皇明法传录嘉隆纪》记载了世宗晚年的一件事：

> 上晚年讳言储二，有涉一字者死。裕王在潜邸，朝夕危惧，即神宗诞生，不敢奏闻，至两月间，不敢剪发。有宫女最幸者乘间以闻，上怒而谴之，宫中股栗，莫知所为。太监黄锦熟念无可为策。一日，伺上色喜，即命宫中女官于殿廷栏楯所至，皆置俎豆。上问

---

①《武宗外纪》。
②《明史》卷一一四《后妃二》。

何故,黄即伏奏皇上有喜,上曰:"何喜?"黄曰:"皇上自思之。"上迟延曰:"念惟生一孙,差可喜耳。"黄即呼宫女顿首呼万岁。于是礼官始敢以皇孙闻。[①]

洪武定制时,女官和宦官当时各有所职,互不统属,虽然太监品级确实高于女官,且宫中一应所需皆需宦官奏闻传递,但并没有见到女官需听命于太监差遣的制度规定。而从上述记载看,太监命女官做事似乎是稀松平常之事了。明人贺钦《医闾集》中收录了其在成化年间所奏《辞职陈言疏》,其中有对皇帝"遵祖训以处内官"的劝谏,言:"内官之设,载之《周礼》曰:'内小臣曰阍人、曰寺人、曰内竖',纪其职掌不过正内人之礼事,守王宫中门之禁,掌女官之戒令,与内外之通令而已,未闻任用阉寺于中朝外方,使之典政本而掌兵权者也。"[②]"寺人掌女官之戒令"确实语出《周礼》,其原文为"掌王之内人及女官之戒令,相导其出入之事而纠之"[③]。《周礼》中虽然如此记载,但明代宫闱掌纠察戒令的是宫正司并非宦官。而官员给皇帝的奏疏中却以"掌女官之戒令"为宦官本来的职掌,或许只是引典故之说,但宦官既已干预朝政,势焰熏天,又如何不会专擅宫闱,掌女官之戒令?蒋之翘《天启宫词》云:"忠贤留客氏于内,以钤制宫壶。嫔妃而下,无不唯唯。"[④]"客氏在内,时有勒死、筭死女升出太平门外。"[⑤]天启年间,不仅外朝有魏忠贤只手遮天,宫闱中亦被客魏二人搅得乌烟瘴气,恐怕为寺人所掌的远不止女官之戒令,还有生死吧。

---

① 〔明〕高汝栻:《皇明法传录嘉隆纪》卷五,《续修四库全书》357,上海:上海古籍出版社,2002年,第 582 页。

② 〔明〕贺钦:《医闾集》,卷八《奏稿》,《景印文渊阁四库全书》1254,集部 193,别集类,台北:商务印书馆股份有限公司,2008 年。

③ 《古今图书集成·明伦汇编·宫闱典》卷一百二十一《宦寺部汇考一》,第 30565 页。

④ 〔明〕蒋之翘:《天启宫词》,《明宫词》,第 49 页。

⑤ 〔明〕蒋之翘:《天启宫词》,《明宫词》,第 52 页。

　　《稗说》中记载："司摄（设）监，在紫禁城外之西，设监员掌六宫铺设，四时衣裳之属。六宫寝室皆饰黄绫，一切帷幕、几席、茵簟，以至近侍衣制、铺陈等项，遇四季之首，例必奏进。"①《稗说》中记载的已是明末的情况。依照女官的职能分工，尚寝局下司设司掌帷帐、茵席的洒扫、张设，衣裳由尚服局下司衣司掌管。如此看来，有可能原本属于女官司设司和司衣司的职掌已经移于司设监，而按《酌中志》的记载，司设监本也有"围幕、褥垫，各宫冬夏帘、凉席、帐幔"②的职掌，由此推测，一些女官所掌与宦官职能相接近或类似的事务可能逐渐移于宦官。如，女官尚寝局下司灯司，掌灯烛膏火之事，而宦官内府供用库有油、蜡等库，掌管内用香烛，《酌中志》记载："宫中各长街设有路灯，以石为座，铜为楼，铜丝为门壁。每日晚，内府库监工添油点灯，以便巡看关防。"③宫中路灯由内府供用库宦官负责了，或许司灯并不负责宫中点灯之事，但亦可能是司灯之职在明末已被宦官取代。

　　另外，《曝书亭集》有言："至魏忠贤揽政，昵一客氏，深宫更无为懿安皇后助者，虽存女秀才、女史官空名，恒罚提铃警夜，而宫官大抵皆为阉寺之菜户矣。"④明后期宫人与宦官对食的现象极其普遍，《万历野获编》中记载："内中宫人，鲜有无配偶者，而数十年来为盛。盖先朝尚属私期，且讳其事。今则不然，唱随往还，如外人夫妇无异。"⑤既已鲜有无配偶者，女官以宦官为菜户当也不足为奇了。本应以德行、懿范赞襄后妃、表率宫女的女官，在明后期竟沦落如此，整肃宫闱、匡正后宫的作用怕早已是徒有虚名，可见内治之荒废、礼教之不存、女职之不备。

――――――

① 《稗说》卷四《司摄（设）监》，第 114 页。
② 《酌中志》卷十六《内府衙门职掌》，第 103 页。
③ 《酌中志》卷十六《内府衙门职掌》，第 112 页。
④ 《曝书亭集》卷五十二。
⑤ 《万历野获编》卷六《内监·内廷结好》，第 177 页。

随着宦官权势的膨胀，明代中后期一个个权阉相继登台，不仅在外朝兴风作浪，对于内廷的影响亦是巨大的。面对宦官的权势，女官听命受制于宦官，毫无抗衡之力，种种迹象表明，女官职权被侵夺、体制被破坏确有其事。

第二节　皇后对女官的影响

皇后是一国之母，六宫之首。协助皇帝管理后宫内政，打理六宫之事是皇后的职责。女官的设置是为"掌王后之礼，职内治之贰"，佐助皇后管理宫闱，教化嫔御，有皇后（包括皇太后）的支持，女官的职能作用也能更充分地发挥。明初三代皇后，即太祖孝慈马皇后、成祖仁孝徐皇后、仁宗诚孝张皇后，皆享有十分尊崇的地位，且以贤德仁厚著称。作为皇帝的贤内助，她们积极支持夫君的事业，在政治上多有影响，对于内廷亦格外重视，深知后宫有序于帝王之家的重要性。严于内治的一个表现便是对宫官之制的重视，对女官的礼遇。

有关马皇后的生平记载中，往往会记载这样两件事：

> 一日，集女史清江范孺人等问曰："自汉唐以来何后最贤？家法何代最正？"对曰："惟赵宋诸后多贤，家法最正。"后于是命女史录其家法贤行，每令诵而听之，曰："不徒为吾今日法子孙，帝王后妃皆当省览，此可以为万世法也。"①

> 帝怒宫人，后亦与同怒，执付宫正。帝稍解，问后曰："不自责，付宫正何也？"后曰："妾闻赏罚惟公，足以服人，故明主不以喜怒加刑赏，当陛下怒时，恐有畸重，付宫正则酌之矣，即陛下论罪

①《明太祖实录》卷一百四十七，洪武十五年八月丙戌。

　　人亦有司者治之耳。"①

　　马皇后请教范孺人等女史,录古代贤后之家法贤行,不仅说明她重视内治,还说明她重视女官佐理内廷的作用,使女官们发挥才能。后宫内制多出自范孺人之手,必是在马皇后的支持下才得以实现。宫人有错,交付宫正司处罚而不用私刑,既是秉公办事的表现,亦是对女官职能得以正常运作的保障,是对女官制度的维护。

　　徐皇后的贤德不亚于马皇后,对于女官亦十分敬重。司彩陈二妹病逝于宫中,徐皇后亦为其涕泣。晋江御史翁庆长女,因父入狱,上书愿代父受过,徐皇后感其孝道品行,"召入宫,留之三月,为宫中女师"②。可见徐皇后不仅重视内治,更重视有助于内治的人。

　　宣德时,张皇后已是太后,在女官黄惟德告老还乡之时,"皇太后作图及诗赐之",诗中有对黄惟德"夙夜孜孜勤乃事"的赞许,亦有"我心念尔恒不忘"的记挂,可见礼遇之深。③ 另外,《名山藏》《罪惟录》《明通鉴》等史籍中都记载了正统年间,已是太皇太后的张氏处置王振一事,以下引《罪惟录》中的记载:

　　　　二年,御便殿,召辅、"三杨"及胡濙五臣入,女官左右侍杂佩刀剑。上东立,辅等立西下。太后顾上曰:"此五臣先朝所简,皇帝必与酌可。"顷召振,振至,太后改色曰:"汝侍皇帝不律多,赐汝死。"女官进刃及振颈,上跪请,五臣皆跪。太后曰:"此辈自古多误人国,皇帝幼,乌知之,兹以皇帝故宽汝,行不赦矣。"④

　　德高望重的太皇太后面含怒色,左右女官皆持剑佩刀,侍卫凛然,

①《名山藏》卷三十《坤则记》,扬州:江苏广陵古籍刻印社,第 1765 页。
②《枣林杂俎·义集》,《彤管·翁氏女女师》,第 274 页。
③《女官传》,第 583 页。
④《罪惟录·列传》卷二《皇后列传》,第 1151、1152 页。

太皇太后一声令下，女官竟将刀剑架在了一代权阉"王先生"的脖子上，这是涉及明代女官的记载中最具气势的一个片段，可谓空前绝后了。虽然此事的可信度，明人王世贞早已提出了异议，言："至正统中绝不载太后召见诸大臣事。夫以太后召见大臣，于朝廷为盛事，于诸公为盛遇，责数王振为盛德，《文敏行实》与《圣谕录》何故佚之？史于太后之圣政、王振之蠹国，盖娓娓焉，何所讳而不书？"①但至少从这段记载中可知，没有太皇太后的威望与权势作为后盾，女官是断无可能如此行事的。

　　女官的才能能否施展，宫官之制能否正常运行，需要皇后的支持，而皇后的权力威望能否得到保障，则完全取决于皇帝。明初三代皇后皆与皇帝伉俪情深。虽所处时代不同，但三代皇后都曾与皇帝共度时艰，同甘共苦，深受皇帝爱重，在政事上每有劝谏，皇帝亦能虚心接受，她们在重大政治事件中皆能发挥一定的作用，具有一定的政治地位和影响。她们又都是皇位继任者的生母，或名义上的生母，是皇帝唯一的皇后，在后宫中的尊崇地位无可取代。除对女官恩礼有加，充分发挥女官的作用外，明初的皇后对内治也颇有作为，这主要体现在女教书的编撰上。女教书是古代教育女子言行、德性的书籍。明建国伊始，太祖便于洪武元年命儒臣修《女诫》及古贤妃事可为法者②，以严内教，训导宫嫔。而皇后亦亲自编纂女教书，不仅是迎合皇帝的教诲，体现母仪天下的职责③，而且以中宫之尊，从女性自身的角度出发，亲身示范，言传身教，表率作用及对后宫的影响必然更大。

　　马皇后除了命女史记录宋代贤后之家法，朝夕省览外，亦"每听女史读书至《列女传》，谓宜加讨论，删定为书，永作世范"①，只是未能成书。《明史·艺文志》记载，马皇后曾作《内训》一卷，今已不存，但其内容应保存在徐皇后所撰《内训》中。② 徐皇后，自幼贞静好学，有"女诸生"之称，为马皇后所重爱，对马皇后贤德的言行熟记于心，如数家珍。③ 于是"仰惟我高皇后教训之言，卓越往昔，足以垂法万世，吾耳熟而心藏之。乃于永乐二年冬，用述高皇后之教以广之，为《内训》二十篇，以教宫壶"④。又类编古人嘉言善行，作《劝善书》，颁行天下。⑤《内训》后来一直为明代宫中女子最主要的教科书，直至明末仍在内府刊刻⑥，影响久远。徐皇后在《内训》的序言中言：

> 夫人之所以克圣者，莫严于养其德性以修其身，故首之以德性，而次之以修身。而修身莫切于谨言行，故次之以慎言、谨行，推而至于勤励、警戒……⑦

德性、修身、慎言、谨行、勤励、警戒是《内训》的前六章，徐皇后认为，习内治之道、妇职之法应从修炼个人素养做起。而明初所选的女官，无不是德性、修身之典范，且慎言谨行、勤勉于事。女官因皇后的信任而任事，亦在任事中以个人素养影响后妃的言行。不论是高皇后之教还是文皇后之书，其中必然渗透着从民间千挑万选而来的民间淑德的影响。

---

① 《明太宗实录》卷二十六，永乐元年十二月甲戌。
② 《中国妇女通史·明代卷》，第 441 页。另，清修《四库全书总目》为仁孝徐皇后《内训》所作提要言：《艺文志》载《内训》一卷，高皇后撰，《劝善书》一卷，文皇后撰，不知二书之出于一人，亦志之误也。
③ 《名山藏》卷三十《坤则记》，扬州：江苏广陵古籍刻印社，第 1770 页。
④ 〔明〕仁孝皇后徐氏：《内训》，《文津阁四库全书》235，北京：商务印书馆，2005 年，第 885 页。
⑤ 《明史》卷一一三《后妃一》。
⑥ 《酌中志》卷十八《内板经书纪略》，第 160 页。
⑦ 《内训》，第 885 页。

　　然而,明代自宣宗胡皇后开始,皇后的地位便大不如前了。妃嫔恩宠或过甚,骄恣犯分之事屡有发生。宣宗开明代贵妃有宝之先河,实际上已是默许贵妃对于皇后地位的挑战,而废后立妃,便是公然对后宫秩序的僭越。英宗钱皇后虽温良贤淑,受英宗敬重,但是屡屡受到太子生母周贵妃的欺凌,地位岌岌可危,死后甚至被阻挠与英宗合葬。景帝亦废后。宪宗吴后立一月而废,继立的王皇后不得不在万贵妃的淫威下委曲求全。武宗荒淫,对后妃不理不睬。世宗三后,皆不得善终。穆宗、神宗皆宠爱贵妃而冷落皇后。熹宗的后妃被魏忠贤和客氏肆意迫害,甚至多有惨死者,可熹宗竟不闻不问。思宗对周皇后倒也爱重,但也会因田贵妃而“与后语不合,推后仆地”①。明代一直对后宫干政防范甚严,皇后多来自民间,无权势所倚,在宫中孤立无援,生死荣辱皆在皇帝一念之间。再贤德有才干的皇后,如果缺少皇帝的庇护,失去皇帝的宠爱,没有皇帝对其地位的保障,怕是自身都难保,又何谈宫闱内治,对女官的支持?据《胜朝彤史拾遗记》记载,成化时,万贵妃恃宠而骄,生活奢侈僭越,有大臣上书劝谏宪宗,其中说道:“……处置未闻,但传尚食所司,昭德进膳不减中宫。”②天启年间,客氏僭越,甚至用女秀才引礼赞礼。③ 面对这些僭越之举,女官也只能听命行事,真想予以匡正,恐亦是无能为力。

　　明代中后期皇后受皇帝笃爱者似唯有孝宗张皇后,但与明初的皇后相比,却是贤德智鉴不足,不能约束外家,使“明兴外戚之宠无过张氏矣”④。神宗孝端王皇后对待宫人、近侍极为刻薄,宫人“多罹捶楚,

---

①《明史》卷一一四《后妃二》。
②《胜朝彤史拾遗记》卷三,第 376 页。
③〔明〕秦徵兰:《天启宫词》,《明宫词》,扬州:江苏广陵古籍刻印社,第 29 页。
④《名山藏》卷三十《坤则记》,第 1794 页。

死者不下百余人,其近侍内官亦多墩锁降谪"①,可见并非宽仁之人。明中后期一些皇后的个人素质亦无法与明初皇后相比。

嘉靖年间,女官可能在一段时期内比较受重视,这主要源于世宗对于礼制的兴革,制定亲蚕礼以及颁行世宗生母章圣皇太后所撰《女训》。亲蚕礼定于嘉靖九年,最初行礼于北郊,声势浩大,异常隆重,六尚女官多有参加,并担任执事。据《万历野获编》记载:"嘉靖初年,行皇后亲蚕礼,内赐酒饭,以夫人、秀才为第一等,而供事命妇辈反次之。……则女秀才与夫人并称,其贵近可知。"②女秀才受到礼遇当也是女官受重视的表现,《酌中志》中记载:"凡圣母及后妃礼仪等事,则女秀才为引礼赞礼官也。"③女秀才只是宫女中能通书史者在晋升宫官过程中的第一个阶段,等级尚低于女史,更不是严格意义上有品秩的"官"。在礼仪中以女秀才引礼赞礼,显然不符合明初制定宫官职掌时对负责礼仪部门的女官官职、品秩及职责的规定,但明后期成为定制。亲蚕礼的仪注中,尚仪、司赞、司宾这些尚仪局的官职皆出现,而导引皇后者为"导引女官"并未写作"尚宫"。如果引礼赞礼者是女秀才,那么导引皇后者作"导引女官"似可解释,但尚仪、司赞若皆由女秀才充任,则就是有名无实了。原本皆是五品、六品宫官所职之事,竟让女秀才担任,这说明,此时宫官机构中,各级官职很可能已不齐备。

章圣皇太后《女训》颁行于嘉靖九年,这年十月,世宗命礼部制定授《女训》仪注,让女官在每月六日、十六日、二十六日进讲仁孝皇后《内训》和章圣皇太后《女训》中的内容,皇后率妃嫔听讲。④ 皇帝对于礼仪及宫中女子的教育的重视,使得女官在礼仪及教授方面的职能作用有所发挥,但实际好景不长。嘉靖十三年正月,张皇后被废,这一年和次年是否举行了亲蚕礼,《明实录》不载,但从十五年以后,则屡屡罢皇后亲蚕,遣女官代祭。很可能自张后被废,亲蚕礼便形同虚设了,授《女训》亦有可能因皇后被废而终止。女秀才的"贵近"也只是昙花一现罢了。"壬寅宫变"后,世宗移居西内,一意玄修,对朝政都日益倦怠,对那个给他带来梦魇和惊悸的后宫更是避之唯恐不及,还重视什么宫闱内治。嘉靖二十六年,方皇后也死了,女官曾经颇为重要的礼仪与教授职能必然随着内治的荒废而凋敝,嘉靖四十二年采选民间女子以充六尚时的那句"今缺久矣",应确属实情。

由上观之,明前期,帝后关系和睦,皇后在皇帝的支持下能有效地行使后权,掌管后宫,女官之制便能在发展完善后平稳运行。中后期,皇后多失宠,不受皇帝重视,空有母仪天下、统领六宫之名,实际在后宫中行使权力的空间却没有多少,又如何支持女官履行职能,匡正后宫,女官就是讲解教授再多的女教书、教导再多德性、修身的妇职之法,又如何抵得过皇帝默许与纵容下的内治不严、上下失序。随着诚孝张皇后的去世,权阉更加有恃无恐,宫官制度运行失去保障,"职移于宦官",很可能自此而始,"女官进刃及振颈"的一幕,便成绝唱。

第三节　皇帝对女官的态度

明初皇后能够敦于内治,并卓有成效,不仅仅因皇后贤德,最主要还是因为皇帝重视内治,家法甚严,以至于有"宫壶肃清,超轶汉唐"[①]之誉。太祖对于内治的重视已无需多言,从几乎历经洪武一朝的宫官之制的创建、更定、完善即可看出太祖于内治的煞费苦心。成祖重内

[①]《明史》卷一一三《后妃》。

治,完全承袭乃父之法。太祖登基之初,命儒臣修《女诫》及古贤妃事可法者,成祖即位伊始,亦命解缙修《古今列女传》,并亲为之作序,其中曰：

> ……武王、周公修太平之业,姜任继美,嗣续徽音,辅成关睢、麟趾之化。朕尝求之《豳风》,观其习俗之美,家人妇子,欢然有恩,粲然有文,馌田亩为酒食,治蚕绩,供衣裳,以奉献祭,实二南之权舆也。及乎《周南》,后妃贵而勤,富而俭,长而敬,不弛于师傅,嫁而孝,不衰于父母,乐而不淫,哀而不伤,逮下而有螽斯之祥,而致麟趾之应。雍雍乎,熙熙乎,江漠汝坟,咸被其化,端庄静一无狎昵之私,离别告语皆忠厚之意,何其盛也。盖古必有女师之官,所以教之之具,委曲详尽皆著于书……①

序言中寄托了成祖对于后宫雍肃和睦的向往,亦强调"女师之官"的重要。所以永乐时期女官采选亦比较频繁,并依然延续着洪武时期的高标准。

女官平日协助皇后管理后宫,教导嫔御,服劳宫寝,但还有一份职责是女官职掌中不曾明确记载的,便是随侍于君王之侧,而且这一职掌是从明初至明末一直都存在的。《涌幢小品》中言：

> 国朝以勋戚、大臣、阁臣、词臣、尚宝、中书、科道夹侍,而道引升陛,则词臣、中书、科道各四人,其制最当。至女官随侍,女乐引道,必起于吕、武临朝,而唐玄宗袭为故事。亦至我太祖革去,足以洗千古之陋。②

认为天子临朝以女官随侍为千古之陋,被太祖革去。但太祖之子宁王

---

① 〔明〕朱棣：《大明太宗皇帝御制集》,《故宫珍本丛刊》第 256 册,海口：海南出版社,2000年,第 12 页。
② 〔明〕朱国祯：《涌幢小品》卷二《侍朝》,《续修四库全书》1172,上海：上海古籍出版社,2002 年。

朱权所作宫词中有诗云:"才开雉扇见宸銮,天乐催朝尽女官。宝驾中天临百辟,五云深处仰龙颜。"朱权长于深宫,自言其宫词"虽不尽使娟之体,其传染写真之意,间有所似"①。太祖临朝时礼乐齐鸣,女官随侍于侧,众人顶礼膜拜,这样的场景应该真实存在过。洪武年间采选女官时,"诏选识字良家女及能读《大诰》者,杭州以江干蔡氏应诏,入宫署为女官,掌御前文字,宠冠六尚"②。既能读《大诰》,又要掌御前文字,必然是要随侍御前或记录皇帝话语,或按皇帝要求书写一些文字内容的。

永乐时期,成祖亦用女官随侍。《菽园杂记》记载:"翰林院、尚宝司、六科官,其先常朝俱在奉天门上御座左右侍立,故云近侍。今皆在门下御道左右,云是太宗晚年有疾,用女官扶持上下,因退避居下,今遂为定位。"③另外在《沙哈鲁遣使中国记》④一书中,对波斯使团晋见成祖的场景有如下描述:

> 皇帝是中等身材;他的胡须不很多,也不很少;他的中须仍约有二三百茎,长的足以在他坐的椅上绕三四个圈。御座的左右站着两个月儿般面孔的姑娘,她们把头发在头顶上打成一个结;她们的脖子和面孔露在外面;耳上带着漂亮的大珍珠;同时她们手里拿着纸和笔,准备把皇帝的吩咐和命令记下来。她们录下在那个特殊的日子中从他口里说的一切话。当他返回他的私室时,她们把那个记录交给他,并且留心,如命令有改动,就按此内容颁发

① 〔明〕朱权:《宫词》,《明宫词》,第1页。
② 《西湖游览志余》卷二《帝王都会》,第36页。
③ 《菽园杂记》卷八,第95页。
④ 《沙哈鲁遣使中国记》记载了1419年至1421年(永乐十七年至永乐十九年),波斯帖木儿帝国国王沙哈鲁派遣庞大使团访问中国的过程和见闻,作者为使团成员之一,画师火者·盖耶速丁。

书面指令，以此他的内阁的臣僚可以照它行事。①

这段记述中，御座左右的"两个月儿般面孔的姑娘"毫无疑问就是随侍成祖的女官。这是目前所见有关明代女官的记载中，对她们的样貌与工作状态最为直白却又最为生动的描绘，也印证了太宗晚年用女官扶持视朝的记载。从上述记载看，两名女官相当于皇帝的贴身秘书，在皇帝上朝时记录皇帝所说的话，其中必包含一些对政事处理的指令或建议。至于皇帝返回私室后如何处理女官的记录，又如何交内阁执行，当不是一个外国使节能轻易看到的。但至少记录皇帝的旨意，已是这些女官在内廷职掌之外，与权力中枢最近距离的接触。

明中期和晚期，女官随侍御前的情况依然存在。女官沈琼莲寄给其弟的诗中有"朝随御辇趋青琐，夕奉纶音侍禁闱"②之句，应是对其女官生活的描述，"朝随御辇""夕奉纶音"便是她随侍御前的写照。且沈琼莲因其才识卓越，在弘治时期因试《守宫论》擢居第一，为孝宗所重，随侍御前的可能性很大。即便到了天启年间，宦官为祸最烈之时，御前仍有女官随侍。据秦徵兰《天启宫词》记载："上好手造漆器、砚床、梳匣之属，皆饰以五彩，工巧妙丽，出人意表。当斩销得意时，或有急切章疏，奏请定夺。命识字女官朗诵官职、姓名、朱语。诵甫毕，玉音辄谕王体乾辈曰：'我都知道了，你们用心行去。'诸奸于是徇其爱憎，恣意批红施行。"③

---

① 〔波斯〕火者·盖耶速丁：《沙哈鲁遣使中国记》，何高济译，北京：中华书局，1981 年，第 118 页。
② 〔明〕戴冠：《濯缨亭笔记》卷四，全诗为：一自承恩入帝畿，难将寸草答春晖。朝随御辇趋青琐，夕奉纶音侍禁闱。银烛烧残空有泪，玉钗敲断恨无归。年来喜子登金榜，同补山龙上衮衣。另，此诗还有另一版本流传，见钱谦益：《列朝诗集》闰集第四《香奁上三十六人》，《送弟溥试春官》：少小离家侍禁闱，人间天上两依稀。朝迎凤辇趋青琐，夕捧鸾书入紫薇。银烛烧残空有梦，玉钗敲断未成归。年年望汝登金籍，同补山龙上衮衣。
③ 〔明〕秦徵兰：《天启宫词》，《明宫词》，第 19、20 页。

据《玉堂丛语》记载："圣祖时，凡观经史中有句读字义未明者，必召翰林儒臣质之，虽有知书内侍、能文宫人，不得近……成祖宝训云：上亲朝之暇，辄御便殿阅书史，或召翰林儒臣讲论，永乐以后，盖莫不然。"①女官虽然能够随侍御前，但不管是皇帝乾纲独断还是宦官擅政之时，女官的职能只是记录或是传达，但凡涉及政事的时候，女官都不能参与。不过据《稗说》记载，崇祯时"宫中又教习书史女才人数辈，掌古今书籍金石书画卷。上亲政暇，或询及章奏中称引典故，命才人条对。或不能详其事，则令捡某书、某朝、某帝，一一查览"②。即便如此，这些女才人担任的亦主要是秘书的职责，并没有任何记载表明，女官对政务能够有所干预，能够对皇帝的政令决策产生任何影响。正如《春明梦余录》中所记："旧制，有女秀才代书王命而不职起居。"③"代书王命"是对女官随侍御前之职的概括，所谓"代书王命"，绝不是"代行王命"甚至"代决王命"，她们不能如阁臣一样参与机务，也不会如司礼监般掌批红之权，她们是被排除在政治决策权力之外的。其实不仅女官，后宫女子不得干政，是明初便制定的家法，且一直严格执行，"约束森列，略不假借，凡一切朝政威福予夺，悉无所与。以故二百余年绝无有若而人干法纪者"④。至少对于女官，从目前掌握的材料看，未见有逾矩逾分、干预政事的记载。正如明人王世贞所言"女官皆典内职，非文衔"⑤，也就是说，所谓宫官其实根本不能称之为"官"。胡丹《明太祖禁止宦官干政"祖制"之考辨》一文指出："《祖训》明确刊载宦官制度，

---

①《玉堂丛语》卷三《召对》，第 67 页。
②《稗说》卷四《中外起居杂仪》，第 123 页。
③《春明梦余录》卷六《宫官·附载》，第 98 页。
④《宛署杂记》卷十《三婆》，第 84 页。
⑤《弇山堂别集》卷十八《皇明奇事述三·女官》，第 337 页。

实际上以'祖宗之法'的形式确立了宦官在明代政治体制中的合法地位。"①然而《皇明祖训》中并没有宫官机构设置、人员品秩的只言片语,若借用胡文中的说法,女官在明代政治体制中并不具备合法地位。

所以,女官制度的嬗变固然与宦官、皇后有着直接的关系,但是宦官势力的消长,皇后地位的高下却都取决于皇帝的好恶、皇帝的个人素质、皇权的约束与纵容。明前期,皇帝英明雄武,励精图治,皇后贤德尊崇,为避免后宫干政,为实现宫壸肃清的设想,女官的设置亦是保障皇权正常运转的辅助手段,严格的采选标准,完备的机构设置,宫官之制在皇帝所设想的轨道上正常运行,宫闱按照皇帝的意志进行有效管理。即便重用宦官,皇帝亦能有效驾驭控制,女官能充分发挥着赞襄后妃、表率宫女的作用,并受到皇帝、后妃的尊重,于是内治井然,有序和睦。明中后期以来,皇帝多昏庸荒淫,皇后多不受重视,地位堪忧,宦官专权,气焰日盛,触角遍及宫闱。祖宗煞费苦心制定的女官采选标准在皇权的为所欲为中改头换面,六尚名称虽存,但从前分工明确的各级机构设置很可能已不备,没有皇帝的重视、缺少皇后的支持,女官的作用难能发挥,即便有德才者选入,却断不会再出现范孺人、黄惟德之辈了。

清人朱奇龄所著《续文献通考补》中对明代女官之制有这样的评价:"犹有议者外庭之政权必有所统,则内宫之职掌亦必有所尊。今六尚之职,虽分其位,犹卑未足以佐后理内也。"②这正是道出了女官的尴尬,女官之卑不仅是品级的卑微,更是权力的卑微。面对宫闱无序混乱,内政不治,女官亦只能听之任之,无从置喙。女官设置之初,皇权

① 胡丹:《明太祖禁止宦官干政"祖制"之考辨》,《济南大学学报》(社会科学版)第 20 卷第 2 期,2010 年。
② 〔清〕朱奇龄:《续文献通考补》卷九《典礼补五》。

就没有赋予她们改变的权力,只能服从于改变,身不由己。宫官、宦官的对食亦说明女官的无所作为,地位已明显下降,曾经的清华内职竟至于此,也是宫官之制嬗变最无奈的证明。其实宫官从未罢设,只是她们存在的意义已在皇权的左右下逐渐偏离了最初的设定。朱彝尊言:"使女官旧章不废,祎衣褕翟,绛纱貂蝉,雍雍肃肃,何遽称九千岁于大珰之前乎?"①而真正使女官旧章渐废的不是宦官专权,不是皇后式微,却正是皇帝自己。女官制度能否平稳延续,女官职能能否正常行使,皆依托于皇权。然当皇权所托非人时,女官制度便无所依托了。

---

① 《曝书亭集》卷五十二,国家图书馆藏清抄本。

第八章　明代宫女的采选与晋升

　　如前文所述,明代后宫的女性中,妃嫔以下皆称"宫人",泛称"宫女"。其中的女官是宫闱事务的管理者,可视为高级宫人,其他普通宫人,或可称为宫女、宫婢,是具体的服务人员,亦算是一种特殊的差役人员,她们或有专属户籍,其家庭可以免除其他差役和一定的赋税等。

第一节　宫女的采选

　　宫女同样必须选自民间,洪武十四年,太祖"敕谕苏、松、嘉、湖及浙江、江西有司,凡民间女子年十三以上、十九以下,妇人年三十以上、四十以下无夫者,不问容貌妍丑,但无恶疾,愿入宫备使令者,女子人给钞六十锭,妇人给钞五十锭,为道里费,送赴京师"①。其中十三岁至十九岁的女子便是采选入宫,以备役使的。除年龄的规定外,只要身体健康,容貌则不作要求,送女入宫之家会得到一定的赏赐。洪武二十九年所定,"所取女子除富豪不用,其余不问贫难之家,女子年十五、二十岁者送进洒扫宫院,晒晾幔褥,浆糨衣服,造办饭食……"②不同时

---

①《明太祖实录》卷一百三十五,洪武十四年春正月庚子。
②《明会典》卷六七《婚礼一·皇帝纳后仪·选用宫人》,第405页。

期的采选,对年龄的规定虽有出入,但普通宫女必是从民间的年轻少女中选择。在实际采选中,很多应选少女的年龄会低于规定年龄的下限。如宪宗顺妃王氏、德妃张氏被选入宫时分别是 12 岁和 13 岁,皆小于当次采选规定年龄的下限 15 岁。宪宗另一位可能也是以宫人身份被选入宫的静妃岳氏,入宫时才 11 岁。① 嘉靖二十六年所定《选取宫女条款》将年龄定在 11 岁以上 14 岁以下②,嘉靖三十一年采选民间女子时的年龄下限更是定到了 8 岁③。光宗庄妃李氏在万历二十六年入宫时 10 岁,熹宗裕妃张氏在万历四十年入宫时只有 6 岁。④ 而宪宗皇贵妃万氏,被选入掖庭为孙太后身边宫女时,只是一个年仅 4 岁的幼女。⑤

　　宫女入宫后,经过教导,就分配到各个宫院以供役使。"凡宫中诸女侍,每娘娘位下,内外服役若干人,如司衣尚食,供洒扫巾栉,盥沐浆洗,纫针裁剪,以至厨馔诸役,悉有名载籍,别其尊卑。"⑥每一宫的宫女,皆有各自的分工,也会按资排辈,有等级之分。《宫庭睹记》记载:"每宫必有管家婆子一人,所以约束宫人也。"⑦管家婆子在一宫宫女之中是地位最高者,除了服侍本宫主子,还有管理约束本宫宫女的职责。在皇帝身边服侍的宫女中,为皇帝栉发者为最尊,亦称"管家婆"⑧,其他宫女又有"老宫人""小宫人"之称。⑨ 明宫中的宫人到底有多少? 据

---

① 参见《明代妃嫔陵园及圹志》。
②《礼部志稿》卷六十一《冠婚备考·选宫人·选取宫女条款》,《文津阁四库全书》198,第352 页。
③《明世宗实录》卷三百九十二,嘉靖三十一年十二月己酉。
④ 参见《明代妃嫔陵园及圹志》。
⑤《明史》卷一百十三《列传第一·后妃一》。
⑥《稗说》卷四《大内常仪》,第 119 页。
⑦《宫庭睹记》,《三异词录》十二种,国家图书馆藏清抄本。
⑧《秋镫录》,第 231 页。
⑨《酌中志》卷二十二《见闻琐事杂记》,第 203 页。

有学者的考证和统计,维持在两千人到三千人上下。①

第二节　宫女的晋升

自各地选入宫中的少女和女童,她们中的一些人在长大后若被皇帝宠幸则可能位列妃嫔。正如明人沈德符所言:"后宫姬侍列在鱼贯者,一承天眷,次日报名谢恩,内廷即以异礼待之,主上亦命铺宫以待封拜。"②可见从数量如此庞大的宫人群体中升为妃嫔者恐怕不在少数。一朝承宠,从此身份地位便不同了,不过这样的"幸运"或许是殊荣,亦可能是另一种厄运的开始。

宪宗皇贵妃万氏,其父本是山东诸城县的一个小吏,后因犯了法谪居霸州。③万氏自4岁选入掖庭在孙太后宫中做宫女,及笄后又服侍尚是太子的宪宗。从宪宗年幼之时一直到16岁登基,万氏都陪伴左右,照顾饮食起居,宪宗在感情上对她有很深的依赖。宪宗即位后,万氏虽已33岁,但却得专宠,甚至因为她而废掉了刚立一月的吴皇后。成化二年生皇长子后,得封贵妃,更是宠冠后宫,然皇子早夭,她也不再能生育。很多史籍皆言,万氏因嫉妒,使"六宫希得进御",要是得知有妃嫔怀孕,便百方堕胎,使得宪宗在子嗣上一直堪忧,但即便如此,宪宗依然对她容忍纵容、荣宠不衰。成化十二年进封皇贵妃,服用器物穷极奢侈,甚至每每僭越皇后,"四方进奉奇技异物皆归之"④。有史料言"万氏丰艳有肌,每上出游,必戎服佩刀侍立左右,上每顾之辄

---

① 参见《明代宫女的采选与放出》。
② 《万历野获编》卷三《宫闱·封妃异典》,第77页。
③ 《胜朝彤史拾遗记》卷三,第376页。
④ 《明宪宗实录》卷二百八十六,成化二十三年春正月辛亥。参见方志远:《成化皇帝大传》,2008年,53—55页、73页。

为色飞"①,也有史籍云万氏"貌雄声巨,类男子"②,正史说她"机警,善迎合上意且笼络群下"③。不管万氏到底是什么样子的,对于宪宗来说,她都是无可取代的。在成化二十三年万氏去世后,宪宗"不语,久之但长叹曰:'万侍长去了,我亦将去矣。'"④同年,宪宗亦崩逝。一个宫女出身且年长皇帝 17 岁的女子,却得到了皇帝一生的钟情,这在历代后宫中也是异数了,其中种种,不胜唏嘘。

　　若说万氏由宫女而位极皇贵妃,是缘于和宪宗多年相互陪伴而产生的深厚感情的话,这毕竟是极少数,而多数情况是,宫女能够一朝承宠,获封妃嫔,往往事出偶然。《万历野获编》中记载了一件听闻自老内侍的故事:

　　　　世宗一日诵经,运手击磬,偶误槌他处,诸侍女皆俯首不敢仰,惟一幼者失声大笑。上注目顾之,咸谓命在顷刻矣。经辍后,遂承更衣之宠,即世所称尚美人是也。从此贵宠震天下,时年仅十三,世宗已将耳顺矣。其后册拜为寿妃,拜后百余日,而上大渐。⑤

　　世宗性情急躁乖戾,有史籍称"世宗性下,待宫人多不测,宫人惧"⑥,且世宗长年居住西苑,崇道修玄,炼丹求仙,服食丹药后性情更加喜怒无常⑦。这个尚姓小宫女在此种情形下,不仅性命无虞,甚至因此得宠,不知能否算幸运,但确是偶然。据《明世宗实录》记载,嘉靖四

①《万历野获编》卷三《宫闱·万贵妃》,第 84 页。
②《罪惟录》列传卷之二《皇后列传·王皇后吴废后纪太后邵太后》,第 1161 页。
③《明宪宗实录》卷二百八十六,成化二十三年春正月辛亥。
④《万历野获编》卷三《宫闱·万贵妃》,第 84 页。
⑤《万历野获编》卷三《宫闱·封妃异典》,第 77、78 页。
⑥〔清〕程嗣章:《明宫词一百首》,《明宫词》,第 145 页。
⑦ 参见胡凡:《嘉靖传》,第 480 页。

十五年八月，册封宫御尚氏为寿妃①，并赠其父骠骑将军、右军都督金事之职，而同日由敬妃进封至贵妃的文氏，其父只授予指挥同知之职，"则恩礼轻重可知矣"，甚至有藩王做了暴横不法之事，"内结尚贵人为援，故抚按俱莫敢问"。尚氏封妃时已十八岁，受封两天后，陪侍世宗过了他的六十大寿，不久，世宗就病倒了，于十二月驾崩。可见，尚氏在世宗晚年颇得宠爱，尊贵一时。②《太常续考》记载，世宗除三位皇后外，有三十三妃二十六嫔③，这些皆是有名姓封号可查者。然嘉靖年间频繁采选民间女子入宫，有宫词云："太极衣方进御来，春风憔悴闭楼台。玉颜空预良家选，只为延年作药材。"④这些少女入宫后，或供道士为皇帝炼药，或成为皇帝淫乐、泄欲的工具。⑤ 因丹药属热性药物，当药性发作时，皇帝会对这些宫女"稍有属意，间或非时御幸，不能尽行册拜，于是有未封妃嫔之呼"。有些承御宫女在死后得以追封，但是"逮龙驭上宾，其现存未封者概不得知矣"⑥。所以，一朝承御，五年荣宠，册封为妃，尚氏应是幸运的吧。

宫廷女性地位最尊者莫过于皇太后，而以宫女之出身位极太后，且得享数十年尊崇富贵者，明代宫廷中当非神宗生母李太后莫属。穆宗朱载垕为裕王时，李氏是裕王府的侍婢，服侍裕王，得到宠爱，并生子，即后来的神宗朱翊钧。穆宗即位后，李氏被册立为皇贵妃，而其子朱翊钧本为穆宗第三子，因前两子早殇，所以被册立为太子。李氏在隆庆二年又生一子，后封潞王，地位更加尊贵。神宗即位后，尊李氏为慈圣皇太后。按旧制，"天子非嫡生而尊皇后称皇太后，若生母亦称皇

①《明世宗实录》卷五百六十一，嘉靖四十五年八月己未。
②《万历野获编》卷二十九《祥祥·万寿宫灾》，第744页。参见胡凡：《嘉靖传》。
③《太常续考》卷四《长陵等陵事宜》，《文渊阁四库全书》198。
④〔清〕史梦兰：《全史宫词》，《明宫词》，第168页。
⑤ 参见胡凡：《嘉靖传》，第255页。
⑥《万历野获编》卷三《宫闱·封妃异典》，第77页。

太后,则加徽号与皇后以别之"①。而最终,尊穆宗皇后陈氏为仁圣皇
太后,李氏以慈圣皇太后与嫡后陈氏两宫并尊,无区别,地位已尊崇之
极。李氏在宫中也颇有威严,严格管教年少的神宗,支持张居正改革,
在万历朝国本之争中力保皇长子朱常洛的储君之位,对明后期的宫廷
政治颇有影响。李氏居太后之位长达四十二年,以近七十高龄崩于万
历四十二年,可谓一世荣华福寿皆已尽享。

不过,雷霆雨露向来变幻莫测,后宫之中,不是每一个得封妃嫔的
宫人都能享受到母以子贵的荣华。光宗朱常洛的生母王氏,亦是宫
人。据其圹志记载,王氏是万历六年入宫,时年 13 岁。② 入宫后为慈
宁宫宫人,一次神宗到慈宁宫,偶遇王氏,私幸之,竟有了身孕。后来
神宗生母李太后问及此事,神宗本不承认,但面对内起居注中的记录,
也无法抵赖,在太后的压力下不得已封王氏为恭妃,此事在万历十年
六月十六日,王氏 17 岁。③ 很多史籍皆言,王氏年长后被神宗偶幸,其
实也不过是个 17 岁的少女。两个月后王氏产子,即皇长子朱常洛。
恭妃并没有因为诞育了皇长子而得到进封,但皇长子诞生后的数年,
神宗和恭妃的关系应尚可,在万历十二年七月,恭妃又生了皇四女④,
说明尚没有被神宗冷淡疏远。而也是在这段时间,神宗对郑贵妃的宠
爱与日俱增,直至宠冠后宫。郑贵妃以神宗诏选九嫔而入宫,万历十
年三月封淑嫔,万历十四年三月因皇三子的诞生而进封皇贵妃,四年
里屡次进封,后妃中地位仅次于皇后。同样诞育皇子,但两位妃子的
待遇差别如此之大,于是自神宗欲进封郑氏为皇贵妃开始,朝臣纷纷
上疏请正名分立国本,立长子为东宫,封恭妃为皇贵妃,但神宗不是怒

①《胜朝彤史拾遗记》卷五,第 391 页。
②《神庙温肃端静纯懿皇贵妃王氏圹志》,参见刘精义、鲁琪《明代妃嫔陵园及圹志》。
③《神庙温肃端静纯懿皇贵妃王氏圹志》,参见刘精义、鲁琪《明代妃嫔陵园及圹志》。
④《明神宗实录》卷一百五十一,万历十二年七月庚辰。

谴官员,就是不予理睬。① 很可能自国本之争开始,一边要面对朝臣谏言,太后施压,另一边又受到宠妃的影响,神宗对恭妃母子日益冷淡、疏远,甚至厌恶、薄待。② 虽极受冷落,恭妃应在皇长子年少时一直与其生活在一起,母子相依为命。③ 万历二十九年,神宗不得不立皇长子为太子时,恭妃依然没有母以子贵获得进封,且太子居慈庆宫,母子已然分开,不得相见。直到万历三十四年,元孙出生,恭妃得以进封皇贵妃,但实际上没有享受到任何尊崇,而是已幽困冷宫,无人问津,宫门深锁。万历三十九年,恭妃病重,皇太子才得以请旨看视,"门闭,抉钥而入",恭妃已目盲,拉着皇太子的衣服哭着说:"儿长大如此,我死何憾!"不久便死去④,以皇贵妃之礼葬于天寿山。恭妃的圹志上说:"妃毓秀德门,早膺国选,贰备柔嘉之德,久端宫壶之仪,首诞元良,克赞内治,圣明眷注卓越等。"冰冷的溢美之词似乎掩去了所有的欺凌与不公,但有一句也耐人寻味:"然则为妃也者,其亦无愧于穹壤矣乎。"⑤恭妃确实无愧,不过在皇帝眼中她不过只是个私幸后就该很快被遗忘的宫人而已。

很多史籍都记载了孝宗朱祐樘坎坷的身世,其生母纪氏的命运更是多舛。纪氏本是广西贺县土官之女,在成化年间征蛮之役中被俘,入宫为婢,因为识字且为人警敏,而做了管理宫中内藏库的女史,在宪宗一次偶行内藏时,被临幸而有孕。接下来的故事如很多后宫秘史一

---

① 《明神宗实录》卷一百七十一,万历十四年二月癸酉、甲戌、乙亥;卷一百七十二,万历十四年三月癸卯;卷一百七十三,万历十四年四月乙丑。
② 参见林延清等:《明朝后妃与政局演变》,第245页。
③ 《明神宗实录》卷二百一十九,万历十八年正月甲辰条记载,神宗于毓德宫召见辅臣时曾说到恭妃,言:"勤劳如恭妃王氏,他有长子,朕着他调护照管,母子相依,所以不能朝夕侍奉,何尝有偏。"
④ 《明史》卷一百十三《列传第一·后妃一》;《罪惟录》列传卷之二《皇后列传·王皇后王太后郑贵妃魏慎嫔》,第1174页。
⑤ 《神庙温肃端静纯懿皇贵妃王氏圹志》。

般,可谓步步惊心,充满了戏剧性。万贵妃专宠,欲害纪氏腹中之子,在好心的宫女和宦官的帮助下,纪氏躲过一次次劫难,在西内安乐堂偷偷生下孩子,艰难抚养至五六岁。终于有良知的宦官冒死向正为无子而忧郁的皇帝说出实情,父子得以相认。① 然明代就有史家对此事提出怀疑,并提供了故事的另一个版本:纪氏称病移居安乐堂,实际上是宪宗的密令,一方面为安抚万贵妃,另一方面则是暗中保护皇子,不被万氏所害。② 不论宪宗是否知情,成化十一年五月,朱祐樘皇子的身份得以公开,但一个月后纪氏突然去世,是病故、自缢还是被万贵妃所害?恐怕将永远是明代后宫的一个谜团。虽然被皇帝临幸而又诞育皇子,即便将来自己的孩子成为太子甚至皇帝,但纪氏这个可怜的女子没能享过一天儿子的福。史籍中记载,宪宗遣使迎接皇子时,纪氏抱着孩子哭着说:"儿去,吾不得生。"③恐怕这是后宫中许多卑微女子对自己命运的预知和悲叹,一朝入宫门,命已不由己。对于孝宗来说,幼年丧母,终究是一生无法平复的伤痛。王恭妃和纪氏在她们的儿子或孙子即位后,皆被追尊为皇太后,且迁葬帝陵,虽哀荣无限,却难掩其生前命运之凄楚。孝宗尚有母亲可思念、祭奠,而其祖父英宗,却连生母是谁都不知。

英宗名义上的生母是宣宗孙皇后。宣宗即位后立自己的正妻为皇后,即胡皇后。史载,胡皇后多病且一直无子,宣宗一直很宠爱贵妃孙氏,但孙贵妃亦无子,而有一宫女生下了皇子,于是孙贵妃"阴取宫人子为己子",即英宗,而孙贵妃眷宠益重。胡皇后最终无奈上表逊位,宣宗于是废胡皇后,而立孙贵妃为后。④ 英宗一直不知实情,但他

①《明史》卷一百十三《列传第一·后妃一》。
② 参见方志远:《成化皇帝大传》,第 72 页。
③《明史》卷一百十三《列传第一·后妃一》。
④《明史》卷一百十三《列传第一·后妃一》。

的皇后钱氏知道真相也不敢说。直到天顺八年病重时,钱皇后才对他泣诉道:"皇上非孙太后所生,实宫人之子,死于非命,久无称号。胡皇后贤而无罪,废为仙姑……"①没有人知道这个生下皇子的宫人是谁,她的名字和生命都在后宫中被残酷地隐匿,然在后宫中被销声匿迹的宫人甚至妃嫔又岂是寥寥。

宪宗邵贵妃在其孙世宗即位后被尊为皇太后,有史籍记载她曾说:"女子入宫,无生人乐,饮食起居皆不得自如,如幽系然,以后选女入宫,毋下江南,此我留大恩于江南女子者也。"②嘉靖时期虽频繁采选民间女子入宫,但确实未见自江南采选,不论世宗在广选淑女时,是否曾念及他祖母的这句话,这一句,道尽了多少入宫女子心中的愁怨。

宫女的另一种晋升途径是成为女官。宫女选入宫中后,由宦官二十四衙门中"多读书、善楷书、有德行、无势力"的宦官教导。"所教宫女读《百家姓》《千字文》《孝经》《女训》《女诫》《内则》《诗》《大学》《中庸》《论语》等书。学规最严,能通者升女秀才,升女史,或升宫正司六局掌印。凡圣母及后妃礼仪等事,则女秀才为引礼赞礼官也。"③前文已述,明代中后期,由于女官采选标准的变化,女官的来源不再是选民间无夫妇人,而是从有才慧的宫女中选拔。女秀才是宫女成为女官的第一步。《天启宫词》中有诗云:"乾西移驻翠华来,新例传宣女秀才。为是初升仪未熟,玉腮红映两三回。"后有注语:"……凡圣母及后妃行礼,女秀才为引赞礼官。初升者往往举止羞涩,经年后周旋合度,音声朗然矣。"④所谓"初升者"当指"诸宫女曾受内臣教习,读书通文理

①《寓圃杂记》卷一《胡皇后》,张德信点校,北京:中华书局,1984年,第4页。
②《胜朝彤史拾遗记》卷三,《四库全书存目丛书》史122,第375页。
③《酌中志》卷十六《内府衙门职掌》,第130页。
④〔明〕秦徵兰:《天启宫词》,《明宫词》,第29页。

者"①。这首宫词描述的就是宫女在刚升为女秀才时,因为"仪未熟",而有些放不开,举止羞涩的情态。《万历野获编》记载:"嘉靖初年,行皇后亲蚕礼,内赐酒饭,以夫人、秀才为第一等,而供事命妇辈反次之。以地在禁密,厨役难办,命尚膳监只待。则女秀才与夫人并称,其贵近可知。"②可见在后宫之中女秀才是比较受尊敬的,如果继续勤勉任事,展露才华,还会继续升官,进入后宫管理人员行列。成为有品级的女官,甚至是宫官六局及宫正司的负责人。

宫人曹静照当是由宫女升为女官的一个典型。据《甲申朝事小纪》记载:

> 曹静照,字月士,宛平人。泰昌元年,选良家女入宫,派司盈月。崇祯甲申,李自成犯阙,静照随内监刘某奔南京。乙酉五月,福王失南都,乃剃为尼。有宫词六首传世。③

曹静照一直服务于掖庭直至明亡。"派司盈月"应指后来委任给她的职务。其宫词有云:"宝妆云髻弹金衣,娇小丰姿傍玉扉。新入④未谙宫禁事,低头先拜段纯妃。"描绘出一个少女方入宫时谨慎羞怯的情态。"只敕宣传幸玉熙,乐工先候九龙池。装成傀儡新番戏,尽日开帘看水嬉"以及"椒房领得金龙纸,敕写先皇御制诗"等诗句可知她曾服侍御前,伴驾看戏,为皇帝抄诗,应该颇受器重。另有"俭德慈恩上古稀,他方织锦尽停机。赭黄御服重经浣,内直才人著布衣"。此诗的背景当是崇祯七年,"贼破凤阳,焚皇陵享殿,上震怒,勒限平贼。斋居武

①《万历野获编补遗》卷一《宫闱·女秀才》,第805页。
②《万历野获编补遗》卷一《宫闱·女秀才》。
③〔清〕抱阳生:《甲申朝事小纪》三编卷九《曹宫女》,任道斌点校,北京:书目文献出版社,1987年,第660、661页;另见〔清〕计六奇:《明季北略》卷二十《曹静照宫词》,魏得良、任道斌点校,北京:中华书局,1984年,第463、464页。
④《甲申朝事小纪》中"新入"作"宫人"。

英便殿，减膳撤乐，青袍视事，以示行间文武，甘苦与同之意"①。因而宫中女眷亦着布衣。其中"内直才人"当是曹静照对她自己的称呼。曹静照的宫词真切反映出她从宫女到女官的宫中生活，"低头先拜段纯妃"之句可见，天启年间她已经是宫里的一个小宫女，后至崇祯年间或因其才华，升为女官。然而对曹静照"泰昌年间"入宫这一记载，清人朱彝尊在《静志居诗话》提出了疑议，认为光宗在位仅一个月，只听闻有宦官将若干宫女放出的事，"不闻有选良家女子之事，当再考之故老野史"②。

第三节　特殊的女性服役群体

明代的宫廷，是皇帝一人的世界，服役妃嫔的群体包括了后宫生活的方方面面，这里所谓的特殊服务群体，主要是指她们的职责和采选不完全等同于以上"宫女"的职责与选择标准，而是稍有其特殊的一面。

一　"三婆"：奶婆、医婆、稳婆

"三婆"是指民间常说的"三姑六婆"③中的六婆职业女性中的三位，包括奶婆、医婆、稳婆，他们分别担负奶妈、治病和接生等任务，有专职的医疗和哺育的性质，显然与普通宫人的任务大不同。

"三婆"属下层宫廷女性，流传的资料更为有限。所幸有万历年间刊行的沈榜《宛署杂记》略有记载，可得一二。沈榜曾于万历十八年在

---

① 〔清〕饶智元：《明宫杂咏·崇祯宫词》，《明宫词》，1994 年，第 309、310 页。
② 《静志居诗话》卷一《宫掖》，第 24 页。
③ 对明代"三姑六婆"的研究，以衣若兰《三姑六婆——明代妇女与社会的探索》（台北：稻乡出版社，2006 年 6 月再版）为代表，该书第三章第二节"医疗·生育"对明代宫廷中的三婆有所涉及，本书亦多有借鉴。

北京郊区的宛平县担任知县,属民承担较多的京城和宫廷赋税差役,他有心记载,遂成研究明代宫廷史珍贵史料。该书第十卷"居"字有"三婆"一条,略记奶婆、医婆和稳婆事迹。

> 故事,民间妇无得入禁中者,即诸宫女已承恩赐名称,其母非得旨亦不入,惟"三婆"则时有之。一曰奶婆,即两县及各衙门选送礼仪房坐季奶口,若内庭将有诞喜,则预召数人候之内直房,产男用乳女者,产女用乳男者,初亦杂试,候月余乃留一人。一曰医婆,取精通方脉者,候内有旨,则各衙门选取,以送司礼监会选中籍名待诏。入选者,妇女多荣之。余初至宛平,曾选一女,年仅十五六,而考其医业,则应对有条,即大方脉家不过焉。盖素习以待用者,习俗然也。一曰稳婆,即民间收生婆中,预选籍名在官者,惟内所用之。如选女,则用以辨别妍媸,可否如选,奶口则用以等第乳汁厚薄,隐疾有无。如内庭有喜,则先期预集老于事者直宿,日夕候之,事定乃罢。诸婆中有一经传宣者,则出入高髻彩衣如宫妆,以自别于侪伍。民间亦以此信而用之。医婆、稳婆,事竣皆得出,惟奶口一幸留,则终其身事所乳,得沾恩泽,无复出理,其食报盖特隆云。[1]

"三婆"的区别之一是医婆和稳婆事竣而罢,唯"奶婆"一职情况特殊,说明奶妈在宫廷杂役的群体中地位更高一些。奶婆除在京都司卫所选取妇女外,主要是从北京城郊的大兴和宛平二县的"奶口"中选取,在《宛署杂记》的"奶口"一条,有如下记载:

> 东安门外稍北,有礼仪房,乃选养奶口以候内庭宣召之所。一曰奶子府,隶锦衣卫,有提督司礼监太监、有掌房、有贴房,俱锦衣卫指挥。制:每季精选奶口四十名养之内,曰坐季奶口,别选八

---

① 《宛署杂记》卷十《居字·三婆》,第 83—84 页。

十名籍于官，日点卯奶口，候守季者子母或有他故，即以补之而取盈焉。季终则更之。先期，两县及各衙门博求军民家有夫女口，年十五以上，二十以下，夫男俱全，形容端正，第三胎生男女仅三月者杂选之。除五兵马司及各卫所外，两县各额该选送二十名，每季于佐领中轮委一员，集各里良家妇，如前行令，稳婆验无隐疾，呈之正官，当堂覆选相同，具结起送，候司礼监请旨特差内秉笔者一人出，合各衙门所送奶口会选乃定。①

奶婆在役时享受较高的物质待遇，由光禄寺或当地官府供应，生活物资一应齐全。不仅如此，奶妈还享受较高的政治待遇和社会地位，在明代宫廷史中，奶妈的身影也时隐时现。最典型的，莫过于天启年间熹宗的奶妈、乳母——客氏。

熹宗朱由校在少年时代之前大都是跟着他的"乳母"客氏长大的。客氏，名巴巴，来自北直隶定兴（今河北定兴）一个普通农民家庭。十八岁时客氏因人长得漂亮，奶水比较稠，又粗通文笔，应选入宫作由校的奶妈。客氏入宫两年后，丈夫死去，凭借乳母的身份，客氏得以天天陪伴朱由校，朱由校对她也很信任。即便朱由校年龄稍长一些，客氏也凭借朱由校对她的信任和依赖，得以长期留在宫中。客氏深知，要想在宫里获得生存和发展的机会，就要与宫里的宦官勾结在一起，她先与大宦官魏朝勾结，后又投入日渐走红的宦官魏忠贤的怀里。其实，朱由校对客氏怀着一种别样的情感，由于缺少生母的关心与呵护，客氏就成为他生活中最重要的女性。在熹宗朱由校即位后，客氏的地位实际上甚至高过了西李和东李两位选侍。

熹宗登极仅半个月时间，客氏就被封为"奉圣夫人"，她的儿子侯国兴、弟弟客光先等封为锦衣卫正千户。次年正月，又赐给客氏护坟

①《宛署杂记》卷十《居字·奶口》，第81页。

香火田 20 顷。此时的客氏依然与熹宗皇帝形影不离。[1] 只是到了天启元年二月,由于熹宗大婚,娶了张皇后,客氏与皇帝才不可能像从前一样如影随形了。但是,熹宗对她的优容与宠爱没有削减。熹宗一朝,仅仅是一个乳母的客氏所受到的隆遇,是前所未有、后无所及的。每逢她的生日,熹宗一定亲自去祝贺。她以"天子八母之一"自居,每次出行,其排场都不亚于皇后。出入宫闱,一定要清尘除道,香烟缭绕,"老祖太太千岁"的呼声震天动地。更重要的是,她凭借皇权、勾结魏忠贤所形成的巨大的权势更是达到了明代各朝宫女所未及的高度。

二　女轿夫

女轿夫是由女性承担的宫廷中的杂役,因宫廷生活中的女性长期、固定需要一定数量的女性轿夫来负责出行、礼仪等。女轿夫可被视为明廷下层女性群体中等级最为低下的服役人员。

关于女轿夫的产生、演变以及承担差役的情况,沈榜在《宛署杂记》中,也有较为详细的介绍。

> 万历二十年,见当大婚,女轿夫除大兴一百名外,宛平实九十三名。永宁公主府女轿夫一百名。延庆公主府一百名。瑞安公主府一百名。案:查女轿夫林凤妻王氏等一百九十三户,原籍福建闽、侯、怀三县人,洪武年拨送南京应当女户,永乐年间随驾北都,专供大驾、婚礼、选妃及亲王、各公主婚配应用。给与优免,下帖令其男子在外供给,免其杂差,属大兴县。天顺年间各户消乏,告扯五城及宛平县会同照数佥补,嘉靖三十一年止存八户。又题

---

① 《明史》卷二十二《熹宗纪》。

金楚相妻王氏一百余名补足,嘉靖末年楚相等陆续改拨锦衣卫校尉。至万历五年顺天府府尹王题请金补,奉圣旨:"礼部知道",钦此。部覆:"行准顺天府经历司手本,据宛、大二县申请,查照原额,于各坊铺行殷实人户内金补,照例优免,等因到部。本年四月二十日,礼部尚书马自强具题,奉圣旨:'这女轿夫准金补,既有优免事例,著永远应当,以后再不许夤缘改拨。'"

优免则例:大婚夫铺行银全免,各府夫免四钱,等则高者余银补纳。

衣帽:大婚、上陵,凤辇合用花纱帽、红绢彩画衣、绿绢彩画汗褂、红绵布鞴鞋、铜带,俱临时赴内府关领;各轿合用锦汗巾、红布汗褂,俱两县新置。各府轿夫衣帽,女夫自备。

按:女轿夫一也,属大婚者,行银全免,别无私征,而一遇选女、选婚、上陵等事,则每名雇至五六名,属各府者,差不加多,而行钱正免肆钱,每月每名外纳各府贴差银壹钱伍分,其劳逸盖略相等云。[1]

据此可知,首先女轿夫产生的历史很悠久,她们是洪武年间的女户,永乐迁都时一同随到北京,落籍于北京郊区。其后,女轿夫的差役就由大兴、宛平县相继承担了。女轿夫的使用,分为遇到重大事情和日常出行两种情况,凡大驾、婚礼、选妃及亲王、公主婚配时,皆有应用,这样使用的数量就非常大。宫廷其他女性如后妃、女官等高中级人员的日常出行,也要乘轿子,同样由女轿夫来担。或由宛平县出钱雇募女性。[2]

女轿夫的使用数量还相当庞大,但承平之时使用数量有名额的规

---

[1]《宛署杂记》卷二〇《书字·志遗五·遗事一·女轿夫》,第284页。
[2]《宛署杂记》卷十四《经费上·宫禁》,第142页。

定。因系杂差，凡被选充为女轿夫者，其家庭同样可免除其他差役，并享有一定的物质和精神待遇，她们的家属也有可能进入世袭的卫所武官系统。

第九章　明代宫女的赏罚与归宿

第一节　宫女的赏与罚

　　宫人们伺候着皇帝、后妃们的生活起居,作为宫廷内的服务人员,她们会获得相应的劳动报酬,除了每月按照规定应该给的月例钱,还会有额外的赏赐。《稗说》中记载:"凡宫中诸女侍……每日给花粉钱,月给鞋料帨帕钱。遇上行幸一宫,例有给赏。上下女侍有金银豆,金银八宝,金银钗、串落索等项,人各若干,设有定数。"①可见,宫人们获得赏赐不仅仅因为勤勉任事,能讨得主上欢心,赏赐中也有依循惯例、例行公事的意思。宦官诸衙门中有银作局,便是"专司制造金银豆叶以及金银钱,轻重不等,累朝以供宫娃及内侍赏赐"②。除了日常因循惯例的给赏,凡遇到宫中重大的节庆,又会有赏赐。《酌中志》记载:"祖宗旧制,凡万岁圣节、中宫千秋、皇贵妃千秋,则凡内执事、宫人并王体乾等,及山陵等处内官,各有赏例,每银一两以上。"③帝后及皇贵

---

①《稗说》卷四《大内常仪》,第 119 页。
②《万历野获编》卷一《列朝·赐讲官金钱》,第 20 页。
③《酌中志》卷十四《客魏始末纪略》,第 72 页。

妃生辰,相关服侍的宫人、内官都能得到赏赐。这样看来,宫人得到赏赐的机会似乎还是有很多的。但显然这也是有前提的,从以上记载分析,能经常得到赏赐的宫人需服侍宫中地位尊贵者,或者是在皇帝经常行幸的某一宫当差,否则也就只能拿着月例钱度日。

雷霆雨露,莫非天恩。有赏自然有罚,宫人们若稍有不慎,行差踏错,惹怒主子,辱骂、受责在所难免,挨打甚至丧命亦不足为奇。史载,明成祖自徐皇后崩逝后"多任性,间或躁怒,宫人多惴惴惧",全凭王贵妃"辗转调护,徐俟意解,自皇太子、亲王、公主以下皆重赖焉"[①]。然而永乐后期出现了两起因妃嫔而起的宫廷杀戮,后宫妃嫔、宫人被杀者竟达 3000 人,[②]可谓触目惊心,惨烈异常。明世宗亦是性情偏狭乖戾之人,在后宫中常因暴怒而责罚后妃,棰楚宫人,其中不乏因此殒命者。于是宫人畏惧亦积怨日深,最终导致了宫人对世宗的报复谋刺,即嘉靖二十一年十月的"壬寅宫变"。史载:

> 嘉靖壬寅年,宫婢相结行弑,用绳系上喉,翻布塞上口,以数人踞上腹绞之,已垂绝矣。幸诸婢不谙绾结之法,绳股缓不收,户外闻咯咯声,孝烈皇后率众入解之,立缚诸行弑者赴法。[③]

事后,涉及此案的两位妃嫔和 16 名宫女皆以极刑处死。[④]

据《胜朝彤史拾遗记》记载,宪宗宠妃皇贵妃万氏晚年体肥,因用"拂子挞宫人,怒甚,中痰死"[⑤]。万历时,太监田义、陈矩曾密谏神宗曰:

① 《胜朝彤史拾遗记》卷一,第 359 页。
② 参见王天有主编:《明朝十六帝》,北京:紫禁城出版社,2001 年,第 88—90 页。
③ 《万历野获编》卷十八《刑部·宫婢肆逆》,第 469 页。
④ 参见胡凡:《嘉靖传》,第 258—264 页。
⑤ 《胜朝彤史拾遗记》卷三,第 377 页。

　　臣义等窃见御前执事宫人、内官,或干圣怒责处发遣,络绎不绝,每致重伤兼患时疾而死亡者,殆无虚日。盖以圣旨钦传,即以本日动刑,而用刑者,因惧罪及于己,辄加数多酷责,而押解者复惧连累,日夜严加墩锁,致使受刑犯人得生者十无一二。如此致伤天和,岂圣世所宜有哉!······凡宫人病死者,即连累内官,或打一百二十、一百五十,性命难存。一人病死者,尚然可悯,况又波及无辜生命乎? 令耳闻目见,哭声载道,怨气冲天,景象如此。若不披沥上奏,则是臣等贪禄恋位,畏死偷生,直犬马之不如也······①

此段记载足见万历时对宫人、内官处罚之严苛与不近人情,人命如草芥一般。有罪受罚已不堪其苦,无罪遭责更是无妄之灾。神宗苛待宫人,其皇后亦多有恶行。《酌中志》记载:"中宫孝端王娘娘,其管家婆、老宫人及小宫人多罹捶楚,死者不下百余人,其近侍内官亦多墩锁降谪。"②天启时,魏忠贤、客氏横行宫中,"客氏在内,时有勒死、箠死女升出太安门外"③。由此可见,明代历朝皆有宫人遭帝后妃主责打甚至死于非命的事情发生。

《酌中志》中具体记载了明代后期惩罚宫人的方法:"凡宫人有罪者,发落责处墩锁,或罚提铃等名色以苦之。提铃者,每日申时正一刻并天晚宫门下锁时,及每夜起更至二更、三更、四更之交,五更则自乾清宫门里提至日精门,回至月华殿门,仍至乾清宫门里,其声方止。提者徐行正步,大风大雨不敢避。而令声若四字一句,天下太平,云云。神庙御居启祥宫时,则自咸和右门提至嘉德门,仍回原处止焉。"④另秦

① 《酌中志》卷五《三朝典礼之臣纪略》。
② 《酌中志》卷二十二《见闻琐事杂记》。
③ 〔明〕蒋之翘:《天启宫词》,《明宫词》,第 52 页。
④ 《酌中志》卷十六《内府衙门职掌》。

微兰《天启宫词》有注云："昌、启之际,设扳著名色以苦之。扳著者向北立,屈腰舒两手,自扳两足,不许体屈,屈则夏楚乱施,立再移时许,其人必头晕目眩,僵仆卧地,甚有呕吐成疾至殒命者。"正是有了这些处罚方式,《天启宫词》有诗云："十五青娥诵孝经,娇羞字句未分明。纤腰不忍教扳著,夜雨街头唱太平。"①

除了身体上的折磨,宫女们还要默默承受着深宫中的寂寥、心灵的悲苦,身心不得自由,如同禁锢一般,宫墙之内不知郁积了多少宫女们深重的幽怨。

第二节　女官的归宿

明代宫人的最终归宿不外乎两种,或出宫归乡,或卒于掖庭,女官自然亦包括其中,只是因为她们有一定的品级、地位,所以晚景应当不会如普通宫女那般凄凉罢了。

洪武二十二年,授六尚局宫官敕时,对女官的去留便有了规定,即:

> 其外有家者,女子服劳既多或五载六载,归其父母从与婚嫁,妇人受命年高者,许归以终天命,愿留者听。②

从这一规定看,女官们的去留确实并非强制的,她们在宫廷中服务数载后,便可以归乡,是去是留听凭自愿。而这一规定在具体执行时的状况,亦可从明代的诸位知名女官的生平中略知一二。(见表十六)

---

① 〔明〕秦微兰:《天启宫词》,《明宫词》,第36页。
② 《明太祖实录》卷一百九十八,洪武二十二年十一月己酉。

表十六　有名姓可考之女官生平简介

女官姓名	籍贯	入宫时间	入宫年龄	婚姻状况	出宫时间	最终归宿	宫中官职或职掌	史料出处	备注
范氏	江西临江府清江县	洪武初	不详	早寡	当在洪武年间，具体不详	诏赐归，老于家	先为女史，后授篇人	《枣林杂俎·义集》《静居诗话》	
江全	福建高惠里	洪武二十六年	39岁	守寡	永乐十五年	以年老力弱请归旨允，内官护送回乡，两年后病逝，年六十五	洪武时掌金银各库，永乐时升尚宝局正	《酌中志》	洪武三十一年遣内官送归乡，成祖登基后召还宫
胡善围	山东济宁	洪武初	不详	不详	不详	不详	尚宫	《皇明后纪妃嫔传》《胜朝彤史拾遗记》	
黄惟德	广东琼州府	洪武二十年或二十二年	30岁或32岁	未婚	宣德七年	乞归，三年后去世，年七十八	初为司宝，永乐时任尚服局正	《女官传》，雍正《广东通志》	
陈二妹	广东番禺县	洪武二十一、或二十二年	20岁或20岁出头	未婚		永乐四年病逝于宫中，年四十，遣中使护送归葬	司彩	《女官传》，雍正《广东通志》	洪武二十四年赐归省，成祖即位后召复前职

续表

女官姓名	籍贯	入宫时间	入宫年龄	婚姻状况	出宫时间	最终归宿	宫中官职或职掌	史料出处	备注
胡贞良	江西饶州府	洪武二十一年	不详	守寡	洪武二十六年	入宫历五年，放回原籍，卒于家邑	不详	雍正《江西通志》	
叶氏	广东番禺县	洪武二十四年	不详	不详	不详	不详	不详	《枣林杂俎·义集》	
胡（吴）淑清	扬州	洪武年间	不详	已婚	正统九年	内臣送归乡	不详	《明英宗实录》	
蔡氏	浙江杭州	洪武年间	不详	不详	不详	不详	掌御前文字	《西湖游览志余》	永乐年间仍然任职
易渊碧	江西万载县	洪武二十六年	不详	已婚	不详以疾还乡	以女秀才入宫	康熙《万载县志》	康熙《万载县志》	
龙玉英	江西万载县	洪武二十六年	不详	守寡	不详	不详	以女秀才入宫	康熙《万载县志》	洪熙年间封为"大乐贤母"

续表

女官姓名	籍贯	入宫时间	入宫年龄	婚姻状况	出宫时间	最终归宿	宫中官职或职掌	史料出处	备注
王氏	广东番禺县	永乐二年	不详	早寡但尚年幼		永乐年间卒于宫中	司彤	《女官传》	
沈琼莲	浙江乌程县	约为天顺三年	13岁	未婚		可能卒于宫中	初以女秀才入宫，后可能为司籍，又升任尚仪	参见沈彬彬"女学士"沈琼莲及其词考证》	经天顺，成化、弘治三朝
倪氏	福建建宁府	天顺四年	不详	守寡	天顺八年	赐驰择还家	不详	《闽书·闽阁志》	
曹静照	宛平县	泰昌或天启年间	不详，当为少女	未婚	崇祯十七年	甲申之变，随一内监奔南京，第二年削发为尼	不详	《明季北略》《甲申朝事小纪》	

一　出宫归乡

　　邱仲麟《明代宫女的采选与放出》一文中认为,明代宫女的放出经历了从主动到被动的过程。[①]　就女官放出而言,亦符合这样的过程。从洪武年间的情况看,凡是洪武年间入宫,又能在洪武年间归乡的如范孺人,因年老赐归;如陈二妹、江全,"以勤劳久"而赐归或派内官送归乡;如胡贞良入宫五年后,亦放归,她们在洪武年间服务于宫廷的年限皆不是很长,"服劳既多或五载六载"便能归乡,当不是虚言,且她们皆属赐归,而非乞归,也就是朝廷主动放出。但情况至永乐年间已不同了。成祖登基之初便下令采选女官,且规定"妇人年至五十愿还乡里,女子给事十年以上愿还家及适人者,俱从之"[②]。这一规定实际上已增加了女官服务于宫廷的年限,且是愿意还乡者从之,言下之意,只要不提出还乡便继续在宫中服务,表十六中所列永乐年间及以后,便甚少有赐归回乡者,而多是乞归了。还乡时的年龄亦远高于 50 岁,如江全,再次被召回宫中又服务了 15 年,以年老乞归时已 63 岁;又如黄惟德,乞归时已是 75 岁高龄,在宫中服务了 40 多年。虽然年事已高,但至少她们最终荣归故里了。

　　关于明代中后期女官事迹的记载本就寥寥无几,放归情况仅能以个案进行分析。福建建宁府崇安县的倪氏,当是在天顺三年八月下诏采选女官后,于天顺四年选入宫中,在天顺八年就赐还家了。而同一时期选入宫中的沈琼莲则没有这么幸运,沈琼莲在宫中服务了几十年,从《"女学士"沈琼莲及其宫词考证》一文中对其生平的考证可知,她在弘治十一年时因其家族之事已在宫外,但是后来又不知何故回到

---

①《明代宫女的采选与放出》。
②《明太宗实录》卷十一,洪武三十五年八月甲寅。

了宫中,最后很可能卒于宫中。① 那么沈琼莲的短暂离宫可能是因家事暂时告假,亦可能是已启请归乡后因其曾经在宫中的贡献而复召回。

明代中后期有大臣多次上疏,以宫中阴气郁结、恐致灾异为由,而行放出宫人之举,宪宗即位后的天顺八年、成化十五年和二十三年都曾放出过宫人,孝宗在位期间,曾于弘治四年议放宫人,但是否施行则不清楚。② 沈琼莲经历了成化、弘治两朝,成化年间正是其年富力强之时,而且又因有才华而颇受器重,所以不会在放出宫人之列。且选择放出的宫人多是考虑老病及不堪使用者,"留其有职务及不愿出者"③,所以即便沈琼莲想出宫也很可能不被准许。弘治年间,沈琼莲尚在中年,且因试《守宫论》而更加得到皇帝的赏识并升官,即使弘治四年放出宫人之令得以施行,有才学且担任重要职务的女官是不会轻易被放出的,结合永乐以后女官乞请归乡的情况,不是因为老病而不堪任事了,恐怕也不能告老还乡,毕竟她们的地位、学识及所掌之事是不同于普通宫人的。而倪氏应该是在天顺八年的这批放出宫人之列,她为何能够在短短数载后便可回乡,不知是不是老病的原因。

二 卒于宫中

宫人中未及出宫者,终是离乡背井,卒于深宫。明代普通宫人死后,后事如何处理在明代的一些笔记中有较为详细的记载,《万历野获编》记载:

> 内廷宫人,无位号名秩而病故,或以谴责死者,其尸亦传达安乐堂,又转致停尸房,易朱棺再送火葬。④

①《"女学士"沈琼莲及其宫词考证》,第133页。
② 邱仲麟:《明代宫女的采选与放出》。
③《明宪宗实录》卷三,天顺八年三月戊午。
④《万历野获编补遗》卷三《畿辅·安乐堂》,第901页。

《宛署杂记》中的记载更为详细：

> 盖专掌内庭物故宫女殡送之役者，名曰土工，疑于土掩，而实不然。静乐堂在都城西，阜城门外五里许，砖甃二井，屋以塔，南通方尺门，谨闭之，井前结石为洞，四方通风，即火所也。安乐堂在北安门内，有屋数楹。令甲，宫人有故，非有名称者，不赐墓，则出之禁城后顺贞门旁右门，承以敛具，异出玄武门，经北上门、北中门，达安乐堂，授其守者，召本堂土工移北安门外停尸房（在北安门外墙下），易以朱棺，礼送之静乐堂火葬塔井中，莫敢有他者。凡宫人故，必请旨。凡出，必以铜符，合符乃遣……
>
> 我朝监古定制，委曲周悉，非有名称，不得赐墓，示有等也；非合铜符，不得出㰅，重宫禁也。①

普通宫人亡故后，先送安乐堂，再送至阜成门外静乐堂火化，上述记载中分别提到，宫人亡故，"无位号名秩"或云"非有名称者"，不得赐墓，送出火葬。也就是说，有名称名秩的是有资格赐墓的。女官作为后宫中有品级、官职且身份地位高于普通宫人的女性，应属于"有名称者"，是有资格被赐予墓地的，而不会凄凉地被抬进静乐堂。

从明初女官的事迹看，告老还乡者有内官护送，卒于宫中者，亦有中使护灵归葬，如陈二妹。永乐年间的王司彩亦卒于宫中，虽未记载是否归葬故乡，但其生时为帝后所器重，死后亦当有此哀荣，把几十年的人生甚至生命都奉献给了宫廷，这也算朝廷对她们的礼遇了。沈琼莲亦可能卒于宫中，但是否明中后期依然赐亡故于宫中的女官归葬故里则不甚明了。但即便因路远迢迢而不能魂归故里，在京城附近赐葬亦是有可能的。《宛署杂记》中有如下记载：

① 《宛署杂记》卷十《土工》，第85页。

宫人孙氏等墓:嘉靖末年,宫内火,孙氏等死之。敕赐墓宛平县南上下庄。①

女官孙氏等墓共祠堂。岁春秋二祭,遣内官行礼。祝板云:皇帝遣□谕祭于女官孙氏等之灵曰:时维某节,特用遣祭,尔等其歆承之。②

"宫人孙氏"和"女官孙氏"许是同一人,死后不仅赐葬于宛平县南上下庄,且一年两次遣宦官祭祀。由此可见,女官若亡故于宫中,按制度是要赐墓祭祀的。另外,金山在明代除了作为妃嫔及皇子女墓地外,亦有累朝夫人葬于此地,清明、霜降两节有内官行礼祭祀。《宛署杂记》中记载这些夫人的名封主要有"保圣""佐圣""翊圣""辅圣""卫圣""奉圣"以及"勤敬""恭奉""崇奉""敬慎""忠慎""勤慎"等。③ 从名封上看,封号中带"圣"者,一般为皇帝的乳母,其他封号或可能属于保育过皇子女的乳母,亦不能排除宫官、宫人因侍奉帝后、太后勤慎有功而特加封号的可能。总之,"矧诸妇有劳于国,生则时赉之,没则厚葬之,荣以殊号,守以坟户,报德报功,极隆且备,不必为堤防之举,而诸妇自兢兢享富贵终其身"④。当然,女官亦有品秩地位高下之分,但赐一抔黄土得以入土为安当不是奢侈。

第三节 宫女的归宿

明代亦有放出宫女之令,洪武、正统、成化、正德、嘉靖、隆庆各朝皆有宫女放出之事,人数不等。这些宫女得以出宫回乡,或者嫁人,能

①《宛署杂记》卷十八《恩泽·坟墓·夫人坟》,第213页。
②《宛署杂记》卷十八《恩泽·祠祭·祀亲》,第216页。
③《宛署杂记》卷十八《恩泽·坟墓·夫人坟》,第213页。
④《宛署杂记》卷十《三婆》,第84页。

够脱离深宫,也是不幸中的幸运了。统治者和文官们将遣放宫人视为无量功德,但随着一批宫女的放出,又会有大量的民间少女被选入宫,继续重复深宫中的悲剧。

那些在深宫中耗尽一生的宫女,晚景更是凄凉。明代有内安乐堂,此处在金鳌玉蝀桥西的羊房夹道。"凡宫人病老或有罪,先发此处,待年久再发外之浣衣局也。"①浣衣局不在皇城内,"在德胜门迤西,俗称'浆家房'者是也。凡宫人年老及有罪退废者,发此局居住,内官监例有供给米盐,待其自毙,以防泄漏大内之事"②。为了防止泄露宫中的秘密,不知有多少宫女付出了自由与生命的代价,然而统治者却认为"法至善也"。宫女一旦病故,"或以谴责死者",尸体送至北安门外的安乐堂,再"转致停尸房,易朱棺再送火葬;其有不愿焚者,则瘗之地,亦内中贵嫔所舍焚冢也"③。"宫制:凡宫人死,殓者必先索其身畔,有长物以闻。"④其火葬之地曰"净乐堂",在西直门外,因其墙阴皆斜,宫人死后又在此火葬,故有"宫人斜"之称。⑤"堂有东西二塔,塔有窨井,皆贮骨灰之所。"⑥浓浓的怨怅在熊熊火焰中化作净乐堂下的一捧捧灰烬,这就是宫女一生的终结。

---

①《酌中志》卷十六《内府衙门职掌》,第 125 页。
②《酌中志》卷十六《内府衙门职掌》,第 110 页。
③《万历野获编补遗》卷三《畿辅·安乐堂》,第 901 页。
④〔明〕蒋一葵:《长安客话》卷三《郊坰杂记·宫人斜》,北京:北京古籍出版社,1980 年,第 62 页。
⑤〔明〕蒋一葵:《长安客话》卷三《郊坰杂记·宫人斜》,第 62 页。
⑥《酌中志》卷十六《内府衙门职掌》,第 125 页。

第十章 明代宫廷女性的日常生活

　　女子一朝入宫,不论是地位尊贵的后妃,服劳宫寝、受尊重信赖的女官,还是卑微的宫婢,都同样要遵守严格的宫规戒令,就此困于宫墙之内,生活的空间也只局限在紫禁城四角天空之下的重重宫阙之间。因身处宫闱禁地,宫中生活本就鲜有外人知之,主要的后妃虽有小传见于正史,但多是大事记,而疏于生活细节,而有关女官、宫人的生活点滴似更是芳踪难觅,故而只能从史籍、笔记、诗词中探寻蛛丝马迹,拼贴出她们的生活片段。本章将从服饰、饮食医药、住与行、闲暇生活及最终归宿几方面分别叙述宫廷女性在宫中的生活。

第一节　女性服饰

一　制度规定的服饰

（一）后妃冠服

　　明代冠服之制分礼服与常服,后宫亦如是。后妃礼服在受册、祭祀、谒庙、朝会等宫中重要典礼场合穿着,常服为平日燕居的服饰。后妃冠服精细繁复,自是不同于普通官员及民间之家的女子服饰,不但尽显天家风范,也是宫廷礼制最为光彩华贵的体现。

洪武元年十一月，依照唐代冠服之制，初定后妃冠服之制，以后又有数次更定，逐步完善。皇后礼服确定于洪武三年：

> 冠为圆匡，冒以翡翠，上饰以九龙四凤，大花十二树，小花如大花之数。两博鬓十二钿，服袆衣，深青为质，画翟，赤质，五色十二等。素纱中单，黼领，朱罗縠褾、襈、裾。蔽膝随衣色，以缅为领缘，用翟为章三等。大带随衣色，朱里紕其外，上以朱锦，下以绿锦，纽约用青组。玉革带，青袜，青舄以金饰。[①]

至永乐三年，皇后礼服进行了一次较为全面详细的更定：

> 九龙四凤冠，漆竹丝为圆匡，冒以翡翠，上饰翠龙九、金凤四。正中一龙，衔大珠一，上有翠盖，下垂珠结，余皆口衔珠滴。珠翠云四十片，大珠花十二树（皆牡丹花，每树花二朵，蕊头二个，翠花九叶），小珠花如大珠花之数（皆穰花飘枝，每枝花一朵，半开一朵，翠叶五叶），三博鬓（左右共六扇），饰以金龙、翠云，皆垂珠滴。翠口圈一副，上饰珠宝钿花十二，翠钿如其数。托里金口圈一副，珠翠面花五事。珠排环一对，皂罗额子一，描金龙文，用珠二十一颗。
>
> 翟衣，深青为质，织翟文十有二等（凡一百四十八对），间以小轮花。红领、褾、襈、裾，织金云龙文。纻丝、纱、罗随用。
>
> 中单，玉色纱为之，红领、褾、襈、裾，领织黼文十三，或用线罗。
>
> 蔽膝，随衣色，织翟为章三等，间以小轮花四，以缅为领缘，织金云龙文。纻丝、纱、罗随用。
>
> 玉谷圭，长七寸（周尺），剡其上。琢谷文，黄绮约其下，别以

---

① 《明会典》卷六十《冠服一·皇后冠服》，第 373 页。

黄袋韬之,金龙文。

玉革带,青绮鞋,描金云龙文。玉事件十,金事件四。

大带,表里俱青红相半,其末纯红,而下垂织金云龙文。上以朱缘,下以绿缘,并青绮副带一。

绶,五采,黄、赤、白、缥、绿、纁质,间施二玉环,皆织成。小绶三色同大绶。

玉佩二,各用玉珩一、瑀一、琚二、冲牙一、璜二。瑀下有玉花,玉花下又垂二玉滴。璜饰云龙文,描金。自珩而下系组五,贯以玉珠。行则冲牙,二兰与二璜相触有声,上有金钩。有小绶五采以副之,五采,黄、赤、白、缥、绿、纁质织成。

青袜舄,袜以青罗为之。舄用青绮,饰以描金云龙文。皂线纯,每舄首加珠五颗。[1]

皇后常服,洪武元年初定时为"双凤翊龙冠,首饰、钏镯以金玉、珠宝、翡翠随用,诸色团衫,金绣龙凤文,带用金玉"[2]。洪武三年定制未作改动,但洪武四年则对衣冠样式做了新的规定:

四年定,龙凤珠翠冠。真红大袖衣,霞帔,红罗长裙、红褙子。冠制如特髻,上加龙凤饰。衣用织金龙凤文,加绣饰。[3]

永乐三年的更定相比于洪武定制要繁复许多:

双凤翊龙冠,以皂縠为之,附以翠博山,上饰金龙一,翊以二珠翠凤,皆口衔珠滴。前后珠牡丹花二朵,蕊头八个,翠叶三十六叶。珠翠穰花鬓二朵,珠翠云二十一片。翠口圈一副。金宝钿花

①《明会典》卷六十《冠服一·皇后冠服》,第 373 页。
②《明太祖实录》卷三十六下,洪武元年十一月甲子。
③《明会典》卷六十《冠服一·皇后冠服》,第 374 页。

九,上饰珠九颗。金凤一对,口衔珠结。三博鬓(左右共六扇)饰以鸾凤。金宝钿二十四,边垂珠滴。金簪一对。珊瑚凤冠觜一副。

大衫霞帔,衫用黄色,纻丝、纱、罗随用。霞帔,深青为质,织金云霞龙文,或绣,或铺翠,圈金,饰以珠。纻丝、纱、罗随用。玉坠子瑑龙文。

四襈袄子(即褙子),深青为质,金绣团龙文。纻丝纱罗随用。

鞠衣,红色,胸背云龙文,用织金,或绣,或加铺翠圈金,饰以珠,或素纻丝、纱、罗并余色随用。

大带,红线罗为之,有缘,余或青或绿,各随鞠衣色。

缘襈袄子,黄色,红领褾、襈、裾,皆织金采色云龙文。纻丝纱罗随用。

缘襈裙,红色,绿缘襈,织金采色云龙文,纻丝、纱、罗随用。

玉带,青绮鞓,描金云龙文。玉事件十,金事件三。

玉花采结绶,以红绿线罗为结,上有玉绶花一,瑑云龙文。绶带上玉坠珠六颗,并金垂头花板四片,小金叶六个,红线罗系带一。

白玉云样玎珰二,如佩制。每事上有金钩一,金如意云盖一件。两面级云龙文,下悬红组五、贯金方心云板一件。两面亦钑云龙文,俱衬以红绮。下垂金长头花四件,中有小金钟一个。末缀白玉云朵五。

青袜舄,与翟衣内制同。[1]

洪武元年制定皇后冠服之制时,亦定皇妃冠服之制,洪武三年的

———

[1]《明会典》卷六十《冠服一·皇后冠服》,第374页。

定制与元年相同,礼服为:

> 冠饰以九翟四凤,花钗九树,小花如大花之数。两博鬓,九
> 钿。翟衣青质,绣翟编次于衣及裳,重为九等。青纱中单,黻领,
> 朱縠、褾、襈、裾,蔽膝随裳色,加文绣重雉为章二等,以缎为领缘。
> 大带随衣色,玉革带,青袜舄,佩绶。①

皇妃礼服同样在永乐三年作了更详尽的更定:

> 九翟冠二顶,冠以皂縠为之,附以翠博山,饰以大珠翟二,小
> 珠翟三,翠翟四,皆口衔珠滴。冠中宝珠一座。前后珠牡丹花二
> 朵,蕊头八个,翠叶三十六叶。珠翠穰花鬓二朵,承以小连云六
> 片,翠顶云一座。上饰珠五颗,珠翠云十一片。翠口圈一副。金
> 宝钿花九个,上用珠九颗。金凤一对,口衔珠结。金簪一对。
>
> 珠翠牡丹花穰花各二朵,面花二对。梅花环,四珠环,各
> 一对。
>
> 大衫,霞帔,衫用红色,纻丝、纱、罗随用。霞帔深青为质,织
> 金云霞凤文,或绣,或铺翠,圈金,饰以珠,纻丝、纱、罗随用。玉坠
> 子,瑑凤文。
>
> 四襈袄子(即褙子),桃花色,金绣团凤文,纻丝、纱、罗随用。
>
> 鞠衣,青色,胸背鸾凤云文,用织金,或绣,或加铺翠,圈金,饰
> 以珠。燕居服用素。除黄外、余色及纻丝、纱罗、随用。
>
> 大带,青线罗为之,有缘。余或红或绿,各随鞠衣色。
>
> 缘襈袄子,青色,红领、褾、襈、裾,织金云凤文,纻丝、纱、罗
> 随用。
>
> 缘襈裙,红色,绿缘襈,织金花凤文,纻丝、纱、罗随用。

---

①《明会典》卷六十《冠服一·皇妃冠服》,第375页。

玉谷圭,长七寸,剡其上,璪谷文,以锦约其下,并韬。

玉革带,青绮鞓,描金云凤文。玉事件十,金事件三。

玉花采结绶,以红绿线罗为结,上有玉绶花一,璪宝相花文,绶带上玉坠珠六颗,并金垂头花板四片。金叶儿六个,红线罗系带一,玉佩二,如中宫佩制。珩以下璪饰云凤文,描金,上有金钩。

青袜舄,袜以青线罗为之。舄用青绮,饰以描金云凤文,皂线纯,每舄首加珠三颗。①

冠服制度体现着严格的等级制度,尊卑有别,贵贱有分。皇宫之中更是如此,不同等级身份的人只能穿着相应等级的服饰,不得僭越。皇妃礼服中规定的佩饰种类、数量,服饰的颜色等皆能体现与皇后的等级差别。

皇妃常服之制,洪武元年和三年的定制相同,为"鸾凤冠,首饰、钏镯,用金玉、珠宝、翠,诸色团衫,金绣鸾凤,不用黄。带用金玉犀"②。洪武四年再次更定为"皇妃常服用山松特髻,假鬓花钿或花钗凤冠,真红大袖,衣霞帔,红罗裙,红罗褙子,衣用织金及绣凤文"③。

后妃以下的内命妇冠服,洪武初亦参酌唐宋之制加以制定,《明太祖实录》记载:

今内命妇增设贵人一等,才人二等,参酌唐宋之制,自三品以上宜用花钗翟衣,贵人视四品,才人视五品,并同尚宫等用山松特髻、大衫以为礼服。于是以贵人为三品,以后妃燕居冠及大衫霞帔为朝会礼服,珠翠庆云冠,鞠子褙衣,缘襈袄裙为常服。④

---

①《明会典》卷六十《冠服一·皇妃冠服》,第 375 页。
②《明会典》卷六十《冠服一·皇妃冠服》,第 375 页。
③《明太祖实录》卷六十五,洪武四年五月癸酉。
④《明太祖实录》卷七十四,洪武五年六月丁酉。

在后妃常服及内命妇礼服规定中出现的"特髻",与明代妇女常戴的鬏髻,即罩在头顶发髻上的发罩类似。明定陵出土的孝端、孝靖两位皇后的"黑纱尖棕帽",也是特髻。① 特髻之上插戴各种首饰。

世宗时,为了广子嗣,在妃嫔等级中又增加了嫔位,人数为九人,并广选淑女,以充九嫔,于嘉靖十年三月行册立仪礼,相应地冠服规定亦出台,即"九翟冠,次皇妃之凤者,大衫、鞠衣如皇妃制。圭用次玉,谷文,银册少杀于皇妃五分之一,以金饰之"②。

(二) 女官宫人冠服

明人于慎行所著《谷山笔麈》中记载:"唐时宫中给使令者皆有冠巾,谓之'里头内人'。今宫中亦有女官给冠带者,即其遗制也。"③女官在宫中的地位低于妃嫔,她们不是主子,应归于宫人的范畴,但高于普通宫女,可看作为帝王后妃服务的高级侍从,这样一个后宫中重要的女性群体,亦当有相应的冠服之制。明代,洪武年间就已按等级制定了皇室女性及品官命妇的冠服之制,洪武五年六月,礼部拟定内命妇冠服之制时提及尚宫的礼服与内命妇四品、五品相同,为山松特髻、大衫。④ 就在同月丁丑日,刚刚正式制定了宫官六尚之制,规定尚宫等"尚"字女官品级为正六品,也就是说,随着宫官之制的制定,相应的冠服制度也已制定,其礼服规格相当于四、五品的内命妇。洪武六年八月"戊子,命工部制女官冠服,山松特髻礼服二十袭,庆云冠常服如之"⑤。这是《明实录》中唯一一次对于女官礼服、常服之制的明确记载。从明初制定的一系列冠服之制看,特髻被普遍使用,后妃、皇太子

---

① 孙机:《明代的束发冠、鬏髻与头面》,《文物》2001年第7期。
② 《明世宗实录》卷一百二十二,嘉靖十年二月庚辰。
③ 〔明〕于慎行:《谷山笔麈》卷十五《杂记三》,吕景琳点校,北京:中华书局,1984年,第168页。
④ 《明太祖实录》卷七十四,洪武五年六月丁酉。
⑤ 《明太祖实录》卷八十四,洪武六年八月戊子。

妃、亲王妃的常服及品官命妇的礼服中皆有。① 洪武五年三月己亥，更定的品官命妇冠服制度中，一品至七品命妇礼服用山松特髻，常服用珠翠庆云冠，根据品级的不同，特髻及冠上插戴首饰的样式、数量、材质亦有严格规定。② 女官的山松特髻上插戴哪些首饰虽不见记载，但相同品级的命妇所戴的特髻和首饰应可作为参考③，常服用庆云冠而非珠翠庆云冠，不知是不是冠上不带珠翠首饰的原因。女官礼服为大衫，而常服为何式样，《明实录》中则没有具体记载。命妇常服之制，为长袄长裙，长袄缘襈看带，按品级绣不同的禽鸟图案，长裙横竖襕并绣缠枝花纹④，女官的常服很可能与之类似。不同等级命妇所使用的衣服面料也有相应的规定，这点可能亦适用于女官衣服的面料选择。后妃及命妇的冠服在以后皆有更定，但女官冠服是否更定则未见记载，只是在嘉靖九年三月，因亲蚕礼，工部曾"请造先蚕坛执事举麾女官冠服"，但世宗以"女官俱有常用冠服，命于来年议造"⑤，嗣后却也没有下文了。

　　《明太祖实录》中记载洪武九年秋七月，临安公主的婚礼仪注中对参与仪式的女使的冠服有如下记载："女使一十四人服纱帽，上簪罗帛花，销金胸背两肩方花罗袍，间抹金银牡丹花束带，皂靴。"⑥"女使"很可能就是"女史"，王世贞《弇州史料》中对女官之制亦有记载，其中说

---

① 《明太祖实录》卷六十五，洪武四年五月癸酉。
② 《明太祖实录》卷七十三，洪武五年三月己亥。
③ 洪武五年三月定命妇冠服制，其中"六品特髻上翠松三株、银镀金练鹊四、口衔珠结、正面银镀金练鹊一、小珠翠花四朵、后鬓翠梭球一、翠练鹊二、翠梳四、银云头连三钗一、珠缘翠帘梳一、银簪二、大袖衫绫罗紬绢随所用、霞帔施绣云霞练鹊文、钑花银坠子、褙子上施云霞练鹊文、余同五品、常服冠上镀金练鹊三、又镀金银练鹊二、挑小珠牌、镯钏皆用银、长袄缘袄看带、或紫或绿、绣云霞练鹊文、长裙红立襕绣缠枝花文、余同五品。七品礼服常服俱同六品"。
④ 《明太祖实录》卷七十三，洪武五年三月己亥。
⑤ 《明世宗实录》卷一百一十一，嘉靖九年三月癸。
⑥ 《明太祖实录》卷一百七，洪武九年秋七月壬戌。

道："洪武初年定者……官七十五人,女使十八人……后重定者,仍六局,每局四司,改女使为女史……"①但从《明太祖实录》的记载看,洪武五年六月制定宫官之制时,各局司之下的掌文书者,皆写作"女史",仅言及唐代宫官之制时,说"官凡一百九十人,女使五十余人"。洪武二十八年第三次更定宫官之制时,亦有个别"女史"写作"女使"的情况,两者有混用的现象。"女使"亦在一些典礼仪式中有不同的礼仪任务,所以有品级的宫官有冠服,流于品外的女使(女史)应也有在典礼仪式场合所穿的服饰。

《大明集礼》中对于明初制定的宫人冠服之制有所记载。明初所定冠服之制时,多参考唐宋之制,宫人冠服则定与宋代相同,即"衣用紫色团领窄袖,遍刺折枝小葵花,以金圈之,珠络缝金束带红裙,弓样鞋上刺小金花。乌纱帽,饰以花,帽额缀团珠,结珠鬓梳,垂珠耳饰"②。

《拟故宫词》中云："牌子夫人与女官,尊卑品级别衣冠。隔屏走过浑难认,窄底鞋弓总一般。"另有"凤头鞋子制偏穹,内里相沿代代同"③之句,宫中女子从冠服上可辨其尊卑身份,但鞋子的式样相差无几,即所谓凤头鞋子。而宫词中又云："一瓣莲名传母后,尽翻新样学吴中。"④可见在崇祯年间鞋的样式有了新变化,效仿江南吴风。《旧京遗事》中亦记载："宫中尖鞋平底,行无履声,虽圣母亦概有吴风。"⑤"尖鞋平底"可能就是取代凤头弓鞋的吴风新式样,这应该是受到了崇祯年间江南服饰风尚流行于京城的影响。除了"宫样"鞋,据王誉昌《崇祯宫词》记载："宫眷岁节朝贺,俱穿红靴,或缎靴。后独穿锦鞋,从不穿

① 〔明〕王世贞：《弇州史料》后集卷三十七《祖制女官》,《四库禁毁书丛刊》史部第50册,史部·杂史类,北京：北京出版社,2000年,第28页。
② 《明集礼》卷三十九《冠服》。
③ 〔清〕唐宇昭：《拟故宫词》,《明宫词》,第69、70页。
④ 〔清〕唐宇昭：《拟故宫词》,《明宫词》,第69、70页。
⑤ 《旧京遗事》,第23页。

靴，想以示别也。"①

二　日常服饰妆扮

除了制度规定的礼服、常服，宫中女子的平素穿戴似更为简便随意一些。《宫庭睹记》记载后妃服饰为"髻盘顶中，旁坠金珠、钗钏之属，还满髻侧。额戴凤冠，其皇贵妃大管家婆子亦如是，止用黑纱一端罩之示别也。衣皆对襟者，皇后左龙右凤，贵妃则双凤"②。其中"髻盘顶中，旁坠金珠、钗钏之属，还满髻侧"的描述倒与明代女性常佩戴的鬏髻很是吻合。鬏髻是以金银丝或棕丝等材料编成的近似圆锥形的发罩，外覆皂色纱，佩戴时要先在头顶盘发髻，然后罩以鬏髻，再插戴各种首饰。在明代的装饰习俗中，女子以头戴鬏髻，并周环鬏髻插戴各式簪钗为时尚。③ 明代宫廷绘画作品《明宪宗元宵行乐图》中出现了大量妃嫔宫眷形象，她们的服装样式皆为上袄下裙，交领窄袖，袄多为蓝色和红色，有些人的袄上还有织金纹饰，长裙则以绿色、黄绿色、蓝色居多，头戴尖顶鬏髻，鬏髻上插戴簪钗发饰。画作中的装束应至少反映了明前中期宫中女子普遍的便装样式。《宫庭睹记》中还记载，宫装的样式为"叠髻、长裙、短袄、大袖、凤鞋"④，此描述亦当为平素便装的统一样式标准，与《明宪宗元宵行乐图》中类似，但应是晚明式样了。

另外，"只宫人脖领则缀钮扣"⑤，为了保持衣领整洁又免于衣服频繁洗涤，"宫女衣皆以纸为护领，一日一换，欲其洁也"⑥。宫中会按不

---

① 〔清〕王誉昌：《崇祯宫词》，《明宫词》，第 96 页。
② 〔明〕憨融上人：《宫庭睹记·后妃服饰》，《三异词录》十二种，国家图书馆藏清抄本。
③ 参见扬之水：《奢华之色——宋元明金银器研究》第二卷《明代金银首饰》，北京：中华书局，2011 年，第 62 页。
④ 〔明〕憨融上人：《宫庭睹记·宫装》，《三异词录》十二种，国家图书馆藏清抄本。
⑤ 《酌中志》卷十九《内臣佩服纪略》。
⑥ 〔明〕李诩：《戒庵老人漫笔》卷一《宫女护领》，第 3 页。

同的时令节日更换不同材质纹饰的衣服，"遇四季之首，例必奏进"，《稗说》中对此有详细的记载：

> 如春时元日，六宫概衣新春葫芦锦，彩胜八宝锦。凡巾帨、裙衫、膝裤皆一色，止红绿二服。旬日至元宵，又易灯笼锦，后妃以下皆同。春中易百花锦。立夏，进绛纱绮罗。重五，易艾叶龙凤花纱。秋中，进玉兔桂子锦、葡萄锦。九月，复易菊花茱萸锦。冬季，雪花梅花佛手诸锦。圣寿三宫寿，衣万寿锦。诞东宫，诸王宫主衣□喜字锦。悉依时令国事为之制。先期进诸内宫，司衣者按宫籍姓名唱给之，终岁一易，不再易再进也。①

《酌中志》中对于每岁每月宫眷、内臣换穿的衣服亦有记载，其中还提到，"清明之前，收藏貂鼠、帽套、风领、狐狸等皮衣"，九月"抖晒皮衣，制衣御寒"②，可知宫中在入冬前要备好冬装，入春之后要换去冬装，而明宫之中冬日想必是"皮草"盛行吧。这些衣服每年都有给赐，女官沈琼莲的宫词中有"一春从不寻芳去，高叠香罗旧赐衫"③之句，旧时赏赐的衣衫高高叠起，织锦香罗，衣料光鲜。《秋镫录》中有"宫人食不隔宿，衣不见水，金珠盈囊，服饰不记"④之语，可见从衣饰供应上看，后妃之下的女官宫人们在宫廷中的生活还是很优渥的。明代宫中女子应是不缠足的，据《万历野获编》记载："向闻今禁掖中，凡被选之女一登籍入内，即解去足纨，别作宫样，盖取便御前奔趋无颠蹶之患，全与民间初制不侔。予向寓京师，隆冬遇扫雪军士从内出，拾得宫婢敝履相示，始信其说不诬。"⑤缠足确实会导致行走不便，难免御前失仪，

---

① 《稗说》卷四《司摄（设）监》，114 页。
② 《酌中志》卷二十《饮食好尚纪略》，第 179、182 页。
③ 〔明〕沈琼莲：《宫词十首》，《明宫词》，第 7 页。
④ 《秋镫录》，第 232 页。
⑤ 《万历野获编》卷二十三《妇女·妇人弓足》，第 599 页。

服侍于皇帝后妃之侧的女官、宫人自当按此规定,进宫后不再缠足,而着宫中特有的"宫样"鞋。

宫中女子,不论身份地位的高下,尚美之心却是一样的,她们的发式衣着皆会追逐当下的时尚。沈琼莲曾写过"晓临鸾镜整梳妆,高髻新兴一尺长"的诗句,"高髻"当是沈琼莲所处的时代宫中流行的时新式样,女官们亦会以此为美,精心梳妆。宫中的风尚也会受到民间的影响,明代后妃宫人皆选自民间,她们同样会将民间已开始流行的装束带入宫廷。《天启宫词》中有诗云:"红粉排班玉辇傍,西园花柳踏春阳。中宫侍从偏无几,窄袖高髻一样妆。"诗后有注,云:

> 张后性淡静,爱憎稍与众异。客氏教宫人效江南作广袖低髻,尤为后所厌薄。春秋佳日,驾幸西苑等处,坤宁宫侍从,多不愈三四十辈,其妆束如图画所绘古人像,客氏往往目笑之。①

古代女子在梳发时往往要涂抹头油一类的东西,既可润发护发,又能在绾发时防止发丝散乱。《天启宫词》中亦记载:

> 宫眷捣桑叶取汁,杂诸香物,贮之银海,用以饰鬓。银海,小银盂也。惟客氏令美女数辈,各持梳具,时时环侍左右,偶欲饰鬓,辄以梳具入口,抿津唾用之,昏暮亦然。自谓此方传自海外异人,名曰群仙液,能令老无白发。②

以桑叶汁杂以各种香料制成的头油,想必搽于发鬓定会芬芳沁人,也有护发的药用功效。而客氏的"群仙液"是否有不生白发之效实不可考,然从现在的个人卫生方面考虑,却实在让人无法接受。晚明

---

① 〔明〕秦徵兰:《天启宫词》,《明宫词》,第17、18页。
② 〔明〕秦徵兰:《天启宫词》,《明宫词》,第27页。

时，京城里的妇人"往悉高髻居顶，自一二年中，鸣蝉坠马，雅以南装自好"①。高髻已不再流行，江南的广袖低髻亦传入宫中，成为宫中新的时尚，宫中女子亦多效仿新妆。崇祯帝的后妃亦因个人的喜好习惯，将江南服饰引入宫中，又常会进行一些服饰的创新，成为宫中女子们追逐效仿的新时尚。王誉昌《崇祯宫词》中记载："宫眷暑衣未有用纯素者……后（周皇后）始以白纱为衫，不加盖饰。""自后穿纯素暑衣，亦是宫眷裙衫俱用白纱裁制，内衬以绯交襠红袙腹，掩映而已。"②《烬宫遗录》中还记："一夕，袁妃侍于月下，衣浅碧绫，即所谓天水碧也。上曰：'此特雅倩'，于是宫眷皆尚之。绫价一时翔贵。"③《天启宫词》注："旧制，自三月初四日始，至四月初三日止，宫眷更服罗衣。……又，海天霞，织造局所造新色也。似白而微红，宫眷内官皆服之。"④蒋之翘《天启宫词》中有"时兴纨素雯华动，仿佛行云出峡中"之句，其注云："时夏服尚用纨素，俗云怀素是也。内衬白纱，外有自然活纹，如水之波，如木之理，故云。"⑤《胜朝彤史拾遗记》中记载思宗田贵妃"善妆拢，每以新饰变宫中仪法。……宫衣用纱縠杂缀诸翦绣，而隐以他色，如罨画然"⑥。从以上诸条记载可一窥晚明宫廷中女性服装的式样、面料、色泽等，它们或华美，或素雅，皆引领一时风尚。

钗环首饰之属亦如衣服，除了按制度规定簪戴，亦有在不同时令节气时的搭配。《酌中志》记载："自岁暮正旦，咸头戴闹蛾，乃乌金纸裁成，画颜色装就者，亦有用草虫蝴蝶者，或簪于首，以应节景。"⑦《天

① 《旧京遗事》，第 23 页。

② 〔清〕王誉昌：《崇祯宫词》，《明宫词》，第 82 页。

③ 《烬宫遗录》卷之上，稽瑞楼本。

④ 〔清〕史梦兰：《全史宫词·明及明补遗》，《明宫词》，第 181 页。

⑤ 〔明〕蒋之翘：《天启宫词》，《明宫词》，第 57 页。

⑥ 《胜朝彤史拾遗记》卷六《皇贵妃田氏》，第 402 页。

⑦ 《酌中志》卷二十《饮食好尚纪略》，第 178 页。

启宫词》中亦有"宫娥春日咸头戴闹蛾,掠风撩草,须翅生动"①之语,看来这"闹蛾"确是一种应时应景的头饰。在发髻上簪花,亦是宫中女子比较喜欢的一种妆饰。《崇祯宫词》载:"宫中旧无牵牛花,熹庙时客氏自民间传入,其色青紫,如初出炉之银,亦称为炉银花。宫中音讹为露行。后识为牵牛也,亦喜,宫嫔戴之。"不过周后后来听闻"露行"之名,谕令尽除之。② 周后还喜欢茉莉花,坤宁宫中有六十余株,"每晨摘花,簇成球,坠于鬘髻"③。以茉莉花簪饰发髻,想来要比牵牛花清新雅致得多。除了簪戴鲜花,后宫女子也会以裁剪出的假花作为头饰。《崇祯宫词》载,思宗袁贵妃"善剪采花,每入冬节制花朵以为妆助,宫中谓之消寒花"④。田贵妃在头饰插戴上也总有创新,"先是,宫中凡令节,宫人以插戴相饷。偶贵妃宫宫婢戴新样花,他宫皆无有",思宗命中官出宫采办此新样花,竟然"数百里不能得",于是问田贵妃,妃曰:"此象生花也,出嘉兴⋯⋯"⑤原来是出自江南而宫中不曾有的新花样。

除了服饰、发式,妆容历来是女子们极为注重的,胭脂水粉亦是宫中女子必备的化妆品。明代宫中女子在闲暇时会自制饰面的化妆品,如珍珠粉、玉簪粉。《天启宫词》中记载:

> 宫眷饰面,收紫茉莉实,捣取其仁,蒸熟用之,谓之珍珠粉。秋日,玉簪花发蕊,剪去其蒂,如小瓶然。实以民间所用胡粉,蒸熟用之,谓之玉簪粉。至立春,仍用珍珠粉。盖珍珠遇西风易燥,而玉簪过冬无香也。此方乃张后从民间传入者。有宫眷泻荷叶

①〔明〕蒋之翘:《天启宫词》,《明宫词》,第50页。
②〔清〕王誉昌:《崇祯宫词》,《明宫词》,第104页。
③〔清〕王誉昌:《崇祯宫词》,《明宫词》,第90页。
④〔清〕王誉昌:《崇祯宫词》,《明宫词》,第97页。
⑤《胜朝彤史拾遗记》卷六《皇贵妃田氏》,第403页。

中露珠,调粉饰面。梳洗时,以刺绣纱绫阔幅,束胸腹间,名主腰。①

可见,不同时节用不同的妆粉,而花朵是制作妆粉的主要原材料。胡粉,即铅粉,明代最常见的化妆用粉②,含有毒素,长期擦涂会对皮肤有一定的损害,而加热蒸熟则是古人想出的减轻或消除毒性的方法。到了明代,人们已将玉簪花作为盛粉的容器,将铅粉填充入玉簪花蕊中一起熏蒸,不仅去除毒性,更能使花蕊的馨香沁透入粉中,用这样的香粉饰面,更是清香怡人。③ 再以清晨荷叶上采集来的露珠调粉上妆,则更是一桩极为清丽雅致的香奁韵事了。

《崇祯宫词》中有"澹作桃花浓酒晕,分明胭脂画全身"④之句,其中的"桃花""酒晕"实际上是指两种妆容,即桃花妆和酒晕妆。桃花妆色浅,酒晕妆色浓⑤,从名称上即可想见,一个面若桃花、娇艳欲滴,一个两颊绯红、妩媚动人,不仅是民间女子常施的妆容,亦为宫中女子所喜。不过崇祯皇帝尚淡雅、崇节俭,不喜欢宫眷们涂脂抹粉,"每见施粉稍重者,笑曰:'浑似庙中鬼脸'。故一时俱尚轻淡"。⑥ 可见皇帝的喜好同样会影响后宫女子的穿着打扮,崇祯皇帝常穿布衣,后宫服饰亦从俭,于是便有"内直才人著布衣"⑦。

如今人常用香水一样,古人亦喜在沐浴梳洗后用香水熏染,保持周身能有悦人的香气。古代的香水多为花露,明末清初著名文人李渔

---

① 〔明〕秦徵兰:《天启宫词》,《明宫词》,第 30 页。
② 参见陈宝良:《中国妇女通史·明代卷》,第 515 页。
③ 参见孟晖:《贵妃的红汗》,第 184、187 页。
④ 〔清〕王誉昌:《崇祯宫词》,《明宫词》,第 82 页。
⑤ 〔明〕黄一正:《事物绀珠》卷十三《冠服部上·女妆类》,《四库全书存目丛书》子 200,济南:齐鲁书社,1995 年,第 729 页。
⑥ 〔清〕王誉昌:《崇祯宫词》,《明宫词》,第 86 页。
⑦ 《明季北略》卷二十《曹静照宫词》,第 464 页。

在《闲情偶寄》中记述:

> 富贵之家,则需花露。花露者,摘取花瓣入甑,酝酿而成者
> 也。蔷薇最上,群花次之。然用不须多,每于盥浴之后,挹取数匙
> 入掌,拭面拍体而匀之,此香此味,妙在似花非花,是露非露,有其
> 芬芳而无其气息,是以为佳,不似他种香气,或速或沉,是兰是桂,
> 一嗅即知者也。①

花露是以鲜花为原料蒸馏而成的香水,以此法所制的香水中,蔷
薇花露当为上品。洗脸或沐浴后,舀出一小勺花露轻拍在脸上身上,
确实是件优雅奢侈之事,但恐怕对于富贵之家已司空见惯。李渔在言
及花露后,又说"其次则用香皂浴身,香茶沁口,皆是闺中应有之事"②,
想必在明宫闺阁亦是寻常之事了。除了作为香水,蔷薇露还有一个作
用,在宋元时期,女子便以蔷薇露调和妆粉,作匀面上妆之用。③ 相比
于用荷叶露珠调粉饰面,此法定会让宫装丽人两腮生香。

宫词中有诗:"香汤百种早澄清,任取金盆渐次倾。闻得内家刚浴
起,一杯古剌水先呈。"④香汤为沐浴所用,而且种类很多,要在帝王、后
妃沐浴之前以金盆盛好以备取用,沐浴之后要先将准备好的一杯古剌
水呈上。所谓古剌水⑤,据《万历野获编》记载:"今禁中诸香,极重古喇
水,为真龙涎之亚,其价超苏合油、蔷薇露加倍。"⑥可见这是宫中一种
十分名贵的香水,其价格是苏合油、蔷薇露等香露远不能及的。清人

① 〔清〕李渔:《闲情偶寄》,《声容部·修容第二·薰陶》,上海:上海古籍出版社,2000 年,第
　145 页。
② 〔清〕李渔:《闲情偶寄》,《声容部·修容第二·薰陶》,第 145 页。
③ 参见孟晖:《贵妃的红汗》,第 210—212 页。
④ 〔清〕唐宇昭:《拟古宫词》,《明宫词》,第 69 页。
⑤ "古剌水"宫词中作"古剌水",当指同一物,"剌"或为"剌"之误笔。
⑥ 《万历野获编补遗》卷四《土司·大古喇》,第 931 页。

所著《本草纲目拾遗》中亦辑录了有关古剌水的一些内容:

> ……古剌地名。古剌水乃三宝太监所求得之物,天下止有十
> 八瓶。其瓶以五金重重包裹,其近水一层,乃真金也。水色如酱
> 油而清,光可鉴,以火燃之如烧酒有焰者真。其性大热,乃房中药
> 也。妇人饮之,香沁骨肉。性凉、泽肌肤、明目、疗青盲、开瞽、功
> 同空青,治热症有效。以茶匙滴汁入汤浴,能令香气透骨不散。①

不管这"一杯古剌水"是用作沐浴、饮用还是香水,总之应是帝王后妃
沐浴梳洗所常备之物。

扇子也是古人时常使用玩赏的物件,闺阁女子多用团扇,到了明
代则有了新样式。明宫中所用的扇子一般来自内臣采办、地方藩司进
献,还有外国入贡。如聚骨扇,即折叠扇,"一名聚头扇,京师人谓之撒
扇,闻自永乐间,外国入贡始有之。今日本国所用乌木柄泥金面者颇
精丽,亦本朝始通中华,此其贡物中之一也"。朝鲜也有聚骨扇进贡,
但远不及日本所见。② 而本土所产的聚骨扇,"自吴制之外,惟川扇称
佳。其精雅则宜士人,其华灿则宜艳女。至于正龙、侧龙、百龙、百鹿、
百鸟之属,尤宫掖所尚,溢出人间,尤贵重可宝。今四川布政司所贡,
初额一万一千五百四十柄,至嘉靖三十年,加造备用二千一百,盖赏赐
所需。四十三年,又加造小式细巧八百,则以供新幸诸贵嫔用者,至今
循以为例"。除了供后宫使用,这些优质的蜀扇也会用来赏赐大臣。③
另外,宫中所用的折扇"又有以纸绢叠成"者,"张之如满月,下有短柄,
居扇之半,有机敛之,用牡笋管定,阔仅寸许,长尺余。宫娃及内臣,以

---

① 〔清〕赵学敏:《本草纲目拾遗》(上)卷一《水部·古剌水》,上海:商务印书馆,1955 年,
第 6 页。
② 《万历野获编》卷二十六《玩具·四川贡扇、折扇》,第 662、663 页。
③ 《万历野获编》卷二十六《玩具·四川贡扇》,第 662、663 页。

囊盛而佩之"①。

第二节　饮食医药

一　饮食

宫中的膳食有专门的备办机构,即外朝的光禄寺和内廷的尚膳监,二者各有分工。邱仲麟《皇帝的餐桌:明代的宫膳制度及其相关问题》一文中指出,光禄寺负责的是御膳食材的采买、菜单的规划、佐料的搭配等工作,其后将菜单递送至尚膳监,尚膳监的厨役根据菜单,下厨烹调制作。② 光禄寺除了办理御膳,还负责办理整个皇室膳食以及宫中办差官员和宦官、宫女的膳食。③ 尚膳监除负责烹制御膳外,还要负责"乾清宫等宫、一号殿、仁寿宫等宫眷月分厨料,各有差等"④。总之,明代的宫膳除了供应皇帝及皇室成员,也及于大小宦官及宫女等。⑤

宫廷膳食可谓花样种类繁多,珍馐佳肴极为丰盛奢靡,从宫中膳食用料的种类数量上就可想见。邱仲麟《〈宝日堂杂钞〉所载万历朝宫膳底帐考释》中所引万历三十九年正月的一份宫中膳食底账,记载了神宗之母李太后改用的膳食材料清单,品项繁多:

> 慈宁宫膳,猪肉一百二斤八两,羊肉、羊肚、肝等共折猪肉四
> 十九斤,鹅十二只,鸡十六只,鹌鹑二十个,鸽子十个,驴肉十斤,
> 熏肉五斤,猪肚四个,鸡子廿个,面二百九十六斤,香油四十六斤,

---

① 《万历野获编》卷二十六《玩具·折扇》,第 663 页。
② 《皇帝的餐桌:明代的宫膳制度及其相关问题》。
③ 《明代宫廷典制史》第十二章《宴享》,第 561 页。
④ 《酌中志》卷十六《内府衙门职掌》,第 104 页。
⑤ 《〈宝日堂杂钞〉所载万历朝宫膳底帐考释》。

白糖三十八斤，黑糖六斤，奶子六十斤，面筋廿三个，豆腐十个，香
蕈二斤八两，麻菇二斤八两，木耳二斤，绿笋三斤，石花菜一斤，黄
花菜一斤，大茴香四两，盐笋四两，水笋十三斤，小茴香四两，花椒
二两，胡椒六两五钱，核桃三十斤，红枣二十二斤，榛仁三斤八两，
松仁十两，芝麻二斗六升，赤豆一斗二升，清绿豆一斗四升，土碱
二十二斤，豆菜四斤，葡萄六斤，蜂蜜二斤，甜梅六两，柿饼六两，
山黄米四升，醋二瓶。①

其中包括畜禽肉类、蔬果、面食、豆类、坚果还有烹调所需的各种调味
料。且邱文中经过对比分析，推测可能由于李太后不喜吃羊肉、羊肚、
羊肝，故膳单中改折成猪肉，这种情况，在皇后的坤宁宫膳，及贵妃的
翊坤宫、景阳宫膳中亦可见到。② 皇太后之下，皇后妃嫔们的膳食用料
会按其身份高低，种类、用量上依次递减，但各种高营养价值的畜禽肉
奶产品皆能享用。③

当然，这些远非宫中膳食的全部。宋起凤《稗说》中亦详细记载了
崇祯皇帝的膳食品种，其中早膳"若同中宫供食，则设两案，否则具一
案"，可见天家夫妻可共享同等美食。早膳中米食、面食同时陈设，"听
上用何种，余移置别案"，"凡米食，如蒸香稻、蒸糯、蒸稷粟、稻粥、薏苡
粥、西梁米粥、凉谷米粥、黍秫豆粥、松子菱芡枣实粥"，"面则玫瑰、木
樨、果馅、洗沙、油糖、诸肉诸菜蒸点。有发面、烫面、澄面、油搭面、撤
面诸制"。"其膳馐，牛、羊、驴、豚、狍、鹿、雉兔，及水族、海鲜、山蔬、野
蔌，无不具。"依据祖制，膳食中还要准备很多民间的时令小菜小吃，
"所以示子孙知外间辛苦也。小菜如苦菜根、苦菜叶、蒲公英、芦根、蒲

①《〈宝日堂杂钞〉所载万历朝宫膳底帐考释》。
②《〈宝日堂杂钞〉所载万历朝宫膳底帐考释》。
③《皇帝的餐桌：明代的宫膳制度及其相关问题》。

苗、枣芽、苏叶、葵瓣、龙须菜、蒜薹、匏瓠、苦瓜、薔芹、野薤等。小食如稷黍枣豆糕、仓粟小米糕、稗子、高粱、艾汁、杂豆、干糗饵、苜蓿、榆钱、杏仁、蒸炒面、麦粥、菝粃等,各以时进,不少间。其他遐方之物,除鲥鱼、冬笋、橙桔可远致不劳民力者,岁时贡之上方,余则概不下所司征取,亦不令中外进献"①。从上述菜品和食材来看,宫中膳食种类繁多,可选范围颇广,想来后妃们的餐桌四时皆有各色菜肴,琳琅满目。另据《稗说》记载,中宫及东西二宫妃主用膳时,"尚食用细乐,皆宫女,按古乐府被之管弦,毋敢以亵词郑声进"②。后妃用膳都辅以丝弦雅乐,而远离世俗喧闹之音,处处不忘彰显关雎之德,注重淑行仪范。

宦官衙门中还有酒醋面局,"掌内官宫人食用酒、醋、面、糖诸物,浙江等处岁供糯米、小麦、黄豆及谷草、稻皮、白面有差,以备御前官眷及各衙门内官之用"③。女宫尚食局下的司馔司,亦掌给宫人廪饩薪炭这些生活物资。饮食材料由宫中供应,饭食制作则可能是宫人自为之。《万历野获编》中记载:"贵珰近侍者,俱有直房,然密迩乾清等各宫,不敢设庖宅,仅于外室移殽入内,用炭再温,以供饔飧。唯宫婢各有爨室自炊,旋调旋供。"④宫人皆住在后宫之中,应有专供她们做饭的厨房。

除了宫中的供应,皇帝会在用膳之后,将剩下的诸多膳食赏赐于御前侍奉之人。《宫庭睹记》中记载:

> (上)食毕,内侍进金盆盥手,上谕到某殿某阁,于是御前之物内侍、宫嫔杂取之,分食罄尽。⑤

---

① 《稗说》卷四《中外起居杂仪》,第 121 页。
② 《稗说》卷四《大内常仪》,第 120 页。
③ 《酌中志》卷十六《内府衙门职掌》,第 112 页。
④ 《万历野获编》卷六《内监·镟匠》,第 178 页。
⑤ 〔明〕憨融上人:《宫庭睹记·饮食》,《三异词录》十二种,国家图书馆藏清抄本。

《稗说》中亦记载：

> 上膳毕，凡平日侍御驯谨宫人或别院妃嫔曾经幸御者，撤所嗜馐数品赐之，例不亲谢，率为常。①

看来，宫人们虽处天家威严之下，若得眷顾，在宫中衣食无忧当是无虞的。

除了平日常规的膳食供应，宫中饮食亦会随着岁时节令的变化而体现时令特色，且各地的特色美食都会出现在宫中的餐桌上。《酌中志》中的记载恰恰展开了一幅明代宫廷一年四季各个时令饮食风俗的画卷：

> 正月初一日正旦节，自年前腊月廿四日祭灶之后，宫眷内臣，即穿葫芦景补子及蟒衣。各家皆蒸点心储肉，将为一二十日之费。三十日，岁暮，即互相拜祝，名曰"辞旧岁"也，大饮大嚼，鼓乐喧阗……正月初一五更起，焚香放纸炮，将门闩或木杠于院地上抛掷三度，名曰"跌千金"。饮椒柏酒，吃水点心，即"扁食"也，或暗包银钱一二于内，得之者以卜一年之吉。是日亦互相拜祝，名曰"贺新年"也。所食之物，如曰"百事大吉盒儿"者，柿饼、荔枝、圆眼、栗子、熟枣共装盛之。又驴头肉，亦以小盒盛之，名曰"嚼鬼"，以俗称驴为鬼也。……立春之时，无贵贱皆嚼萝卜，曰"咬春"，互相请宴，吃春饼和菜。……初七日"人日"，吃春饼和菜。自初九日之后，即有耍灯市买灯。吃元宵，其制法用糯米细面，内用核桃仁、白糖为果馅，洒水滚成，如核桃大，即江南所称汤圆者。十五日曰"上元"，亦曰"元宵"……斯时所尚珍味，则冬笋、银鱼、鸽蛋、麻辣活兔，塞外之黄鼠、半翅鹖鸡，江南之蜜罗柑、凤尾橘、

---

① 《稗说》卷四《中外起居杂仪》，第121页。

漳州橘、橄榄、小金橘、风菱、脆藕,西山之苹果、软子石榴之属,水下活虾之类,不可胜计。本地则烧鹅鸡鸭、猪肉、冷片羊尾、爆炒羊肚、猪灌肠、大小套肠、带油腰子、羊双肠、猪脊肉、黄颡管儿、脆团子、烧笋鹅、鸡、鸭、炸鱼、柳蒸煎燷鱼、卤煮鹌鹑、鸡醢汤、米烂汤、八宝攒汤、羊肉猪肉包、枣泥卷、糊油蒸饼、乳饼、奶皮、烩羊头,糟腌猪蹄尾耳舌、鸡胀掌。素蔬则滇南之鸡枞,五台之天花羊肚菜、鸡腿银盘等麻菇,东海之石花海白菜、龙须、海带、鹿角、紫菜,江南蒿笋、糟笋、香蕈,辽东之松子,苏北之黄花、金针,都中之土药、土豆,南都之苔菜,武当之鹰嘴笋、黄精、黑精,北山之榛、栗、梨、枣、核桃、黄连茶、木兰芽、蕨菜、蔓菁,不可胜数也。茶则六安松萝、天池,绍兴岕茶,径山虎邱茶也。凡遇雪,则暖室赏梅,吃炙羊肉、羊肉包、浑酒、牛乳。先帝(熹宗)最喜用炙蛤蜊、炒鲜虾、田鸡腿及笋鸡脯,又海参、鳆鱼、鲨鱼筋、肥鸡、猪蹄筋共烩一处,恒喜用焉。……

二月初二日,各宫门撤出所安彩妆。各家用黍面枣糕,以油煎之,或曰面和稀摊为煎饼,名曰"薰虫"。……清明之前,……食河豚,饮芦芽汤,以解其热。各家煮过夏之酒。此时吃鲥,名曰"桃花鲥"也。

三月初四日,宫眷内臣换穿罗衣。……二十八日,东岳庙进香,吃烧笋鹅,吃凉饼、糯米面蒸熟加糖碎芝麻,即糍巴也。吃雄鸭腰子,大者一对可值五六分,传云食之补虚损也。

四月初四日,宫眷内臣换穿纱衣。……初八日,进"不落夹",用苇叶方包糯米,长可三四寸,阔一寸,味与粽同也。是月也,尝樱桃,以为此岁诸果新味之始。吃笋鸡,吃白煮猪肉,以为"冬不白煮,夏不苹鹿"也。又以各样精肥肉,姜、蒜剁如豆大,拌饭,以莴苣大叶裹食之,名曰"包儿饭"。造甜酱豆豉。初旬以至下旬,耍西山、香山、碧云寺等,耍西直门外之高粱桥、涿州娘娘、马驹桥娘娘、西顶娘娘进香。二十八日,药王庙进香。吃白酒、冰水酪,取新麦穗煮熟,剁去芒壳,磨成细条食之,名曰"稔转",以尝此岁五谷新味之始也。

五月初一日起,至十三日止,宫眷内臣穿五毒艾虎补子蟒衣。门两旁安菖蒲、艾盆,门上悬挂吊屏,上画天师或仙子、仙女执剑降毒故事,如年节之门神焉,悬一月方撤也。初五日午时,饮朱砂、雄黄、菖蒲酒,吃粽子,吃加蒜过水面。……夏至伏日,戴草麻子叶。吃"长命菜",即马齿苋也。

六月初六日,……吃过水面,嚼"银苗菜",即藕之新嫩秧也。初伏日造麹,惟以白面用绿豆黄加料和成晒之。立秋之日,戴楸叶,吃莲蓬、藕,晒伏姜……先帝爱鲜莲子汤,又好用鲜西瓜种微加盐焙用之。

七月初七日"七夕节",宫眷穿鹊桥补子。……十五日"中元",甜食房进供佛波罗蜜;……是月也,吃鲥鱼为盛会,赏桂花,斗促织,善斗者一枚可值十余两不等,各有名色,以赌博求胜也。

八月……自初一日起,即有卖月饼者,加以西瓜、藕,互相馈送。西苑踘藕。至十五日,家家供月饼瓜果,候月上焚香后,即大肆饮啖,多竟夜始散席者。如有剩月饼,仍整收于干燥风凉之处,至岁暮合家分用之,曰"团圆饼"也。始造新酒,蟹始肥。凡宫眷内臣吃蟹,活洗净,蒸熟,五六成群,攒坐共食,嬉嬉笑笑。自揭脐盖,细将指甲桃剔,蘸醋蒜以佐酒。或剔蟹胸骨,八路完整如蝴蝶式者,以示巧焉。食毕,饮苏叶汤,用苏叶等件洗手,为盛会也。……有红白软子大石榴,是时各剪离枝,甘甜大玛瑙葡萄,亦于此月剪下。缸内着少许水,将葡萄枝悬封之,可留至正月尚鲜。

九月,御前进安菊花。自初一日起,吃花糕。宫眷内臣自初四日换穿罗重阳景菊花补子蟒衣。九日"重阳节"……吃迎霜麻辣兔、饮菊花酒。是月也,糟瓜茄,糊房窗,制诸菜蔬,抖晒皮衣,制衣御寒。

十月初一日颁历。初四日,宫眷内臣换穿纻丝。吃羊肉、爆炒羊肚、麻辣兔、虎眼等各样细糖。凡平时所摆玩石榴等花树,俱连盆入窖。吃牛乳、乳饼、奶皮、奶窝、酥糕、鲍螺,直至春二月方止。

十一月……冬至节,宫眷内臣皆穿阳生补子蟒衣。室中多画绵羊引子画贴。……此月糟腌猪蹄尾、鹅脆掌、羊肉包、扁食、馄饨,以为阳生之义,冬笋到,则不惜重价买之。是月也,天已寒,每日清晨吃辣汤,吃生炒肉、浑酒以御寒。

十二月初一日起,便家家买猪腌肉。吃灌肠、吃油渣卤煮猪头、烩羊头、爆炒羊肚、炸铁脚小雀加鸡子、清蒸牛白、酒糟蚶、糟蟹、炸银鱼等鱼,醋溜鲜鲫鱼、鲤鱼,钦赏腊八杂果粥米。……初八日,吃"腊八粥"。先期数日将红枣槌破泡汤,至初八早,加粳米、白米、核桃仁、菱米煮粥,供佛圣前,户牖园树,井灶之上,各分布之,举家皆吃,或亦互相馈送,夸精美也。廿四日"祭灶",蒸点心办年,竞买时兴绸缎制衣,以示侈美豪富。三十日,岁暮"守岁"……①

《酌中志》的作者刘若愚乃明末宫中宦官,数十年的宫廷生活,让他对宫中的掌故见闻熟稔于心,他的翔实记述使今人得以一瞥明代宫廷的真实生活,虽处处都是百姓难以企及的富贵锦绣,但紫禁天宫原来除去肃穆神秘、诡谲争斗、广寒清冷外,却也不乏饮食男女的烟火之

①《酌中志》卷二十《饮食好尚纪略》,第181、183页。

色、市井人伦的风俗百态。

二 就医

有关宫中女子求医问药的问题，在明初就有严格的规定，"宫嫔以下遇有病，虽医者不得入宫中，以其证取药"①。这条规定后来又写入了洪武二十八年修订的《皇明祖训》中。按此条规定，宫嫔之下包括女官、宫人在内的女子一旦遇到疾病是无法得到及时医治的。但是洪武六年五月初次颁布的《祖训录》不是这样规定的，其中记载：

> 凡宫中遇有病者，仰御药局唤到方脉科，或小儿科、外科等项医人，须要监官、门官、局官各一员，当值内使三名、老妇二名同医人进宫看视。如监官、门官、局官并当值老妇不及元定名数，监官、门官、局官各杖一百，当值内使、老妇各杖八十。若当值内使并各官不行引进医人，止令老妇引至者，监官、门官、局官皆斩，内使并医人、老妇皆凌迟处死。如后妃、女孩儿等并者，轻则于乾清宫诊脉，如果并重者，方许白昼就房看视，不许夜唤医士进宫，违者，并唤医者皆斩。②

由此可见，在明初时，宫中女子若遇疾，还是能够得到医者的治疗的，虽然要被置于严密的监控之中。但是这些内容在《皇明祖训》中都被删除了。宫官六尚中，尚食局下设司药司，掌医方药物之事，一方面司药会为宫中后妃提供服务，一方面宫嫔以下者只能说证取药。

但如前文所述，后妃中地位较高者应能得到太医院医官的诊治，宦官中有善医者，亦能为后妃服务。《酌中志》中记载，神宗李贵妃有

① 《明太祖实录》卷五十二，洪武三年五月乙未。
② 参见张德信：《〈祖训录〉与〈皇明祖训〉比较研究》，《文史》第45辑，第143页。

疾,郑贵妃名下太监张明曾为其医治,但仍不治而薨逝。① 另外,前文亦提及宫中会从民间挑选医婆或女医入宫为宫中女子看病,诊视的对象除了后妃亦包括宫人。《稗说》中记载:

> 保母外又有女医一项,宫中呼为"官姥姥",其人皆四五旬,谙方书、医药、脉理,承应诸宫院,无大小贵贱悉令治疗,月给官饩,服色与宫装无异。后妃以下月间调摄,咸令女医入侍。②

既然治疗对象无大小贵贱,那么女官、宫人若有疾病了,亦有机会得到女医的诊治。但即便如此,女官、宫人们的健康保障实际上还是比较堪忧的。《酌中志》中记载:"凡宫眷内臣所用,皆炙煿煎爆厚味,但遇有病服药,多自己任意调治,不肯忌口。"③可能因医疗条件所限,有病却又不去医治或不得医治的现象亦是普遍的。

第三节　住与行

明朝初定都南京,永乐年间,成祖迁都北京。据《天府广记》记载:"(永乐)十五年,改建皇城于(元故宫)东,去旧宫可一里许,悉如金陵之制而弘敞过之。"④可见明代北京紫禁城的营建,其规制皆沿袭南京故宫之制,而作为新首都的皇宫,必定会更加恢宏壮丽。中国古代宫城的布局遵循"前朝后寝"之制。紫禁城以乾清门为界,以南为前朝,以北为后寝,又称内廷,或通常所说的后宫。内廷建筑同样以中轴对称为制,中轴线上的主要建筑为内廷后三宫,即乾清宫、交泰殿、坤宁

---

① 《酌中志》卷二十二《见闻琐事杂记》,第191页。
② 《稗说》卷四《中外起居杂仪》,第122页。
③ 《酌中志》卷二十《饮食好尚纪略》,第184页。
④ 《天府广记》卷五《宫殿》,第51页。

宫。明代,乾清宫为皇帝寝宫,自永乐至崇祯,明代有十四位皇帝曾居住于此。[1] 坤宁宫在明代为皇后寝宫,东西六宫为妃嫔所居。明代宫廷中有"三宫"之称,皇后为中宫,另有东宫、西宫,就是与皇后同时选定的两位妃子,在众妃嫔中地位尊者。据明末宦官刘若愚所撰《酌中志》记载,东六宫中的承乾宫,为"东宫娘娘所居也",西六宫中的翊坤宫,"西宫李娘娘之所居也"[2]。而承乾宫和翊坤宫又位于坤宁宫两翼,在东西六宫中是距坤宁宫最近的宫室,可见东宫娘娘和西宫娘娘在众妃中较为尊贵的地位。

后妃居所又不局限于坤宁宫和东西六宫,西六宫以西、东六宫以东的宫室皆有后妃居住。《酌中志》记载,西六宫迤西有咸安宫,"穆庙继选皇后陈老娘娘居此"[3]。《明史》言陈皇后"无子多病,居别宫"[4],咸安宫地处内廷最西,位置较偏僻,可见穆宗与陈皇后的关系当是比较疏远冷淡的。养心殿之南,"过义平门,则慈宁宫(原作"慈庆宫",应为慈宁宫之误笔)矣。万历时,慈圣李老娘娘所居。泰昌元年八月,皇贵妃郑娘娘亦曾居之",熹宗登极后,"复迁郑老娘娘于一号殿之仁寿宫,请神庙东宫昭妃刘老娘娘于慈宁宫居住"。[5] 可见居于慈宁宫者,或为太后,如神宗之母慈圣李太后,或为地位尊崇的先朝妃嫔,如神宗刘昭妃,在崇祯时"掌太后玺"[6],神宗皇贵妃郑氏居慈宁宫,亦可见光宗对其尊礼有加。东六宫出苍震门外还有一片宫室,名一号殿仁寿宫者,天启时,神宗皇贵妃郑氏迁居于此。往北还有哕鸾宫、喈凤宫,"凡

---

① 张加勉:《解读故宫:一座宫殿的历史和建筑》,北京:当代中国出版社,2009 年,第 81 页。
②《酌中志》卷十七《大内规制纪略》,第 147 页。
③《酌中志》卷十七《大内规制纪略》,第 147 页。
④《明史》卷一百十四《列传第二·后妃二》。
⑤《酌中志》卷十七《大内规制纪略》,第 146 页。
⑥《明史》卷一百十四《列传第二·后妃二》。

先朝有名封之妃嫔、无名封之宫眷养老处也"①。从慈宁宫迁至先朝妃嫔宫眷养老处的近旁，居住宫室的变化亦是皇贵妃郑氏风光不再，地位亦如明日黄花的写照吧。明代紫禁城文华殿以北，徽音门之内为慈庆宫，此处虽整体位于乾清门之南，但仍属内廷。② 神宗时，仁圣皇太后即穆宗继后陈氏曾居于此③，后来是光宗为太子时的东宫所在，天启末，熹宗懿安张皇后亦曾居住于此。④ 慈庆宫关雎右门转角西侧有元辉殿，朝廷于民间采选淑女时，为选中者临时居住之处。据《酌中志》记载："凡诸王馆选中淑女，候钦差某封某位娘娘，亲到元晖殿，选不中者送出。凡选中者，或后，或妃，或王妃，皆先居于此，以便次第奏举行吉礼也。""光庙元妃郭娘娘选中时，在南配殿住"，"后福王妃邹娘娘选中，在正殿北一间住"。⑤

女官在宫中的住所，目前并未见记载，不过因宫禁森严，后宫女子不得随意出入，且女官又是供职于掖庭，其住所亦必在后宫之中。《酌中志》有这样的记载："初，祖宗旧制，于乾清宫东设房五所，西设房五所，俱有名封大宫婢所住，所以正名分、严等威也。"⑥明代乾东五所和乾西五所分别位于东六宫与西六宫的北端。所谓"有名封大宫婢"必是宫人中地位较高有品秩封号之人，那么不能排除女官中品秩较高或颇受帝后器重之人在此居住的可能。所以，与普通宫人的居住条件相比，等级较高或较有地位的女官，其居住条件可能会相对较好一些。另外，《酌中志》《春明梦余录》中皆记载了六尚局及宫正司在明代北京

---

① 《酌中志》卷十七《大内规制纪略》，第 152 页。
② 朱偰：《明清两代宫苑建置沿革图考》，第 28 页，收于《昔日京华》，天津：百花文艺出版社，2005 年。
③ 《酌中志》卷十七《大内规制纪略》，第 151 页。
④ 朱偰：《明清两代宫苑建置沿革图考》，第 31 页。
⑤ 《酌中志》卷十七《大内规制纪略》，第 151 页。
⑥ 《酌中志》卷十四《客魏始末纪略》，第 71 页。

紫禁城中的位置,即"宫正司六尚局皆在乾清宫之东"①。朱偰所著《明清两代宫苑建置沿革图考》根据《酌中志》《春明梦余录》等有关北京宫阙的记载,绘制了《明代宫禁图》②,从图上看,宫正司六尚局是苍震门内迤北,与东六宫相邻的一片宫室。至于普通宫人的居所,可能居住环境并不太好,条件十分有限。邱仲麟《明代宫女的采选与放出》一文中认为,紫禁城虽然不小,但从其宫苑的设置用途来看,供宫人居住的空间其实不多。③ 据明世宗《火警或问》中记载:"宫中地面狭窄,房屋重叠,宫人有三、四人止一房者。"④

《酌中志》中的《大内规制纪略》中还有这样一段记载:

> 乾清宫门围墙之内,左右廊房之朝南半间者,曰东夹墙、西夹墙,又慈宁宫西第等处,皆宫眷、内官便溺之所。宫墙之外,砖砌券门,安大石于上,凿悬孔垂之,各有净军在下接盛,于每月初四、十四、廿四日,开玄武门及各小门打扫。⑤

很显然,这几处"宫眷、内官便溺之所"当是宫中的公共卫生间,在偌大的皇宫中能有几处供来往于各宫室服务的宦官、宫人使用的方便之所,也是较为人性化且必要的设置。《暖姝由笔》中亦对宫人如厕清理问题有类似的记载:"宫人多用粪车,每月初四、十四、廿四以空车推入一换,从后宰门出……"⑥

明代后妃出行的主要工具是车和轿。据《明史·舆服志》记载,皇

---

① 《酌中志》卷十七《大内规制纪略》,第 145 页。另见〔清〕孙承泽:《春明梦余录》卷六《宫阙》,第 47、48 页。
② 《明清两代宫苑建置沿革图考》。
③ 《明代宫女的采选与放出》。
④ 明世宗:《火警或问》,《四库全书存目丛书》史部 57,参见邱仲麟:《明代宫女的采选与放出》。
⑤ 《酌中志》卷十七《大内规制纪略》,第 148 页。
⑥ 《古今图书集成·宫闱典》第六卷《宫闱总部纪事》,第 24943 页。

后所乘车为辂和安车。明制，皇后辂：

> 高一丈一尺三寸有奇，平盘。前后车棍并雁翅，四垂如意滴珠板。辕长一丈九尺六寸，皆红髹。辕用抹金铜凤头、凤尾、凤翎叶片装钉。平盘左右垂护泥板及轮二，贯轴一。每轮辐十有八，皆红髹，辋以抹金钑花铜叶片装钉。轮内车毂，用抹金铜钑莲花瓣轮盘装钉，轴中缠黄绒驾辕诸索。

> 辂亭高五尺八寸有奇，红髹四柱。槛座上沉香色描金香草板十二片。前左右有门，高四尺五寸有奇，广二尺四寸有奇。门旁沉香色线金菱花槅各二，下条环板，有明枕，抹金铜钑花叶片装钉。后红髹五山屏风，钑金鸾凤云文，屏上红髹板，钑金云文，中装雕木浑贴金凤一。屏后红髹板，俱用抹金铜钑花叶片装钉。亭底红髹，上施红花毯、红锦褥席、红髹坐椅一。靠背雕木线金五彩装凤一，上下香草云板各一，红福寿板一并褥。椅中黄织金绮靠坐褥，四周有椅裙，施黄绮帷幔。或黄线罗。外用红帘十二扇。前二柱，钑金，上宝相花，中鸾凤云文，下龟文锦。辂顶并圆盘，高二尺有奇，抹金铜立凤顶，带仰覆莲座，垂攀顶黄线圆条四。盘上红髹，下四周沉香色描金云文，内青地五彩云文，以青饰辂盖。内宝盖，红髹匡，斗以八顶，冒以黄绮；顶心及四周绣凤九，并五彩云文。天轮三层，红髹，上雕木贴金边耀叶板七十二片，内饰青地雕木五彩云鸾凤文三层，间绘五彩云衬板七十二片。下四周黄铜装钉，上施黄绮沥水三层，间绣鸾凤文。四垂青绮络带，绣鸾凤各一。圆盘四角连辂座板，用攀顶黄线圆条四。

> 辂亭前后有左右转角阑干各二扇，内嵌条环板，皆红髹，计十二柱，柱首雕木红莲花，线金青绿装莲花抱柱。其踏梯、行马之属，与大马辇同。

皇后安车之制：

　　高九尺七寸有奇，平盘，前后车棍并雁翅板。辕二，长一丈六尺七寸有奇，皆红髹，用抹金铜凤头、凤尾、凤翎叶片装钉。平盘左右垂护泥板及轮二，贯轴一。每轮辐十有八，皆红髹，轴中缠黄绒驾辕诸索。车亭高四尺四寸，红髹方柱四，上装五彩花板十二片。前左右有门，高三尺七寸有奇，广二尺二寸有奇。门旁红髹十字榻各二。后三山屏凤，屏后壁板俱红髹，用抹金铜钑花叶片装钉。亭底红髹板，上施红花毯、红锦褥，四周施黄绮帷幔，外用红帘四扇。车盖用红髹抹金铜宝珠顶，带莲座，高六寸，四角抹金铜凤头，用攀条四，并红髹木鱼。盖施黄绮沥水三层，销金鸾凤文，凤头下垂红粉鏒。其踏梯、行马、幰衣与辂同。

此外，皇后出行，还有夹车宫人执行障和坐障。明制，皇后"行障六，坐障三"，"皆以红绫为之，绘升降鸾凤云文；行障绘瑞草于沥水，坐障绘云文于顶"。太皇太后、皇太后的行障、坐障、辂及安车，制与皇后同。

皇妃出行所乘车称凤轿，其制：

　　青顶，上抹金铜珠顶，四角抹金铜飞凤各一，垂银香圆宝盖并彩结。轿身红髹木匡，三面篾织纹簟，绘以翟文，抹金铜钑花叶片装钉。红髹㧅，饰以抹金铜凤头、凤尾。青销金罗缘边红帘并看带，内红交床并坐踏褥。红销金罗轿衣一顶，用销金宝珠文；沥水，香草文；看带并帏，皆凤文。红油绢雨轿衣一。

皇妃用"行障二、坐障一"，依等级以不同彩绘装饰，"俱红绫为之，绘云凤，而行障沥水绘香草"。太子妃所乘车及行障、坐障之制与皇妃相同。①

---

①《明史》卷六十五《志四十一·舆服一》。

皇帝后妃在宫中行走的代步工具主要是肩舆或板舆，即轿子。从各类祭祀典礼的仪注中可见，皇帝后妃若出行，多是先乘肩舆出内宫，至皇宫门口或举行仪式的大殿外，降舆，乘车出宫或入殿就位。《宫庭睹记》中对"板舆"有如下描述："上在宫中行幸用平板一片，阔四尺，长丈余，置坐具于上，下有铜环四，以贯黄绒索，前后用太监八人肩之而行。"①从描述上推测，板舆应该是一种没有顶棚、无需轿衣的简化版的轿子。

女官的出行往往是因典礼仪制或宫廷制度中的职责所在，比如皇帝纳后之仪中，按仪制规定，女官需出宫前往皇后母家奉迎，亲蚕礼在宫外举行，女官亦随驾出行。出行的工具或为车或为轿。《大明会典》中记载，皇帝纳后仪中，奉迎皇后入宫时，皇后乘舆，宫人乘轿随行。②嘉靖年间的亲蚕礼中，根据女官执事的不同，一部分女官需在皇后到达前"乘车先至坛内候"，而随驾的女官，执钩筐者则行于皇后车前。③明中后期采选淑女，内夫人、女官同司礼监要会选所采民间女子于诸王馆④，虽是由内廷至外朝，但亦需乘轿。《宛署杂记》记载：

> 万历十九年正月十八日，有诏宫中六尚局兼皇长子册立届期，及长公主长成，俱缺人役使，着礼部选民间女子……卜得二月二十八日吉，钦差内夫人、近侍女官同司礼监会选之诸王馆内……每选之日，两县先期于诸王馆中编席棚数座，饰以彩，集女轿夫千余，即以其日内所选女，从东安门以进。惟内夫人及女官

---

① 《宫庭睹记》。
② 《明会典》卷六七《婚礼一·皇帝纳后仪》，第 404 页。
③ 《明会典》卷五一《亲蚕》，第 337 页。
④ 有关诸王馆的所在地，据明人黄景昉《馆阁旧事》记载："皇极门外两庑四十八间，除旷八间外，实四十间。东二十间，实录馆、玉牒馆、起居馆及东阁，……西二十间，上十间为诸王馆……"参见张升：《明清宫廷藏书研究》，北京：商务印书馆，2006 年，第 76 页。

大小乘，得别加青绢衣云。……内夫人女官用青幔大轿十乘，并
女子小轿三百乘共赁价三两，以上俱本县行银办。每轿用女轿夫
四名，原编大婚女轿夫内，加派应用。①

这段材料中，清楚地记载了女官所乘轿的规格，即轿为四人抬之青幔
大轿，加青绢衣为轿衣，抬轿者为女轿夫。

第四节　闲暇生活

宫廷女子的生活点滴，由于材料所限，实难窥其全貌，不过即便只
言片语，片段点滴，又总能找寻一些蛛丝马迹，勾勒出一朝一夕之情
境，觅得芳踪，引人无限遐想。

在男耕女织的古代社会里，女红是女子一项最基本的能力，无论
后宫民间，女子皆事之。明代宫廷一直重视女红，有亲蚕之礼以视对
天下蚕桑、纺织的激励，宫中六尚局有尚功局专司督导女红之程课，裁
衣、刺绣亦是后妃宫人们平时从事之事，皇后甚至会亲自督导宫中女
红之事。如太祖马皇后，不仅自己精女红，亦时常督促后宫妃嫔勤于
女红，不要懈怠。思宗周皇后曾谕令苏州制造太监，"进草棉纺车二十
四具，以教宫婢"②。女官沈琼莲的宫词中有"倦把青绒绣紫纱，阁针时
复卜灯花"③之句，描写的当是晚间已不当值时灯下刺绣的情景。闲暇
时缝衣刺绣应是宫中女子最常见的生活场景。

另外，有一个关于明初刺绣的小故事：

太祖宫中有四姊妹，同为女官，色皆姣丽，长曰兰英，次曰荷

①《宛署杂记》卷十四《经费上·宫禁》，第142页。
②〔清〕饶智元：《明宫杂咏》，《明宫词》，第303页。
③〔明〕沈琼莲：《宫词十首》，《明宫词》，第7页。

英，三曰菊英，四曰桂英，阖宫称为"四美人"，太祖以其美慧多才，颇渥遇之。一日，菊英弃敝履于地，被新进内侍王云拾得，云以其履上所绣花鸟，栩栩若生，意将携出宫外，夸示于亲故里邻，怀纳袖中，珍若珠宝，初未识有干宫禁也。会太祖宴游内苑，丹桂盛放，命云向最高枝折取，偶一不慎，遂坠于地，帝大怒，立命杖毙之。①

这个故事是否确有其事，已不得而知。它或许是女官菊英闲暇时所做，那么女官中确有绣艺高超、精于女红之人，又或许是出自宫廷绣匠之手，一只绣鞋可窥宫廷刺绣的精湛技艺。

皇家宫苑一年四季皆有鲜花草木应景点缀，宫中宦官衙门设有司苑局，女官六局二十四司亦有司苑司专门掌管苑圃种植之事。

紫禁城和各处离宫别苑皆有花园供皇家游赏，如"坤宁之后，则宫后苑也……东西两处，鱼池二，其东曰游碧亭，西曰澄瑞亭，奇花异卉，禽声上下，春花秋月，景色可入"。此处即今之所见御花园是也，另外慈宁宫、慈庆宫也有花园。② 皇城之内，皇史宬迤东有回龙观，"观中多海棠，每至春深盛开时，圣驾多临幸之"③。大内之西还有西苑，亦是后宫间或行幸之处。每当花开时节，皇后会宣某宫或合宫妃嫔共同游园赏花，也是宫中的一项盛大的娱乐活动。即便不出宫禁，命宦官宫婢将名木花卉采折或搬移入宫中供帝王后妃赏玩亦是常有的事。万历年间，"神庙重庆万寿圣节，时西山杨家顶观音庵僧处牡丹忽开一朵，管花内官知之，授费六十余两为寺中功德，将所开牡丹移进御前，神庙甚嘉悦为瑞焉"④。此牡丹乃闰八月开花，实属反常，恰逢万寿节，似乎

---

① 〔民国〕苏海若：《皇宫五千年》，济南：山东人民出版社，1986年，第393、394页。
② 《酌中志》卷十七《大内规制纪略》，第147、152页。
③ 《酌中志》卷十七《大内规制纪略》，第138页。
④ 《酌中志》卷五《三朝典礼之臣纪略》，第31页。

更显祥瑞,于是宦官煞费苦心地将其移入大内,只为在御前博个好彩头。神宗常侍奉母亲慈圣太后于慈宁宫赏花,一次"时已秋节,有铜盆生红莲,莲心抽蕊九而攒簇四向,如台莲然。……上亲率后妃称贺,且赋诗以为太后慈寿之瑞"[1]。崇祯时,凡西苑花开,司苑皆上报于周皇后,周皇后常遣宫女去采折一些置于宫中赏玩。[2] 四时不同的花卉带来富贵、优雅、娇美、温馨种种不同的感受,鲜花总是能愉悦性情的,尤其那些吉祥、和美、福瑞的兆头更是为阖宫上下所喜。《酌中志》中详细记载了宫中一年四季所赏之花卉:

> 正月……凡遇雪,则暖室赏梅,吃炙羊肉、羊肉包、浑酒、牛乳。
>
> 二月,是月分菊花、牡丹。凡花木之窖藏者,开隙放风。
>
> 三月,清明,则"秋千节"也,带杨枝于鬓。坤宁宫后及各宫,皆安秋千一架。……圣驾幸回龙观等处,赏海棠。窖中花树尽出,圆圃、台榭、药栏等项,咸此月修饰。富贵人家,咸赏牡丹花,修凉棚。
>
> 四月,牡丹盛后,即设席赏芍药花也。
>
> 五月,赏石榴花,佩艾叶,合诸药,画治病符。圣驾幸西苑,斗龙舟,划船。或幸万岁山前插柳,看御马监男士跑马走解。
>
> 六月,立秋之日,赏茉莉、栀子兰、芙蓉等花。
>
> 七月,赏桂花,斗促织。
>
> 八月,宫中赏秋海棠、玉簪花。……凡内臣多好花木,于院宇之中,摆设多盆。并养金鱼于缸,罗列小盆细草,以示侈富。
>
> 九月,御前进安菊花。

---

① 〔清〕程嗣章：《明宫词》,《明宫词》,第148页。
② 〔清〕王昌誉：《崇祯宫词》,《明宫词》,第81页。

……

十二月……是月也，进暖洞薰开牡丹等花。①

四季花开，争奇斗艳，芬芳馥郁满宫苑，而上元节时的烟花，想必更是宫廷之中最为绚烂的景致。《崇祯宫词》记载：

上元节，内官监火药房制造奇花火爆，凡兰、蕙、梅、菊、木犀、水仙之类具备。帝每谕取水仙花爆来，一时点放，闪烁如生。②

好一派"轮却光华压紫宸"的天家富贵。

宫中女官多有颇具才识之辈，不过后妃之中却也不缺乏具有才情的女子，想来除了以容色侍君，有几分才艺或腹有诗书才更能得到君王的赏识垂爱吧。何况宫中长日漫漫，以才情自娱也是打发闲暇光景的最好方法。成祖贤妃权氏，以朝鲜贡女身份选入宫中，"资质秾粹，善吹玉箫"，颇得成祖怜爱。③ 熹宗张皇后，性情淡静，平日常以文史自娱④，还会"择宫人之秀慧者，口授唐宋小词，孤灯长夜，罗侍左右，课其勤惰"。若有学得好的宫人，张后"微笑语之曰：'学生子宜拜谢师父矣。'"⑤思宗田贵妃当是明代妃嫔中文化艺术修养颇高的一位，不论史书还是宫词，对田贵妃的才情皆不吝笔墨。田氏自幼长于扬州，随继母学琴，琴艺非凡，入宫后得宠，常为思宗鼓琴，⑥又擅奏笛，"每当风月清美，笛奏一曲，帝极赏之"，称赞其笛音"裂石穿云"。于是《崇祯宫词》有云："梨花院落夜沉冥，曲子新翻按七星。清响不劳风送远，花桥

---

① 《酌中志》卷二十《饮食好尚纪略》，第 181、183 页。
② 〔清〕王昌誉：《崇祯宫词》，《明宫词》，第 80 页。
③ 《明史》卷一百十三《后妃一》。
④ 〔清〕秦徵兰：《天启宫词》，《明宫词》，第 39 页。
⑤ 〔清〕秦徵兰：《天启宫词》，《明宫词》，第 23 页。
⑥ 《胜朝彤史拾遗记》卷六，第 402 页。

人隔禁墙听。"①此外,田贵妃在书画和弈棋上也颇有造诣。《崇祯宫词》记载,田贵妃"工写生,尝作群芳图进上,帝留之御几,时展玩焉"②,"幼习钟王楷法,继得禁本临摹,遂臻能品。凡书画卷轴,帝每谕妃签题之"③。田贵妃虽擅弈棋,但"每与帝弈,辄负一二子,未尽其技也"④。可见,田贵妃确实是琴棋书画样样精通,而她的得宠不仅在于才情,还有她对宫中一些生活细节的察言观色,善伺上意。田贵妃很善于妆容打扮,常以新鲜式样变宫中仪法,不过燕见君王时,又常常"首不副次",不喜奢华的崇祯皇帝会非常欣赏她清真的模样。⑤ 除了注重自己的妆容,她对于皇帝的衣冠也很上心。"上冠旧缀鸦青石,与珠相间,妃去珠,易以珠胎而嵌鸦青于其中,望之有光焉。"此冠经田贵妃改良,不仅更显光彩夺目,且节约工本,皇帝怎能不喜。田贵妃对所居宫室亦进行改造,厌其"过高迥,崇杠大牖,所居不适意",于是"就廊房为低槛曲楯,蔽以敞槅,杂采扬州诸什器、床簟供设其中"⑥。高大的宫室,竟在田贵妃的手中被营造成曲廊槅扇小轩窗的江南闺阁。田贵妃又在"宫西建一台,累石为洞,莳花药,每张幄坐其旁,曰'玩月台'"⑦。这番对宫室的改造不仅匠心独运,更是难得的风雅别致。除了自己的宫室,连宫中的一些陈设布置和用具,田贵妃也进行了改良。宫中的灯多缕金匼匝,看上去虽绚丽,但光焰很难外射,田贵妃在灯的火焰处将灯扇刳去一方,以疏绡幂之,于是光影通透,观者称快。⑧ 考

---

① 〔清〕王昌誉:《崇祯宫词》,《明宫词》,第 80 页。
② 〔清〕王昌誉:《崇祯宫词》,《明宫词》,第 84 页。
③ 〔清〕王昌誉:《崇祯宫词》,《明宫词》,第 92 页。
④ 〔清〕王昌誉:《崇祯宫词》,《明宫词》,第 86 页。
⑤ 〔清〕王昌誉:《崇祯宫词》,《明宫词》,第 85 页。
⑥ 《胜朝彤史拾遗记》卷六,第 402 页。
⑦ 〔清〕程嗣章:《明宫词》,《明宫词》,第 156 页。
⑧ 《胜朝彤史拾遗记》卷六,第 402 页。

虑到宫中御驾必经的夹道,平日里没有遮蔽,风吹日晒,于是"妃命作蓬藤覆之,从者皆得休息。又易小黄门之升舆者以宫婢,帝闻,以为知礼"。①

以上种种足见田贵妃是个有七窍玲珑心的聪慧女子,将宫墙内的漫漫光景打理得精致美妙,难怪皇帝会对她格外倾心。不过也只有圣眷在握,才能将宫中生活过得如此有情致吧,宫中的风花雪月从来倚仗的只有帝王的恩宠。田贵妃在紫禁城所居为东六宫之承乾宫,如今每当春日,承乾宫的一树梨花犹是故宫中的一景。梨花院落今犹在,清风明月暗香浮动时,再不闻琴曲绕梁,笛音袅袅,更不见轩窗理妆,美目盼兮,她的才情和曾经为这座宫院带来的一抹抹生动的颜色,早已永久尘封于禁墙之内,或许年年盛放的香雪海中,尚有一缕香魂绕旧宫。

明代宫廷内崇佛之风尤盛,帝王后妃、宦官宫女皆热衷于各种佛事活动。《宛署杂记》记载,京城内有"大隆善寺,元皇庆元年建,名崇国寺,我朝改今名。设有僧录司于内,主天下寺僧之事。成化八年敕修,皇太后、中宫、妃主下至女官、宫人助修,制极壮丽"②。捐资修建寺庙是皇室中人常见的崇佛活动,史料中不乏有关帝后、宦官的各种奉佛活动的记载,作为宫中之人的普遍信仰,在这样的环境之下,女官宫人必然也会深受影响,信佛者必不在少数,且亦会参与到各种佛事活动中。《酌中志》中记载:"中官最信因果,好佛者众,其坟必僧寺也。"③宦官的居处及衙门中多设立佛堂,以供香火,礼佛诵经之风盛行,甚至

---

①《明史》卷一百十四《后妃二》。
②《宛署杂记》卷十九《僧道》,第 223 页。
③《酌中志》卷二十二《见闻琐事杂记》,第 200 页。

不乏受戒、剃度者,宫女中亦有受戒之人。①《天启宫词》中记载,熹宗张皇后"尝用素绫作地,手剪五色绫,叠成诸佛菩萨妙相。宫人奉释教者,互相仿效,谓之堆纱佛"②。另有宫词云:"宫瓶秘色露葵荟,入供丝丝绘佛图。翠匼金蝉常卸却,萧然一样似皇姑。"③这些皆是对宫中女子事佛者的描写,也许在深宫中的一个个寂寂长夜,焚香奉佛,参拜祈祷,是唯一可寻求的精神寄托。

"明窗棐几净炉薰,闲阅仙书小篆文。"这是沈琼莲对自己当值之余,闲阅仙书符篆情景的描绘,亦反映了宫廷中道教的流行。明代宫中一直佛道并崇,诸帝皆有崇道之举,只是在嘉靖时,因世宗偏尚道教,而有排斥佛教之举。④ 帝王崇道同样会波及后宫,《西苑宫词》有云:"宫女如花满道场,时闻杂佩响琳琅。玉龙蟠钏擎仙表,金凤钩鞋踏斗罡。"⑤这便是作者亲见宫阙苑囿中斋醮之盛后的生动描述。《酌中志》记载,"神庙初,欲选宫女数十人,令习玄教,为女道士",后掌坛内臣奏曰:"佛教慈悲,凡些微简亵,尚或耽待;若玄教诸天神将,恐女子无知,惹咎不便。"⑥于是作罢。这亦是明宫中佛道并崇的一个实例。《万历野获编》亦记载:"今西苑斋宫,独大高元殿以有三清像设,至今崇奉尊严,内宫宫婢习道教者,俱于其中演唱科仪。且往岁世宗修玄御容在焉,故亦不废。"⑦如此看来,即便女官中没有氅服云璈热衷玄修着,偶尔翻翻仙书符篆倒也是司空见惯之事了。

① 参见杜常顺:《明朝宫廷与佛教关系研究》,暨南大学 2005 年博士学位论文,第 151、152 页。
② 〔明〕秦徵兰:《天启宫词》,《明宫词》,第 32 页。
③ 〔明〕蒋之翘:《天启宫词》,《明宫词》,第 52 页。
④ 参见杜常顺:《明朝宫廷与佛教关系研究》,暨南大学 2005 年博士学位论文,第 125 页。
⑤ 〔明〕张元凯:《西苑宫词》,《明宫词》,第 15 页。
⑥ 《酌中志》卷十六《内府衙门职掌》,第 121 页。
⑦ 《万历野获编》卷二《列朝·斋宫》,第 48 页。

　　"香雾蒙蒙罩碧窗,青灯的的灿银缸。内人何处教吹管,惊起庭前鹤一双。"①这是沈琼莲的宫词中对夜晚寂静宫苑生活的描写,屋内香雾蒙蒙、青灯的的。熏香是宫廷中十分寻常之事,屋宇熏香,殿堂内香雾缭绕,衣物熏香,行过处亦香气袅袅,燃灯时亦添香,烟气芬芳。龙涎、水沉等名香只供奉御前,安息、苏合也是宫中常用之香,女官屋内的熏香必是淡雅芬芳的。朱彝尊《静志居诗话》记载的沈琼莲生平中言:"莹中②在大内,暇饲白鹦鹉。"③宁王朱权所作宫词中亦有"隔帘鹦鹉学人语,恰似君王唤小名"④之句。养只鹦鹉,逗其学舌,是女官、宫人们不当值时用来打发时光的娱乐消遣。

　　宁王朱权的宫词中另有"春思逼人眠未稳,闲开棋局度清宵"之句,清宵无眠,下棋亦是宫人们打发时间的好办法。另,"相邀走马坐花间,纤指阄分十二闲。局竟出帘谁第一,闹头先压玉门关"⑤。此宫词中描述的是一种在宫中盛行的名为"走马"的古局戏,宫人相邀坐于花间,掷骰游戏。⑥ 蹴鞠也是宫眷们非常喜欢的一项游戏,据记载,思宗田贵妃竟是此中高手,"风度安雅,众莫能及"⑦。清明时,"鬓插杨枝打秋千"⑧;七夕日,"穿针引线设乞巧"⑨;中元节,"深夜相携看河

① 〔明〕沈琼莲:《宫词十首》,《明宫词》,第7页。
② 莹中为沈琼莲的字。
③ 《静志居诗话》卷一《宫掖·沈琼莲》,第23页。
④ 〔明〕朱权:《宫词》,《明宫词》,第2页。
⑤ 〔明〕秦徵兰:《天启宫词》,《明宫词》,第18页。
⑥ 〔明〕秦徵兰:《天启宫词》中记走马戏的玩法:先按骰子色,某占某闲,合局共十二闲,仿周礼天子闲有十二之旧也。随各出赏钱,置玉门关上,名曰闹头儿。第一次掷真本采者得之。后按出局早晚以定胜负。出局称出窠,或称出帘。走马即打马也。
⑦ 〔清〕王昌誉:《崇祯宫词》,《明宫词》,第97页。
⑧ 《崇祯宫词》云:"宫中称清明为秋千节。各宫俱设秋千一架,相邀嬉戏……"参见《明宫词》,第81页。
⑨ 《酌中志》卷二十《饮食好尚纪略》,第179、181页。

灯"①。"户户迎风雪打头"的时节，"宫人团雪作狮子，笑把冰簪当玉钗"②。

在宫词中，最不缺乏的便是深宫寂寞、凄清幽怨之词。宪宗邵贵妃初入宫时，因听闻"万妃妒甚"，"托微疾居外宫，未进也"。一夜，月下吟诵自己所作的《红叶诗》，③诗云："宫漏沉沉滴绛河，绣鞋无奈怯春罗。曾将旧恨题红叶，惹得新愁上翠蛾。雨过玉阶秋气冷，风摇金锁夜声多。几年不见君王面，咫尺蓬莱奈若何。"巧的是，这透着点点心思、丝丝幽怨的婉转低吟竟让夜来散步路过此处的宪宗闻得，他一定是惊异于深深宫苑中竟还隐匿着如此的才情，"遂召幸焉"④。邵氏与宪宗的相遇倒是颇为戏剧化的，不过又有多少宫妃是"曾使君王痛怜惜"⑤，但最终又"前世薄幸在今生"⑥呢？"粉翠沉埋岂自由，空房独守几时休。风凋月落宫墙内，知是人间又报秋。"⑦孤枕萧条，红泪满腮，风冷阶凉，"三百六旬空怅望，朱门经岁不曾开"⑧，徒留一曲曲宫词断肠，空叹一段段长门忧怅。

一入宫门深似海，一朝进宫，便要守着宫规戒令，困于宫墙之内，失去了自由，父母亲人不得相见。这些苦闷与惆怅，女官和宫人们亦是如此。"效颦常锁远山愁，蹙损东风翠黛羞。笑贴鬓钿双玉燕，一天愁思上眉头。"⑨宁王朱权的宫词含蓄中透着点点忧伤。远山翠黛含羞微蹙，花容渐逝两鬓染霜，这是宫娥的愁，是女官的愁，是深宫女子

① 〔明〕秦正兰：《天启宫词》，《明宫词》，第41页。
② 〔明〕朱权：《宫词》，《明宫词》，第4页。
③《胜朝彤史拾遗记》卷三，第375页。
④ 〔明〕朱国桢：《涌幢小品》卷之五《母后奉迎》，济南：齐鲁书社，第249页。
⑤ 〔明〕朱权：《宫词》，《明宫词》，第3页。
⑥ 〔明〕朱让栩：《拟古宫词》，《明宫词》，第8页。
⑦ 〔明〕朱让栩：《拟古宫词》，《明宫词》，第9页。
⑧ 〔明〕朱让栩：《拟古宫词》，《明宫词》，第8页。
⑨ 〔明〕朱权：《宫词》，《明宫词》，第5页。

的愁。

只是对于沈琼莲这样的女官来说,这愁中或许少了几分"前世薄幸在今生"的怨怼,更多的应是对高堂桑梓、故里至亲浓浓的眷恋吧。于是,沈琼莲有"一自承恩入帝畿,难将寸草答春晖","银烛烧残空有泪,玉钗敲断恨无归"①的无奈与怅惘,亦有"御柳青青燕子愁,万条齐水弄春柔。东风不与闲人赠,谁去江南水上洲"②的思念与愁苦。除了刺绣、礼佛、逗逗鹦鹉、下下棋,在寂静月夜对着宫墙外的夜空,数着点点流萤,遥寄心中的思念与祝福,恐怕是女官宫人们最常做的事情了吧。若遇清明时节,宫人们亦思念故去的亲人,心中不免凄苦,既然不能归乡祭奠,只有"焚却纸钱啼泣罢,又随龙辇向西园"③。不过若有机会,宫中女子应当还是可以托人捎一封家书回乡的。《枣林杂俎》记载,弘治年间,有宫人戴氏,"汤溪人,选侍坤宁宫,三见御。弘治十年,太监宁某来县,宫人手书寄问母弟安否,离别思忆之情,凄然满纸。今其书具存,并有宫中小画等物"④。

综上所述,女子一朝入宫,即为皇宫中的一员,而非民间女子,宫中女性的衣食住行首先必然要符合宫中的规定,区别于民间而体现皇家的特点。《宛署杂记》中述及宫中所选"三婆"时言:"诸婆中有一经传宣者,则出入高髻彩衣如宫妆,以自别于侪伍。"⑤这便能体现所谓"宫妆"或"宫装"在民间妇人眼中的高贵华丽,令她们艳羡向往而又不是人人得以企及的。不论后妃,还是作为后宫管理服务人员的女官和宫人,生活服用、居住条件等亦需符合其相应的级别地位,体现身处皇

---

① 〔明〕戴冠:《濯缨亭笔记》卷四,《续修四库全书》1170,上海:上海古籍出版社,2002 年。
② 〔明〕沈琼莲:《宫词十首》,《明宫词》,第 7 页。
③ 〔明〕黄省曾:《洪武宫词》,《明宫词》,第 6 页。
④ 《枣林杂俎·义集》,《彤管·宫人戴氏书》,第 271 页。
⑤ 《宛署杂记》卷十《三婆》,第 84 页。

家而必须严格遵守的等级制度。此外，有关宫中女性生活方面的直接记载是比较稀少且散碎的，尤其是关于平素的发式妆容、衣衫样式、饮食好尚、生活娱乐等细节的描述其实是涵盖了后宫女性的整体情况，具备宫廷女性生活的普遍特色。

第五节　对食

在明朝后宫，宫女与宦官之间的变态恋情被称为"对食"或"菜户"。据说，宦官值班期间无法生火做饭，只能准备一些冷食充饥，而宫女却可以生火做饭，于是一些宦官就找一些相好的宫女帮助热一热饭菜，或者提供饭菜，故私下相通交好的宦官和宫女被称为"对食"或"菜户"。《宫庭睹记》中记载，宫女多称所配宦官为"菜户"，宦官称所配宫女为"主儿"。① 据《万历野获编》记载，明初若有宦官娶妻者，将以严酷的剥皮之刑进行惩处，但明中期以来，违禁者多矣。② 至明后期，宫人与宦官相配偶更是寻常之事，若宫人一直无宦官与之结成对食，甚至会被其他宫人笑话。而这种配偶关系并非随意之举，竟亦有媒妁为之作合，"订定之后，星前月下，彼此誓盟，更无别遇"③。这种畸形的配偶关系令人称奇，却也觉得可怜可悲。深宫如海，无论宦官宫人，一脚踏入，便不知归期。长日漫漫，孤寂无依，结成如此的伴侣，也不过是找点情感寄托和慰藉。虽说是排遣寂寞，寻求寄托，却也不乏一些有情有义者。《万历野获编》中言"宫人与内官既偶之后，或一人先亡，亦有终身不肯再配，如人间所称义节"④。而作者沈德符曾在城外一寺

①《宫庭睹记》。
②《万历野获编》卷六《内监·对食》，第 158 页。
③《万历野获编》卷六《内监·对食、内廷结好》，第 158、177 页。
④《万历野获编》卷六《内监·内廷结好》，第 177 页。

中，见"寺中一室，扃钥甚固。偶因汛扫，随之入，则皆中官奉祀宫人之
已殁者，设牌位，署姓名甚备。一日，其耦以忌日来致奠，擗踊号恸，情
逾伉俪"①。

> 凡宫眷所饮食，皆本人菜户置买，雇倩贫穷官人，在内炊爨烹
> 饪。其手段高者，每月工食可须数两，而零星赏赐不与焉。凡煮
> 饭之米，必拣簸整洁，而香油、甜酱、豆豉、酱油、醋，一应杂料，俱
> 不惜重价自外置办入也……总之，宫眷所重者，善烹调之内官；而
> 各衙门内臣所最喜者，又手段高之厨役也。②

由此可见，明后期，很多宫人的饮食皆由其对食的宦官负责采办，再雇
贫穷但有烹饪手艺的内官烹制。做饭所需的佐料，可能不用宫中供应
的，而是不惜价钱从宫外置办。

神宗朱翊钧对于对食的现象是非常憎恶的，"每闻成配，多行遣
死，或亦株连说合媒妁，多毙梃下，然亦终不能禁也"③。明人文秉所撰
《定陵注略》中记载一事：

> 宫中旧例，宫人必配一阉谓之对食，如夫妇。然上留心此弊，
> 每岁底令宫人各举所配，举则阉处死，不则宫人处死。一宫人临
> 期无指，妄指一阉出宫已数年矣，逮至将就刑，此阉稽首佛前曰：
> "此是前生冤孽债，抵偿了也完了今生公案。"上闻，即命赦之。④

倒也难为神宗，不负"圣明天纵"，在严刑峻法之外又想出这种连坐告
发的招数，不仅没能禁止住"对食"，反而又能造出不少冤魂孽债。神
宗尚煞费苦心地禁止"对食"，可到了其孙熹宗在位时，哪怕宫女宦官

① 《万历野获编》卷六《内监·对食》，第158页。
② 《酌中志》卷二十《饮食好尚纪略》，第184页。
③ 《万历野获编》卷六《内监·内廷结好》，第178页。
④ 〔明〕文秉：《定陵注略》卷一《圣明天纵》，北京大学图书馆藏善本。

"轮班之日饮食坐卧行动相依，虽上位亦知之不以为怪"①。这恐怕是深受熹宗的乳母客氏和权阉魏忠贤的影响，而此二人狼狈为奸、祸乱宫闱，为祸之烈更是前所未有。

客氏入宫不久就与负责熹宗朱由校日常生活起居的宦官魏朝勾搭在一起。此后，客氏又与魏朝的结拜兄弟魏忠贤结识，暗中勾搭。后魏朝与魏忠贤争风吃醋，醉骂相嚷，在朱由校的插手下，客氏与魏忠贤结为对食。魏忠贤是一位虽拙于文墨，却精于心计的宦官，当时负责给由校的生母王氏提供膳食。客氏为了协助自己的"对食"魏忠贤登上宦官队伍的最高峰，并达到影响外朝的目的，不惜利用与熹宗的情感关系，排除异己，打击政敌，扰乱朝纲。客氏以已婚之身入宫，自然不可能成为妃嫔皇后。熹宗的张皇后品行端正，她对客、魏奸邪野心颇为不满，甚至公开呵斥他们收敛收敛。客氏认为有必要清除张皇后。她和魏忠贤竭力离间帝后关系，宣扬说张皇后出身不正，请求熹宗改立魏忠贤侄子魏良卿的女儿为皇后②。由于熹宗对张皇后还算有情感，经查实客氏所言全无根据，不同意废掉张皇后。于是客氏就想尽各种办法加害张皇后。天启三年，张皇后怀孕，客氏等人以"捻背"（推拿按摩术）为幌子，派亲信暗伤胎位而致张皇后流产，此后张皇后失去生育能力。此外，客氏只要听说其他妃嫔有身孕者，就痛下杀手，或将嫔妃处死，或逼其流产。熹宗一生御女无数，最后竟然落个无子可嗣，最终帝位传给了弟弟朱由检，即崇祯皇帝。

客氏为害乱政，一半是为了自己的荣华富贵，另一半是为了魏忠贤。客氏毕竟是一介女流之辈，来自社会的最底层，限于阅历，纵然有所图谋，不过是衣锦食玉、人前显贵之类的想法，绝不会在政治上有所

①《宫庭睹记》。
②《明史》卷二五四，《郑三俊传》；卷三〇〇，《张国纪传》。

企图以至于危害社稷,客氏之害在于其身边的宦官魏忠贤的唆使。不过,客氏利用魏忠贤之目的,意在巩固自己名不正、身不正的地位。两人在政治上狼狈为奸,沆瀣一气。因此,明末客、魏乱政,魏忠贤罪大恶极,但客氏也罪不容恕。故清修《明史》云魏忠贤乱政,"皆客氏为内主"①。

　　"对食"现象的出现是在明代中期以后的事,到明后期逐渐流行,这并不是一个孤立的现象,它反映了明代后宫制度日益松懈的事实,也是宫廷生活世俗化的一个侧面。

---

① 〔清〕张廷玉:《明史》卷三〇五,《魏忠贤传》。

参考文献

一、史料(以史料朝代、拼音为序排列)

(一) 史政传记类

1 〔后晋〕刘昫:《旧唐书》,北京:中华书局,1975 年。

2 〔唐〕李隆基《大唐六典》,西安:三秦出版社,1991 年。

3 司义祖整理:《宋大诏令集》,北京:中华书局,1962 年。

4 〔宋〕李昉等:《太平御览》,北京:中华书局,1960 年。

5 〔宋〕王溥:《唐会要》,北京:中华书局,1990 年。

6 〔宋〕欧阳修、宋祁:《新唐书》,北京:中华书局,1975 年。

7 〔元〕马端临:《文献通考》,杭州:浙江古籍出版社,2000 年。

8 〔明〕李东阳等纂,申时行等重修:《大明会典》,台北新文丰出版公司据万历十
   五年刊本影印,1976 年。

9 〔明〕焦竑:《国朝献徵录》,《明代传记丛刊》第 109 册,台北:明文书局,
   1991 年。

10 〔明〕高汝栻:《皇明法传录嘉隆纪》,《续修四库全书》357,史部·编年类,上
   海:上海古籍出版社,2002 年。

11 〔明〕杨继礼:《皇明后纪妃嫔传》,李小林《万历官修本朝正史研究》,天津:南
   开大学出版社,1999 年。

12 〔明〕陈建:《皇明通纪法传全录》,《续修四库全书》357,史部·编年类,上海:

上海古籍出版社,2002 年。

13　〔明〕朱元璋:《皇明祖训》,《四库全书存目丛书》史 264,政书类,济南:齐鲁书社,1995 年。

14　〔明〕俞汝楫等:《礼部志稿》,《景印文渊阁四库全书》第 597 册,史部·职官类,台北:商务印书馆,1983 年。

15　〔明〕俞汝楫等:《礼部志稿》,《文津阁四库全书》198,史部·职官类,北京:商务印书馆,2005 年。

16　〔明〕申时行等:《明会典》,北京:中华书局,1989 年。

17　〔明〕徐一夔等:《明集礼》,《文津阁四库全书》216,史部·政书类,北京:商务印书馆,2005 年。

18　〔明〕陈子龙:《明经世文编》,北京:中华书局,1962 年。

19　〔明〕何乔远:《名山藏》,扬州:江苏广陵古籍刻印社,1993 年。

20　〔明〕何乔远:《名山藏》,《明代传记丛刊》第 74 册,台北:明文书局,1991 年。

21　《明实录》,台北:"中央研究院"历史语言研究所校勘本,1962 年。

22　〔明〕郭良翰:《明谥纪汇编》,《景印文渊阁四库全书》651 册,史部 409,台北:商务印书馆股份有限公司,2008 年。

23　〔明〕佚名:《太常续考》,《景印文渊阁四库全书》第 599 册,史部·职官类,台北:商务印书馆,1983 年。

24　〔明〕佚名:《太常续考》,《文津阁四库全书》198,史部·职官类,北京:商务印书馆,2005 年。

25　〔明〕王圻:《续文献通考》,东京:中文出版社,1979 年。

26　〔清〕陈梦雷:《古今图书集成·明伦汇编·宫闱典》,北京:中华书局、成都:巴蜀书社,1985 年。

27　〔清〕鄂尔泰、张廷玉等:《国朝官史》,《景印文渊阁四库全书》第 65 册,史部·政书类,台北:商务印书馆,1983 年。

28　〔清〕张廷玉等:《明史》,北京:中华书局,1974 年。

29　〔清〕傅维鳞:《明书》,《四库全书存目丛书》史 38,别史类,济南:齐鲁书社,1996 年。

30 〔清〕毛奇龄:《胜朝彤史拾遗记》,《四库全书存目丛书》史 122,传记类,济南:
    齐鲁书社,1995 年。

31 〔清〕孙承泽:《思陵典礼记》,《指海》第十五集,民国廿四年大东书局影印本。

32 〔清〕徐松:《宋会要辑稿》,北京:中华书局,1957 年。

33 清官修《续文献通考》,杭州:浙江古籍出版社,2000 年。

34 〔清〕朱奇龄:《续文献通考补》,国家图书馆藏清抄本。

35 〔清〕查继佐:《罪惟录》,杭州:浙江古籍出版社,1986 年。

36 吴晗辑:《朝鲜李朝实录中的中国史料》,北京:中华书局,1980 年。

(二)笔记文集小说方志类

1   〔明〕蒋一葵:《长安客话》,北京:北京古籍出版社,1980 年。

2   〔明〕朱棣:《大明太宗皇帝御制集》,《故宫珍本丛刊》第 256 册,海口:海南出版
    社,2000 年。

3   〔明〕朱瞻基:《大明宣宗皇帝御制集》,《四库全书存目丛书》集 24,别集类,济
    南:齐鲁书社,1997 年。

4   [葡萄牙]曾德昭:《大中国志》,何高济译,上海:上海古籍出版社,1998 年。

5   〔明〕余继登:《典故纪闻》,顾思点校,北京:中华书局,1981 年。

6   〔明〕文秉:《定陵注略》,北京大学图书馆藏善本。

7   〔明〕贺仲轼:《冬官纪事》,《宝颜堂秘笈》第 31 册,民国十一年上海文明书局石
    印本。

8   〔明〕憨融上人:《宫庭睹记》,《三异词录》十二种,国家图书馆藏清抄本。

9   〔明〕于慎行:《谷山笔麈》,吕景琳点校,北京:中华书局,1984 年。

10 〔明〕邓士龙辑:《国朝典故》,许大龄、王天有主点校,北京:北京大学出版社,
    1993 年。

11 〔明〕黄景昉:《国史唯疑》,上海:上海古籍出版社,2006 年。

12 明世宗:《火警或问》,《四库全书存目丛书》史部 57,济南:齐鲁书社,1995 年。

13 〔明〕王达:《椒宫旧事》,〔明〕陶宗仪编:《说郛三种》,上海:上海古籍出版社,
    1988 年。

14 〔明〕李诩:《戒庵老人漫笔》,魏连科点校,北京:中华书局,1982 年。

15 〔明〕周晖:《金陵琐事》,南京:南京出版社,2007 年。

16 〔明〕史玄:《旧京遗事》,北京:北京古籍出版社,1986 年。

17 〔明〕顾起元:《客座赘语》,北京:中华书局,1987 年。

18 〔明〕田艺蘅:《留青日札》,上海:上海古籍出版社,1985 年。

19 〔明〕吕毖:《明朝小史》,《四库禁毁书丛刊》史部第 19 册,史部·杂史类,北京:北京出版社,2000 年。

20 〔明〕朱权等:《明宫词》,北京:北京古籍出版社,1987 年。

21 〔明〕仁孝皇后:《内训》,《文津阁四库全书》235,子部·儒家类,北京:商务印书馆,2005 年。

22 〔明〕湛若水:《泉翁大全集》,台北:"中央研究院"钟彩钧点校本,2004 年。

23 〔明〕鹿善继:《认真草》,丛书集成初编本,上海:商务印书馆,1936 年。

24 〔明〕梦觉道人:《三刻拍案惊奇》,长沙:岳麓书社,1993 年。

25 〔明〕李清:《三垣笔记》,顾思点校,北京:中华书局,1982 年。

26 〔明〕胡应麟:《少室山房类稿》,《续金华丛书》,民国十三年永康胡氏梦选楼刊。

27 〔明〕黄一正:《事物绀珠》,《四库全书存目丛书》子 200,济南:齐鲁书社,1995 年。

28 〔明〕陆容:《菽园杂记》,佚之点校,北京:中华书局,1985 年。

29 〔明〕黄瑜:《双槐岁钞》,魏连科点校,北京:中华书局,1999 年。

30 〔明〕沈德符:《万历野获编》,谢兴尧点校,北京:中华书局,1959 年。

31 〔明〕沈榜:《宛署杂记》,北京:北京古籍出版社,1980 年。

32 〔明〕谢肇淛:《五杂组》,上海:上海书店出版社,2001 年。

33 〔明〕田汝成:《西湖游览志余》,上海:上海古籍出版社,1958 年。

34 〔明〕夏言:《夏桂洲先生文集》,《四库全书存目丛书》集部 75,济南:齐鲁书社,1997 年。

35 〔明〕胡文焕:《香奁润色》,北京:中华书局,2012 年。

36 〔明〕顾璘:《兴都志》,民国廿六年钟祥县志局重刊。

37 〔明〕曹嗣轩:《休宁名族志》,合肥:黄山书社,2007 年。

38 〔明〕王世贞:《弇山堂别集》,魏连科点校,北京:中华书局,1985 年。

39 〔明〕王世贞:《弇州史料》,《四库禁毁书丛刊》史部第 48、49 册,史部·杂史
类,北京:北京出版社,2000 年。

40 〔明〕贺钦:《医闾集》,《景印文渊阁四库全书》12,54,集部 193,别集类,台北:
商务印书馆股份有限公司,2008 年。

41 〔明〕朱国祯:《涌幢小品》,《四库全书存目丛书》子 106,济南:齐鲁书社,
1995 年。

42 〔明〕朱国祯:《涌幢小品》,《续修四库全书》1172,子部·杂家类,上海:上海古
籍出版社,2002 年。

43 〔明〕王锜:《寓圃杂记》,北京:中华书局,1984 年。

44 〔明〕焦竑:《玉堂丛语》,北京:中华书局,1981 年。

45 〔明〕戴冠:《濯缨亭笔记》,《续修四库全书》1170,子部·杂家类,上海:上海古
籍出版社,2002 年。

46 〔明〕刘若愚:《酌中志》,北京:北京古籍出版社,1994 年。

47 〔清〕宋起凤:《稗说》,南京:江苏人民出版社,1982 年。

48 〔清〕谈迁:《北游录》,北京:中华书局,1960 年。

49 〔清〕赵学敏:《本草纲目拾遗》,上海:商务印书馆,1955 年。

50 〔清〕龚炜:《巢林笔谈》,北京:中华书局,1981 年。

51 〔清〕吴长元:《宸垣识略》,北京:北京古籍出版社,1983 年。

52 〔清〕孙承泽:《春明梦余录》,王剑英点校,北京:北京古籍出版社,1992 年。

53 〔清〕纪昀:《纪文达公遗集》十六卷,《续修四库全书》1435,上海:上海古籍出
版社,2002 年。

54 〔清〕抱阳生:《甲申朝事小纪》,任道斌点校,北京:书目文献出版社,1987 年。

55 〔清〕陈宏谋:《教女遗规》,北京:中国华侨出版社,2012 年。

56 〔清〕佚名:《烬宫遗录》,清稽瑞楼刊本。

57 〔清〕朱彝尊:《静志居诗话》,北京:人民文学出版社,1990 年。

58 〔清〕计六奇:《明季北略》,魏得良、任道斌点校,北京:中华书局,1984 年。

59 〔清〕纪昀:《明懿安皇后外传》,《纪晓岚文集》第三册,石家庄:河北教育出版

社,1995 年。

60　〔清〕黄百家:《明制女官考》,《丛书集成续编》54,社会科学类,台北:新文丰出版公司,1989 年。

61　〔清〕佚名:《明珠缘》,上海:上海古籍出版社,1996 年。

62　〔清〕屈大均:《女官传》,《丛书集成续编》262,史地类,台北:新文丰出版公司,1989 年。

63　〔清〕朱彝尊:《曝书亭集》,《文津阁四库全书》439,集部·别集类,北京:商务印书馆,2005 年。

64　乾隆《番禺县志》,《故宫珍本丛刊》《广东府州县志》第三册,海口:海南出版社,2001 年。

65　〔清〕沈云钦:《秋镫录》,《历代笔记小说集成:清代笔记小说》十四册,石家庄:河北教育出版社,1996 年。

66　[波斯]火者·盖耶速丁:《沙哈鲁遣使中国记》,何高济译,北京:中华书局,1981 年。

67　〔清〕严有禧:《漱华随笔》,指海第四集,民国廿四年大东书局影印本。

68　〔清〕孙承泽:《天府广记》,北京:北京古籍出版社,1984 年。

69　〔清〕毛奇龄:《武宗外纪》,《历代笔记小说集成:清代笔记小说》十册,石家庄:河北教育出版社,1996 年。

70　〔清〕孙奇逢:《夏峰先生集》,《续修四库全书》第 1392 册,上海:上海古籍出版社,2002 年。

71　〔清〕李渔:《闲情偶寄》,上海:上海古籍出版社,2000 年。

72　〔清〕袁绥:《瑶华阁诗草》,《丛书集成三编》第 44 册,台北:新文丰出版公司,1997 年。

73　〔清〕程岱葊:《野语》,《续修四库全书》1180,上海:上海古籍出版社,2002 年。

74　〔清〕见月老人:《一梦漫言》,《佛学丛刊》第一辑第 26 册,民国二十六年世界书局刊。

75　〔清〕长白浩歌子:《萤窗异草》,郑州:中州古籍出版社,1986 年。

76　〔清〕梁章钜:《楹联续话》,《楹联丛话全编》,北京:北京出版社,1996 年。

77 雍正《广东通志》,《文津阁四库全书》188,史部·地理类,北京:商务印书馆,2005年。

78 雍正《江西通志》,《景印文渊阁四库全书》513,史271,台北:商务印书馆股份有限公司,2008年。

79 姜泣群编:《虞初广志》,影印光华社1915年版,上海:上海书店,1986年。

80 〔清〕谈迁:《枣林杂俎》,罗仲辉、胡明校点校,北京:中华书局,2006年。

81 《明清史料》,民国二十五年商务印书馆刊。

82 〔民国〕王维樑等:《明溪县志》,《中国地方志集成·福建府县志辑》第38册,上海:上海书店出版社,2000年。

83 〔民国〕熊道琛编:《钟祥县志》,民国廿六年钟祥县志局刊。

84 石景山区地名志编委会:《北京市石景山区地名志》附篇三《地名石刻》,北京:北京科学技术出版社,1991年。

85 固安县志编纂委员会:《固安县志》,北京:中国人事出版社,1998年。

86 高景春等编:《新中国出土墓志》,北京:文物出版社,2003年。

二、近人专著(以作者姓名拼音为序)

1 北京文物鉴赏编委会:《北京文物鉴赏:明清金银首饰》,北京:北京美术摄影出版社,2005年。

2 陈宝良:《中国妇女通史·明代卷》,杭州:杭州出版社,2010年。

3 杜文玉:《唐代宫廷史》,天津:百花文艺出版社,2010年。

4 樊树志:《晚明史》,上海:复旦大学出版社,2005年。

5 方志远:《成化皇帝大传》,北京:中国社会出版社,2008年。

6 胡凡:《嘉靖传》,北京:人民出版社,2004年。

7 黄仁宇:《万历十五年》,北京:生活·读书·新知三联书店,2005年。

8 李小林:《万历官修本朝正史研究》,天津:南开大学出版社,1999年。

9 林延清等:《明朝后妃与政局演变》,北京:人民出版社,2014年。

10 刘毅:《明代帝王陵墓制度研究》,北京:人民出版社,2006年。

11 孟晖:《贵妃的红汗》,南京:南京大学出版社,2011年。

12 彭勇：《明代班军制度研究——以京操班军为中心》，北京：中央民族大学出版社，2006 年。

13 苏海若：《皇宫五千年》，济南：山东人民出版社，1986 年。

14 王春瑜、杜婉言：《明朝宦官》，西安：陕西人民出版社，2007 年。

15 王鹏善：《钟山诗文集》，南京：东南大学出版社，2013 年。

16 王天有：《明代国家机构研究》，北京：北京大学出版社，1992 年。

17 王天有主编：《明朝十六帝》，北京：紫禁城出版社，2001 年。

18 吴晗：《朱元璋传》，天津：百花文艺出版社，2000 年。

19 扬之水：《奢华之色——宋元明金银器研究》，北京：中华书局，2011 年。

20 衣若兰：《三姑六婆——明代妇女与社会的探索》，台北：稻乡出版社，2006 年。

21 张德信：《明朝典章制度》，长春：吉林文史出版社，2001 年。

22 张升：《明清宫廷藏书研究》，北京：商务印书馆，2006 年。

23 赵毅、罗冬阳：《正统皇帝大传》，北京：中国社会出版社，2008 年。

24 赵中男等：《明代宫廷典制史》，北京：紫禁城出版社，2010 年。

25 朱偰：《昔日京华》，天津：百花文艺出版社，2005 年。

26 朱子彦：《帝国九重天——中国后宫制度变迁》，北京：中国人民大学出版社，2006 年。

三、近人论文（以作者姓名拼音为序）

1 常景宗：《明代女官制度》，《北平晨报》1935 年 7 月 1 日、3 日。

2 陈梧桐：《马皇后与明代宫廷政治》，《故宫学刊》2013 年第 1 期。

3 程彩霞：《明代后妃制度的政治文化解读》，《山东社会科学》2006 年第 12 期。

4 杜常顺：《明朝宫廷与佛教关系研究》，暨南大学 2005 年博士学位论文。

5 龚巨平：《明宝庆公主墓葬的清理及明代公主墓葬制度分析》，《东南文化》2011 年第 1 期。

6 郭福祥：《明代后妃宝印》，《紫禁城》1995 年第 3 期。

7 胡丹：《明太祖禁止宦官干政"祖制"之考辨》，《济南大学学报》（社会科学版）第

20 卷第 2 期，2010 年。

8   胡凡、王伟：《论明代的选秀女之制》，《西南师范大学学报》（哲学社会科学版），
     第 25 卷第 6 期，1999 年 11 月。

9   姜林海、张九文：《南京邓府山明代福清公主家族墓》，《南方文物》2000 年
     02 期。

10   刘晓云：《唐代女官制度研究》，首都师范大学 2007 年硕士学位论文。

11   刘颖：《明代内承运库试探》，山东大学 2009 年硕士学位论文。

12   刘正刚、王潞：《明代家族建构中的性别位移——以增城女官为例》，《中国社
     会经济史研究》，2010 年第 3 期。

13   马垒：《浅谈明永安公主墓——京西南唯一的明代公主墓》，《首都博物馆论
     丛》2012 年第 26 期。

14   彭勇：《明代皇室冠礼述评》，《北京联合大学学报》2010 年第 2 期。

15   彭勇：《明代皇室婚礼仪制述评》，《故宫学刊》（第五辑），北京：紫禁城出版社，
     2009 年。

16   秦贤宝：《佐政明代三朝的张皇后》，《紫禁城》1995 年第 3 期。

17   邱仲麟：《〈宝日堂杂钞〉所载万历朝宫膳底帐考释》，《明代研究》2003 年第
     6 期。

18   邱仲麟：《皇帝的餐桌：明代的宫膳制度及其相关问题》，《台大历史学报》第
     34 期，2004 年 12 月。

19   邱仲麟：《明代宫女的采选与放出》，第二届明代宫廷史国际学术研讨会会议
     论文，2011 年。

20   邱仲麟：《明代遴选后妃及其规制》，《明代研究》第十一期，台北：中国明代研
     究学会，2008 年 12 月。

21   邵磊、王泉：《南京出土明代皇族墓志考》，《中国国家博物馆馆刊》2013 年第
     3 期。

22   孙机：《明代的束发冠、鬏髻与头面》，《文物》2001 年第 7 期。

23   田承军：《明国本案与泰山三阳观新考》，《历史档案》2005 年 04 期。

24   王春瑜：《明代文化史杂识》，《阜阳师范学院学报》（社会科学版）1985 年第

1 期。

25　王伟凯:《明代后妃的选配与编制》,《紫禁城》1995 年第 3 期。

26　王云:《明代女官制度探析》,《齐鲁学刊》1997 年第 1 期。

27　肖春娟:《明初朝鲜贡女问题研究》,中央民族大学 2006 年硕士学位论文。

28　辛德勇:《述石印明万历刻本〈观世音感应灵课〉》,《中国典籍与文化》2004 年
　　3 期。

29　徐春燕:《明代后妃的号》,《史学月刊》2004 年 6 月。

30　许冰彬:《"女学士"沈琼莲及其宫词考证》,《故宫学刊》第 6 辑,北京:紫禁城
　　出版社,2010 年。

31　薛洪勣:《晚晴"皇后系列小说"述略》,《明清小说研究》2006 年第 3 期。

32　张德信:《〈祖训录〉与〈皇明祖训〉比较研究》,《文史》第 45 辑,北京:中华书
　　局,1989 年。

33　赵克生:《明朝后妃与国家礼制兴革》,《东北师范大学学报》(哲学社会科学
　　版)2007 年第 5 期。

34　赵世瑜:《国家正祀与民间信仰的互动——以明清京师的"顶"与东岳庙为个
　　案》,《北京师范大学学报》1998 年 6 期。

35　赵卫东:《泰山三阳观及其与明万历宫廷之关系》,《道家文化研究》第 23 辑。

36　赵秀丽:《明代皇后生存状态与后权式微》,《武汉大学学报》(人文科学版)
　　2008 年 5 月。

37　周郢:《明代万历"国本案"的新史证》,《周郢文史论文集》,济南:山东文艺出
　　版社,1997 年。

38　朱子彦:《明代的采选制度与宫人命运》,《史林》2003 年第 3 期。

后 记

　　本书的写作计划最早要追溯到 2005 年,在赵中男先生的坚持之下,本人与紫禁城出版社(现故宫出版社)签订了《明代宫廷女性史》的出版意向。有此压力和鼓励,我开始留意收集相关的研究动态和史料。但 2005—2009 年间,我正在进行明代卫所制度的相关研究,加之教学和行政管理工作繁重,没有更多的时间和精力集中研究这一高难度、全新的课题。所以,我自己一边收集史料、关注相关研究,一边尝试寻找有基础、有兴趣的合作者参与到这一课题中来。本人曾指导过本院 2007 届本科生赵晋同学撰写学士学位论文《明代下层宫女的命运试析》、2008 届本科生李殊丽同学撰写学位毕业论文《明代后妃权力运行简论》,她们分别利用《明实录》和《明史·后妃传》等基础文献做了初步的努力,最后都顺利毕业走向工作岗位。我指导研究生从来不会给学生指定题目,而是根据学生自己的兴趣来选题,但在教学与科研过程中,会有意识地引导学生关注于此。所以到了 2009 年潘岳同学录取为明清史研究生,明代宫廷女性史才有了实质的进展。潘岳同学本科就读于中国传媒大学广播电视编导专业,平时喜欢历史,跑遍了北京郊区明清皇帝陵寝,在中央电视台有几年的工作经历,为报考研究生,她毅然辞去了工作。她的学位论文题目是《明代女官研究》,其间她的努力与艰辛自不待言,她的学业综合测评也曾位列同年级的第一名。2012年论文完成后，她"有幸"成为学校5%抽测的匿名外审对象。结果，在当年全校被匿名抽测的近50份硕士论文中，《明代女官研究》是唯一一份同时获得三位专家评定为"优秀"的。论文最终顺利通过毕业答辩，并获得了答辩委员会和学校"优秀毕业论文"的审定。潘岳毕业后进入中国人民大学附属中学分校从事历史教学工作，虽然中学教学异常辛苦，但由于她是最合适的研究明代宫廷女性史的作者，我希望她能够按照全书总体计划继续做下去。她牺牲了有限的寒、暑假时间，全力以赴，按照我们商议的《明代宫廷女性史》写作计划，一步步向前推进。这样，又过去了3年时间。全书的绝大部分内容是由潘岳同学完成的。考虑到整体的质量和时间的推进，我在去年邀请了东北师范大学历史文化学院副教授、毕业于北京师范大学的齐畅博士撰写了第三章第四节的"郑贵妃"部分内容，我的硕士生、目前在南开大学攻读博士学位的张慧同学撰写了第一章第一节"皇后选择标准"的部分内容，我的硕士毕业生杨耀田同学撰写了"明代的公主"一章，他们都有兴趣于此且都有很好的研究基础和能力，感谢他们的慷慨相助和付出。全书的内容和结构是我与潘岳多次商议、讨论和修改之后完成的。

时间拖得太久，我也感到无形的压力，潘岳同学则付出了别人难以想象的努力和辛苦。过去的十年间，要特别感谢在赵中男和高寿仙两位先生的热情鼓励、帮助和支持，他们对本书的写作和修改提出了很好的建议和意见。上海华东师范大学历史系的刘寅生老先生和在京的明史前辈陈梧桐先生、王春瑜先生，都对本书的写作予以热情的鼓励和切实的帮助。邱仲麟先生、林延清先生、陈宝良先生等关于明代宫廷女性史的论著，对本书的写作多有帮助。当年在日本北海道大学攻读博士学位、现在西北政法大学工作的赵姗姗老师热心复印了日本学者的相关论著。近年来，在参撰《明代宫廷典制史》之"婚礼""冠礼"等内容时,以及在潘岳撰写《明代女官研究》期间,共参加故宫博物院主办的近十次学术研讨会,从中受益良多,这都对本课题的研究有很好的帮助。在此一并致谢。

近年来,古籍数字化水平的逐步提高,明代宫廷女性史的研究成果也渐趋丰富,我们在撰定时,考虑到这是一部历史学专业论著,决定不是把这部书做成一部通史和通识性著作,不追求内容的面面俱到,不再追求论著的字数,而是重点在质量上寻求突破。本书意在梳理出宫廷女性制度的基本规定,又照顾到宫廷群体和宫廷内容,在内容上强调制度的实际运行而不仅仅是静态的规定,详细研究前人未能深入的女官和公主群体,尽可能填补前人研究的若干空白,深化了前人的相关研究,这是我们努力去做的。我们强调的是创新与思辨,把自己的想法交代清楚,让读者读明白。对于征引的史料,关于女性制度方面仪式的记载,除尽可能全文征引外,还有详细的分析解读;对社会生活部分的史料,相信有兴趣和一定基础的读者能够读明白,不再费笔墨解释。敬请理解。

明代宫廷女性史的史料分散零碎,读者从征引文献的种类和名称便可知一二,深入研究颇为不易。加之,由于时间和水平所限,书稿还有许多不尽如人意的地方,在史料的分析和史实的考订过程中,错误肯定也在所难免,恳请大家批评指正。我们也期待能有进一步完善的机会,以期奉献一部更为理想的作品。

彭　勇
2015 年 8 月

新版后记

    本书是在《明代宫廷女性史》(故宫出版社 2015 年)基础上的修订本。在出版十年之后能得以修订再版,首先要感谢读者的厚爱,本书在初版后不久就销售一空,给作者和再版都增添了信心;二是与原出版社的合同已到期,经询问原丛书策划人得知,该社当时并没有再版或重印的计划;三是在几家前来联系新版的出版社当中,江苏人民出版社曾策划出版过一套颇有影响的"中国女性史研究"系列,学术水平高,市场表现好,我们印象很深。在此向江苏人民出版社和责任编辑康海源老师表示衷心的感谢。

    新书改名为《明宫彤史:明代宫廷女性》,主要是基于三点考虑,一是照顾到原丛书策划者的新近意见,变更书名,以示与原丛书相区别。二是"彤史"之名,是受到本书较多引用的明末清初著名史学家毛奇龄所撰《胜朝彤史拾遗记》的启发,"彤史"狭义是指后宫女官历史,广义可代指宫廷女性群体,与本书研究的对象相吻合,书名在学术上是成立的。三是以"明宫彤史"四字与"明代宫廷女性"相搭配,也符合当下学术图书市场的阅读潮流。特此说明,万望读者知悉,并非作者刻意标新立异。

    新版修订的主要内容,一是添补了新内容,如第四章"明代公主",利用近年新出土和新发现的材料,增补了多位公主的基本信息;二是重新校对了全书的史料,更正了部分史事,订正了原版的编校错误,优化了语言和文字;三是原书的黑白插图均删除,提高图书质量。在本书的修订过程中,全书的执笔分工与初版相同,作者潘岳和杨耀田进行了认真的补充和修改,肖晴博士和段晋媛博士对全书进行了认真的审核校对,李凤霞老师协助进行了全书的统稿修改。在此一并致谢。

这次修改,本人对全书进行了全面的通读和细节的推敲,深感明代宫廷女性史研究的不易,主要原因是史料既过于单一,又极其分散,单一是指研究女性制度的基本史料,主要集中在《明史》《明实录》《明会典》和《明集礼》等基本文献当中;分散是指从制度运作、制度思想和制度文化等层面对女性群体深入研究的史料,如杂史、方志、碑刻、笔记、小说、宫词和器物等,过于分散且难以实证,许多史料仅存在于对宫廷生活的想象层面。尽管近十年来史料数据化建设在快速发展,但于明代宫廷女性史这样的研究课题而言,并没有突破性进展,还是要靠研究者充分的积累和持久的关注。我们热忱地期待后来者有高质量的新作出现。

彭 勇

2024 年 12 月 16 日